Middlebrook/Mahoney · Schlachtschiffe

Martin Middlebrook
Patrick Mahoney
Schlachtschiffe

Ullstein

Titel der englischen Originalausgabe »Battleship«
erschienen bei Allen Lane, London
Verlag Ullstein GmbH, Berlin · Frankfurt/M · Wien
© 1977 by Martin Middlebrook und Patrick Mahoney
Aus dem Englischen von Klaus G. Ehrhardt
Übersetzung © 1978 by Verlag Ullstein GmbH, Berlin · Frankfurt/M
Alle Rechte vorbehalten
Kartenzeichnungen Jean Claude Lézin, Berlin
Gesamtherstellung May & Co, Darmstadt
Printed in Germany 1978
ISBN 3 550 07383 6

Inhalt

Einleitung 7
»Ein Schwert in unseren Herzen« 10
»Unheilvolles Zwielicht« 17
»Eine entscheidende Abschreckung« 25
Kampfgruppe G 33
Die Reise nach Osten 52
Singapur 61
Der Schlag 88
Kuantan 109
Die erste Runde 125
Die Gefechtspause 142
Die Schlußrunde 157
»Alle Mann von Bord!« 170
Die Rettung 189
Das Nachspiel 199
Eine Analyse 210
Die Jahre danach 234
Anhang 246
Literatur- und Quellenverzeichnis 262
Danksagung 263
Personenregister 264
Bildnachweis 268

Einleitung

Am Mittwoch, dem 10. Dezember 1941, um 11.00 Uhr sichteten die Besatzungen einer Formation japanischer Marine-Mitsubishi-Flugzeuge des Typs 96 zwei große Kriegsschiffe, die von drei Zerstörern begleitet mit östlichem Kurs etwa fünfzig Meilen vor der Küste von Malaya fuhren. Nur ein Handelsschiff befand sich außerdem noch in der Nähe, aber keine Jagdflugzeuge als Schutz für die Kriegsschiffe. Die beiden großen Schiffe waren britischer Nationalität; es handelte sich um das Schlachtschiff H.M.S. PRINCE OF WALES und den Schlachtkreuzer H.M.S. REPULSE. Zwei der begleitenden Zerstörer gehörten ebenfalls zur Royal Navy, der dritte stammte aus Australien. Es war erst der dritte Tag des Krieges, den Japan im Fernen Osten begonnen hatte. Das Wetter war schön und klar. Leutnant Yoshimi Shirai, der Pilot der führenden Mitsubishi, befahl seiner Formation, anzugreifen.

In dieser Nacht fanden auf zwei japanisch besetzten Flugplätzen in der Nähe von Saigon ausgedehnte Parties statt, bei denen ein bedeutsamer Sieg über die verhaßten Briten gefeiert wurde.

Dies ist nicht das erste Buch über den Verlust der PRINCE OF WALES und der REPULSE, aber Geschichte ist ein Stoff, der zu seiner Durchdringung viele Jahre braucht und zwar durch die wachsende Verfügbarkeit von Dokumenten, das ständige Echo auf die Ereignisse und die allmähliche Erkenntnis ihrer Bedeutung. Die Veröffentlichungen durch die Japaner in ihrer offiziellen Geschichte im Jahre 1969 und die Freigabe der »British Second World War Documents« durch das Public Record Office haben neue Schlaglichter auf diese entscheidenden Kampfhandlungen geworfen und rechtfertigen eine neue Beschäftigung mit ihnen.

Dieses Buch wird sich bemühen, schnell über jene Gesichtspunkte des Themas hinwegzugehen, die allgemein bekannt oder jedenfalls nicht kontrovers sind. Es wird sich mehr auf solche Bereiche konzentrieren, die frühere Verfasser möglicherweise nicht so gründlich behandeln konnten. Es soll auch der Versuch gemacht werden, dem Leser nicht nur zu berichten, was sich an jenem sonnigen Morgen querab der Küste von Malaya ereignete, sondern was er für die beteiligten Männer bedeutete. Einhundertzweiundneunzig Offiziere und Mannschaften, die auf den beiden angegriffenen Schiffen Dienst taten, wurden von uns ausfindig gemacht, und weitere, die zur Zeit der Katastrophe in Singapur oder anderen wichtigen Plätzen stationiert waren. Wir sind uns voll darüber im klaren, welche Fallgruben die Verläßlichkeit des menschlichen Gedächtnisses demjenigen stellt, der eine Episode voller Verwirrung und emotionaler Belastung beschreiben soll, eine Episode, die sich vor mehr als dreißig Jahren ereignete. Die Grundlagen des Buches wurden aus zuverlässigen zeitgenössischen Akten zusammengestellt; die Teilnehmer der Schlacht haben Schilderungen kleinerer Ereignisse beigesteuert, die in keinem offiziellen Bericht enthalten sind, und – was vielleicht noch wichtiger ist – erzählen von dem, was sie während dieser dramatischen Zeit bewegte. Die Beiträge dieser Männer sind das Salz in der Suppe dieser Geschichte und machen sie lebendiger.

Die Wahl des Buchtitels erfordert einige Erklärungen. Wir wissen, daß die REPULSE in Wirklichkeit ein Schlacht*kreuzer* war und daß Schlachtschiffe und Schlachtkreuzer für unterschiedliche Aufgaben vorgesehen sind, aber am 10. Dezember 1941 operierte weder die REPULSE noch die PRINCE OF WALES in ihrer eigentlichen Funktion. Der Titel wurde aus anderen Gründen gewählt. Seit 1918 waren die Befehlshaber der meisten Flotten der Welt – manchmal unter den bittersten Umständen – dem Druck ausgesetzt, anzuerkennen, daß mit schweren Kanonen bestückte und gepanzerte Kriegsschiffe – möge man sie Schlachtschiffe, Großkampfschiffe oder Schlachtkreuzer nennen – ihre Existenzberechtigung verloren hätten und daß neue Waffen und ihre Anwendung – Torpedo, Bombe, Unterseeboot, Flugzeug – das Schlachtschiff überflüssig gemacht hätten. In Großbritannien wurde dieses Argument sogar schon vor 1914 vorgebracht. Aber in keinem Land wurde diese Theorie voll akzeptiert und große Summen Geldes nationaler Budgets wurden weiterhin für den Bau von Schlachtschiffen ausgegeben.

Die eindringlichsten Warnungen von allen kamen von einem bekannten Amerikaner, Brigade-General Billy Mitchell, stellvertretender Chef des U.S. Army Air Corps zwischen 1919 und 1925. Nach dem ersten Weltkrieg hatte die U.S. Navy die Forderung gestellt, mit einer Flotte von neuen Schlachtschiffen ausgerüstet zu werden. Mitchell argumentierte dagegen so scharf er konnte, daß Flugzeuge mit Bomben oder Torpedos jedes Schiff versenken könnten. Er bewies dies – nicht zur Freude der U.S. Navy – durch Versuche, bei denen seine Flugzeuge 1921 zwei leere ehemalige deutsche Kriegsschiffe – ein Schlachtschiff und einen Kreuzer – versenkten. In den nächsten zwei Jahren wurden weitere drei alte amerikanische Schlachtschiffe versenkt.

Diese Versuche wurden natürlich von anderen Seemächten mit großem Interesse verfolgt, aber Mitchell und die übrigen Schlachtschiff-Kritiker konnten sich nicht durchsetzen. Mitchell setzte seine Agitation so lange fort, bis er zu einem abgelegenen Kommando versetzt wurde. Schließlich wurde er von einem Kriegsgericht verurteilt und vom Dienst suspendiert, weil er seine Vorstellungen ohne Genehmigung in der Presse veröffentlicht hatte.

Mindestens vierunddreißig Schlachtschiffe wurden noch nach dieser Zeit vom Stapel gelassen. Die Kosten betrugen ca. 250 - 300 Millionen Pfund Sterling oder eine Milliarde Dollar. Außerdem wurden viele der älteren Schlachtschiffe mit hohen Kosten umgebaut und modernisiert. Die meisten Länder, in denen dieser Schlachtschiff-Boom herrschte, gingen 1939 oder 1941 mit einem ernsten Mangel an Flugzeugträgern und Schiffen zur U-Bootsbekämpfung in den Krieg.

Die Aktion, die Leutnant Shirai am 10. Dezember 1941 startete, bewies überzeugend, daß das Schlachtschiff nicht länger mit der Bombe, dem Torpedo und dem Flugzeug leben konnte. Die Gültigkeit dieser Theorie, gehaßt und bekämpft von traditionsbelasteten Marineoffizieren vieler Länder, benötigte eine lange Zeit, um ihre Richtigkeit zu beweisen.

Der 10. Dezember 1941 war das Ende des Schlachtschiffzeitalters.

PATRICK MAHONEY
MARTIN MIDDLEBROOK

»Ein Schwert in unseren Herzen«

In den Jahren nach dem ersten Weltkrieg bestand bei den Siegern die ernsthafte und ehrliche Absicht, sicherzustellen, daß eine solche Massenvernichtung sich niemals wiederholen könnte. Die Ereignisse der letzten zwanzig Jahre hatten gezeigt, daß die so oft durch Kompromisse zwischen Politikern erreichten Entscheidungen falsch waren, weil die nationalen Interessen über das Verständnis für die Erfordernisse der übrigen Welt gesetzt wurden. Die Konferenzen und Abkommen der fünf Jahre nach 1918 sind der beste Ausgangspunkt für die Geschichte der PRINCE OF WALES und der REPULSE.

Der Pazifik war im ersten Weltkrieg stark betroffen, und die Rolle der Japaner in diesem Krieg bedarf einer Untersuchung. Großbritannien hatte seit 1902 mit Japan freundschaftliche Beziehungen und ein gegenseitiges Schutzbündnis, und als der Krieg gegen Deutschland im August 1914 ausbrach, hielten die Japaner sich an diesen Vertrag und griffen an der Seite Großbritanniens die von den Deutschen besetzte Kolonie Tsingtau an der chinesischen Küste an. Tsingtau fiel schnell, aber das schien auch das Ende der Unterstützung durch die japanische Armee zu sein; die Vertragsbestimmungen über gegenseitige Hilfe betrafen lediglich Indien und den Fernen Osten. Niemals wurden japanische Truppen nach Frankreich oder an eine andere Front entsandt, an der britische Truppen kämpften. Allerdings schickte die japanische Marine 1917 einige Kriegsschiffe ins Mittelmeer, um die hart bedrängte Royal Navy beim Schutz von Geleitzügen zu unterstützen.

Die Japaner hatten inzwischen aus der starken Inanspruchnahme aller Kräfte durch den Krieg in Europa Nutzen gezogen und an wichtigen Stellen des asiatischen Festlandes festen Fuß gefaßt. Die eroberte deutsche Kolonie Tsingtau wurde besetzt und China gezwungen, weitere Gebiete aufzugeben. Der weitere Einmarsch nach China wurde durch politischen Druck seitens der Briten und Amerikaner verhindert, aber den Japanern zugestanden, in die südliche Mandschurei einzumarschieren, um ihre bereits bestehende Kontrolle über Korea zu festigen. Als schließlich nach 1918 die ehemaligen deutschen Kolonien auf den Pazifik-Inseln unter den Siegern aufgeteilt wurden, mußten den Japanern als Entschädigung für die Großbritannien 1917 gewährte Unterstützung die Marianen, die Carolinen und der größte Teil der Marschall-Inseln überlassen werden.

Auf diese Weise hat Japan mit dem bescheidenen Aufwand von einem Bataillon Infanterie in Tsingtau 1914 und einigen Bewachungsschiffen 1917 auf wichtigen Positionen in Zentralasien und den Inseln im Pazifik Fuß gefaßt. Japan war eines der wenigen Länder, das Gewinn aus dem ersten Weltkrieg zog. Es bewies außerdem, daß es expansionistische Ziele verfolgte. Das japanische Reich befand sich deutlich in Bewegung.

Diese Haltung versetzte zwei seiner Verbündeten, Großbritannien und die Vereinigten Staaten, in eine schwierige Lage. Die Verbindungen zu wichtigen Mitgliedern des britischen Empire – Australien, Neuseeland, Neu-Guinea, Borneo und Malaya – konnten durch ein sich ausdehnendes Japan bedroht werden, und die amerikanischen Interessen auf den Philippinen waren in ähnlicher Gefahr. Beide Länder waren außerdem stark von Südostasien abhängig: Malaya und Niederländisch-Indien erzeugten drei Viertel des Welt-Rohgummis und zwei Drittel ihres Zinns. Die politischen und wirtschaftlichen Konsequenzen eines japanischen Eindringens in dieses Gebiet waren immens. Das britische und amerikanische Dilemma bestand darin, den Japanern Einhalt zu gebieten, ohne sich den ehemaligen Alliierten zum Gegner zu machen.

Die gegen Großbritannien und die USA gerichtete Drohung war eng mit dem Begriff Seemacht verbunden. Die Japaner konnten fern auf dem asiatischen Festland politischen und militärischen Fortschritt nur mit Hilfe ihrer Marine erreichen. Ende 1921 luden die USA unter Ausnutzung ihrer neuen Stellung als eine der führenden Weltmächte die vier anderen Seemächte – Großbritannien, Frankreich, Japan und Italien – zu einer gemeinsamen Konferenz ein. Diese Zusammenkunft, Washington Naval Conference genannt, benötigte zur Erzielung einer Übereinkunft nur wenige Wochen. Das bestehende Kräfteverhältnis sollte nicht geändert, und bereits existierende Einflußbereiche sollten nicht durch die Errichtung neuer Basen außerhalb erweitert werden.

Es besteht kein Zweifel, daß die Japaner zur großen Erleichterung der Briten und Amerikaner ohne Einwendungen diese Übereinkunft unterzeichneten, die ihre Stärke zur See auf sechzig Prozent der jeweiligen Stärke der Royal Navy und der U.S. Navy begrenzte, wobei es ihnen verboten wurde, Basen auf ihren neu erworbenen Inselbesitzen im Pazifik zu errichten. Die Briten durften zwar keine neue Basis in Hongkong und die Amerikaner keine auf den Philippinen errichten, wohl aber in Malaya und auf Hawaii. Diese Frage der Basen war von entscheidender Bedeutung. Der Pazifik ist so ausgedehnt, daß eine Seemacht nur innerhalb gewisser Entfernungen von geeigneten Basen operieren kann.

Das ›Washington Naval Agreement‹ hatte den japanischen Expansionstraum begrenzt – zumindest für den Augenblick.

Die Nachkriegszeit stellte die britische Admiralität vor besondere Probleme. Der alte Feind Deutschland hatte seine Flotte verloren und war nicht länger eine Gefahr in den europäischen Gewässern; der alte Alliierte Japan bildete jetzt im Fernen Osten und im Pazifik eine potentielle Gefahr. Großbritannien hatte zwar genügend Kriegsschiffe, aber im Fernen Osten keine Basis mit einem Trockendock, das die größten Kriegsschiffe aufnehmen konnte. Selbst wenn diese Docks vorhanden gewesen wären, hätte es eine kostspielige Belastung bedeutet, ständig eine Fernostflotte mit Schlachtschiffen zu unterhalten. Die Lösung der Admiralität bestand darin, die Regierung zu zwingen, eine neue Basis im Fernen Osten zu errichten, jedoch alle Schlachtschiffe bei der Heimat- und der Mittelmeerflotte zu belassen. Die britische Marinepräsenz würde, wie in der Vergangenheit, durch Kreuzer und kleine Schiffe gewährleistet; Großkampfschiffe würden nur gelegentliche Besuche machen. Es war zu hoffen, daß, wenn jemals im Osten die Gefahr eines Krieges entstehen würde, Großkampfschiffe rechtzeitig entsandt werden könnten.

Die neue Basis würde den notwendigen Reparaturdienst leisten können. Diese Kombination einer ständigen, modernen Basis im Fernen Osten und ihrer schnellen Verstärkung durch Großkampfschiffe aus England sollte die Grundlage britischer und Empire-Verteidigungspolitik in diesem Gebiet für genau zwanzig Jahre bilden.

Die Regierung akzeptierte die Pläne der Admiralität und die Wahl des Standortes für die Basis. Hongkong wurde sehr bald fallengelassen, da zu isoliert und verwundbar. Trinkomali auf Ceylon wurde als zu weit entfernt von dem zu verteidigenden Gebiet beurteilt. Singapur und Sydney wurden beide in engere Erwägung gezogen, aber die endgültige Wahl fiel wegen der besseren strategischen Lage auf Singapur. Auf der Imperial Conference im Jahre 1921 sagte Arthur Balfour als Vertreter der britischen Regierung:

»Wir sind zu der Überzeugung gekommen, daß es eine der zwingenden Notwendigkeiten für die Verteidigung unseres Empire ist, Singapur zu einem Stützpunkt zu machen, wo sich die britische Flotte zur Verteidigung konzentrieren kann. Gleiches gilt für unsere Interessen in Indien, Australien und in Neuseeland und für unseren bescheidenen Besitz dort. Zu diesem Zweck ist es absolut notwendig, die entsprechenden Schritte in Singapur zu unternehmen.«

Es ist interessant festzustellen, daß diese Entscheidung im Juni 1921 getroffen wurde, fünf Monate vor der Washington Naval Conference. Großbritannien konnte daher auf der Konferenz zustimmen, keine neuen Marinebasen »östlich des 110. Längengrades« zu errichten. Singapur liegt knapp westlich dieser Linie.

Die neue Basis wurde im entfernteren nördlichen Teil der Insel bei Johore Strait gebaut, der weit genug vom offenen Meer lag und nicht von See aus beschossen werden konnte. Außerdem war dort eine klare Trennung von der Handelsschiffahrt gegeben. Zudem sollte eine Basis für Land- und Wasserflugzeuge in der Nähe von Seletar gebaut werden. Das nächste Problem, das es zu lösen galt, war, wie diese Basis gegen feindliche Angriffe geschützt werden könnte und hier beginnt eine unglückliche Geschichte. Zu dieser Zeit gab sich die Royal Air Force die größte Mühe, sich als dritte Waffengattung durchzusetzen und als wesentlicher Faktor in einem zukünftigen Krieg anerkannt zu werden. Die 20er und 30er Jahre waren wirtschaftlich schwere Zeiten, und die Mittelzuweisungen des begrenzten Verteidigungsetats an die drei Wehrmachtsteile wurden hart umkämpft. Die R.A.F. hatte zwar in den britischen Regierungen dieser Zeit einige Freunde, aber nicht genug. Aus dem Verteidigungsbudget in Höhe von 1938 Millionen Pfund für die fünfzehn Jahre von 1920 bis 1934 erhielt die Marine den Löwenanteil von 47%, das Heer 40% und die R.A.F. nur 13%.

Es bestand Übereinstimmung, daß jeder Angriff auf Singapur durch Beschuß von See erfolgen würde, vielleicht gefolgt von einer direkten Landung durch Marine-Landungstruppen. Das dschungelbedeckte nördliche Festland von Malaya schien undurchdringlich zu sein. Die R.A.F. behauptete, daß die beste Verteidigung gegen einen Angriff von See die Anwesenheit einer von Jagdflugzeugen geschützten starken Einheit von Torpedo-Bombern sei, aber Marine und Heer waren der Meinung, daß großkalibrige Kononen in festen Stellungen eine bessere Verteidigung seien. Die ›Big Gun Lobby‹ siegte, und Singapurs Hauptverteidigung wurde der Artillerie in festen Stellungen anvertraut, die wohl in der Lage war, allen Annäherungen von See wirksam entgegenzutreten, die meisten Kanonen konnten aber nicht in Richtung auf das Festland schwenken.

Die eigentlichen Arbeiten an der Basis kamen nur langsam in Gang. Die 1924 neu gewählte Labour-Regierung beschloß, das Vorhaben vollständig fallenzulassen, die nachfolgende Konservative Regierung ließ den Plan wieder aufleben. So ging es mehrere Jahre mit sich abwechselnden Regierungen, die entweder den Bau verlangsamten oder beschleunigten, abhängig von finanziellen Schwierigkeiten, politischen Gesichtspunkten oder dem wechselhaften Weltgeschehen. Die Hauptarbeiten wurden erst 1938 beendet. Das King George VI-Trockendock und das Schwimmdock Nr. 9 konnten beide die größten bereits schwimmenden oder geplanten Schiffe der Royal Navy docken. Es gab große Turm-Drehkräne, Werkstätten und Lager für die Versorgung einer ganzen Flotte, große Öltanks und die F.S.A. (Fleet Shore Accomodation) mit Wohnmöglichkeiten für 3000 Mann. Das gesamte Gebiet der Basis umfaßte anderthalb Quadratmeilen, und es gab Ankerplätze in einem zweiundzwanzig Quadratmeilen großen Seegebiet. Die Gesamtkosten für die Basis beliefen sich auf etwas mehr als sechzig Millionen Pfund.

Die Japaner waren keineswegs glücklich. Die Marinebasis, die von den

Briten als ein lebenswichtiges Glied für die Verteidigung des Empire angesehen wurde, schien ihnen mehr eine Basis für einen Angriff gegen sie zu sein; zumindest war dies in den 30er Jahren ihre öffentliche Einstellung.

Die Beziehungen zwischen Großbritannien und Japan hatten sich nach 1918 stark verändert. Die seit fast zwanzig Jahren zwischen beiden Ländern bestehende Allianz und Solidarität hatte bereits vor dem Ende des ersten Weltkrieges begonnen zu zerbröckeln. Der britische Glaube an Japans Zuverlässigkeit war schon durch den japanischen Einmarsch in China und die Mandschurei erschüttert worden. Dies geschah zu einer Zeit, da der größte Teil der Welt sich noch auf die Kämpfe in Europa konzentrieren mußte. Japans expansionistische Politik hatte nicht nur die Washington Naval Conference zur Folge gehabt, sondern auch das Viermächteabkommen, das die Positionen im Pazifik zwischen Großbritannien, den Vereinigten Staaten, Frankreich und Japan festlegte, und das Neunmächteabkommen, das China vor weiteren japanischen Angriffen schützen sollte. Zur gleichen Zeit informierte Großbritannien Japan, daß es das seit langem bestehende anglojapanische Bündnis nicht erneuern werde, hauptsächlich, weil der Völkerbund solche Bündnisse als veraltet erscheinen lasse. Japan hatte zu dieser Zeit eine hauptsächlich aus Zivilpersonen bestehende Regierung, deren Absichten mehr kommerziell als militärisch waren. Sie akzeptierte diese Veränderungen widerspruchslos.

Die in den 20er Jahren geschlossenen Verträge sollten den Frieden für acht Jahre sichern, aber eine Folge von Ereignissen unterhöhlte nach und nach die Nachkriegsstabilität der japanischen Zivilregierung. Der endgültige Schlag kam, als Japan stärker als die meisten Länder der Welt unter der Wirtschaftskrise von 1927 zu leiden hatte, seine Regierung stürzte im Jahre 1928. Eine neue Partei, die Seiyukei, kam mit Ministerpräsident General Tanaka Giichi an die Macht.

General Tanakas Partei hatte starke Unterstützung seitens der jungen Heeresoffiziere, den traditionell Unzufriedenen in jedem Land, das sich langsam zu einer echten Demokratie entwickelt. Ihre zivile Regierung hatte versagt. Großbritannien hatte das Bündnis aufgesagt und sich mit den Vereinigten Staaten zusammengetan, um Japan als Seemacht in eine untergeordnete Position zu bringen, und baute nun diese große neue Basis in Singapur. Eine stolze Nation war tief gekränkt worden. Die Basis wurde als »ein Schwert in unserem Herzen« bezeichnet.

Die Lage verschlechterte sich in den 30er Jahren rapide. 1931 wurde die Mandschurei, 1937 China mit starken Kräften angegriffen. Als der Völkerbund Protest erhob, traten die Japaner aus dem Bund aus. Japan weigerte sich, die Bedingungen der Washington Naval Conference zu erneuern, als dies 1934 anstand, und begann statt dessen eine umfangreiche Modernisierung und Vergrößerung seiner Marine. Einzelheiten hierüber wurden weitgehend geheim gehalten. In Japan schwanden Freiheit und Demokratie, das Land entwickelte sich zu einer Militärdiktatur, der der Kaiser anscheinend machtlos gegenüberstand.

Die Japaner machten aus ihren Absichten kein Geheimnis. Ein bemerkenswertes Buch, geschrieben von einem Offizier der Kaiserlichen Japanischen Marine: »Japan Must Fight Britain«, wurde 1936 ins Englische übersetzt. Die Einleitung des englischen Herausgebers stellte fest:

»Die panasiatische Bewegung zur Errichtung eines Weltreiches mit einer Bevölkerung von einer Milliarde Menschen und mit Tokio als Mittelpunkt... Der Autor schildert den unvermeidlichen Krieg zwischen den beiden Mächten und beschreibt im einzelnen die relative Stärke und Schwäche der beiden Heere, Marinen und Luftwaffen. Bei diesem Vergleich erscheint Großbritannien deutlich als der wesentlich Schwächere. Er macht geltend, daß die Singapur-Basis für Japan eine Beleidigung sei, daß die Dominions apathisch seien und im Fall eines Krieges nur geringe materielle Hilfe leisten könnten und daß die britische Marine dekadent sei... Er führt Großbritannien vor Augen, mit welch verheerenden Nachteilen es im Falle eines Krieges fertigwerden müßte, und will es dadurch zu Zugeständnissen bewegen, die Japan zufriedenstellen und seine Vorherrschaft im Pazifik sichern. Wenn Großbritannien nicht bereit sein sollte, nachzugeben, dann sei der Krieg unvermeidbar und das Ergebnis werde der Zusammenbruch des englischen Weltreiches für immer sein.«

Großbritannien war auf die Gefahr eines neuen Krieges schlecht vorbereitet. Es erholte sich nur langsam von den schrecklichen Jahren der Depression. Eine Verfassungskrise fand ihren Höhepunkt durch die Abdankung König Edwards VIII. Die öffentliche Meinung war weit davon entfernt »den Krieg, der das Ende aller Kriege war«, von 1914–18 zu vergessen. Nur zögernd begann Großbritannien aufzurüsten und einen Teil dieser Aufwendungen für den Fernen Osten zu bestimmen.

Die Marinebasis in Singapur wurde weiterhin als lebenswichtige Position betrachtet. Es wurden weitere Küstengeschütze installiert und zwei weitere Militärflugplätze im Norden bei Tengah und Sembewang und fünf weitere landeinwärts gebaut. Sie sollten der Erweiterung der Luftüberwachung nach See dienen. Erst 1937 kam W.G.S. Dobbie, Kommandierender General in Malaya, zu der Auffassung, daß der Dschungel für gutausgebildete Einheiten keineswegs unpassierbar sei und daß die Marinebasis eines Tages durch eine Landung an der Ostküste von Malaya und durch einen gleichzeitigen Angriff auf Singapur selbst von Norden her bedroht werden könnte. Daraufhin wurde ihm ein kümmerlicher Betrag von 60 000 Pfund für den Bau einer hundert Meilen langen Küstenverteidigungslinie zur Verfügung gestellt.

Großbritanniens Marinepolitik blieb während dieser Jahre fast unverändert. Die Verteidigung des Mutterlandes hatte Vorrang. An zweiter Stelle kam das Mittelmeer mit seinen lebenswichtigen Öl- und Handelsverbindungen. Eine mögliche Bedrohung durch Japan kam erst als drittes. In den späteren 30er Jahren hoffte man, daß Japan sich mindestens bis zur Fertigstellung der fünf neuen Schlachtschiffe und der sechs Flugzeugträger des Dringlichkeitsprogramms ruhig verhalten würde. Die Hauptstärke der Royal Navy lag weiterhin in der Heimat- und der Mittelmeerflotte. Es wurde kein größeres Schiff in den Fernen Osten entsandt. Im Fall einer Krise würden unverzüglich Schlachtschiffeinheiten nach Singapur entsandt werden.

Deutschland beendete einige der Ungewissheiten im September 1939, als es Polen angriff und damit den lang vorausgeahnten Krieg in Europa begann. Großbritanniens Fernostreich war nun in äußerster Gefahr; es bestand die Möglichkeit eines japanischen Angriffs, während die britischen Hauptstreitkräfte durch die Deutschen gebunden waren.

Anwesenheit nicht zu vermuten war, wenn der Träger nicht in den Wind gedreht hätte, um seine Flugzeuge zu starten, und dabei dem U-Bootkommandanten eine glückliche Gelegenheit zum Schuß gab.

14. Oktober 1939. Das britische Schlachtschiff ROYAL OAK vor Anker in Scapa Flow durch »U 47« torpediert. Die Verteidigung von Scapa Flow gegen U-Bootsangriffe war noch nicht fertiggestellt, und der Angriff erfolgte mit großem Können.

17. Dezember 1939. Das deutsche Panzerschiff ADMIRAL GRAF SPEE im Rio de la Plata beim Handelskrieg von drei Kreuzern – EXETER, AJAX und ACHILLES – gestellt und schwer beschädigt. Die GRAF SPEE läuft nach Montevideo ein, um zu reparieren, versenkt sich dann aber auf Befehl Hitlers selbst.

8. Juni 1940. Der britische Flugzeugträger GLORIOUS mit nur zwei Begleitzerstörern an der norwegischen Küste durch die zwei deutschen Schlachtschiffe SCHARNHORST und GNEISENAU gestellt. Aus unbekannten Gründen flog die GLORIOUS zu diesem Zeitpunkt keine Luftaufklärung. Alle drei britischen Schiffe werden bald durch Artilleriefeuer versenkt, doch hatte einer der Zerstörer, ACASTA, die SCHARNHORST durch einen Torpedotreffer beschädigt.

3. Juli 1940. Das französische Schlachtschiff BRETAGNE explodiert im Hafen von Oran, als französische Kriegsschiffe durch die Royal Navy beschossen werden, damit sie nicht den Deutschen in die Hände fallen.

12. November 1940. Drei italienische Schlachtschiffe – LITTORIO, CONTE DI CAVOUR und CAIO DUILIO – bei einem Nachtangriff durch Fleet Air Arm-Swordfish-Flugzeuge im Hafen von Taranto vor Anker liegend torpediert. Alle drei Schiffe sanken im flachen Wasser.

24. Mai 1941. Der britische Schlachtkreuzer HOOD explodiert und sinkt nach einem Artilleriegefecht mit dem deutschen Schlachtschiff BISMARCK und dem schweren Kreuzer PRINZ EUGEN im Nordatlantik. Die PRINCE OF WALES nimmt an diesem Gefecht ebenfalls teil und verbucht zwei Treffer auf der BISMARCK, bevor sie selbst getroffen wird und das Gefecht abbrechen muß.

27. Mai 1941. Nachdem sie durch die PRINCE OF WALES beschädigt wurde, dann durch Torpedos von drei Fleet Air Arm-Flugzeugen und zwei weiteren von Zerstörern abgefeuerten Torpedos getroffen wurde, wird die BISMARCK durch die Schlachtschiffe KING GEORGE V und RODNEY bewegungsunfähig und schließlich durch Torpedos des Kreuzers DORSETSHIRE versenkt.

13. November 1941. Der britische Flugzeugträger ARK ROYAL sinkt im Mittelmeer nach einem Torpedotreffer in den Maschinenraum durch »U 81«.

25. November 1941. Das britische Schlachtschiff BARHAM wird im Mit-

18

Unheilvolles Zwielicht

Doch es dauerte zweieinviertel Jahre, ehe der Konflikt auf den Fernen Osten übergriff. Welches waren die wesentlichen Geschehnisse, bei denen Großkampfschiffe – Flugzeugträger, Schlachtschiffe und Schlachtkreuzer – zwischen September 1939 und den ersten Dezembertagen des Jahres 1941 in Aktion traten?

Großbritannien verfügte bei Kriegsausbruch über eine anscheinend eindrucksvolle Flotte von Großkampfschiffen: zwölf Schlachtschiffe, drei Schlachtkreuzer und sechs Flugzeugträger. Diesen einundzwanzig Schiffen, dazu fünf französischen Schlachtschiffen und einem Flugzeugträger, standen fünf deutsche Schlachtschiffe und Schlachtkreuzer gegenüber. Dies bedeutete eine erhebliche Überlegenheit zu Gunsten der Alliierten, obwohl im Sommer 1940 sechs italienische Schlachtschiffe die Achsenmächte verstärkten, während die französische Flotte für die Alliierten als verloren angesehen werden konnte. Aber es ging hier nicht um einen rein zahlenmäßigen Vergleich, denn von den fünfzehn britischen Schlachtschiffen und Schlachtkreuzern waren lediglich drei – NELSON, RODNEY und HOOD – Nachkriegsbauten. Die Flugzeugträger waren sehr verschiedenartig und meistens erst für diesen Zweck umgebaut, nachdem sie ursprünglich als Schlachtschiffe geplant und bereits im Bau gewesen waren. Alle deutschen und die meisten italienischen Schiffe waren moderner Bauart. Als Kontinentalmächte hatten diese beiden Länder den Vorteil, nicht vom Überseehandel abhängig zu sein. Sie konnten ihre Schiffe für einen Einsatz in den Häfen bereit halten, während die Royal Navy einen gewaltigen Umkreis vom Roten Meer bis nach Skandinavien gegen feindliche Angriffe zu verteidigen hatte. Diese Überseehandelsverbindungen waren für Großbritannien lebenswichtig. Seine Hoffnungen lagen in fünf modernen Schlachtschiffen und vier Flugzeugträgern, die nach Ausbruch des Krieges nach und nach in Dienst gestellt wurden. Die Deutschen hatten nur zwei Schlachtschiffe gebaut – die kampfstarken BISMARCK und TIRPITZ –, der Flugzeugträger GRAF ZEPPELIN wurde nicht fertig.

Seit Kriegsbeginn waren bis Ende November 1941 zwölf Schlachtschiffe versenkt worden.

17. September 1939. Der britische Flugzeugträger COURAGEOUS bei Irland durch das deutsche Unterseeboot »U 29« versenkt. Die COURAGEOUS hätte wahrscheinlich dem getauchten U-Boot davonlaufen können, dessen

17

telmeer durch »U 331« torpediert und sinkt nach Explosionen im den Munitionskammern.

Zwölf Großkampfschiffe wurden so zwischen Kriegsanfang und Ende November 1941 verloren. Vier durch U-Bootsangriffe, vier durch Artilleriefeuer, drei (die italienischen Schlachtschiffe) sanken im Hafen durch Torpedos der Fleet Air Arm und eines (die BISMARCK) unterlag einer Kombination von Granat- und Torpedotreffern.

Es schien daher zu dieser Zeit, als ob die Hauptgefahr für Großkampfschiffe im Artilleriefeuer gegnerischer Schiffe bestand. Man konnte annehmen, daß vier Schiffe, die durch U-Boote verlorengegangen waren, unglückliche Verluste waren – ROYAL OAK vor Anker in Scapa Flow, COURAGEOUS durch eine In-den-Winddrehung zum Start seiner Flugzeuge, direkt dem U-Boot vor den Bug, ARK ROYAL und BARHAM durch je einen einzigen Torpedo, der unverhältnismäßig große Zerstörungen anrichtete. Mindestens vier andere Schlachtschiffe – NELSON, BARHAM (bei einem früheren Angriff), SCHARNHORST und GNEISENAU – hatten Torpedotreffer durch U-Boote überstanden. Man mußte noch immer davon ausgehen, daß ein Schlachtschiff den meisten U-Bootsangriffen ausweichen konnte, wenn es seine Geschwindigkeit beibehielt. Seine Panzerung oder die wasserdichten Abteilungen konnten im allgemeinen alle, bis auf besonders unglückliche Torpedotreffer, überstehen.

Angriffe durch Flugzeuge waren noch nicht als ernsthafte Gefahr zu erkennen. Keines war bisher einem Bombenangriff unterlegen, wohl aber zahlreiche kleinere Schiffe, einschließlich fünf britischen Kreuzern und achtundzwanzig Zerstörern, während die britischen Schlachtschiffe BARHAM und WARSPITE auf See direkte Bombentreffer überstanden und die SCHARNHORST und GNEISENAU dasselbe im Hafen überlebt hatten.

Der britische Flugzeugträger ILLUSTRIOUS war im Mittelmeer weiter im Einsatz geblieben, obwohl er sechs schwere Bombentreffer und drei weitere Bomben in unmittelbarer Nähe erhalten hatte. Torpedoflugzeuge waren seit Ausbruch des Krieges eingesetzt worden, aber abgesehen von dem Angriff im Hafen von Taranto hatten sie keine Versenkung von Großkampfschiffen erzielt. Jedes Gutachten in den ersten Dezembertagen des Jahres 1941 wäre daher zu den folgenden Ergebnissen gekommen:

Erstens: Großkampfschiffe sind in Gefahr, wenn sie auf stärkere Einheiten feindlicher Schlachtschiffe treffen.

Zweitens: Großkampfschiffe sind nur dann gegen U-Bootsangriffe verwundbar, wenn sie mit verminderter Geschwindigkeit laufen müssen oder unglückliche Treffer in lebenswichtige Abteilungen erhalten.

Drittens: Im Gegensatz zu den Voraussagen von Billy Mitchell und seinen Gleichgesinnten wurden bisher weder alliierte noch Achsen-Großkampfschiffe durch irgendwelche Angriffe aus der Luft versenkt.

Darüber hinaus gab es verschiedene Gelegenheiten, bei denen der energische Einsatz von Großkampfschiffen auf beiden Seiten positive Erfolge gebracht hatte. Die Entsendung der WARSPITE mit einer Gruppe von Zerstörern in die engen Gewässer des Narvik-Fjords im April 1940 hatte zur Zerstörung von acht deutschen Zerstörern und einem U-Boot geführt. Dies war der einzige wirkliche Erfolg der Briten während des Norwegenfeldzuges. Drei Schlachtschiffe – wiederum die WARSPITE, BARHAM und VALIANT – hatten, zusammen mit dem Flugzeugträger FORMIDABLE, in der Schlacht bei Kap Matapan die italienische Flotte gedemütigt und ohne eigene Verluste drei Kreuzer versenkt. Auch die Deutschen hatten ihre Erfolge. Ihre schnellen und modernen Schlachtschiffe und schweren Kreuzer hatten die GLORIOUS und die HOOD vernichtet, und der mutige Einsatz ihrer Großkampfschiffe als Handelszerstörer hatte zu der Versenkung bzw. Aufbringung von einundfünfzig Handelsschiffen geführt. Allerdings hatten sie dafür mit dem Verlust der ADMIRAL GRAF SPEE und der BISMARCK bezahlen müssen.

Der neue Krieg in Europa schien die grundsätzlichen Fragen des Seekrieges nicht verändert zu haben.

Dieser zweite europäische Krieg innerhalb von fünfundzwanzig Jahren war wiederum für die Japaner eine Gelegenheit, ihr Weltreich zu vergrößern.

Großbritannien war in Europa fast vollständig gebunden. Die Vereinigten Staaten waren zwar wachsam, aber noch neutral. Als Holland und Frankreich im Sommer 1940 in die Hände der Deutschen fielen, waren ihre Fernostbesitzungen praktisch verteidigungsunfähig. Man kann es den Japanern verzeihen, daß sie annahmen, über kurz oder lang würde auch Großbritannien besiegt, und dann würde eine neues Fernöstliches Reich das ihre werden. Die Japaner waren daher in der Lage, die Unterwerfung Chinas fortzusetzen und die Übernahme der reichen europäischen Besitzungen aktiv vorzubereiten. Mit General Tojo als Verteidigungsminister kam im Juli 1940 eine noch stärker militärisch eingestellte Regierung an die Macht. Im späteren Verlauf dieses Jahres wurde ein Dreierpakt mit Deutschland und Italien abgeschlossen. Im Frühjahr 1941 folgte ein Neutralitätsabkommen mit Rußland.

Die Japaner waren zwar noch nicht zur Führung eines offenen Krieges mit einem westlichen Land bereit, aber sie machten auf anderen Gebieten ständig Fortschritte. Die Holländer wurden dazu gebracht, den Export von Rohstoffen von Niederländisch-Indien nach Japan zu erhöhen, allerdings nicht in dem von den Japanern gewünschten Ausmaß.

Die Briten wurden gezwungen, die Straße von Burma zu schließen, durch die der größte Teil der amerikanischen Kriegshilfe für China gelangte. Außerdem mußten die britischen Garnisonen in Tientsin und Shanghai geräumt werden. Die Briten schlossen zwar die Burmastraße für drei Monate, aber lediglich zur Schonung während der Monsunzeit. Die kleinen Garnisonen von Tientsin und Shanghai wurden aus guten militärischen Gründen geräumt, da sie im Kriegsfall ohnehin innerhalb weniger Stunden ausgeschaltet würden. Die Truppen konnten anderswo besser eingesetzt werden und wurden nach Singapur verlegt.

Nach dem Fall Frankreichs forderten die Japaner innerhalb weniger Wochen die Zustimmung, daß ihre in China stationierten Truppen in den nördlichen Teil von Französisch-Indochina einmarschieren durften. Der französische Generalgouverneur mußte zustimmen, und im April 1941 mußte die Vichy-Regierung unter deutschem und japanischem Druck den Japanern den Gebrauch von Luft- und Marinestützpunkten im südlichen Indochina zugestehen. Ohne einen Schuß abzufeuern, hatten die Japaner Basen nur 450 Meilen von Malaya und 700 Meilen von Singapur selbst erhalten. Die britischen Besitzungen lagen nun innerhalb der Reichweite japanischer Bomber.

Bereits vor dem Krieg hatten Zweifel über den Zeitraum, innerhalb dessen Großkampfschiffe von England aus Singapur verstärken könnten, zu der Warnung geführt, die Insel müßte im Fall eines Angriffs entgegen früheren Schätzungen nicht siebzig, sonder neunzig Tage aushalten. Bei Ausbruch des Krieges bestanden die Streitkräfte der Royal Navy lediglich aus dem alten Flugzeugträger EAGLE, vier Kreuzern, neun Zerstörern und einigen U-Booten. Die meisten dieser Schiffe wurden sehr bald nach Europa abgezogen. Nach der Krise während der Schlacht um England im Jahre 1940 wurde die Lage im Fernen Osten erneut überprüft. Die Befehlshaber der drei Waffengattungen wurden über ihre Vorstellungen über die Mindeststärke zu Lande und in der Luft befragt, um Singapur bis zum Eintreffen der Seestreitkräfte zu halten. Im Oktober 1940 tagte die »Singapore Defence Conference«. Vizeadmiral Sir Geoffrey Layton, Oberbefehlshaber der Garnisonen in China, war Vorsitzender dieser Konferenz.

Lieutnant-General L. V. Bond und Air Vice-Marshal J. T. Babbington vertraten das Heer und die Luftwaffe. Commander A. C. Thomas, der amerikanische Marineattaché in Bangkok, wurde von seiner Regierung nach Singapur entsandt, angeblich um einen Arzt zu konsultieren, jedenfalls nahm er an der Konferenz in Zivil teil.

Die Wahrheit war, daß sich die Briten ein Jahr vor Beginn des eigentlichen Krieges in diesem Gebiet in einer traurigen Lage befanden. Sie wußten, daß die Japaner in der Nähe von Saigon zwei Militärflugplätze besetzt hatten, daß sie mehr als 400 Flugzeuge auf Landstützpunkten und 280 Flugzeuge auf Trägern zur Verfügung hatten und daß sie diese Streitkräfte schnell verstärkten. Die gemeinsame Stärke der britischen und der U.S.-Marine in Südostasien war jetzt schwächer, als die britische vor dem Krieg allein gewesen war. Die Konferenz erkannte, daß durch die Anwesenheit der Japaner in Indochina die potentielle Gefahr für Singapur nicht mehr durch einen Angriff von See, sondern durch einen Vorstoß über Land durch Siam und die Malaiische Halbinsel hervorgerufen wurde. Sie erkannte ferner, daß es jetzt für die Hauptverteidigung von Singapur höchst ratsam sei, sich auf eine starke Luftwaffe zu stützen, und forderte 582 moderne Kampfflugzeuge an. Mit diesen Flugzeugen und zusammen mit australischen und indischen Heereseinheiten, bereitgestellt für den Einsatz in Malaya, sollte es möglich sein, einen japanischen Angriff solange aufzuhalten, bis die Marine eintraf. Die tatsächlichen Luftstreitkräfte in Singapur und Malaya bestanden zu dieser Zeit lediglich aus 88 Flugzeugen, von denen nur 48 moderne Maschinen waren.

Die überwiegende Mehrheit dieser 582 Flugzeuge wurde nie zur Verfügung gestellt. Sie waren zwar in England vorhanden, aber die während der Schlacht um England und der kürzlichen »Blitze« gewonnenen Erfahrungen, verbunden mit dem Verlangen der R.A.F.-Führung – mit voller Unterstützung Churchills – eine gewaltige Bomberflotte zu schaffen und damit Deutschland zu schlagen, hielt sie im Mutterland fest. Als die Japaner schließlich genau ein Jahr nach der Defence Conference angriffen, hatten Malaya und Singapur nur 158 einsatzfähige Flugzeuge, von denen die besten langsame amerikanische Jäger, Brewster Buffalo, und die Bristol Blenheim-Bomber waren, die 1941 schwerlich als moderne Flugzeuge bezeichnet werden konnten. Zu diesem Zeitpunkt hatte die R.A.F. mindestens einhundert Staffeln moderner Jäger in England, die stark unterbeschäftigt waren, seit die Hauptmasse der »Luftwaffe« nach Rußland und in den Mittelmeerraum verlegt worden war. Erst drei Monate nach dem Fall von Singapur begann das R.A.F.-Bomberkommando seinen ersten 1000-Bomber-Angriff auf Deutschland.

Unmittelbar nach der Konferenz von Singapur wurde ein neues Kommandosystem für den Fernen Osten eingerichtet. Zum ersten Mal wurde für dieses Gebiet ein zentraler Befehlshaber für die britischen Streitkräfte ernannt. Air Chief Marshal Sir Robert Brooke-Popham, 1937 aus dem Dienst der R.A.F. ausgeschieden, um Gouverneur in Kenia zu werden, aber inzwischen reaktiviert, wurde im November 1940 zum Oberbefehlshaber für den Fernen Osten ernannt. Sein eindrucksvoller Titel gab ihm das Kommando über alle britischen Luft- und Seestreitkräfte in Burma, Malaya, Singapur und Hong Kong. Es war der nun auf die R.A.F. gesetzte Ausdruck des Vertrauens, Singapur bis zur Ankunft der britischen Schlachtschiffe zu verteidigen, der die Wahl für diesen wichtigen Posten einem Offizier der R.A.F. und nicht einem Heeresoffizier zufallen ließ. Die Schiffe der Royal Navy wurden jedoch ausdrücklich von seinem Oberbefehl ausgenommen!

Die fünfmonatige Periode von Juli bis November 1941 war im Fernen Osten und im Pazifik die letzte Friedensperiode. Während dieser Monate sagten drei der in diesem Gebiet interessierten westlichen Mächte endgültig »Nein« zu weiterer japanischer Expansion, selbst auf die Gefahr, einen Krieg zu provozieren, den sich zwei von ihnen allerdings bestimmt nicht leisten konnten. Für Winston Churchill wurden die japanischen Kriegsdrohungen dieser Monate zu einer Periode von »unheilvollem Zwielicht« im Fernen Osten.

Im Juli 1941 wurde der japanische Botschafter bei der Vichy-Regierung beauftragt, die Franzosen darüber zu unterrichten, daß Japan weitere militärische und wirtschaftliche Zugeständnisse in Indochina beanspruche. Eine derartige Ausweitung der japanischen Einflußsphäre hätte seine Truppen noch sehr viel näher an die Amerikaner auf den Philippinen und die Briten in Malaya herangebracht.

Den Amerikanern war es gelungen, die von Japan über Funk an ihren Botschafter gegebenen Weisungen zu entschlüsseln; sie informierten Großbritannien, daß die Vereinigten Staaten nicht bereit seien, japanische Truppen weiter in den Süden von Indochina einmarschieren zu lassen, und daß sie, falls dies geschähe, alle Handelsbeziehungen mit Japan abbrechen würden. Bevor jedoch dieser drastische Schritt unternommen werden sollte, schlugen sie Japan vor, Indochina für neutral zu erklären. Der Vorschlag wurde ignoriert. Vichy fügte sich sehr bald den japanischen Forderungen, und die japanischen Truppen marschierten in das südliche Indochina ein. Die Amerikaner stoppten daraufhin sofort den gesamten Handel mit Japan und froren alle japanischen Guthaben in den Vereinigten Staaten ein. Die Briten und die Freien Holländer folgten.

Die Japaner waren über diesen energischen amerikanischen Schritt, der für sie völlig unerwartet kam, bestürzt. Ihr Hauptproblem war das Öl. Japan produzierte selbst nur zehn Prozent seines Ölbedarfs; achtzig Prozent seiner Ölimporte kamen aus den Vereinigten Staaten und zehn Prozent aus Niederländisch-Indien. Obwohl man in den letzten zehn Jahren ständig Ölvorräte angelegt hatte, konnten diese Reserven selbst bei äußerster Sparsamkeit höchstens für drei Jahre reichen. Die Japaner hatten nur drei Möglichkeiten: nachzugeben und ihre Streitkräfte aus Süd-Indochina zurückzuziehen; sich um Verhandlungen mit den Amerikanern zu bemühen; oder den äußersten Schritt zu unternehmen, sich auf einen totalen Krieg vorzubereiten, die ölreichen Länder Südostasiens zu überfallen und die so sehr herbeigesehnte »Greater East Asia Co-Prosperity Sphere« zu verwirklichen. Es war dies der Traum vom Zusammenschluß aller asiatischen Länder unter japanischer Führung.

Die Japaner hatten über die Jahre genug Beleidigungen seitens des Westens erlitten. Sie waren nicht bereit, ihr Gesicht noch weiter zu verlieren und weigerten sich, sich aus Indochina zurückzuziehen. Statt dessen wurde eine Verhandlungsdelegation nach Washington entsandt, in der Hoffnung, die Amerikaner würden das Handelsembargo lockern. Gleichzeitig wurden jedoch alle notwendigen Kriegsvorbereitungen getroffen. Am stärksten plädierte das japanische Heer für den Krieg, während die Marine die Fortsetzung der Verhandlungen wünschte. Es gab keine separate Luftwaffe, und die bürgerlichen Politiker und der Kaiser waren ohne Einfluß. Letzten Endes war keine Seite zu einem Kompromiß bereit.

Am 5. November wurde in Tokio beschlossen: Falls bis zum 25. November mit den Amerikanern keine Übereinkunft zustande käme, würden die Japaner nach dem 1. Dezember mit Überraschungsangriffen auf zahlreiche Stützpunkte der Amerikaner, Briten und Holländer beginnen. Der Faktor Zeit war für die Japaner wesentlich. Mit jedem Tag, der verging, verminderten sich ihre Ölreserven, ihre potentiellen Feinde verstärkten ihre Garnisonen, und der für Ende November zu erwartende Monsun würde die geplanten Operationen stark erschweren.

Die zwanzig Jahre alten britischen und amerikanischen Pläne zur See sollten ihre Bewährungsprobe bestehen. Es sollte in erster Linie ein Seekrieg sein, und die Schlachtschiffe sollten bald in Aktion treten.

»Eine entscheidende Abschreckung«

Seit langer Zeit vor dem Krieg hatte kein großes britisches Schlachtschiff mehr den Fernen Osten besucht. Die BISMARCK wurde im Mai 1941 versenkt, und die neuen Schlachtschiffe der King George V-Klasse wurden nach und nach in Dienst gestellt. Auf Grund eines Langzeitplans entschied die Admiralität, eine Kampfgruppe schwerer Kriegsschiffe in den Indischen Ozean zu entsenden, dann aber, sie als Großbritanniens dritte Flotte nach Singapur zu schicken. Sie wurde die »Ostflotte« genannt. Dokumente des Staatsarchivs besagen, daß diese Flotte aus nicht weniger als sieben Schlachtschiffen oder Schlachtkreuzern, einem Flugzeugträger, zehn Kreuzern und vierundzwanzig Zerstörern bestehen sollte. Zusammen mit der amerikanischen Pazifikflotte, mit Pearl Harbour als Basis, wären diese Seestreitkräfte eine hervorragende Abschreckung gegen die japanische Aggression gewesen.

Aber der Plan der Admiralität hatte verschiedene Schwachstellen. Die ausgewählten Schlachtschiffe waren NELSON und RODNEY, dazu die vier alten und langsamen Schiffe der R-Klasse, RAMILLIES, RESOLUTION, REVENGE und ROYAL SOVEREIGN und der ebenfalls alte, aber schnellere Schlachtkreuzer RENOWN. Kein Schiff der King George V-Klasse war dabei. Quantität sollte vor Qualität gehen. Zunächst hielt man es für notwendig, zahlreiche Schiffe zu überholen oder zu reparieren und sie außerdem mit dem neuesten Radargerät auszurüsten. Und schließlich konnten die Zerstörer noch nicht von ihren Geleitzugaufgaben bei der Heimatflotte und bei der Mittelmeerflotte freigestellt werden. Der frühestmögliche Zeitpunkt für die Aufstellung der Ostflotte wurde von der Admiralität für März 1942 angegeben. Das betreffende Dokument ist undatiert, aber es entspricht zweifellos der Politik der Admiralität im Sommer 1941, nachdem die BISMARCK versenkt worden war.*

Leider sollten die Ereignisse für diese Papierflotte viel zu schnell ablaufen, bevor sie Wirklichkeit werden konnte. Am 11. August 1941 nahm der Premierminister mit Präsident Roosevelt an der Atlantik-Konferenz auf Neufundland teil. Er wurde an Bord des Schlachtschiffes PRINCE OF WALES über den Atlantik gebracht. Roosevelt hatte Churchill unterrichtet, daß die amerikanische Haltung gegenüber Japan sich weiter verschärft habe und

---

* Das Dokument hat die Nr. ADM 199/1149 des Public Record Office.

daß daraus ein Krieg im Fernen Osten entstehen könne. Churchill leitete diese Nachricht unverzüglich an seine Planungsstäbe in London weiter. Noch während er auf Neufundland war, begann die Arbeit. Am 12. August begann der gemischte Planungsstab mit der Ausarbeitung eines Plans zur sofortigen Verstärkung des Fernen Ostens durch eine Kampfgruppe »einschließlich Schlachtschiffen«. Der zwanzig Jahre alte Plan zur Entsendung von Schlachtschiffen in die Marinebasis von Singapur sollte nun verwirklicht werden. Der Admiralstab trat am folgenden Tag zusammen, vermutlich unter dem Vorsitz des Ersten Seelords, Sir Dudley Pound.

Die Führer der Marine erstellten einen Plan, der als Grundlage für ihre Politik in den nächsten zwei Monaten dienen sollte – bis sie von den Politikern davon abgebracht wurden. Nunmehr sollte lediglich der alte Schlachtkreuzer REPULSE, der jetzt entgegen dem ursprünglichen Plan leichter verfügbar war als die RENOWN, und dazu die vier alten Schlachtschiffe der R-Klasse in den Indischen Ozean entsandt werden. Dieser Plan läßt deutlich erkennen, mit welch großer Zurückhaltung die Admiralität die Entlassung irgendeines ihrer modernen Schlachtschiffe aus den europäischen Gewässern behandelte. Sie fürchtete, daß das schnelle, moderne deutsche Schlachtschiff TIRPITZ oder SCHARNHORST und GNEISENAU zur Bekämpfung der Handels-Geleitzüge in den Atlantik auslaufen könnten. Es war dies ein gutes Beispiel dafür, wie eine Handvoll deutscher Großkampfschiffe in der Lage war, die Royal Navy für Jahre im Hafen zu binden.

Diese Überlegungen wurden zu einer Zeit angestellt, als die Amerikaner schon insgeheim die Mitverantwortung für den Schutz der Nordatlantik-Geleitzüge übernahmen.

Am 20. August 1941 wurde in der Admiralität »beschlossen, daß, sollten die USA eine ausreichend starke Flotteneinheit moderner Schlachtschiffe zur Verfügung stellen, die in der Lage ist, die TIRPITZ zu binden, und bereit sein, eines dieser Schiffe als Ersatz für eines unserer eigenen Schiffe der King George V-Klasse – falls ein solches beschädigt wird – zur Verfügung zu stellen, es möglich sein würde, ein Schiff der King George V-Klasse zusätzlich zu NELSON und RODNEY, vier Schiffen der R-Klasse und RENOWN in den Fernen Osten oder den Indischen Ozean zu entsenden«.*

Mit anderen Worten: Wenn die Amerikaner bereit wären, nicht nur Begleitzerstörer zum Schutz von Geleitzügen, sondern auch moderne Schlachtschiffe zum gemeinsamen Einsatz mit der britischen Flotte nach Scapa Flow zu entsenden – zu einem Zeitpunkt, als sich die Vereinigten Staaten noch nicht mit Deutschland im Krieg befanden – würde die Admiralität für den Fall eines japanischen Angriffs ein modernes Schlachtschiff zur Verteidigung von Singapur freigeben. Die Admiralität wußte, daß diese

* Public Record Office ADM 199/1149

Bedingung kaum erfüllt werden würde; sie bedeutete im Grunde die Weigerung, ein modernes Schlachtschiff freizustellen.

Churchill war Ende des Monats in London zurück und gab kurz danach dem Ersten Seelord seine Meinung in einer seiner berühmten persönlichen Aufzeichnungen, »Action This Day« genannt, zur Kenntnis:

»Es sollte in naher Zukunft möglich sein, zur Abschreckung ein Geschwader in den Indischen Ozean zu entsenden, das aus einer minimalen Anzahl bester Schiffe bestehen sollte. Die wirtschaftlichste Lösung wäre die Entsendung der Duke of York, sobald ihre Konstruktionsmängel behoben sind. Sie sollte über Trinidad und Simonstown in den Osten gehen. Sie sollte durch die Repulse oder Renown und einen schnellen Flugzeugträger begleitet werden. Diese starke Kampfgruppe sollte sich im Dreieck Aden-Singapur-Simonstown zeigen. Dies würde einen lähmenden Einfluß auf die Aktivitäten der japanischen Marine ausüben. Die Duke of York kann während der langen Reise nach Osten Ausbildung betreiben, und das Oberkommando der Heimatflotte behält zwei K.G.V.s, die besonders einsatzstark sind. Dies würde meiner Meinung nach eine sehr viel wirtschaftlichere und vorteilhaftere Verwendung unserer Mittel sein, als die Prince of Wales aus Gebieten abzuziehen, wo sie, wenn auch unwahrscheinlich, die Tirpitz treffen könnte.«*

Churchill brachte klar zum Ausdruck, daß er eine kleine qualifizierte Flotte – eine schnelle, hart zuschlagende Kombination von Schlachtschiff, Schlachtkreuzer und Flugzeugträger – wünschte. Aus späteren Dokumenten zu dem gleichen Thema wird klar, daß Churchill nicht einen direkten Angriff auf Singapur oder Malaya befürchtete, sondern die größte Gefahr darin sah, daß japanische Schiffe die britische Handelsschiffahrt im Pazifik und im Indischen Ozean angreifen würden. Er wünschte daher eine schnelle, offensive oder »zur Strecke bringende« Kampfgruppe, wie sie kürzlich die Bismarck vernichtet hatte. Die Admiralität hingegen wünschte eine größere, defensive Einheit von Schiffen, um Singapur und Malaya zu schützen. Churchills Wahl der Duke of York ist interessant. Sie war das dritte der fünf Schlachtschiffe der King George V-Klasse und erst kürzlich fertiggestellt. Churchill hatte der Admiralität deutlich gesagt: »Geben Sie mir einen Flugzeugträger und dieses letzte, noch unfertige Schlachtschiff der King George V-Klasse, und ich überlasse es Ihnen, mit Nelson, Rodney und den beiden schon erfahreneren modernen Schlachtschiffen King George V und Prince of Wales auf jedes deutsche Schiff aufzupassen, das in den Atlantik läuft.« In zwei wesentlichen Punkten befand sich Churchill schwer im Irrtum. Erstens planten die Japaner bereits einen Angriff auf Malaya und Singapur; zweitens, hätten die Japaner sich selbst nur auf Störaktionen gegen die britische Schiffahrt beschränkt, so wären drei britische

* Public Record Office PREM 163/3

Schiffe nur von geringem Wert gegen die japanische Marine mit ihren mächtigen Einheiten von Schlachtschiffen und Flugzeugträgern gewesen. Seine Begründung für den Einsatz dieser drei Schiffe, sie würden »einen lähmenden Einfluß auf die Aktivitäten der japanischen Marine ausüben«, müßte schon bald eher scherzhaft erscheinen, doch Churchill war in diesen Monaten nicht der einzige, der die japanischen Absichten und Möglichkeiten so schwerwiegend unterschätzte.

Auf Churchills Notiz folgte drei Tage später eine lange Antwort von Sir Dudley Pound, in der die Admiralität viele stichhaltige Gründe dafür angab, warum alle drei Schlachtschiffe der King George V-Klasse in der Heimat bleiben müßten. Sie wiederholte ihre Absicht, im Osten stärkere Kräfte mit älteren Schiffen zu stationieren. Churchill akzeptierte dies am folgenden Tag nicht ohne eine heftige Entgegnung. Sie enthielt zwar keine neuen Gesichtspunkte, jedoch einige starke Argumente:

1. Es ist sicher eine falsche Entscheidung, im Indischen Ozean eine Flotte zu stationieren, die zahlenmäßig zwar beträchtlich, aber in der Instandhaltung und hinsichtlich der Besatzung teuer ist, wenn diese ausschließlich aus langsamen, veralteten oder unmodernen Schiffen besteht, die weder ein Seegefecht gegen die japanischen Streitkräfte führen kann noch gegen diese modernen schnellen Schiffe abschreckend wirkt, wenn diese einzeln oder paarweise als Kaperschiffe eingesetzt werden. Derartige Entscheidungen können uns nur durch die Umstände aufgezwungen werden, sie sind jedoch in sich selbst grundfalsch.
2. Die Verwendung der vier R's für Geleitzüge ist gegen feindliche 8"-Kreuzer möglich. Wenn aber die allgemeine Einstellung des Feindes die ist, daß er ein einzelnes modernes Schlachtschiff für plötzliche Überfälle einzusetzen bereit ist, dann sind alle diese alten Schiffe und die von ihnen zu schützenden Geleitzüge eine leichte Beute. Die R's sind in ihrem derzeitigen Zustand schwimmende Särge. Um den Einsatz von R's für Geleitzüge im Indischen Ozean zu rechtfertigen, würde es notwendig sein, zusätzlich eine oder zwei schnelle, schwere Einheiten zur Verfügung zu haben, die den Feind davon abhalten, einzelne schwere Kaperschiffe einzusetzen, ohne sich der Gefahr einer Bestrafung auszusetzen. Zweifellos würde die australische Regierung die Zahl alter Schlachtschiffe in ihrer Nachbarschaft mit Genugtuung zählen, aber wir sollten solche wertlosen Gedanken nicht weiter verfolgen. Im Gegenteil, wir sollten uns die wahren Prinzipien der Marinestrategie einprägen, von denen sicher eine ist, daß man gegen eine Übermacht nur eine kleinere Anzahl bester Schiffe mit Erfolg einsetzen kann.
3. Die Wirksamkeit der Maßnahmen, die ich in meiner Notiz M 819.1 vorzuschlagen gewagt habe, wird durch die außerordentliche Beunruhigung der Admiralität wegen der T<small>IRPITZ</small> noch unterstrichen. Die T<small>IRPITZ</small> tut

uns genau das an, was ein K.G.V. der japanischen Marine im Indischen Ozean antun würde. Es erzeugt Unsicherheit, allgemeine Furcht und bedroht alle Operationsgebiete gleichzeitig. Es erscheint und verschwindet und löst auf der anderen Seite unmittelbare Gegenmaßnahmen und Verwirrung aus.
4. Die Tatsache, daß die Admiralität von der Überlegung ausgeht, um die T<small>IRPITZ</small> zu binden, müßten drei K.G.V.s eingesetzt werden, ist ein schwerer Vorwurf gegen die Konstruktion unserer neuesten Schiffe, die offensichtlich ungeeignet zu sein scheinen, ihren Gegner in einem Gefecht Schiff gegen Schiff niederzukämpfen. Aber selbst unter Berücksichtigung dieser Erkenntnis bin ich nicht davon überzeugt, daß der Vorschlag, die drei K.G.V.s im Atlantik zu belassen, begründet ist und zwar mit Rücksicht a) auf die amerikanischen Dispositionen, mit denen jetzt gerechnet werden kann, und b) auf die bewiesene Möglichkeit, ein Schiff wie die T<small>IRPITZ</small> durch Flugzeugträger in seiner Geschwindigkeit herabzusetzen, wenn es frei operiert. Es erscheint unwahrscheinlich, daß die T<small>IRPITZ</small> aus der Ostsee zurückgezogen wird, solange die russische Flotte in Bereitschaft bleibt. Und weiterhin muß das Schicksal der B<small>ISMARCK</small> und ihrer Versorgungsschiffe den Deutschen sicher noch deutlich in Erinnerung sein. Wie töricht würden sie sein, wenn sie sie auslaufen ließen, während sie im Hafen liegend unsere drei stärksten und neuesten Schlachtschiffe bindet und außerdem noch die Ostsee beherrscht! Ich meine daher, daß im Atlantik übertriebene Vorkehrungen getroffen worden sind, die sicher unvergleichlich verschwenderischer sind als irgend etwas, was wir uns bisher in diesem Krieg leisten konnten.
5. Der größte Nutzen, den wir auch jetzt noch aus den R's ziehen könnten, wäre, sie zur Verteidigung gegen Flugzeugangriffe umzurüsten und sie dann als langsame Einheiten einzusetzen, die es uns ermöglichen, die Überlegenheit im Mittelmeer wiederzugewinnen und Malta unbegrenzt zu verteidigen.
6. Ich muß noch hinzufügen, daß ich nicht glauben kann, daß Japan gleichzeitig gegen die Vereinigten Staaten, Großbritannien und Rußland anzutreten bereit ist; immerhin ist Japan schon in China beschäftigt. Es ist höchstwahrscheinlich, daß es noch mindestens drei Monate mit den Vereinigten Staaten verhandeln wird, ohne irgendwelche aggressiven Schritte zu unternehmen oder der Achse aktiv beizutreten. Nichts würde ihre zögernde Haltung mehr verstärken, als das Erscheinen der in meiner Notiz M 819.1 genannten Seestreitkräfte und vor allem eines K.G.V. Das könnte wirklich eine entscheidende Abschreckung sein.
7. Ich würde diese Angelegenheit gern noch einmal mit Ihnen besprechen.
W.S.C. 29.8.41«*

* Public Record Office PREM 163/3

Diese Überlegungen wurden dem Ersten Seelord zugeleitet, aber seltsamerweise scheint das von Churchill gewünschte Gespräch nicht stattgefunden zu haben. Es vergingen fast sieben Wochen, bevor der Fall erneut aufgegriffen wurde. Während dieser Wochen wurde der Plan der Admiralität, eine Gruppe von alten Schlachtschiffen Anfang 1942 zusammenzustellen, im stillen weiter verfolgt. Etwa Mitte Oktober konnte niemand mehr die Entwicklung im Fernen Osten ignorieren. Die Amerikaner hatten ihre britischen Freunde über alle diplomatischen Schritte unterrichtet, und auch der britische Geheimdienst hatte einige Nachrichten geliefert, obwohl die Japaner ihre Vorbereitungen unter Bedingungen äußerster Geheimhaltung trafen.

Schon am 3. Juni hatte ein britischer Marinenachrichtenoffizier in Kapstadt über ein erhebliches Anwachsen des verschlüsselten Telegrammverkehrs der Japaner zwischen Tokio und so weit entfernten Konsulaten wie Singapur, Mombassa und Beirut berichtet, und daß japanische Geschäftsleute in Kenia ihre Firmen und ihr Eigentum weit unter dem wirklichen Wert verkauften und in ihre Heimat zurückkehrten. Im August und September trafen Berichte ein, aus denen hervorging, daß japanische Handelsschiffe ihre vorgesehene Abfahrt abgesagt und ihre Reedereiabzeichen und Nationalkennzeichen übermalt hätten. Die Schiffe sammelten sich in großer Zahl in japanischen Häfen. Japanische Marinereservisten würden einberufen und müßten sich zum Dienst auf Marinebasen melden. Die gesamte japanische Schiffahrt war vom Indischen Ozean verschwunden.

Der 16. Oktober sah den Regierungsantritt von General Tojo. In der ganzen Welt warnten die Diplomaten ihre Regierungen, daß sich die Kriegsgefahr verschärfe. Das britische Kriegskabinett trat am folgenden Tag zusammen, um die Meinung von Außenminister Anthony Eden zu hören. Eden verlangte, daß die Möglichkeit der Entsendung von Großkampfschiffen in den Fernen Osten erneut geprüft werde. Doch es wurden lediglich die alten Gesichtspunkte noch einmal formuliert und keine Entscheidungen getroffen. Churchill, unterstützt durch Eden und auch durch Clement Attlee, den Labourführer in Churchills Koalitionsregierung, verlangte die Entsendung eines modernen Schlachtschiffes der King George V-Klasse und eines Flugzeugträgers als Abschreckung. Er erklärte, daß er in Abwesenheit von Sir Dudley Pound nicht auf einer Entscheidung bestünde, aber er forderte »im Hinblick auf die starre Haltung der Versammlung« die Admiralität auf, den Vorschlag so schnell wie möglich zu prüfen, damit die beiden Schiffe sich mit dem bereits auf dem Weg in den Indischen Ozean befindlichen alten Schlachtkreuzer REPULSE vereinigen könnten. Churchill gab seiner Hoffnung Ausdruck, »daß die Admiralität sich nicht gegen diese Vorschläge stellen würde«, die in drei Tagen bei der nächsten Kabinettssitzung endgültig diskutiert werden sollten.

Und so sollte am Montag, dem 20. Oktober 1941, um 12.30 Uhr in Downing Street Nr. 10 eine schicksalhafte Sitzung des Verteidigungsausschusses des Kriegskabinetts stattfinden. Admiral Sir Dudley Pound war anwesend, auch Sir Tom Phillips, der Pound bei der vorhergehenden Sitzung vertreten hatte. Er wußte bereits, daß er der Befehlshaber der Seestreitkräfte sein würde, die als Ergebnis dieser langwierigen Debatte aufgestellt werden würden.

Churchill begann aggressiv. »Das Kriegskabinett ist offensichtlich bereit, den Verlust von Schiffen in Kauf zu nehmen, wenn die TIRPITZ in den Atlantik kommt.« Sir Dudley Pound formulierte in längeren Ausführungen den Standpunkt der Admiralität. Während seine Aussagen wenig Neues enthielten, legte er Wert auf die Feststellung »daß das Kriegskabinett bereit sei, die Verantwortung zu übernehmen« – für Schiffsverluste, die durch die TIRPITZ verursacht würden, falls ein King George V-Schlachtschiff in den Osten geschickt würde. (Das jetzt zur Debatte stehende Schlachtschiff war die PRINCE OF WALES; man war sich einig, daß die DUKE OF YORK noch nicht einsatzfähig war.) Eden unterstützte Churchill. »Vom politischen Standpunkt gibt es über den Wert der Entsendung eines wirklich modernen Schiffes keinen Zweifel. Die derzeitige Schwäche unserer politischen Lage besteht darin, daß die Japaner nicht die Gewißheit haben, daß die Vereinigten Staaten und wir selbst handeln, wenn sie zum Beispiel in Thailand (Siam) einmarschieren oder Rußland angreifen.«*

Das Fehlen jeglichen Hinweises einer Gefahr für Malaya zeigt, daß Eden ebenso wie Churchill sehr wenig über die japanischen Absichten wußte, oder aber wie außerordentlich kühn die japanischen Schritte sein würden.

Die Debatte war sehr erregt. Der Premierminister sagte, er glaube nicht an einen Krieg der Japaner gegen die Vereinigten Staaten und England. Schließlich mußte die Admiralität nachgeben, gekleidet in die Form eines Kompromisses. Der Erste Seelord würde die PRINCE OF WALES nach Kapstadt schicken, so daß die volle Propagandawirkung bei ihrer Ankunft dort erreicht würde, da sie sich offensichtlich auf dem Weg nach dem Fernen Osten befände. Er würde aber die Fortsetzung der Reise der PRINCE OF WALES zunächst nicht genehmigen, so daß dann die Lage erneut überprüft werden könnte. Über die Begleitung durch einen Flugzeugträger wurde auf der Sitzung nichts gesagt. Sie wurde, wie die Entsendung des Schlachtkreuzers REPULSE, als selbstverständlich angenommen, und der Ausschuß beschränkte sich auf die Diskussion über den einzigen beiderseitig strittigen Punkt: welcher Schlachtschifftyp zu entsenden sei. Es wurde vorgesehen, daß H.M.S. INDOMITABLE, ein neuer Flugzeugträger, der zu dieser Zeit in Westindien Dienst tat, zu der Kampfgruppe stoßen sollte.

* Public Record Office CAB 69/8

Also wurde die Entscheidung getroffen. An der Diskussion hatten sich nur drei Personen beteiligt, Churchill, Eden und Sir Dudley Pound. Wieder hatten das Heer und die Luftwaffe geschwiegen. Der Ausschuß ging zum nächsten Punkt der Tagesordnung über, der sich mit dem Vorschlag von General Auchinleck befassen sollte, eine Offensive in der nordafrikanischen Wüste zu beginnen.

Zu dieser Entscheidung gab es eine merkwürdige, bis heute ungeklärte Folgeerscheinung. Trotz des von Pound gemachten Vorbehalts, daß die PRINCE OF WALES zunächst nur bis Kapstadt laufen sollte, kündigte die Admiralität am Tage nach der Sitzung in Mitteilungen an verschiedene Hauptquartiere an, daß das Schiff nach Singapur gehen würde. Kapstadt wurde nicht erwähnt. Churchill nannte in Telegrammen an die Regierungen des Empire Kapstadt als Reiseziel. Vielleicht wurde seitens der Admiralität der Bestimmungshafen Singapur absichtlich in der Hoffnung verbreitet, die Japaner würden die Nachricht auffangen und merken, daß die Briten es ernst meinen. Es muß betont werden, daß die Dokumente des Public Record Office ganz klar zeigen, daß Churchill mit voller Unterstützung durch Eden und das Foreign Office darauf bestanden hatte, nur diese aus drei Schiffen bestehende Kampfgruppe von drei weit voneinander entfernten Ausgangspunkten nach Singapur zu entsenden, mit der Absicht, die Japaner davon abzubringen, weitere Schritte in Südostasien zu unternehmen. Churchill und Eden rechneten eindeutig nicht mit einem direkten Angriff auf Malaya und Singapore. Tatsächlich war die Admiralität wahrscheinlich in ihrer Einschätzung der Gefahr für Malaya sehr viel realistischer, obwohl sie von diesem Argument wenig Gebrauch machte.

Die Zeit verrann. Innerhalb einer Woche nach der Entscheidung des Kriegskabinetts berichtete der Marinenachrichtendienst, daß die kaiserliche japanische Marine voll mobilisiert hätte und in der Marinebasis Sasebo in Südjapan zusammengezogen worden sei.

Kampfgruppe G

Selbst unter dem Druck unmittelbarer Kriegsgefahr im Fernen Osten sollte es mehrere Wochen in Anspruch nehmen, die drei schweren Schiffe der »Kampfgruppe G« und ihre Begleitschiffe bereitzustellen. Die PRINCE OF WALES befand sich nach ihrer Rückkehr von Operationen im Mittelmeer in Scapa Flow. Der neue Flugzeugträger INDOMITABLE war vor drei Tagen von Greenock aus in den Atlantik ausgelaufen und sollte in die ruhigen Gewässer der Karibik gehen. Dort sollte er die Einsatzfähigkeit der Besatzung und der Staffeln der Fleet Air Arm zum Abschluß bringen, bevor er um das Kap der Guten Hoffnung laufen und die übrigen Schiffe der Kampfgruppe G treffen sollte. Nur der Schlachtkreuzer REPULSE befand sich gerade auf halbem Weg nach Singapur und war Anfang des Monats im Indischen Ozean eingetroffen. Im fernen Osten befanden sich lediglich die Schiffe der China-Station mit dem stationären Hauptquartier in Singapur. Es gab dort keine schwereren Einheiten als drei alte leichte Kreuzer. Die Ostflotte konnte erst als existent bezeichnet werden, wenn die Kampfgruppe G Singapur erreicht hatte.

H.M.S. REPULSE war gerade ein Vierteljahrhundert alt geworden. Sie war am 8. Januar 1916 bei der John Brown's Clydebank-Werft vom Stapel gelaufen und im August des gleichen Jahres in Dienst gestellt worden. Sie war ursprünglich als eines der sieben R-Klasse-Schlachtschiffe geplant gewesen, dessen erstes schon 1914 im Bau war, dann aber wurden für zwei dieser Schiffe wesentliche Konstruktionsänderungen angeordnet, aus Schlachtschiffen wurden Schlachtkreuzer. Daher waren REPULSE und ihr Schwesterschiff RENOWN leichter gepanzert und weniger schwer armiert, aber echte acht Knoten schneller als die R-Klasse-Schlachtschiffe. Die Hauptbewaffnung der REPULSE bestand aus sechs 15"-Kanonen in zwei Doppeltürmen vorn und einem achtern. Die Mittelartillerie bestand aus neun 4"-Geschützen. Ihr Gewicht betrug 32 000 Tonnen leer und 36 800 Tonnen voll beladen, ihre Höchstgeschwindigkeit 32 Knoten. Wie bei Schlachtschiffen dieser Zeit üblich, befanden sich zu beiden Seiten bis zu vierzehn Fuß breite Unterwasserwulste außerhalb des eigentlichen Schiffskörpers als Schutz gegen Torpedotreffer. Mit ihren eleganten Linien und schlanken Spanten waren Schlachtkreuzer wie die REPULSE und die RENOWN zu dieser Zeit die elegantesten Dickschiffe der Royal Navy, und sie blieben es zusammen mit der zwei Jahre später gebauten HOOD für viele

Jahre. Im Sommer 1916 wurde die REPULSE der Hochseeflotte in Scapa Flow einsatzbereit gemeldet, kurz nach der Skagerrakschlacht. Da in dieser Schlacht drei Schlachtkreuzer durch deutsches Artilleriefeuer versenkt worden waren, wurde der Neuankömmling sofort zurückbeordert, um besser gepanzert zu werden, obwohl Schlachtkreuzer im Krieg eigentlich ihre Aufgaben durch Schnelligkeit und Beweglichkeit erfüllen sollen und von ihnen nicht erwartet wurde, in so schweren Kämpfen wie der Seeschlacht im Skagerrak zu bestehen. Ende des ersten Weltkriegs nahm die REPULSE noch an einem kurzen, ergebnislosen Seegefecht mit deutschen Schiffen in der Bucht von Helgoland bei Horns Riff teil. Das war im November 1917. Sie schützte den Rückzug einer Gruppe von leichten britischen Kreuzern, und ihre 15"-Geschütze erzielten einen Treffer auf dem deutschen Kreuzer KÖNIGSBERG. Dieser Treffer sollte der einzige sein, den die REPULSE während ihrer ganzen Dienstzeit verzeichnen konnte.

Von 1918 bis 1939 führte die REPULSE das typische Dasein eines Großkampfschiffes der Royal Navy in Friedenszeiten, eine Mischung von Dienst in der Heimat und Auslandsreisen. Sie brachte Edward, Prince of Wales, nach Südamerika und Südafrika. Auf einer anderen Reise besuchte sie Singapur, das viele Jahre später der Ausgangspunkt ihrer letzten Reise werden sollte.

Die REPULSE wurde zweimal grundüberholt, wofür die Kosten mehr als zwei Millionen Pfund betrugen. Diese Arbeiten erhielten die REPULSE für den nächsten Krieg in einem guten Zustand, aber ihre Maschinenanlage wurde nicht, wie bei der RENOWN, erneuert. Trotzdem waren ihre veralteten Maschinen bei Bedarf noch in der Lage, eine Geschwindikeit von 29 Knoten zu erzeugen. Während der letzten Überholung erhielt die REPULSE eine besondere Innenausstattung, um den gerade gekrönten George VI und Königin Elizabeth zu dem für 1939 geplanten Besuch nach Kanada zu bringen. In letzter Minute wurde aber entschieden, daß der Schlachtkreuzer in diesem kritischen Jahr die europäischen Gewässer nicht verlassen sollte. Er sollte den König und die Königin nur auf dem ersten Teil ihrer Reise an Bord der EMPRESS OF AUSTRALIA eskortieren.

Der Kriegsbeginn im September 1939 fand also die REPULSE bereit, in einwandfreiem Zustand und immer noch schnell, mit starker Bewaffnung. Wenn sie überhaupt gegenüber den schwach armierten anderen Schlachtkreuzern einen Nachteil hatte, dann war es die Anzahl und Qualität ihrer Flugzeugabwehr-Bewaffnung. Diese bestand nur aus sechs handbedienten 4"-Steilfeuer-Kanonen und drei achtrohrigen Zweipfünder-»Pom-poms« (Schnellfeuergeschützen). REPULSE ging vier Tage nach Ausbruch des Krieges in See und versah Dienst in der »Northern Patrol« zwischen Schottland und Island. Sie überwachte dieses Seegebiet gegen den Versuch deutscher Kriegsschiffe, in den Atlantik zu laufen, um dort die britische Schifffahrt zu bekämpfen. Außerdem sollte sie Blockadebrecher auf dem Weg nach Deutschland aufbringen. Als sich deutsche Kaperschiffe im Atlantik befanden, operierte die REPULSE als schwerer Begleitschutz für Handelsgeleitzüge. Sie bildete einen Teil des Schutzes für den aus fünf Passagierschiffen bestehenden Geleitzug, der im Dezember 1939 20 000 Soldaten der ersten kanadischen Division sicher nach England brachte. 1940 nahm sie außerdem an den Kampfhandlungen der Marine in Norwegen teil, jedoch ohne Begegnung mit einem deutschen Schiff. Es folgten weitere Einsätze in der Northern Patrol und im Geleitzugdienst, und 1941 verfehlte die REPULSE nur knapp ein Zusammentreffen mit der BISMARCK, als sie mit dem Rest der Heimatflotte zur Jagd auf dieses Schlachtschiff angesetzt wurde. Das Zusammentreffen von Ausfällen in der Maschinenanlage und Brennstoffmangel zwangen sie wahrscheinlich zum Abbruch der Jagd und zur Rückkehr nach Neufundland. So wie die REPULSE ein Repräsentant der Vorkriegs-Navy war, so war es auch ein großer Teil ihrer Besatzung. Das Schiff war Anfang 1939 nach der langen Grundüberholungszeit wieder in Dienst gestellt worden, und die Besatzung war tief enttäuscht, daß sie auf den Glanz des für diesen Sommer beabsichtigten königlichen Besuchs in Kanada verzichten mußte. Diese Besatzung, deren größter Teil noch 1941 bei der Ausreise an Bord war, hatte das »Devonport Manning Depot« in Plymouth bereitgestellt.

Die REPULSE war für eine Besatzung von 1 181 Mann gebaut worden und verfügte bei Bedarf über zusätzliche Unterbringungsmöglichkeiten für einen Admiralstab von vierundzwanzig Personen. Wie alle im Krieg gebauten Schiffe mußte sie für zusätzliche Waffen und Ausrüstungen mehr Menschen an Bord nehmen. Sie sollte eventuell mit neunundsechzig Offizieren und 1 240 Unteroffizieren und Mannschaften in See gehen. Diese Erhöhung um 104 Köpfe war weit geringer als auf vielen anderen Kriegsbauten, so daß die Besatzung der REPULSE wahrscheinlich räumlich besser untergebracht war als jede andere Besatzung auf einem zu dieser Zeit in Dienst befindlichen Schiff. Mit ihren Lüftungseinrichtungen würde sie auch in den Tropen keine Schwierigkeiten haben.

Captain E.J. Spooner war während des ersten Kriegsjahres Kommandant der REPULSE gewesen, dann aber als Rear-Admiral Malaya nach Singapur versetzt worden, wo er bald sein altes Schiff in der Marinebasis willkommen heißen sollte. Spooner wurde von Captain W. G. (Bill) Tennant abgelöst, einem schlanken, grauhaarigen dreiundfünfzigjährigen Offizier, der streng und zurückhaltend wirkte, jedoch bei näherem Kennenlernen ein warmherziger Mann und guter Vorgesetzter war. Er stand in dem Ruf, einer der besten Navigatoren der Marine zu sein. Captain Tennant hatte sich in Dünkirchen ausgezeichnet, wo er während der Evakuierung als dienstältester Marineoffizier an Land eingesetzt war und die Küste als einer der letzten

verlassen hatte. Die Besatzung war auf die Heldentaten ihres neuen Kommandanten mächtig stolz und nannte ihn liebevoll »Dünkirchen-Joe«. Als die REPULSE 1941 nach Osten auslief, waren folgende Abschnittsoffiziere an Bord:
Der Commander (Erster Offizier): Commander R.J.R. Dendy
Artillerieoffizier: Lieutenant-Commander C. H. Cobbe
Torpedo und Elektrik: Lieutenant-Commander K.R. Buckley
Navigationsoffizier: Lieutenant H.B.C. Gill, D.S.C.
Leitender Ingenieur: Engineer-Commander H. Lang
Schiffsarzt: Surgeon-Commander D.A. Newbery, M.R.C.S., L.R.C.P.
Verwaltungsoffizier: Paymaster-Commander L.V. Webb
Royal Marine: Captain R.G.S. Lang
Chaplain (Schiffspfarrer): Reverend Canon C.J.S. Bezzant.

Die jüngeren Offiziere der REPULSE waren typisch für große Kriegsschiffe dieser Zeit, eine Mischung von aktiven Offizieren und Reserveoffizieren (R.N.V.R.'s), dazu drei Royal Marine- und drei Fleet Air Arm-Offiziere, die letzteren waren für die beiden Amphibien-Aufklärungs-Bordflugzeuge vom Typ »Walrus«. Ein unübliches Element unter den Fähnrichen waren fünf Australier, die auf dem australischen Kreuzer AUSTRALIA einsteigen sollten. Als sie im Februar 1941 in England ankamen, stellten sie fest, daß ihr Schiff in den Indischen Ozean ausgelaufen war. Sie wurden statt dessen auf die REPULSE kommandiert, die gerade am Clyde lag.

»Es ist ziemlich schwer, sich genau an die Eindrücke an diesem besonderen Nachmittag beim Betreten meines ersten Schiffes zu erinnern. Natürlich wirkt es auf einen Fähnrich gewaltig, eindrucksvoll, kraftvoll und schnell. Ich konnte mir nicht vorstellen, wie wir uns jemals an Bord zurechtfinden würden und wie wir uns dem Bordleben anpassen könnten. Man hatte das unbestimmte Gefühl einer ungewissen Zukunft, mehr vom persönlichen Standpunkt als vom Einsatz her. Bei unserer Ankunft wurden wir von ›Snotty's Nurse‹ – damals Lieutenant J.O.C. Hayes – und Sub-Lieutenant Dicky Pool, Ältester der Fähnrichsmesse, begrüßt.« (Fähnrich G.R. Griffiths)*

Ungefähr sechzig bis siebzig Prozent der Unteroffiziere und Mannschaften der REPULSE waren Vorkriegs-Berufssoldaten, der Rest waren wieder eingezogene Reservisten und »hostilities only«-Männer. Es waren etwa 130 Royal Marines sowie die übliche Ergänzung der Besatzung durch etwa 120 Jungmatrosen im Alter von sechzehn bis siebzehn Jahren, wie sie sich auf allen Großkampfschiffen und Kreuzern fanden. Es besteht kein Zweifel, daß die REPULSE eine disziplinierte und zufriedene Besatzung unter ei-

---

* Die hier und im folgenden verwendeten Dienstgrade entsprechen den im Dezember 1941 innegehabten. Der »Snotty's Nurse« war der Fähnrichsoffizier.

nem beliebten Kommandanten hatte. Man war ungeheuer stolz auf das alte Schiff, besonders auf seine Artillerie – »Wir liegen deckend an jeder Zielscheibe bis zu 26 000 Yards Entfernung« – und darauf, daß ihr Schiff eines der Eliteschlachtschiffe war. Man war auch stolz darauf, daß die REPULSE während ihrer seit 1939 zurückgelegten 30 000 Seemeilen viele Geleitzüge beschützt und dabei kein einziges Schiff verloren hatte. Man hatte auch sonst kein ihr anvertrautes Schiff im Stich gelassen. Man bedauerte, daß die schwere Artillerie in diesem Krieg noch nicht zum Schuß gekommen war und hoffte sehr, bald auf ein feindliches Kriegsschiff zu treffen, gegen das man die sechs 15"-Geschütze erproben könnte.

Während sich das Schiff im August 1941 zu einer kurzen Reparatur in Rosyth befand, wurde Captain Tennant nach London gerufen und ihm mitgeteilt, daß die REPULSE nunmehr für den Indischen Ozean bestimmt sei und somit eines der ersten Schiffe der neuen Ostflotte. Am 28. August erhielt die REPULSE ihre Befehle als Führungsschiff des Geleitschutzes für den Geleitzug »WS. 11«, der Truppen und militärische Ausrüstungen um das Kap nach Suez bringen sollte.*

Am letzten Augusttag lief sie in aller Stille aus dem Clyde aus.

Die fünf Schiffe der vielgerühmten King George V-Schlachtschiffe bildeten einen Teil von Großbritanniens Dringlichkeitsprogramm der späten 30er Jahre zur Wiederaufrüstung und waren die ersten Schlachtschiffe, die nach dem Stapellauf der NELSON und RODNEY im Jahre 1925 wieder gebaut wurden. Die Royal Navy gab keine Schlachtkreuzer mehr in Auftrag; Schlachtschiffe liefen nunmehr fast dreißig Knoten und besaßen ein Optimum an Bewaffnung und Geschwindigkeit. Der größte Nachteil dieser neuen Schlachtschiffe war die Beschränkung ihrer Tonnage und der Stärke ihrer schweren Artillerie durch den letzten Flottenvertrag. Das Londoner Flottenabkommen von 1936 hatte das Gewicht von Kriegsschiffen auf 35 000 Tonnen und das Kaliber ihrer Geschütze auf 14" begrenzt. Großbritannien hatte sich an diese Bestimmungen gehalten. Auf der anderen Seite entwarf Deutschland als Mitunterzeichner die Schlachtschiffe BISMARCK und TIRPITZ, die wahrscheinlich eine Wasserverdrängung von 45 000 bzw. 56 000 Tonnen haben und mit 15"-Geschützen ausgerüstet sein würden. Und die Japaner, die sich überhaupt geweigert hatten, zu unterzeichnen, würden sehr bald mit dem Bau ihrer zwei Riesen der Yamato-Klasse mit 64 000 Tonnen und 18"-Kanonen beginnen! Das waren also die Gegner, gegen die die King George V-Schiffe eines Tages möglicherweise zu kämpfen hatten.

* Der Weg jedes regelmäßigen Geleitzuges wurde mit Kurzzeichen gekennzeichnet, die normalerweise den Anfangs- oder den Endpunkt des betreffenden Geleits bedeuteten. Die WS-Geleitzüge bildeten eine Ausnahme, die beiden Buchstaben bedeuteten »Winston Specials«.

Aber sie hatten auch einige Vorteile, besonders durch ihre schwere Artillerie. Jedes Schiff besaß zehn Geschütze. Der ursprüngliche Entwurf hatte sogar zwölf Geschütze vorgesehen, aber die Begrenzung der Tonnage hatte die Frage der Panzerung oder der Bewaffnung zur Wahl gestellt, und so wurden zwei Geschütze weggelassen und dafür mehr Panzerung verwendet. Die 14"-Geschütze waren eine ganz moderne Entwicklung mit einer Reichweite von über zwanzig Seemeilen und bei Dauerfeuer eine schnellere Folge – zwei Granaten pro Rohr und Minute –, als je vorher erreicht worden war.

Das Gewicht der abgefeuerten Granaten während einer Seeschlacht würde enorm sein. Es bestanden einige Zweifel an der Mittelartillerie und der Luftabwehrbewaffnung der King George V-Schiffe. Sie hatten vier 5,25"-Doppeltürme an jeder Seite des Oberdecks, jeder Turm konnte in der Minute achtzehn Salven gegen ein Luft- oder Seeziel abfeuern. Diese 5,25"-Geschütze hatten hochentwickelte Feuerleitsysteme und galten als der letzte Schrei der Luftabwehr. Die Nahkampfwaffen zur Flugzeugabwehr variierten von Schiff zu Schiff, wobei die PRINCE OF WALES sechs achtrohrige Zweipfünder-»Pom-poms«, eine 40 mm-Bofors-Kanone und eine Anzahl von leichten Oerlikon- und Lewis-Maschinengewehren hatte.

Der Torpedowulst der älteren Schlachtschiffe und Schlachtkreuzer war bei der King George V-Klasse durch eine verfeinertes System von Schotten und wasserdichten Abteilungen ersetzt worden, um den Wassereinbruch nach einem Torpedotreffer auf ein Mindestmaß zu begrenzen. Bei einem Gesamtgewicht von 35 000 Tonnen waren nicht weniger als 12 500 Tonnen Panzerung, meist oberhalb der Wasserlinie. Inoffizielle Propaganda behauptete, die Schiffe seien unsinkbar.

KING GEORGE V: Stapellauf am 21. Januar 1939
PRINCE OF WALES: Stapellauf am 3. Mai 1939
DUKE OF YORK (ursprünglich ANSON): Stapellauf am 24. Februar 1940
ANSON (ursprünglich JELLICOE): Stapellauf am 28. Februar 1940
HOWE (ursprünglich BEATTY): Stapellauf am 9. April 1940

Die PRINCE OF WALES wurde am Neujahrstag 1937 von Cammel Lairds auf seiner Schiffswerft Birkenhead auf Stapel gelegt, der Bau des Schiffskörpers dauerte gut zwei Jahre. Am 3. Mai 1939 wurde sie vom Stapel gelassen. R. S. Johnson, Generaldirektor von Cammel Lairds sagte: »Wenn ich in Hitlers Haut stecken und davon hören würde, mit welcher Geschwindigkeit und Qualität wir neue Schiffe bauen, ich glaube, ich würde meine Achse umdrehen und es mir zweimal überlegen, bevor ich mit diesem Land Streit anfange.«*

Aber der weitere Bau und die Ausrüstungszeit war nicht so glücklich, die

---

* Liverpool »Daily Post«, 5. Mai 1939

neue und komplizierte Ausführung des Schiffskörpers und der Einrichtungen verursachte Schwierigkeiten. Nach Ausbruch des Krieges detonierte eine schwere deutsche Bombe zwischen der PRINCE OF WALES und der Ausrüstungspier während des Liverpool-»Blitzes« 1940 und verursachte Lecks im Schiffskörper. Werftspezialisten und Marineoffiziere waren über die eindringende Wassermenge überrascht. Sie verursachte eine Schlagseite, die ein Beobachter mit vierzehn Grad angab, was aber wahrscheinlich übertrieben war. Es war dies der erste von vielen Zwischenfällen, die der PRINCE OF WALES den Ruf eines Unglücksschiffes einbrachten.

Sie wurde am Sonntag, den 19. Januar 1941, in Dienst gestellt, aber ihre für den folgenden Tag vorgesehene Abfahrt nach Rosyth wurde dadurch verzögert, daß ihre vier Schlepper sie auf eine unvermutete Sandbank zogen, bevor sie überhaupt mit eigener Kraft laufen konnte. PRINCE OF WALES lief dann mit zwei ihrer vier Schrauben an Oberdeck aus. Es war keine Zeit mehr gewesen, sie noch in Liverpool zu montieren. Es gab noch mehr unglückliche Zwischenfälle in Rosyth – eine »Pom-pom«-Geschützbedienung feuerte beim Entladen irrtümlich zwei Schüsse ab, wobei in der Nähe stehende Werftarbeiter leicht verletzt wurden; in der Munitionskammer von Turm B brachen dreimal kleinere Feuer aus, konnten aber schnell gelöscht werden; zwei Mannschaften stürzten schwer und wurden verletzt.

Die Admiralität hatte den Kommandanten eines ihrer wertvollsten Schiffe offensichtlich mit großer Sorgfalt ausgewählt. Captain John C. Leach war ein großer, breitschultriger West Country-Mann, manchmal wegen seiner großen Nase »Trunkey« genannt; ein ausgezeichneter Sportsmann – Racquets, Squash und Marinemeister im Tennis Ende der 20er Jahre – ein guter Kricketspieler, begeisterter Angler und Gärtner. So wie über Captain Tennant der REPULSE gibt es auch über Captain Leachs Fähigkeiten und Führereigenschaften keine nachteiligen Aussagen. Seine Spezialausbildung in der Marine betraf die Artillerie, und er war, wie viele Artillerieoffiziere, etwas schwerhörig. Lead hatte im ersten Weltkrieg auf Schlachtschiffen gedient, war dann Kommandant des Kreuzers CUMBERLAND, Flaggschiff der Chinaflotte vor dem ersten Weltkrieg, und dann zur Vorbereitung für einen zukünftigen Kommandanten eines Schlachtschiffes Direktor des Marinewaffenamtes bei der Admiralität.

Captain Leachs Abschnittsoffiziere waren im Dezember 1941:
Commander: Commander H.F. Lawson
Navigation: Commander M. Price (gleichzeitig Navigationsoffizier im Stab von Admiral Phillips)
Artillerie: Lieutenant-Commander C.W. McMullen
Torpedo und Elektrik: Lieutenant-Commander R.F. Harland
Leitender Ingenieur: Commander (E) L.J. Goudy, D.S.O.
Schiffsarzt: Surgeon-Commander F.B. Quinn, M. B., B.Ch.

Verwaltung: Paymaster-Commander A.J. Wheeler
Royal Marines: Captain C.D. L. Aylwin
Chaplain: Reverend W.G. Parker

Paymaster-Commander Wheelers Sohn John war Fähnrich auf der PRINCE OF WALES. Er war der Auffassung, daß Vater und Sohn nicht zusammen auf dem gleichen Schiff Dienst tun sollten und erreichte bei der Admiralität, daß sein Sohn abkommandiert wurde.

PRINCE OF WALES sollte zu dieser Unternehmung mit 110 Offizieren, einschließlich eines Admiralstabes, und 1 502 Unteroffizieren und Mannschaften auslaufen. Die Besatzung wurde vom Devonport Manning Department bereitgestellt, jedoch war ein wesentlich größerer Prozentsatz ihrer Besatzung ›Hostilities Only‹-Soldaten. Der bekannteste Mann der Besatzung war zweifellos der in Manchester geborene Boxer Johnny King, amtierender Britischer und Empire-Meister im Bantamgewicht.

Es gab keine Langeweile für die PRINCE OF WALES . Sie wurde innerhalb von zwei Monaten nach dem Auslaufen aus Rosyth nach Scapa Flow zum Einsatz bestimmt, obwohl sie ihre Einfahrzeit noch nicht abgeschlossen hatte. In ihrer Anlage gab es immer noch zahlreiche Mängel, und es arbeiteten ständig Werftarbeiter an Bord. Es sind zahlreiche Bücher über das dramatische Gefecht zwischen HOOD, PRINCE OF WALES und der BISMARCK sowie dem schweren Kreuzer PRINZ EUGEN geschrieben worden. Als die deutschen Schiffe in Sicht kamen, drehte der Kommandant der HOOD, Vice-Admiral L. E. Holland, auf den Feind zu. Zu diesem Zeitpunkt war die Entfernung für die 14"-Geschütze der PRINCE OF WALES in etwa an der 36 000 Yards-Grenze, aber noch nicht innerhalb der Reichweite der acht 15"-Geschütze der HOOD. Admiral Holland änderte den Kurs so, daß er sich mit dem der deutschen Schiffe schneiden mußte, gab aber lediglich Befehl zum Richten für die vorderen Türme beider Schiffe. HOOD und PRINCE OF WALES verringerten während fünfzehn Minuten die Entfernung, ohne das Feuer zu eröffnen, auch nicht, als für HOOD die Reichweite ausreichte.

Es wird vermutet, daß Admiral Holland, der einige Minuten später fiel, das Gefecht nicht auf große Entfernung führen wollte, da dann das ungepanzerte Deck der HOOD dem Steilfeuer deutscher Granaten ausgesetzt gewesen wäre. Ein Gefecht auf kürzere Entfernung würde den Granaten eine flachere Flugbahn geben. Admiral Sir John Tovey, Kommandierender Admiral der Heimatflotte, der an Bord seines Flaggschiffes KING GEORGE V in See war, war sich über das Geschehen im klaren und wollte schon durch einen Funkspruch Befehl an die PRINCE OF WALES geben, die Führung zu übernehmen, damit ihr sehr viel besser gepanzertes Deck die Hauptlast des deutschen Feuers auf sich nehmen konnte. Aber er zögerte einzugreifen, und der Funkspruch wurde nicht abgegeben. Admiral Holland hielt daher die PRINCE OF WALES dicht im Kielwasser der HOOD. Während des langwierigen Anlaufs befahl er, auf das linke feindliche Schiff zu richten. Das war die PRINZ EUGEN, fälschlicherweise von Holland für die BISMARCK gehalten. Der Artillerieoffizier der PRINCE OF WALES hatte jedoch seine Geschütze auf das wertvollere Ziel, die BISMARCK, richten lassen und mißachtete den Befehl. Holland wurde sich seines Fehlers erst im letzten Augenblick bewußt und wechselte schnellstens das Ziel auf die BISMARCK, als alle vier Schiffe das Feuer auf die verhältnismäßig kurze Entfernung von 26 000 Yards eröffneten.

Die deutschen Schiffe hatten fast sofort die richtige Entfernung erfaßt, während die ersten fünf Salven der PRINCE OF WALES sämtlich über die BISMARCK hinweggingen. Eins der 14"-Geschütze fiel nach der ersten Salve aus, während die vier Geschütze des achteren Turms wegen des Schußwinkels überhaupt nicht feuern konnten. Niemand kann mit Sicherheit sagen, wo die Eröffnungssalven der HOOD lagen, jedenfalls trafen sie den Feind nicht. Die Deutschen feuerten volle Breitseiten. HOOD wurde zweimal getroffen, explodierte und verschwand, nur sieben Minuten nach dem ersten Schuß, von der Oberfläche. Nur drei Mann von den 1 419 an Bord wurden später von einem Zerstörer aufgefischt. Zwar setzte die PRINCE OF WALES den Kampf fort und erzielte zwei Treffer auf der BISMARCK, wurde aber selbst siebenmal von deutschen Granaten getroffen, von denen eine auf der Brücke ein blutiges Trümmerfeld hinterließ. Der hintere Vierlingsturm konnte nun auf den Feind gerichtet werden, brach aber bald zusammen und konnte nicht mehr feuern. Nach dem Verlust von Admiral Holland war die PRINCE OF WALES unter das Kommando von Rear-Admiral W. F. Wake-Walker auf dem Kreuzer NORFOLK gekommen. Er entschied, daß die PRINCE OF WALES dieses einseitige Gefecht abbrechen und sich mit den Kreuzern, die den Feind beschatteten, bis zum Eintreffen der Hauptmacht der Home Fleet vereinigen sollte. Obwohl das Logbuch der PRINCE OF WALES angibt, daß sie später erneut das Feuer eröffnete, war das Gefecht so gut wie beendet.*

Sie bestattete ihre Gefallenen auf See und wurde dann zur Ausschiffung ihrer Verwundeten nach Island gesandt. Unter den dreizehn Toten befanden sich zwei Fähnriche und ein Jungmatrose, keiner älter als achtzehn Jahre. Einer der verwundeten Offiziere war Esmond Knight, ein sehr bekannter Schauspieler, der zunächst erblindete, später aber wieder auf einem Auge sehen konnte.

Die Männer der PRINCE OF WALES hatten sich bei diesem ersten Gefecht bewährt. Trotz der Kinderkrankheiten ihrer Technik und ihrer eigenen Unerfahrenheit hatten sie die BISMARCK vor der HOOD erkannt, ihre Ge-

---

* Das Schiffstagebuch der PRINCE OF WALES über das Gefecht mit der BISMARCK befindet sich im Public Record Office ADM 53/114888

schütze hatten zwei Treffer erzielt, und ihr Schiff hatte die Wirkung des deutschen Artilleriefeuers gut überstanden. Einer ihrer Treffer auf der BISMARCK hatte auf dem deutschen Schiff eine ernste Ölleckage verursacht. Dieses Leck veranlaßte später den deutschen Admiral zur Aufgabe seiner Absicht, in den Atlantik vorzustoßen, und war ein wesentliches Glied in der Kette von Ereignissen, die drei Tage später zur Selbstversenkung der BISMARCK führten. Doch dies war damals nicht bekannt, und die PRINCE OF WALES konnte die Treffer nicht für sich buchen. Ihre Besatzung war sehr erbittert darüber, daß man sie daran gehindert hatte, die größere Reichweite ihrer Geschütze auszunutzen, und glaubte, daß die HOOD das Vorrecht der Feuereröffnung keinem anderen Schiffe hatte gönnen wollen.

»Als wir Island anliefen, um die Granateinschläge in unserem Schiffskörper abzudichten und Öl zu nehmen, waren wir natürlich sehr unglücklich über das ergebnislose Gefecht mit der BISMARCK, aber es kam noch schlimmer. Wir wußten, daß wir während der entscheidenden Phase dieses Treffens unter dem Kommando von zwei Admirälen standen und daß wir uns keinen Vorwurf zu machen brauchten, die BISMARCK nicht aus eigener Initiative versenkt zu haben. Wir traten wie befohlen zum Kampf an, eröffneten erst auf Befehl das Feuer und zogen uns zurück, als die HOOD in die Luft flog und wir, selbst bereits schwer beschädigt, ein gleiches Schicksal erlitten hätten, wenn wir nicht die Entfernung vergrößert hätten.

Leider war diese einfache Auslegung der Tatsachen dem Rest der Flotte nicht bekannt, und man konnte nur aus aufgefangenen geheimen Funksprüchen aus dem Kampfgebiet undeutliche Schlüsse auf das tatsächliche Geschehen ziehen. Als der Kreuzer KENYA an diesem Tage bei uns längsseits festmachte, mußten wir äußerst kränkende und unberechtigte Vorwürfe entgegennehmen, wir hätten angesichts des Feindes übermäßige Vorsicht walten lassen. Einige der Marines der KENYA waren so falsch informiert, daß sie ihre Meinung in unverblümte Worte kleideten, aber in den anschließenden Wortgefechten bewiesen unsere Leute ihren ungebrochenen Kampfgeist. Trotzdem war es eine bittere Erfahrung. Es war schlimm genug, eine so vielversprechende Begegnung mit einem feindlichen Superschlachtschiff mit ansehen zu müssen und daraus eine totale Katastrophe werden zu sehen, ohne trotz unserer Toten und Verwundeten etwas dagegen unternehmen zu können und für Entscheidungen verantwortlich gemacht zu werden, die wir selbst nicht getroffen hatten.« (Erster Funkoffizier B. G. Campion)

Die HOOD war in der Marine ein außerordentlich populäres Schiff gewesen, und – obwohl die Behauptung völlig unbegründet war – die PRINCE OF WALES wurde beschuldigt, die HOOD im Stich gelassen zu haben. Sie stand sehr schnell in dem Ruf, ein »Judas« zu sein.

Nachdem die Schäden der PRINCE OF WALES repariert worden waren, wurde sie dazu bestimmt, Churchill zu dem historischen Treffen mit Präsident Roosevelt nach Neufundland zu bringen. Bei diesem Treffen wurde die Atlantik-Charta verfaßt. Churchills Wahl eines Schlachtschiffes, das erst kürzlich die Schrecken des Krieges erlebt hatte, machte einen starken Eindruck auf die Amerikaner. Präsident Roosevelt kam an Bord eines Kreuzers. Nachdem sie Churchill wieder in die Heimat zurückgebracht hatte, wurde die PRINCE OF WALES sehr bald wieder eingesetzt, und zwar bei der »Operation Halberd« im Mittelmeer. Ein Geleitzug aus Handelsschiffen sollte lebenswichtige Verstärkungen und Nachschubgüter von Gibraltar nach der belagerten Insel Malta bringen. Er wurde von nicht weniger als drei Schlachtschiffen gesichert, PRINCE OF WALES, NELSON und RODNEY, ferner dem Flugzeugträger ARK ROYAL, fünf Kreuzern und achtzehn Zerstörern. Es war ein Großunternehmen der Marine mit dem Ziel, den Geleitzug um jeden Preis durchzubringen. Es gab dabei zahlreiche Luftangriffe, und die PRINCE OF WALES hatte reichlich Gelegenheit, ihre Flakgeschütze einzusetzen. Sie schoß mindestens zwei italienische Torpedobombenflugzeuge ab. Ein Jagdflugzeug der ARK ROYAL folgte den feindlichen Flugzeugen zu dicht und wurde ebenfalls abgeschossen. Als gemeldet wurde, daß sich die italienische Flotte in See befände, wurden PRINCE OF WALES und RODNEY abkommandiert, sich zur Schlacht zu stellen. NELSON mußte zurückbleiben, da sie von einem Lufttorpedo getroffen worden war. PRINCE OF WALES erreichte bei dieser Jagd eine Geschwindigkeit von 31,5 Knoten, aber die italienischen Schiffe drehten – wie so oft – ab und wurden nicht mehr gesehen. Der Geleitzug erreichte schließlich mit Ausnahme eines Schiffes Malta. Dieses Schiff war bei einem Nachtangriff von einem Torpedobomber versenkt worden. PRINCE OF WALES kehrte zunächst nach Gibraltar zurück und von dort nach Hause. Die Operation Halberd mag sicher keinen großen Einfluß auf die Marinegeschichte ausgeübt haben, aber sie war für die PRINCE OF WALES doch von wesentlicher Bedeutung. Es handelte sich hier um einen zwar gut geschützten Geleitzug, der wiederholte Bomben- und Torpedoangriffe durch Flugzeuge zu widerstehen und abzuwehren hatte. Man war sich darüber klar, daß die Flugzeuge der ARK ROYAL bei der Abwehr ein wesentlicher Faktor gewesen waren, aber es gab immer noch keine Anhaltspunkte dafür, daß abwehrstarke Schlachtschiffe von Flugzeugen Schlimmes zu befürchten hatten. Der Torpedotreffer auf der NELSON hatte ihre Geschwindigkeit nur gering vermindert und schien diese Erkenntnis zu bestätigen.

Es gab bei dieser Operation noch einen anderen Gesichtspunkt, der Aufmerksamkeit verdiente. Bald nach der Rückkehr von der Operation Halberd nach Scapa Flow wurde der Oberbefehlshaber der Heimatflotte verständigt, daß PRINCE OF WALES in den Osten entsandt würde. Admiral Tovey erhob dagegen bei der Admiralität Protest:

»Die kürzlichen Operationen im Mittelmeer haben bewiesen, daß die Lüftungsanlagen auf den Schiffen der King George V-Klasse völlig ungenügend sind und daß dadurch die Gesundheit und Leistungsfähigkeit der Besatzungen ernsthaft betroffen wird, was sich im Hafen noch durch den Mangel an Sonnensegeln und Seitenblenden verschlimmert. Die Leistung der Verdampfer ist für längere Seereisen unzureichend und es ist damit zu rechnen, daß die V.S.G. (Variable Speed Gears)-Pumpen für die 14"-Türme ausfallen, wodurch sich ernsthafte Auswirkungen auf die Einsatzbereitschaft der schweren Artillerie ergeben.«*

Es ist unwahrscheinlich, daß jemals ein neu in Dienst gestelltes Schlachtschiff in den ersten Monaten so hart beansprucht worden ist wie die PRINCE OF WALES, aber sie hatte es zumindest hinsichtlich ihrer technischen Konzeption ohne ernsthafte Ausfälle überstanden. Aber es gibt einige Anhaltspunkte dafür, daß die Moral der Besatzung nicht die beste war. Der Mangel an Zeit, das Schiff in Ruhe einzufahren, das Trauma, gesehen zu haben, wie die HOOD in die Luft flog, die wiederholten technischen Mängel, für deren gründliche Beseitigung keine Gelegenheit war, nur geringe Urlaubsmöglichkeiten – all dies hatte die Eingewöhnung der Besatzung erschwert. Andere Autoren haben viel darüber geschrieben. Einige Männer der PRINCE OF WALES haben dies mit Nachdruck bestritten, andere haben es zugegeben. Vielleicht gibt die Ansicht eines Besatzungsmitgliedes eine ehrliche Zusammenfassung dessen, wie man in den Mannschaftsdecks dachte.

»Als wir in Scapa Flow mit leuchtenden Augen und voller Idealismus, direkt von der Grundausbildung kommend, an Bord gingen, bekamen wir schnell den Eindruck, daß dieses Schiff noch nicht gut eingefahren war. Es hatte dazu noch keine Gelegenheit gehabt. Ich war mir auch darüber im klaren, daß zwischen Offizieren und älteren Dienstgraden auf der einen Seite – vielleicht für Friedensbesatzungen eine alte Erkenntnis – und den überwiegenden ›hostilities only‹ auf der anderen Seite, kein volles Vertrauen herrschte. Viele von ihnen kamen aus einer Gesellschaftsschicht, die guten Grund hatte, die ›gaffers‹ (Vorgesetzten) und Angehörigen der oberen Klassen grundsätzlich abzulehnen. Ich habe mich oft darüber gewundert, was einer meiner Freunde aus den Liverpool-Slums ›kämpfend verteidigen‹ wollte.

Die Marine hatte solche Probleme nie in großem Umfang gehabt. Alles wäre o.k. gewesen, wenn man dem Schiff genügend Zeit zur Ausbildung und zur Beseitigung technischer Mängel gegeben hätte, aber es wurde von einer Verpflichtung zur anderen gejagt und durch engstirnige Zurücksetzungen demoralisiert. Die Disziplin und der ›Korpsgeist‹ waren nicht besser, aber auch nicht schlechter, als zu erwarten war. Letzten Endes wußte

---

* Public Record Office ADM 199/2232

jeder, was man von ihm erwartete und tat es auch.« (Leichtmatrose D. F. Wilson)

Wir wollen jetzt die PRINCE OF WALES im Oktober 1941 in Scapa Flow verlassen und uns den anderen Schiffen der Kampfgruppe G zuwenden. Das dritte Schiff war der Flugzeugträger INDOMITABLE unter dem Kommando von Captain H. E. Morse, D.S.O. Es war einer der modernen 23 000-Tonnen-Träger der Illustrious-Klasse und erst im vorigen Jahr bei der Schiffswerft Wallsend-On-Tyne von Vickers Armstrong vom Stapel gelaufen. INDOMITABLE war noch nicht voll eingefahren und gerade zur Beendigung ihrer Ausbildungszeit zu den Bermudas und nach Kingston, Jamaica, gesandt worden. An Bord befanden sich vier Staffeln der Fleet Air Arm: Die Staffel 800 mit zwölf Fulmars, die 827. und 831. Staffel, jede mit zwölf Albatros und die 880. Staffel mit neun Hurricanes. Mit diesen Flugzeugen an Bord und ihrer Geschwindigkeit von einunddreißig Knoten würde sie ein idealer Partner für PRINCE OF WALES und REPULSE sein.

Aber eine Woche nach Eintreffen der INDOMITABLE auf den Bermudas erhielt die Admiralität am 3. November folgenden Funkspruch:

»Bedaure melden zu müssen Schiff auf Grund gelaufen bei 16.21R/3 mit Vorschiff in Position 174 Grad 600 Fuß von Rackum Cay Beacon. Reise war fast beendet, aber Schiff sitzt mit Vorschiff etwa 100 Fuß fest. Ich leichtere Schiff. Hier kein Schlepper verfügbar. Wetter und See ruhig. Kein Wind.«

Die INDOMITABLE war genau vor der Einfahrt in den Hafen von Kingston auf das Riff gelaufen. Es muß ein kartographisch sehr schlecht vermessenes Gebiet gewesen sein, denn die begleitende winzige Korvette CLARKIA lief ebenfalls auf. Es gelang der INDOMITABLE, am nächsten Morgen mit eigener Kraft von dem Riff freizukommen. Die Bodenplatten erwiesen sich als schwer beschädigt, und nachdem ihre Flugzeuge zu einem lokalen Flugplatz gestartet waren, wurde die INDOMITABLE zur Eindockung und Instandsetzung nach den Vereinigten Staaten beordert. Sie erreichte Norfolk im Staate Virginia innerhalb einer Woche und wurde dort unter der Auftragsnummer S. 139 auf der Marinewerft der U.S. Navy repariert. Die Amerikaner leisteten auf der INDOMITABLE schnelle Arbeit, so daß sie bereits zwölf Tage später die Werft wieder verlassen konnte. Nachdem sie ihre Flugzeuge in Kingston wieder an Bord genommen hatte, sollte sie um das Kap der Guten Hoffnung nach Singapur laufen, aber es war zu spät. Als sie den Indischen Ozean erreichte, hatten die Japaner bereits die PRINCE OF WALES und die REPULSE angegriffen; beide Schiffe blieben dabei ohne Hilfe der Flugzeuge der INDOMITABLE.

(Der Flugzeugträger wurde in den Sudan umgeleitet und nahm dort weitere fünfzig Hurricanes als verspätete Verstärkung der R.A.F. im Fernen Osten an Bord. Diese Flugzeuge wurden später von einem sicheren Punkt

45

in Südjava über Batavia nach Singapur geflogen, aber sie erreichten Singapur zu spät, um noch einen wesentlichen Einfluß auf die dortigen Kämpfe ausüben zu können. INDOMITABLE tat während des Krieges hauptsächlich im Fernen Osten und im Mittelmeer Dienst. Sie wurde 1941 bei einem deutschen Bombenangriff auf Sizilien schwer beschädigt, 1945 stürzte sich ein japanisches Kamikaze-Flugzeug auf ihr Deck, ohne zu explodieren. Die Schiffe der Illustrious-Klasse – ILLUSTRIOUS, INDOMITABLE, IMPLACABLE, INDEFATIGABLE, VICTORIOUS und FORMIDABLE – überlebten alle den Krieg.)

Die Zusammensetzung der Begleitzerstörer für die Kampfgruppe G sollte möglicherweise in Abweichung der von der Admiralität vorgesehenen Schiffe geändert werden. Die ersten Einheiten waren die Zerstörer der E-Klasse EXPRESS und ELECTRA mit 4,7"-Kanonen, 1375 Tonnen, 35 Knoten. Es waren moderne, Mitte der 30er Jahre gebaute Schiffe. ELECTRA (Commander C. W. May) und EXPRESS (Lieutenant-Commander F.J. Cartwright) wurden zur gleichen Zeit wie die REPULSE von der Heimatflotte abgezogen und sollten mit ihr aus England auslaufen. Beide hatten bereits einen ereignisreichen Krieg hinter sich. Am allerersten Kriegstag hatte die ELECTRA geholfen, Überlebende des von einem deutschen U-Boot versenkten Passagierschiffes ATHENIA aufzufischen, und es war ELECTRA, die die einzigen drei Überlebenden der HOOD nach dem Gefecht mit der BISMARCK aufnahm. EXPRESS hatte bei Dünkirchen im Einsatz gestanden, ihr Vorschiff war 1940 durch eine Mine abgerissen worden, als eine Flottille britischer Zerstörer vor der holländischen Küste in ein deutsches Minenfeld geriet. Zwei andere Zerstörer, ESK und IVANHOE, gingen dabei verloren, aber EXPRESS konnte in Hull einlaufen und bekam dort einen neuen Bug.

Die Mittelmeerflotte erhielt Befehl, zwei ihrer Zerstörer für ein späteres Zusammentreffen mit den Schiffen der Kampfgruppe G bereitzuhalten. Die ausgewählten Zerstörer waren ENCOUNTER (Lieutenant-Commander E. V. St. J. Morgan) – ein Schiff der E-Klasse – und JUPITER (Lieutenant-Commander N. V. J. T. Thew) – ein etwas größeres Schiff der J-Klasse. Der Grund für die Wahl dieser Schiffe war offensichtlich, daß sie erst kürzlich zur Mittelmeerflotte gestoßen und leichter als ältere Mitglieder dieser Flotte entbehrlich waren. Außerdem waren die meisten Zerstörer der Mittelmeerflotte Schiffe der F-Klasse, so daß ein ›E‹ und ein ›J‹ leichter entbehrt werden konnten. Später wurde allerdings gesagt, daß die Mittelmeerflotte ihre schwächsten Zerstörer abgegeben habe. Beide Schiffe hatten später technische Störungen, und keiner von beiden stand bei der Ausreise der PRINCE OF WALES und der REPULSE aus Singapur als Begleitung zur Verfügung.

Da es ja in Singapur bereits einen Befehlsstab der Marine – den der China-Station mit Vizeadmiral Sir Geoffrey Layton als Oberbefehlshaber – gab, hätte eigentlich erwartet werden müssen, daß Layton auf Grund seiner

Kenntnisse der örtlichen Verhältnisse das Kommando über die Fernostflotte übernehmen würde. Diese Flotte galt mit dem Eintreffen der Kampfgruppe G im Fernen Osten als vorhanden. Wie wir aber gesehen haben, hatte die Admiralität jemand anders im Sinn, jemanden, der zur Wirklichkeit eines modernen Krieges sehr viel weniger Beziehungen hatte: Rear-Admiral Sir Tom Spencer Vaughan Phillips, K.C.B., damals stellvertretender Chef des Admiralstabes. Er hatte in dieser Eigenschaft den beiden erwähnten Kabinettssitzungen des Kriegskabinetts beigewohnt. Es muß angenommen werden, daß Phillips seinen Chef, Sir Dudley Pound, in der Opposition gegen die Einbeziehung der PRINCE OF WALES in diesen Verband unterstützt hatte.

Sir Tom Phillips war dreiundfünfzig Jahre alt und seit siebenunddreißig Jahren Marineoffizier. Seine ursprüngliche Spezialität war die Navigation, die oft für die Erreichung hoher Dienstgrade in der Marine als Sprungbrett diente. Während des ersten Weltkrieges hatte er als Leutnant an Bord des Kreuzers BACCANTE Dienst getan, war bei der Landung in Gallipoli dabeigewesen, hatte aber an der Seeschlacht im Skagerrak nicht teilgenommen. Ende des Krieges war er Captain und Kommandant eines Schiffes. Nach dem Krieg folgte ein kurzes Kommando beim Staff College, sowie verschiedene andere Stabsstellungen. Er war Assistent Director of Plans bei der Admiralität, Chef des Stabes beim Oberkommandierenden in Ostindien und schließlich von 1935 bis 1939 Planungschef der Admiralität. Dann kam sein erstes Kommando als Seebefehlshaber: Commodore Comanding Home Fleet Destroyer Flotillas.

Kurz vor Ausbruch des Krieges bekam Phillips den wichtigen Posten eines Deputy Chief of the Naval Staff, der 1940 in Vice-Chief of the Naval Staff umbenannt wurde. Auf diesem Posten war er während des ganzen bisherigen Krieges gegen Deutschland als unmittelbarer Verbindungsoffizier zum Ersten Seelord tätig und insbesondere für operative Angelegenheiten verantwortlich. Er war sicher über alle letzten operativen Prinzipien und Überlegungen im Bilde. Phillips hatte während Churchills Tätigkeit als Erster Seelord im Jahre 1939 ein sehr enges Verhältnis zu ihm, auch noch, als Churchill 1940 Premierminister wurde. Ihre Beziehungen hatten sich nach Meinungsverschiedenheiten über die Wirksamkeit schwerer Bombenangriffe der R.A.F. auf deutsche Städte – Phillips hielt davon nicht viel – und wegen seiner Entscheidung, Griechenland zu helfen, der Phillips widersprach, abgekühlt. Phillips hatte sich immer für den Fernen Osten interessiert und sah die drohende Gefahr durch die Japaner sehr nüchtern. Er hatte den Plan der Admiralität zur Bildung einer Fernostflotte unterstützt, auch wenn diese nur aus älteren Schlachtschiffen bestehen würde, und war seit langem als Befehlshaber einer solchen Flotte vorgemerkt, falls sie aufgestellt würde. Churchill war wahrscheinlich nicht sehr traurig darüber, daß er die Admiralität verließ. Seine Intelligenz und Entschlußkraft wurden überall anerkannt. Er zog es vor, aus jeder Situation klare und konzentrierte Schlüsse zu ziehen und war pedantisch im Detail. Er war von kleinem Wuchs und sein Spitzname in der Marine war »Tom Thumb« Phillips. Allgemein läßt sich sagen, daß er große Erfahrungen in Marinestrategie besaß, allseits respektiert wurde, aber nicht sehr beliebt war. Er war sicher kein Mensch, mit dem man es leicht hatte.

Hinsichtlich der Ernennung von Sir Tom Phillips zum Oberbefehlshaber der Fernostflotte müssen mindestens zwei Vorbehalte gemacht werden. Erstens hatte er seit 1917 an keinen Kriegshandlungen mehr teilgenommen, zweitens hatte er seit 1939 kein Bordkommando mehr. Er hatte von der Wirksamkeit moderner Flugzeuge und von der Gefahr, die von ihnen für Kriegsschiffe ausging, keine große Meinung. Wir haben bereits gesehen, daß bisher auf See noch kein Schlachtschiff von einem Flugzeug versenkt worden war, nicht einmal schwer beschädigt, und das Urteil von Phillips über die vielen kleineren, durch Flugzeugangriffe versenkten Schiffe lautete, daß sie Pech gehabt oder sich falsch verhalten hätten. Bestimmt war Phillips nicht der einzige Offizier der Royal Navy, der die von Flugzeugen drohenden Gefahren unterschätzte. Die späteren Ereignisse im Pazifik werden sehr bald zeigen, daß nicht nur die Royal Navy solche Offiziere besaß. Es ist jedoch anzunehmen, daß die Ansichten von Phillips noch wirklichkeitsfremder waren als die der meisten seiner Zeitgenossen.

Die folgende Äußerung stammt von General Lord Ismay – im Jahre 1941 Major-General Sir Hastings Ismay, Chef des Stabes im Verteidigungsministerium und Teilnehmer an zahlreichen Diskussionen, die schließlich zur Entsendung der Kampfgruppe G führten. Der Leser muß berücksichtigen, daß es sich um die Überlegungen eines Heeres- und R.A.F.-Offizieres über einen Marineoffizier handelt, die wahrscheinlich durch ein gegen die Marine gerichtetes Vorurteil beeinflußt sind. Arthur Harris wurde 1941 Oberbefehlshaber des »Bomber Command« und hatte sicher Einwände gegen die enorme Vergrößerung der Marine zwischen den Kriegen und die Weigerung, die R.A.F. als gleichwertig anzuerkennen, erhoben, als er mit Ismay und Phillips vor dem Krieg zusammenarbeitete. Ismay schrieb nach dem Krieg:

»Nach sehr vielen Gesprächen mit der Admiralität wurde entschieden, eine Fernostflotte aufzustellen . . . Diese Flotte sollte unter dem Befehl von Admiral Sir Tom Phillips stehen. Wir hatten viele Jahre im Frieden und im Krieg zusammengearbeitet, und ich habe immer seinen Mut, seinen Fleiß, seine Rechtschaffenheit und seine beruflichen Fähigkeiten bewundert. Er war mit Leib und Seele Marineoffizier und glaubte, daß es nichts gäbe, was die Marine nicht tun könnte. Besonders weigerte er sich anzuerkennen, daß gut bewaffnete und hart kämpfende Schiffe irgend etwas von Flugzeugen zu befürchten hätten. Er stand auch mit dieser Meinung nicht allein. Sogar Winston Churchill, dessen Vorhersagen selten falsch waren, war einer von den vielen, die ›nicht glauben, daß gut gebaute moderne Schiffe, durch Bewaffnung und Flak richtig verteidigt, einem feindlichen Flugzeugangriff zum Opfer fallen können.‹

Die heftigen Auseinandersetzungen zwischen Tom Phillips und Arthur Harris während ihrer Tätigkeit als Planungschefs bei den entsprechenden Stäben waren endlos und immer ergebnislos. Bei der Diskussion über die möglichen Folgen eines Kriegseintritts Italiens an der Seite Deutschlands bestand Tom Phillips darauf, daß unsere Flotte uneingeschränkt das Mittelmeer befahren sollte, ganz gleich, wie stark die italienische Luftwaffe auch sei. Bert Harris explodierte daraufhin: ›Eines Tages, Tom, werden Sie auf einer Kiste auf Ihrer Brücke stehen (Tom war ziemlich klein), und Ihr Schiff wird durch Bomber und Torpedoflugzeuge in Stücke zerschlagen werden; wenn es sinkt, werden Ihre letzten Worte sein: ›Das war eine ... große Mine!‹

Tom Phillips hat sich bei mir vor dem Auslaufen verabschiedet. Er war überglücklich über die Aussicht, nach so vielen Jahren in Whitehall wieder eine Flagge zu führen. Als er den Raum verließ, fühlte ich mich plötzlich deprimiert. Ich leide weder an Psychosen, noch ist es mir gegeben, Vorahnungen zu haben. Aber aus irgendwelchen unerklärlichen Gründen hatte ich das Gefühl, ich würde ihn nicht wiedersehen.«[*]

Man sollte nicht denken, Harris und Phillips seien Feinde gewesen. Sie waren sehr gute Freunde und wohnten in London zusammen auf einer »Bude«. Harris war auch ein Freund von Captain Leach der PRINCE OF WALES. Sie hatten sich kennengelernt, als Harris in Camberley auf der Kriegsakademie war.

Admiral Phillips beabsichtigte, seinen eigenen Stab mit nach Singapur zu nehmen. Sein Chef des Stabes war Rear-Admiral A. F. E. Palliser, ein früherer Artilleriespezialist. Zum Stab des Admirals sollten die üblichen Experten mit ihren Assistenten gehören, dazu eine starke Gruppe von Nachrichtenoffizieren und Mannschaften. Die Zusammenstellung dieses Stabes geschah unter dem Decknamen »Party Piano«, und er sollte mit Admiral Phillips an Bord der PRINCE OF WALES einsteigen.

Eine Gruppe von acht R.N.V.R.-Sub-Lieutenants der Zahlmeisterlaufbahn, aufgestellt von H.M.S. KING ALFRED in Hove, wurde als Schlüsseloffiziere vorgesehen, die Mannschaften der Nachrichtenlaufbahn kamen von der Nachrichtenschule in Chatham.

PRINCE OF WALES lag in Scapa Flow, als das Kriegskabinett auf seiner mit-

---

[*] Lord Ismay, The Memoirs of General The Lord Hastings Lionel Ismay, London 1960, S. 240

täglichen Sitzung am Montag, dem 20. Oktober entschied, daß das Schlachtschiff ein Teil der Kampfgruppe G werden sollte. Es wurde keine Zeit verloren, noch am späten Nachmittag wurde Captain Leach auf die King George V. befohlen, um dort von Admiral Tovey vorläufige Befehle zu erhalten. Am gleichen Abend kam schon der erste Munitionsleichter längsseits der Prince of Wales. Während der folgenden zweieinhalb Tage waren die Besatzungen der Prince of Wales sowie der Electra und Express damit beschäftigt, ihre Schiffe mit Munition, Wasser und Vorräten für die lange Reise nach Osten auszurüsten. Am Donnerstag liefen die drei Schiffe bei Tagesanbruch aus Scapa Flow aus, bestimmt für Greenock, wo Admiral Phillips und »Party Piano« an Bord gehen würden. Greenock wurde Freitag morgen erreicht, und Prince of Wales ankerte auf dem Clyde, wo die Übernahme von Öl, Wasser und Proviant abgeschlossen wurde. Eine Gruppe von Soldaten der R.A.F., die wahrscheinlich nach Freetown oder Südafrika wollten, kam ebenfalls an Bord, und in letzter Minute erreichte noch eine Sendung leichter Oerlikon-Luftabwehrkanonen mit Munition das Schiff. Admiral Phillips und sein Stab trafen rechtzeitig ein, und des Admirals Stander wurde auf dem neuen Flaggschiff gesetzt.

Zwei Männer, einer von den neu aufgestellten Schlüsseloffizieren und ein älterer, wieder eingezogener Reservist, erinnern sich, wie es vor dem Auslaufen der Prince of Wales an Bord zuging:

»Wir waren acht Schlüsseloffiziere an Bord der Prince of Wales. Ich glaube, daß zwei von uns in der Fähnrichsmesse und der Rest in der Offiziersmesse wohnten. Es war kein besonders glückhaftes Schiff. Wir hatten den Eindruck, als ob wir von den übrigen Offizieren in der Messe gemieden würden. Wir mußten in Hängematten schlafen, obwohl es genügend Platz in den leeren Kombüsen gegeben hätte. Wir ließen unsere Ausrüstung in unseren Handkoffern, bis wir uns Spinde ›besorgt‹ hatten.« (Sub-Lieutenant H. J. Lock)

»Unsere Gruppe traf sich vor der Greenock Station und marschierte von dort direkt zur Werft, wo bereits ein Boot mit unseren Seesäcken und Hängematten beladen wurde. Wir unternahmen einen letzten erfolglosen Versuch, noch einen Abschiedsgruß nach Hause zu senden, wurden dann an Bord des Bootes zusammengedrängt und befanden uns wieder einmal auf dem Wasser. Als wir den Wellenbrecher passiert hatten, kamen eine Menge Schiffe – Kriegs- und Handelsschiffe – in Sicht, darunter ein großes Schlachtschiff, H.M.S. Prince of Wales, und unser Boot nahm Kurs auf dieses Schiff, sehr zum Unwillen der meisten von uns. Wir waren eine kleine Gruppe von Reservisten oder Pensionären und hatten wenig Lust, wieder bei der ›Real Navy‹ zu dienen. Wir kamen schnell zu der Erkenntnis, daß niemand an Bord mehr wußte als wir selbst, bis man unsere zur Ausrüstung gehörenden Tropenhelme sah. Bis dahin hatte man wohl geglaubt, die

Reise ginge nach Nordrußland. Die Besatzung hatte während der vergangenen achtzehn Wochen kaum Urlaub gehabt, obwohl Gerüchte über einen langen Urlaub während der Werftliegezeit umgelaufen waren. Unser Eintreffen an Bord zerstörte alle diesbezüglichen Hoffnungen.« (Funker C. V. House)

Die Reise nach Osten

Am Sonnabend, dem 25. Oktober 1941, um 13.08 Uhr ging die PRINCE OF WALES Anker auf und lief Clydeabwärts in Richtung offene See. Es war fast auf die Minute sechs Tage nach der Entscheidung des Kriegskabinetts, die PRINCE OF WALES in den Fernen Osten zu senden. Es war ein »guter schottischer Tag, man konnte meilenweit sehen«. Das Schlachtschiff hatte drei Begleitzerstörer – ELECTRA und EXPRESS als ständige Begleitung und HESPERUS (Lieutenant-Commander A. A. Tait), von den Aufklärungsstreitkräften West ausgeliehen, um für den ersten Teil der Reise zusätzlichen Schutz zur Verfügung zu haben. Es gab sowohl bei denen an Bord, als auch bei denen, die an Land geblieben waren und das Reiseziel kannten, gemischte Gefühle. Die Männer im Zwischendeck waren nicht besonders glücklich, daß sie ohne Urlaub »ins Ausland« gehen sollten. Die Besatzungen der Zerstörer wußten nicht einmal, daß sie zu einer so weiten Reise ausgelaufen waren. Ein junger Offizier der PRINCE OF WALES erinnert sich:

»Ich war unter den jungen Offizieren nicht der einzige voller Begeisterung und Pflichteifer, der dachte, wir würden vom aktiven Kriegsgeschehen – und von unseren Familien – zur Teilnahme an einer ›Fleet-in-being‹-Aktion zusammen mit den Amerikanern zur Mäßigung der Japaner entsandt. Wir waren ein wenig gelangweilt. Ich hatte einige persönliche Sachen mitgenommen, zum Beispiel eine Schrotflinte, Krikettschläger, dazu persönliche kleine Dinge wie Kragenknöpfe, Manschettenknöpfe usw. Andere taten dasselbe. Konnten wir uns lächerlich machen? Ich wage anzunehmen, daß die höheren Offiziere die Zukunft unterschiedlich sahen. Admiral Noble sagte zu meinem Vater, der damals Rear-Admiral in seinem Stabe bei den Aufklärungsstreitkräften West war, als wir von Greenock ausliefen: ›Ich bedaure diese Burschen sehr‹. Er wußte nicht, daß der Sohn seines Rear-Admirals sich an Bord der PRINCE OF WALES befand. Als einer, der noch kürzlich Befehlshaber im Fernen Osten gewesen war, verstand er es, zutreffend und richtig aus dem Kaffeesatz zu lesen.« (Lieutenant D. B. H. Wildish)

Admiral Sir Percy Noble war bis September 1940 Oberbefehlshaber der China-Station gewesen. Sein Aufklärungskommando West war für die Segelanweisungen der PRINCE OF WALES ab Greenock verantwortlich. Die nunmehr als Kampfgruppe G bekannten vier Kriegsschiffe liefen weiter nach Westen, passierten die Nordspitze Irlands und erreichten den Atlantik, bevor sie nach Süden drehten, um die von Frankreich aus operierenden deutschen Langstreckenflugzeuge zu meiden. Weil zu dieser Zeit die Durchfahrt durch das Mittelmeer zu gefährlich war, sollte Freetown in Sierra Leone der erste Anlaufhafen der PRINCE OF WALES sein. Das Schiff verminderte seine Geschwindigkeit auf eine Marschfahrt von achtzehn bis zwanzig Knoten, da jede höhere Geschwindigkeit die Zerstörer zu viel Brennstoff gekostet hätte. Es wurden zahlreiche Varianten von Zick-Zack-Kursen gefahren, um mögliche Angriffsabsichten deutscher U-Boote, aus vorlicher Lage einen Torpedoweitschuß zu versuchen, zu vereiteln. Kein U-Boot konnte über Wasser oder getaucht so schnell laufen, daß es von achtern angreifen könnte. Die Besatzungen gewöhnten sich bald an die Schiffsroutine einer langen Seereise – vier Stunden Wache, acht Stunden Freiwache; auf den Gefechtsstationen wurde viel exerziert, jeden Tag zwei Stunden Geschützexerzieren, größte Wachsamkeit im Ausguck und beim Radar. Alle eingehenden Funksprüche wurden entschlüsselt, aber selbst Funkstille eingehalten. Die gelegentlich erscheinenden Langstreckenflugzeuge der Küstenwacht – Sunderlands, Catalinas oder Liberators – gaben zusätzlichen Schutz. Die meisten Männer glaubten, sie befänden sich auf einer verlängerten Übungsreise zum »Zeigen der Flagge«, und auf der PRINCE OF WALES wurde Admiral Phillips als ein »überflüssiges, aber respektiertes Übel« angesehen.

Das Schiffstagebuch der PRINCE OF WALES berichtet über ein oder zwei Ereignisse während der ersten Etappe der Reise. Am ersten Tag stiftete die EXPRESS einige Verwirrung, als sie das Feuer eröffnete und »U-Boot in Sicht« signalisierte. Aber ihr U-Boot erwies sich als eine lange schwimmende Spiere. Zwei Tage später stieß ein vierter Zerstörer, H.M.S. LEGION (Commander R. F. Jessel), hinzu. Die LEGION war von einem Geleitzug Gibraltar-England abgezogen worden, um die PRINCE OF WALES zu schützen, während EXPRESS und ELECTRA zur Ölergänzung aus einem Tanker nach Ponta Del Garda auf den Azoren liefen. Während der Abwesenheit von EXPRESS wurde spät in dieser Nacht etwas beobachtet, was wie die Blasenbahn eines Torpedos aussah, die hinter dem Heck der PRINCE OF WALES durchlief. Das Kriegstagebuch des deutschen Befehlshabers der U-Boote berichtet jedoch nichts über irgendeinen Angriff eines Bootes. Möglicherweise war es ein italienisches U-Boot oder vielleicht auch ein Irrtum des Ausgucks. EXPRESS und ELECTRA kehrten am folgenden Tag zurück, HESPERUS und LEGION liefen nach Gibraltar zurück. Ihre Aufgabe für die Kampfgruppe G war beendet.

Churchill wurde laufend über die Reise der Kampfgruppe G informiert; er beklagte sich bei der Admiralität über die vergleichsweise geringe Geschwindigkeit der PRINCE OF WALES und drängte auf schnellere Fahrt. Churchill versäumte es auch nicht, die Regierungen zahlreicher Staaten darüber zu informieren, daß er Großbritanniens modernstes Schlachtschiff zur Abschreckung der Japaner ausgesandt habe. Eine ganze Anzahl seiner berühmten »persönlichen Telegramme« wurden abgeschickt. Betrachtet man den Inhalt dieser Telegramme im Licht der nachfolgenden Ereignisse, so scheinen die Hoffnungen Churchills damals sehr optimistisch gewesen zu sein. Stalin wurde folgendermaßen informiert:

»In der Absicht, Japan ruhig zu halten, senden wir unser neuestes Schlachtschiff PRINCE OF WALES, das jedes japanische Schiff packen und vernichten kann, in den Indischen Ozean und schaffen dort eine starke Kampfgruppe. Ich dränge Präsident Roosevelt, seinen Druck auf die Japaner zu verstärken, und ängstige sie, so daß der Weg nach Wladiwostok nicht blockiert werden wird.«

Und Präsident Roosevelt wurde mitgeteilt:

»Wie Ihre Marineleitung bereits informiert wurde, entsenden wir das Schlachtschiff, das Sie selbst besichtigt haben, als einen Teil einer zu bildenden Kampfgruppe in den Indischen Ozean. Das sollte abschreckend auf Japan wirken. Es gibt für dieses Schiff nichts Gleichwertiges, das alles packen und vernichten kann. Ich bin froh, daß wir es in diesem kritischen Augenblick hier entbehren können. Es ist mehr, als wir noch vor einiger Zeit tun zu können dachten. Je fester Ihre und unsere Haltung ist, desto weniger besteht die Gefahr, daß sie sich in ein Abenteuer stürzen.

Ich bedaure den Verlust an Menschenleben beim Untergang der REUBEN JAMES [ein amerikanischer Zerstörer, der im Atlantik verlorenging]. Ich grüße das Land endloser Herausforderungen.«*

Am 10. August sprach Churchill vor einer größeren Zuhörerschaft anläßlich des Antrittslunchs des Lord Majors im Mansion House. Das traditionelle Abendbankett mußte aus Sparsamkeitsgründen ausfallen. In einer zündenden Ansprache bezog sich Churchill auf das »großartige neue Schlachtschiff und auf den größten Flugzeugträger«, der in Dienst gestellt würde, und fuhr fort, daß »eine starke Kampfgruppe schwerer Schiffe« für den Dienst im Indischen und Pazifischen Ozean vorgesehen sei. »Sollten die Vereinigten Staaten in einen Krieg mit Japan verwickelt werden, so wird die britische Kriegserklärung noch in derselben Stunde folgen«. Diese Worte wurden auf Churchills Wunsch im vollen Wortlaut veröffentlicht und bildeten einen Teil seines Planes, die Japaner davon abzuhalten, einen Krieg zu beginnen.

Nach elftägiger Seereise lief die PRINCE OF WALES am 5. Oktober mit ihren zwei Zerstörern in den Hafen von Freetown ein. Hier hatte die Admiralität schon lange vor dem Kriege eine Möglichkeit zur Ölübernahme geschaffen, die für den Fall einer nicht sicheren Passage durch das Mittelmeer

---

* Beide Dokumente befinden sich im Public Record Office CAB 65/24

in Anspruch genommen werden konnte. Für diese eine Nacht in Freetown wurde ein kurzer Landurlaub gegeben, und als die PRINCE OF WALES am nächsten Tag wieder auslief, waren einige Leute nicht an Bord zurückgekehrt.

In Sierra Leone stationierte Sunderland-Wasserflugzeuge der 95. Staffel flogen so lange U-Bootaufklärung, bis die Entfernung zu groß wurde. In der letzten, die Kampfgruppe G beschützenden Sunderland war Sergeant Fowler als Funker an Bord.

»Ich erinnere mich an die letzten Augenblicke mit dem Schlachtschiff. Es machte einen herrlichen Eindruck und vermittelte dem Beschauer trotz seines kriegerischen Aussehens in seiner Linienführung, seiner Bewaffnung und seinen Decks ein Gefühl der Schnelligkeit, Stärke und Unbesiegbarkeit. Wie bei der Verabschiedung eines großen Schiffes üblich, flogen wir eine Ehrenrunde in geringer Höhe – ungefähr 100 Fuß –, machten dann noch zwei oder drei Anflüge und winkten der Besatzung. Wir mußten während dieser Patrouillenflüge eine streng einzuhaltende Funkstille bewahren, aber vor unserem endgültigen Abschied blinkten wir dem Schiff mit der Aldislampe ›Viel Glück KG5‹ zu, womit wir KING GEORGE V meinten. Die Antwort kam unmittelbar: ›Danke – aber wir sind die POW‹. Wir waren sehr belustigt, bei einem Fehler erwischt worden zu sein, obwohl sich die beiden Schiffe in jeder Beziehung sehr ähnlich sahen. Wir flogen noch eine letzte Runde um das Schiff und drehten dann in Richtung auf unseren Stützpunkt ab.«

Bald nach dem Verlassen von Freetown fand für die Männer, die noch niemals den Äquator passiert hatten, die traditionelle »Linientaufe« statt. Die Lebensbedingungen an Bord wurden in dem heißen Klima wegen der schlechten Lüftungsanlagen nun äußerst unangenehm.

»Die im Innern des Schiffes herrschenden Bedingungen wurden nun fast quälend. Unser Messedeck hatte an Backbord keine Bullaugen und befand sich genau über einem der Kesselräume, so daß dort eine ständige Temperatur zwischen 95 und 100° F herrschte. Meine Haut wurde nur an Oberdeck trocken. Die Hängematte wurde völlig unbrauchbar. Man konnte unmöglich in dem schweißnassen Bettzeug schlafen. Gleiche Verhältnisse herrschten im Funkraum, und die Bearbeitung der Funksprüche war eine klebrige Angelegenheit. Meine Hände litten unter kleinen blasenförmigen Hitzepickeln, die sich über die gesamten Handflächen verteilten. Aber da fast die ganze Besatzung unter dem gleichen Leiden litt, mußte man sich damit abfinden.« (Funker C. V. House)

Der leitende Sanitätsoffizier im Stab des Admirals, Surgeon-Commander F. B. Quinn, hatte Admiral Phillips schon rechtzeitig vor den Gefahren von Erschöpfungserscheinungen durch die Hitze gewarnt und ersucht, daß die unter Deck auf ihrer Gefechtsstation beschäftigten Mannschaften nicht länger als unbedingt notwendig dort eingeschlossen sein sollten. Viele Männer schliefen an Deck, aber während ihrer Wache waren sie harten Bedingungen unterworfen, besonders das Maschinen- und Kesselpersonal. Mehrere Heizer brachen trotz Einführung eines zweistündigen Wachwechsels zusammen.

Kurz vor Kapstadt, dem zweiten Hafen der Reise, kam schlechtes Wetter auf. Ein Mann der EXPRESS erzählte, daß es der stärkste Seegang war, den er während seiner sechsjährigen Seefahrtzeit erlebt hatte. Ein Mann der Besatzung wurde über Bord gespült und ging verloren. Die beiden Zerstörer mußten wegen des schlechten Wetters mit der Fahrt heruntergehen, und die PRINCE OF WALES lief allein voraus. Ihrer Besatzung wurde bekanntgegeben, daß eine Anzahl der an der Küste stationierten Flugzeuge beim Einlaufen in Kapstadt Scheinangriffe fliegen würde. um die Geschützbedienungen zu trainieren, aber die »Angreifer« konnten die PRINCE OF WALES wegen der schlechten Sichtverhältnisse nicht ausmachen, und das Geschützexerzieren fiel aus.

Nach einer Reise von zehn Tagen ab Freetown lief die PRINCE OF WALES am 16. November kurz nach dem Frühstück in die Table Bay ein. ELECTRA und EXPRESS liefen am gleichen Nachmittag in die nahegelegene Marinebasis Simonstown ein.

Es war geplant, daß die Kampfgruppe G eine Woche in Kapstadt bleiben sollte. Churchill wünschte, daß Admiral Phillips sich mit Feldmarschall Smuts, dem Empire-Staatsmann, dessen Meinung und Unterstützung er sehr hoch schätzte, treffen sollte. Er bat Smuts außerdem, die PRINCE OF WALES zu besichtigen. Es galt, nebenbei gesagt, immer noch die Zusage an die Admiralität, die Weiterreise der PRINCE OF WALES nach ihrem Eintreffen in Kapstadt zu überdenken. Letztlich hätte der Besatzung eine Ruhezeit gutgetan. Leider sollte es aber dazu nicht kommen. Phillips traf Smuts ganz kurz in Pretoria, wohin er mit seinem Sekretär und einer Ordonnanz geflogen war.

Smuts schickte nach dem Treffen ein Kabel an Churchill, aus dem hervorging, daß der Südafrikaner von beiden den klareren Überblick über die Lage im Fernen Osten besaß.

»Admiral Tom Phillips war hier zu sehr nützlichen Gesprächen und wird noch vor heute Mittag wieder in Kapstadt sein. Er hat mich sehr beeindruckt und scheint für Stellungen von höchster Wichtigkeit bestens geeignet...

Ich bin über die derzeitig vorgesehene Aufstellung von zwei Flotten mit Basis Singapur und auf Hawaii betroffen. Jede für sich ist der japanischen Marine unterlegen, die dadurch die Möglichkeit hat, sie nacheinander zu vernichten. Diese Angelegenheit ist so lebenswichtig, daß ich Sie dringend ersuchen muß, ihre Dispositionen bei drohender Kriegsgefahr zu ändern. Wenn die Japaner wirklich Ernst machen, so bedeutet das den Anfang einer erstrangigen Katastrophe.*

Über die Einzelheiten der zugesagten Überprüfung, ob die PRINCE OF WALES nun nach Singapur weiterlaufen sollte, gibt es keine Unterlagen. In der Heimat war die Lage zur See ruhig, während sich die Situation im Fernen Osten laufend verschlechterte. Wenn es zu dieser Zeit zwischen Deutschland und Japan bereits eine enge Zusammenarbeit gegeben hätte, hätten die Deutschen durch bedrohliche Aktionen mit der TIRPITZ echte Schwierigkeiten verursachen können. Die Admiralität und Churchill hätten sich dann dadurch möglicherweise veranlaßt gesehen, die PRINCE OF WALES nach Europa zurückzuholen. Es geschah jedoch nichts dergleichen, und anstatt der vorgesehenen einen Woche erhielt Admiral Phillips schon nach einem Aufenthalt von nur zwei Tagen den Befehl, wieder aus Kapstadt auszulaufen.

Es waren trotzdem zwei sehr glückliche Tage für die Männer der PRINCE OF WALES und der beiden Zerstörer. Die PRINCE OF WALES war an einem Sonntag eingelaufen, und im Hafen hatten schätzungsweise 600 Autos gewartet, um die Besatzung zu Privathäusern, Farmen und Besichtigungsfahrten zu bringen. Die meisten Männer hatten mindestens eine Nacht an Land verbracht, und die Überlebenden sprechen in den höchsten Tönen über die ihnen erwiesene Gastfreundschaft.

Einige während des Aufenthalts in Kapstadt vorgesehene Arbeiten mußten beschleunigt oder fallengelassen werden. Arbeiter montierten die vier leichten Oerlikon-Luftabwehrkanonen, die noch in Greenock an Bord gekommen waren, zwei in der Nähe der Brücke und zwei auf dem Achterdeck. Interwiews zwischen ausgewählten Offizieren und Mannschaftsdienstgraden und der örtlichen Presse waren vorbereitet worden, aber sie wurden ebenso wie eine Schiffsbesichtigung durch Pressefotografen abgesagt. Die lokalen Zeitungen durften erst am Tage nach dem Auslaufen der PRINCE OF WALES über den Besuch berichten und den Namen des Schiffes nennen, jedoch erlaubte die Zensur nur unklare Andeutungen über das weitere Reiseziel des Schiffes.

Die Zensur hatte zuvor Anweisung bekommen, den Besuch der Kampfgruppe G als streng geheim zu behandeln und dafür zu sorgen, daß alle verschlüsselten Kabel nach Japan, Frankreich und Spanien sieben Tage festgehalten wurden. Die örtliche Polizei war ebenfalls wachsam und verhaftete den Funker eines griechischen Handelsschiffes, der die Vorschriften übertreten und ein Foto von der PRINCE OF WALES gemacht hatte. Der Grieche wurde in Kapstadt vor ein Gericht gestellt und zu drei Wochen Gefängnis oder zehn Pfund Geldstrafe verurteilt.

* Public Record Office PREM 3 163/3

PRINCE OF WALES nahm in Kapstadt neununddreißig Männer an Bord, die meisten von ihnen waren gefangene Seeleute, die von früheren, Südafrika anlaufenden Schiffen von Bord »gejumpt« waren. Captain Leach begrüßte diese Männer auf der PRINCE OF WALES, versprach ihnen einen neuen Anfang und ließ sie wissen, daß ihre früheren schlechten Beurteilungen nun nicht mehr erwähnt würden. Das Schlachtschiff lief am Nachmittag des 18. November aus, wiederum um einige Deserteure ärmer. Es ist eine Ironie des Schicksals, daß der Flugzeugträger HERMES am gleichen Morgen in die Marinebasis Simonstown einlief, um nach einem kürzlichen Einsatz im Indischen Ozean überholt zu werden. Obwohl die HERMES der kleinste Flugzeugträger der Royal Navy war und nur Platz für fünfzehn Flugzeuge hatte, ist es merkwürdig, daß überhaupt niemand auf den Gedanken gekommen zu sein scheint, sie der Kampfgruppe G als Ersatz für die kürzlich beschädigte INDOMITABLE zuzuteilen. HERMES hatte keinerlei wichtige Aufgaben im Indischen Ozean zu erfüllen und hätte wahrscheinlich in Singapur genausogut instand gesetzt werden können wie in Simonstown. Sie hätte aber die abschreckende Wirkung der Kampfgruppe G verstärkt. Aber es wurde nichts geändert. Nach einer weiteren zehntägigen Seereise lief die Kampfgruppe G in Colombo ein. Es war durch die klimatischen Bedingungen wieder eine Bewährungsprobe für die Besatzungen. Die Reise nach Colombo wurde durch kurze Besuche in Mauritius und auf dem Addu-Atoll (jetzt Gan genannt) unterbrochen. Hier wurde Öl übernommen. Auf dem Addu-Atoll befand sich eine kleine Einheit von Royal Marines. Sergeant Eric Winter berichtet, wie froh sie über den Besuch der PRINCE OF WALES waren:

»Wir befanden uns seit ungefähr zwei Monaten hier und hatten Verteidigungsanlagen gebaut sowie Bettungen für 6"-Kanonen eingerichtet. Wir hatten von Schiffszwieback, Dosenheringen, Sardinen, Tomaten und Eipulver gelebt. Unsere Wasserration bestand aus zwei Pints pro Tag zum Trinken und zum Waschen. Die PRINCE OF WALES bewirtete uns prächtig. Man bereitete uns ein Weihnachtsessen, sie schickten uns frisches Brot, Früchte, Fleisch, Gemüse und andere frische Lebensmittel. Nicht nur das, sie schenkten uns Bier und etwas Navy-Rum. Das erwies sich für einige, die zu gut getrunken und gegessen hatten, als zuviel. Die meisten bekamen Ruhr und Durchfall. Ich war einer der wenigen, der am nächsten Tag noch auf den Beinen stand.«

Die REPULSE wartete in Ceylon. Der Schlachtkreuzer war im Indischen Ozean gewesen und hatte die Zeit mit der Bewachung von Geleitzügen an der ostafrikanischen Küste und mit Schießübungen totgeschlagen. In gewisser Beziehung wichen sich die beiden Schiffe zwischen Colombo und Trinkomali aus, und die Presse war angewiesen worden, die REPULSE nicht mit ihrem Namen zu nennen; sie sollte nur als »ein großes Kriegsschiff« bezeichnet werden. Diese von der Admiralität ausgehende Anweisung verursachte bei der Besatzung viel Ärger. Sie nahm die Ankunft der PRINCE OF WALES und die Aussicht, mit ihr zusammen zu operieren, nicht mit Begeisterung auf. Der Ruf des Schlachtschiffes als »Judas« war unter den Mannschaften verbreitet, und die Besatzung des alten Schlachtkreuzers war der Meinung, sie hätte auf ihrem Schiff die beste Artillerie der Royal Navy und verspürte wenig Lust, unter dem Kommando eines Admirals auf einem gerade erst in Dienst gestellten und offenbar glücklosen Schlachtschiff Dienst tun zu müssen. Ein Mann der REPULSE erinnert sich, daß es »eine unmittelbare und erbitterte Rivalität zwischen den beiden Schiffen« gab.

Der Grund für die Weisung der Admiralität, die REPULSE nicht beim Namen zu nennen, war der Wunsch, vor den Japanern die Stärke und den Typ der Schiffe zu verheimlichen, die nach Singapur fahren sollten. Die Admiralität hatte vorgeschlagen, daß nicht nur die REPULSE, sondern auch die ebenfalls im Indischen Ozean zur Verfügung stehende REVENGE die PRINCE OF WALES begleiten sollte. Aber Admiral Phillips war dagegen:

»Die Japaner würden zwar durch die beiden in Singapur anwesenden schnellen Schlachtschiffe beunruhigt werden, aber sie würden von ihnen mehr als Mittel für plötzliche Vorstöße denn für die Bildung einer ›Schlacht-Linie‹ angesehen werden. Ein zusätzliches Schlachtschiff der R-Klasse mag ihnen den Eindruck geben, wir würden die Bildung einer ›Schlacht-Linie‹ versuchen. Da sie aber nur aus drei Schiffen bestehen würde, hätten wir die Japaner im Gegenteil ermutigt.«*

Es ist erstaunlich, diesen altmodischen Begriff der ›Schlacht-Linie‹ noch im November 1941 zu hören. Und so blieb die alte und langsame REVENGE im Indischen Ozean zurück und überlebte den Krieg, während die ebenfalls alte, aber schnelle REPULSE weiter in Richtung Singapur lief. Die beiden Zerstörer ENCOUNTER und JUPITER wurden in Kürze aus dem Mittelmeer erwartet, doch Admiral Phillips erhielt von der Admiralität Befehl, nicht auf sie zu warten, sondern unverzüglich nach Singapur zu fliegen und dort die aktuelle Lage mit dem Befehlshaber und, wenn möglich auch mit Admiral T. C. Hart, dem Oberkommandierenden der amerikanischen Asienflotte, in Manila zu besprechen. Am Tage nach dem Eintreffen der PRINCE OF WALES in Ceylon flog Admiral Phillips an Bord eines Catalina-Flugbootes nach Singapur.

Die PRINCE OF WALES sollte etwas länger bleiben. Die Admiralität drängte nun aber darauf, daß PRINCE OF WALES und REPULSE sofort nach dem Eintreffen der ENCOUNTER und JUPITER nach Singapur ausliefen. Von beiden Schiffen wurden zahlreiche neue Leute an Bord genommen, um verschiedene Lücken zu füllen. Ein Funker der PRINCE OF WALES hatte Erlaub-

---

* Public Record Office ADM 119/1149

nis erhalten, seine Schwester im Innern von Ceylon zu besuchen, und versäumte das Schiff, als die Auslaufzeit gekommen war. Er hoffte, daß er eine angenehme Tätigkeit an Land bekommen würde, wurde aber auf ein anderes Schiff kommandiert und kam kurz vor dem Auslaufen aus Singapur zum Einsatz wieder auf die PRINCE OF WALES zurück. Er überlebte. Ein Heizer der JUPITER, Tom Cairns aus Liverpool, verpaßte sein Schiff um ein paar Minuten, und es war gerade noch Zeit, ihn an Bord der PRINCE OF WALES zu nehmen. Er kam nicht wieder auf die JUPITER und überlebte nicht. Nach dem Auslaufen der PRINCE OF WALES beglückwünschte Captain Leach seine Besatzung, daß zum ersten Mal seit dem Auslaufen aus Greenock alle Urlauber an Bord zurückgekehrt waren. Am 29. Oktober lief PRINCE OF WALES mit ELECTRA, EXPRESS, ENCOUNTER und JUPITER von Colombo und REPULSE von Trinkomali aus. Die bald als Kampfgruppe Z bekannten Schiffe formierten sich auf See und liefen mit südöstlichem Kurs in Richtung Singapur. Während der Abwesenheit von Admiral Phillips wurde Captain Tennant ältester Seeoffizier und dadurch sehr zur Freude ihrer Besatzung die REPULSE das Führungsschiff.

Auf diesem letzten Teil der Reise gab es keine Ereignisse von Bedeutung. Singapur wurde drei Tage später, am 2. Dezember, erreicht, und die eindrucksvolle Formation von Schiffen lief durch die Straße von Johore in die Marinebasis ein. Dies war ohne Zweifel ein historischer Augenblick. Die jahrelangen Planungen der Marine und der mit hohem Kostenaufwand erfolgte Bau der Marinebasis hatten letztlich doch Früchte getragen.

Singapur war für den Fall eines japanischen Angriffs darauf vorbereitet, möglicherweise neunzig Tage aushalten zu müssen, bis die Marine zu Hilfe kommen könnte. Jetzt aber war die neue Flotte dank der Weitsicht des Kriegskabinetts und dem sich anschließenden harten Druck von Churchill und der Admiralität eingetroffen, noch bevor der erste Schuß gefallen war.

Singapur

Als Flaggschiff erhielt die PRINCE OF WALES den besten Liegeplatz längs des Westwalls der Marinebasis gegenüber den Gebäuden der Hauptverwaltung. REPULSE und die Begleitzerstörer mußten auf dem Strom ankern. Sir Tom Phillips hatte das Anlegemanöver der PRINCE OF WALES beobachtet und war der erste einer großen Anzahl von Begrüßungsgästen, der die Gangway betrat. Am Vortage war offiziell bekanntgegeben worden, daß Phillips zum Volladmiral befördert worden war und Oberbefehlshaber der neuen Ostflotte sein würde. Die von der Weltpresse lange vorher angekündigte Ankunft der Schiffe erregte in Singapur großes Interesse. Die Marinebasis, offiziell H.M.S. SULTAN genannt, war ebenfalls in Devonport aufgestellt worden, und viele Männer erneuerten bald alte Freundschaften auf der PRINCE OF WALES und der REPULSE. Es war angeordnet worden, daß die genaue Zusammensetzung der neuen Flotte geheimgehalten werden sollte, und die Lokalpresse wurde angewiesen, lediglich über die Ankunft der PRINCE OF WALES »mit anderen schweren Einheiten und Begleitschiffen« zu berichten. Die Gegenwart der REPULSE, die das einzige andere »schwere Schiff« war, wurde sehr zum Ärger ihrer Besatzung wieder einmal verheimlicht.

Anfangs wurde nur wenigen Berichterstattern das Betreten der Marinebasis erlaubt, die übrigen mußten sich mit einem Blick von geeigneten Aussichtspunkten außerhalb der Basis auf weite Entfernung und den Verlautbarungen des Presseoffiziers der Marine begnügen. Die Einschränkung der Berichterstattung wurde in einigen lokalen Zeitungen scharf kritisiert, und die Verantwortlichen gaben auch zwei Tage später nach: die PRINCE OF WALES veranstaltete in der Offiziersmesse einen großen Empfang für die allgemeine Presse. Die Offiziere wurden angewiesen, zu den Reportern besonders freundlich zu sein und dadurch den bisherigen Mangel an Möglichkeiten zur Berichterstattung auszugleichen. Dies alles war ein Teil der Traumwelt, in der sich die im Krieg befindlichen Engländer befanden.

Die lokalen Zeitungen berichteten begeistert über die Ankunft der Flotte, die »Singapore Free Press« schrieb am 3. Dezember:

»Es ist eine gute Nachricht nicht nur für Singapur und Malaya, sondern für alle demokratischen Länder am Pazifik. Es ist eine schlechte Nachricht für Japan, das langsam begreifen sollte, daß seine Hoffnungen auf eine ungehinderte Vorherrschaft zur See im Schwinden sind.«

Der Militärkorrespondent der »Malaya Tribune«, Major Fielding Eliot, schrieb am gleichen Tage:

»Eine Fernosteinheit [der Royal Navy] in der vorgesehenen Stärke wird nicht in der Lage sein, die japanische Marine aus ihren Gewässern herauszulocken und zum Kampf zu zwingen, aber die japanische Marine wird es auch nicht wagen, sich auf Abenteuer in der Südchinesischen See einzulassen... Tatsächlich wird die Ankunft einer Anzahl britischer Schlachtschiffe in Singapur die japanischen Marineprobleme im Pazifik hoffnungslos erschweren... In der Marineluftwaffe ist die japanische Flotte im Vergleich mit den Amerikanern von allen Waffengattungen die schwächste und die japanische Flugzeugproduktion ist so gering, daß sie überhaupt nicht in der Lage ist, auftretende Kriegsverluste zu ersetzen... Die Japaner sind nun in die eigene Falle gegangen und haben weder zu Lande noch zur See oder in der Luft den Schimmer einer Siegeschance, wenn sie jetzt gegen die sie einkreisenden Streitkräfte zu den Waffen greifen.«

Nichtsdestoweniger hatte Japan allein im Jahre 1941 5088 Land- und Marineflugzeuge gebaut! Dieser unrealistische Optimismus beschränkte sich aber nicht nur auf die Vorausschau zur See und in der Luft. Die »Singapore Free Press« hatte einen Korrespondenten zu einem Besuch australischer Truppen geschickt, die Stellungen in Nordmalaya gegen eine mögliche japanische Landung vorbereiteten, und informierte die Bevölkerung von Singapur, daß »eine Invasion feindlicher Streitkräfte in diesem Gebiet nur geringe Aussichten hat, einer völligen Vernichtung zu entgehen... Ein Eindringen durch die Hintertür nach Singapur wird mit der gleichen Entschiedenheit verhindert werden, die den Kampf australischer Soldaten auf anderen Schauplätzen dieses Krieges gekennzeichnet hat.«

Die Reporter waren begierig, mit den kürzlich eingetroffenen Seeleuten zu sprechen. Ein Mann der PRINCE OF WALES gab an, daß er »darauf brenne, irgend etwas gegen irgend jemand zu unternehmen, damit wir ihm zeigen können, was wir an Bord haben«.

Tagsüber mußten die Besatzungen der PRINCE OF WALES und REPULSE hart arbeiten. Die Vorratslager mußten aufgeräumt, Kessel und Maschinen nach der langen Reise von England überholt werden. Aber am Abend gab es regelmäßig Landurlaub. REPULSE mußte sich für eine Reise nach Australien bereithalten, aber die Besatzung der PRINCE OF WALES konnte in die fünfzehn Meilen entfernte Stadt Singapur fahren. Obwohl in Malaya und Singapur einen Tag vor der Ankunft der Schiffe der Ausnahmezustand erklärt worden war, verlief das gesellschaftliche Leben weiterhin normal. Die Seeleute, die noch nie zuvor im Fernen Osten gewesen waren, fanden es faszinierend, durch das lärmende, übelriechende, aber lebensvolle Chinesenviertel zu gehen. Viele haben erzählt, daß die Chinesen und andere eingeborene Rassen zu ihnen recht freundlich gewesen seien, jedoch die Europäer nicht. Dies stand im starken Gegensatz zu der Gastfreundschaft, die man noch kürzlich von den Weißen in Südafrika erfahren hatte. Ein junger Seemann schrieb an seine Mutter: »Die hiesige englischsprechende Bevölkerung ist sehr wohlhabend und will mit den Soldaten nichts zu tun haben, die hergekommen sind, um sie zu verteidigen. Aber mit den Eingeborenen kommen wir sehr gut aus.«

Die Männer unterhielten sich in diesen wenigen friedlichen Tagen sicher gut in Singapur. Es gab natürlich auch den üblichen Ärger, einschließlich einer Schlägerei im »Union Jack Club«, bei der Seeleute, australische Soldaten und die Gordon Highlanders beteiligt waren und die für dreißig Männer im Alexandra-Krankenhaus endete. Captain Leach mußte die Besatzung der PRINCE OF WALES darauf ansprechen, welches öffentliche Interesse ihr Schiff erregte und warnte sie, nicht »größenwahnsinnig« zu werden, vor allem nicht, wenn sie mit Männern der REPULSE zusammenkämen, die in diesem Krieg schon mehr geleistet hätten als die PRINCE OF WALES, oder mit Männern der alten Kreuzer DANAE, DURBAN und DRAGON, die schon monatelang langweilige Vorpostendienste zu leisten hatten. Captain Leach warnte auch vor Gerüchten, daß die PRINCE OF WALES möglicherweise bald wieder in die Heimat zurückkehren würde. Der Kommandeur der Royal Marines auf der PRINCE OF WALES erinnert sich:

»Aus heimatlicher Sicht schien Singapur vom Krieg weit weg zu sein. Sowohl die Offiziere und ich als auch die übrige Besatzung erwarteten, daß der Dienstbetrieb friedensmäßig bleiben würde. Mir war zu verstehen gegeben worden, daß der Zweck der Anwesenheit der PRINCE OF WALES im Fernen Osten weitgehend ein politischer sei. Es gab außerdem Gerüchte, daß in Australien die öffentliche Moral auf einem Tiefstand angekommen sei und durch die Anwesenheit einer namhaften Streitmacht in Singapur aufgerichtet werden solle. So hatten die Besatzungen Vorstellungen von Goodwill-Reisen nach Sydney und anderen australischen Häfen, nach Manila auf den Philippinen und verschiedenen Häfen in Niederländisch-Ostindien. Sicher gab die Übernahme von großen Mengen von Champagner, Rot- und Weißweinen und 10 000 Flaschen Bier und ihre Lagerung im Weinkeller der Offiziersmesse während der ersten Tage in Singapur Anlaß zu solchen Ideen. Der Kommandant ließ auf dem Achterdeck ein Sonnensegel errichten. Die in dieser Abgeschiedenheit nicht zu erwartenden Luftangriffe erlaubten die Errichtung eines solchen Sonnensegels, das einen weitgehenden Schutz vor der tropischen Sonneneinstrahlung bot.« (Captain C. D. L. Aylwin)

Die Gaststätten, die Tänzer und Kabarettsänger, die Seeleute und Soldaten, die Mitglieder des Rotary Clubs und überhaupt alle Menschen in Singapur fanden sich einem wahrhaften Wirbelwind ausgesetzt, der durch ihr sonst wohlgeordnetes Dasein fegte.

Als die Verhandlungen zwischen den Vereinigten Staaten und Japan im November 1941 ihren Höhepunkt erreicht hatten, waren die Japaner bereits entschlossen, falls bis zum 25. November keine Verständigung erzielt werden könnte, so bald wie möglich nach dem 1. Dezember den Krieg zu eröffnen. Zwar verlängerte Japan den Stichtag auf den 29., aber die paar Tage machten keinen Unterschied. Es gab keinerlei Verständigung. Am 1. Dezember wurde eine sogenannte Kaiserliche Konferenz in Tokio abgehalten und niemand widersprach, als General Tojo darauf bestand, daß es für Japan keine andere Wahl gäbe als Krieg zu führen. Weil Japan nicht bereit war, seine Ambitionen in China und anderen Teilen Asiens aufzugeben, weil es nicht mit den Folgen des Wirtschaftsembargos leben konnte und schließlich, weil es von den weißen Nationen nicht länger als eine minderwertige Macht behandelt werden wollte, war das Land bereit, gegen die Vereinigten Staaten, das Britische Weltreich und die Niederlande anzutreten. Die Japaner beschlossen, ihre Angriffe am 8. Dezember zu beginnen.*

Der Umfang und die Kühnheit der beabsichtigten japanischen Angriffe kann nur als atemberaubend bezeichnet werden. Nicht weniger als fünf getrennte Operationen oder Gruppen von Operationen waren für diesen ersten Tag geplant.

1. Pearl Harbor: Die Pazifikflotte der Vereinigten Staaten war in dieser Marinebasis auf Hawaii stationiert. Eine japanische Kampfgruppe, bestehend aus sechs Flugzeugträgern, geschützt durch Schlachtschiffe, Kreuzer, Zerstörer und U-Boote, sollte 360 Flugzeuge starten, um einen Überraschungsangriff auf die amerikanischen Kriegsschiffe in Pearl Harbor auszuführen. Es war bekannt, daß die Pazifikflotte normalerweise über das Wochenende in den Hafen einlief, und der Zeitpunkt für diesen Angriff am Sonntag, dem 7. Dezember, im Morgengrauen bestimmte den gesamten zeitlichen Ablauf der weiteren japanischen Angriffe.

2. Die Philippinen: Zur Schwächung der Luftstreitkräfte auf den amerikanischen Flugplätzen in Luzon waren Luftangriffe von Flugplätzen in Formosa vorgesehen. Diesen Luftangriffen sollte fast unmittelbar eine Invasion der Philippinen im großen Maßstab folgen.

3. Guam, Wake Island und die *Gilbert Islands:* Diese zwischen Pearl Harbor und den Philippinen gelegenen amerikanischen Inselvorposten sollten zunächst aus der Luft angegriffen und dann von Truppen besetzt werden. Es sollten dann Flugplätze gebaut werden, um die Philippinen von Verstärkungen auf dem Seeweg von Pearl Harbor oder den Vereinigten Staaten abzuschneiden.

* Wegen der internationalen Datumsgrenze erfolgte der erste Angriff nach amerikanischer und britischer Zeitrechnung am 7. Dezember, für Japan und Südostasien jedoch am 8. Dezember. Die hier angegebenen Zeiten sind – wenn nicht anders angegeben – Ortszeiten für die betreffenden Gebiete.

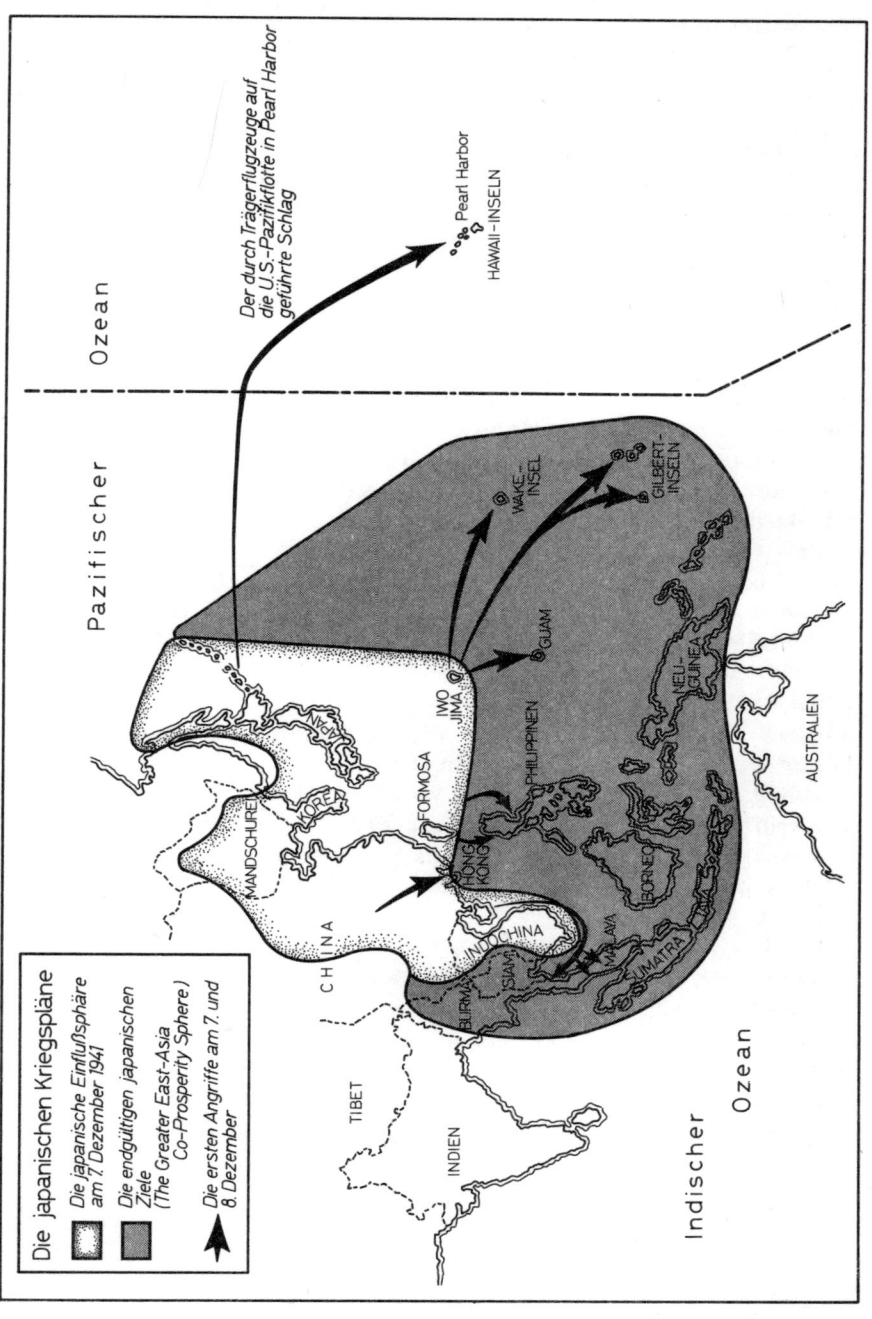

4. *Hong Kong:* Dieser isolierte britische Außenposten an der Küste des bereits von Japan besetzten Teils von China sollte von japanischen Truppen angegriffen werden.

5. *Siam, Malaya* und *Singapur:* Eine japanische Marineeinheit sollte an verschiedenen Punkten in Siam und Nordmalaya zur Einleitung des weiteren Vormarsches durch die malaiische Halbinsel landen und möglichst die britische Marinebasis auf der Singapur-Halbinsel ausschalten.

Mit Ausnahme des Angriffs auf Hong Kong waren die Japaner bei allen diesen Operationen vollständig auf den Einsatz von Marinestreitkräften angewiesen, und der größe Teil der Flugzeuge mußte von Flugzeugträgern und von an Land stationierten Marineflugzeugen gestellt werden. Dies also sollte die erste Phase des japanischen Gebots in Südostasien sein. Ihre einzige ernste Sorge war, daß amerikanische oder britische Kriegsschiffe diesem ersten Angriff entgehen und die verschiedenen Invasionsflotten dadurch gesprengt werden könnten. Vorausgesetzt, daß diese ersten Ziele erreicht würden, planten die Japaner eine zweite Phase, und zwar Neu-Guinea, Borneo, Niederländisch-Indien und Burma zu überfallen. Es war veranschlagt worden, daß alle diese Unternehmungen, ausgenommen Burma, innerhalb von 150 Tagen nach dem ersten Angriff beendet sein könnten. In weniger als sechs Monaten beabsichtigten die Japaner die Vereinigten Staaten, Großbritannien und Holland ihrer gesamten Kolonialgebiete in Südostasien zu berauben. Es kann nur wenige Menschen außerhalb Japans gegeben haben, die es bei Kenntnis der japanischen Absichten für möglich gehalten hätten, daß ein derartiges Vorhaben gelingen könnte, besonders, da sich die Japaner bereits in einem größeren Krieg mit China befanden.

Aber die Japaner bewiesen durch Wagemut und Können, verbunden mit Grausamkeit, daß sie fähig waren, ihre Ziele größtenteils zu erreichen.

Nachträglich betrachtet erscheint es jedoch unbegreiflich, daß die Japaner glaubten, ihre »Greater East Asia Co-Prosperity Sphere« auf Dauer halten zu können. Sie hatten Grund zu der Annahme, daß das von den Deutschen besetzte Holland wenig tun könne, um seine Besitzungen zurückzugewinnen, aber Großbritannien war weit davon entfernt, von den Deutschen geschlagen zu sein. Und die umfangreichen Hilfsquellen Britisch-Indiens befanden sich direkt an der Grenze des von Japan als Außenposten vorgesehenen Burma. Haben die Japaner tatsächlich erwartet, daß die Amerikaner sich auf dem nordamerikanischen Festland in ihr Schneckenhaus zurückziehen würden, ohne einen Versuch zu unternehmen, wieder nach Südostasien zurückzukehren? Haben die Japaner, die so großen Wert auf nationales Prestige legten, wirklich geglaubt, die Amerikaner hätten so wenig von diesen Eigenschaften? Die japanische Urteilskraft war durch einen so starken Haß gegen den Westen getrübt, daß sie unfähig schienen, sich der Konsequenzen ihres Handelns bewußt zu werden.

Es sollte kein gewöhnlicher Krieg werden.

Die Japaner beabsichtigten, starke Truppenkontingente auf dem engen westlichen Teil der Malaya-Siam-Halbinsel mit drei Zielen zu landen: Die Verbindungen zwischen Burma und Malaya zu unterbrechen, den Angriff auf Singapur vorzubereiten und später den Angriff auf Burma in Richtung Norden. Siam war militärisch ein schwaches Land, so daß die dortigen Landungen nicht auf großen Widerstand stoßen würden; aber in Malaya und Singapur würde es anders sein.

Die hier eingesetzten japanischen Heereseinheiten sollen uns nicht weiter beschäftigen. Die meisten waren in China aktiv eingesetzt gewesen und hatten bereits verschiedene Landungsunternehmen durchgeführt. Seitdem waren sie auf den Dschungelkrieg vorbereitet worden. Sie sollten ihre Aufgaben gut erfüllen und erschienen einige Wochen später vor den Toren von Singapur.

Die beteiligten Marineeinheiten waren seit dem 21. November unterwegs. Die Ankunft der PRINCE OF WALES und der REPULSE war den Japanern bekannt. Sie wurde durch ein japanisches Aufklärungsflugzeug nach einem Flug über Singapur am 3. Dezember bestätigt. Obwohl es keine Anhaltspunkte dafür gibt, daß die in letzter Minute erfolgte Ankunft der Schiffe in Singapur die Japaner veranlaßt haben könnte, sich ihren Entschluß, Krieg zu führen, noch einmal zu überlegen, bereitete sie ihnen doch große Sorgen, weil alle ihre Flugzeugträger im Osten in mehr als 5 000 Seemeilen Entfernung für den Angriff auf Pearl Harbor gebunden waren und auch das beste japanische Schlachtschiff anderswo im Einsatz war.

Die Malaya-Siam-Operation stand unter der Verantwortung von Vizeadmiral Nobutake Kondo und seiner Südflotte. Kondo selbst wollte sowohl die Landungen in Malaya-Siam als auch die Operationen auf den Philippinen aus der Ferne überwachen. Er hatte in seiner Südflotte zwei alte Schlachtschiffe KONGO und HARUNA, die schon vor 1914 vom Stapel gelaufen waren. Die KONGO war in Wirklichkeit während der langen Periode freundschaftlicher Verbindungen von den Briten entworfen und gebaut worden, und die übrigen Schiffe der Kongo-Klasse waren dann auf japanischen Werften nach den gleichen Konstruktionsunterlagen gebaut worden. Beide Schiffe waren zwischen den Kriegen modernisiert worden, waren mit acht 14"-Geschützen ausgerüstet und konnten dreißig Knoten laufen. Die Japaner waren aber nicht der Ansicht, daß sie es mit der PRINCE OF WALES und der REPULSE aufnehmen könnten. Den engeren Schutz für die japanischen Landungstruppen sollte Vizeadmiral Ozawa mit seiner ›Malaya-Einheit‹ übernehmen, aber er hatte keine größeren Schiffe als mit 8"-Geschützen bestückte Kreuzer der Takao-Klasse zur Verfügung.

Um die von der PRINCE OF WALES und REPULSE ausgehende Bedrohung zu mildern, änderten die Japaner ihre Pläne in drei Punkten. Zwei Minenleger, die TATSUMIYA MARU und die NAGASA wurden zur Auslegung eines Minenfeldes zwischen der Tioman-Insel und den Anamba-Inseln südwärts geschickt – mit anderen Worten, quer durch den Weg, den die PRINCE OF WALES und REPULSE nehmen würden, wenn sie von Singapur zum Angriff gegen die japanische Invasionsflotte ausliefen. Die beiden Minenleger erfüllten ihre Aufgabe und legten in der Nacht vom 6. zum 7. Dezember 1000 Minen, 48 Stunden vor Kriegsausbruch.

Der nächste Schritt war die Entsendung aller verfügbaren Unterseeboote in dieses Seegebiet, um einen Aufklärungsstreifen nördlich des Minenfeldes zu bilden. Die zehn betroffenen U-Boote liefen Ende November von Hiroshima und Sasebo aus und wurden am 2. Dezember zu drei Aufklärungsstreifen formiert, während zwei weitere U-Boote nahe des Einlaufweges nach Singapur auf Position gingen. Weitere vier U-Boote sind dort wahrscheinlich am 8. Dezember als Verstärkung eingetroffen.

Der dritte Schritt zum Schutz ihrer Invasionsgeleitzüge gegen die PRINCE OF WALES und REPULSE war eine Verstärkung der für dieses Gebiet bestimmten Luftstreitkräfte. Da es keine eigenständige japanische Luftwaffe gab, sollten gemäß einem früheren Plan Heeresflugzeuge den Schutz der Landungstruppen übernehmen. Aber die japanische Marine hatte kein Vertrauen, daß das Heer den notwendigen Schutz geben könnte, und daher hatte der Oberbefehlshaber der japanischen Marine, Admiral Yamamoto, der 22. Koku Sentai – der 22. Luft-Flottille – befohlen, von ihren Flugplätzen in Formosa nach Indochina zu verlegen.

Konteradmiral Sadaichi Matsunaga, Chef der 22. Flottille, hatte sein Hauptquartier nach Saigon verlegt, und seine Flugzeuge folgten. Die Genzan Kokutai – das Genzan-Luftgeschwader – flogen mit sechsunddreißig zweimotorigen Mitsubishi-Marine-Bombenflugzeugen Typ 96 G3M2 nach Saigon, und das Mihoro-Luftgeschwader mit weiteren sechsunddreißig Maschinen des gleichen Typs zum Flugplatz Tu Duam nördlich von Saigon. Sechsunddreißig Jagdflugzeuge und sechs Aufklärungsflugzeuge in Doc Trang, südlich von Saigon, vervollständigten die Zusammenlegung der Luftflotte von Admiral Matsunaga. Als aber das Eintreffen der zwei großen britischen Schiffe in Singapur bekannt wurde, entschied sich Admiral Yamamoto zu einer weiteren Verstärkung dieser Streitkräfte und zog einen Teil des Kanoya-Luftgeschwaders von der 21. Luft-Flottille in Formosa ab. Dadurch landeten weitere siebenundzwanzig Mitsubishi-Marineflugzeuge vom Typ 1 G4M2 gerade noch rechtzeitig vor Kriegsbeginn in Saigon.

Die Verlegung der Kanoya-Flugzeuge geschah auf Kosten der Luftstreitkräfte, die den Angriff auf die Philippinen unterstützen sollten. Die Flugzeuge aus Kanoya waren die modernsten und wirkungsvollsten aller Flugzeuge, die die Malaya-Operationen unterstützten, und Admiral Matsunaga hatte nun für den Schutz der Landungstruppen insgesamt neunundneunzig Bomber, sechsunddreißig Jäger und sechs Aufklärungsflugzeuge zur Verfügung.

Es gibt hinsichtlich dieser japanischen Lufteinheiten einige Dinge, die an dieser Stelle erklärt werden müssen. Das japanische Wort »kokutai« wird normalerweise mit »Luftgeschwader« übersetzt, aber das ist unrichtig, da das Wort »Geschwader« im allgemeinen eine viel größere Einheit als das japanische »kokutai« darstellt. Das Wort »Gruppe« – eine Einheit, bestehend aus zwei bis vier Staffeln – würde besser passen, aber um beim Leser Verwirrungen zu vermeiden, der sich daran gewöhnt hat, diese japanischen Marine-Luft-Einheiten mit »Luftgeschwader« bezeichnet zu sehen, werden wir diesen Begriff verwenden. Es soll aber daran erinnert werden, daß diese Luftgeschwader nur aus drei oder vier Staffeln mit normalerweise jeweils neun Flugzeugen bestanden.

Die Japaner hatten für Heer und Marine keine unterschiedlichen Dienstgradbezeichnungen. In unseren Übersetzungen verwenden wir daher die am nächsten kommenden Dienstgrade der Royal Navy. Dies löst die meisten Probleme, obwohl amerikanische Leser den »Sub-Lieutenant« (Oberleutnant) und den »Midshipman« (Fähnrich z.S.) besser als »Lieutenant (Junior Grade)« (Oberleutnant z.S.) und »Ensign« (Fähnrich z.S.) kennen. Das japanische Feldwebel- und Unteroffizierkorps ist mit seinen vielen Dienstgradunterteilungen ziemlich kompliziert, und es wird hier für alle diese Dienstgrade der Sammelbegriff »Unteroffizier« verwendet. Die Briten und die Amerikaner verwendeten für die vielen japanischen Flugzeugtypen englische Vornamen als Decknamen. Die Mitsubishi 96 G3M2 wurde als »Nell« und die Mitsubishi 1 G4M1 als »Betty« bekannt.

Es gibt innerhalb der verschiedenen Quellen, einschließlich der »British Official History«*, erhebliche Unterschiede über die genaue Anzahl der Bombenflugzeuge in den drei japanischen Luftgeschwadern, und viele Geschichtswerke geben höhere Zahlen an. Die hier angegebenen Zahlen stammen aus der »Japanese Official History«** und werden teilweise durch die Anzahl von Flugzeugen bestätigt, die als an den einzelnen Operationen beteiligt bekanntgegeben wurden. Es ist möglich, daß die anderweitig angegebenen höheren Zahlen die Gesamtzahl der betreffenden Einheit angeben und daß einige dieser Flugzeuge auf ihren Heimatflugplätzen zurückgelassen wurden.

Der Name jedes Luftgeschwaders ist von seiner Heimatbasis abgeleitet. Genzan und Kanoya liegen in Japan, Mihoro in Korea.

Die japanischen Pläne basierten auf der Hoffnung, daß die Landungen

---

* S. Woodburn Kirby, ›Der Krieg gegen Japan‹, Bd. 1, H.M.S.O. London 1957. In der Folge als »British Official History« bezeichnet.

** Japanese Defence Agency, Research Station, »The Book of Military History: The Malayan Area«, Tokio 1969. In der Folge als »Japanese Official History« bezeichnet.

und nachfolgenden Heeresoperationen in Nordmalaya sehr schnell die Flugzeuge der R.A.F. in die Kämpfe einbeziehen und die Mitsubishi-Bettys und Nells – deren Besatzungen sehr sorgfältig sowohl auf Torpedo-Angriffe als auch auf Bomben-Abwürfe trainiert worden waren – sich zusammen mit den beiden japanischen Schlachtschiffen um die PRINCE OF WALES und die REPULSE kümmern könnten, falls die britischen Schiffe jemals das Minenfeld und die Aufklärungsstreifen der U-Boote passiert hätten. Die Hauptsorge der Japaner war, daß ihre Invasionsgeleitzüge auf dem Wege zu den Landungsgebieten auseinandergetrieben werden könnten und daß die britischen Schiffe auslaufen und die Geleitzüge abfangen würden, bevor sie den Krieg wirklich begonnen hätten.

Am 4. Dezember, kurz nach Sonnenaufgang, lief der Hauptgeleitzug, bestehend aus neunzehn Truppentransportern mit Kreuzern und Zerstörern als Geleitschutz, aus Hainan aus, um in einer vier Tage dauernden Reise sein Operationsgebiet zu erreichen. Neun weitere Transporter liefen am 5. und 7. Dezember von Saigon und anderen Häfen Indochinas aus. Diese achtundzwanzig Handelsschiffe liefen zusammen mit nicht weniger als fünfunddreißig Nah- und Fernschutz gebenden Kriegsschiffen zunächst nach Süden und dann westlich um das Kap Cambodia. Die Truppentransporter sollten dann zum Schein in nordwestlicher Richtung auf Bangkok zulaufen, bevor sie sich in der Mitte des Golfs von Siam teilten. Alle Menschen an Bord dieser Schiffe und jeder mit dieser Unternehmung verbundene Japaner hofften inständig, daß kein alliiertes Aufklärungsflugzeug oder Schiff diese Invasionsflotte vorzeitig sichten möge. Sollte dies geschehen und sollten die Alliierten die Zeit nicht abwarten können und als erste angreifen, so war der ganze japanische Invasionsplan gefährdet.

Die Alliierten waren über viele der japanischen Bewegungen unterrichtet, aber es steht fest, daß die Unvermeidbarkeit eines Krieges immer noch mit großer Zurückhaltung behandelt wurde. Zwar wurden in diesen letzten Friedenstagen einige wenige realistische Entscheidungen getroffen, aber sehr viel mehr Schritte wurden in der Annahme unternommen, daß sich schließlich entweder doch noch alles zum Guten wenden oder aber mehr Zeit zur Verfügung stehen würde, als tatsächlich der Fall war. Diese Einstellung war das Produkt zweier Faktoren: der erstklassigen Geheimhaltung der Japaner und der bei den westlichen Nationen weiter bestehenden Unterschätzung der Leistungsfähigkeit und des Kriegspotentials der Japaner. Für den Durchschnittseuropäer waren die Japaner raffzahnige, kurzsichtige, körperlich schwächliche Burschen mit minderwertiger Ausrüstung und ungeschickter Handhabung technischer Einrichtungen. Der Gedanke, daß sie hochentwickelte Nationen wie Großbritannien oder die Vereinigten Staaten ernsthaft herausfordern könnten, war nach Meinung vieler Männer, die in dieser Zeit Entscheidungen zu treffen hatten, kein ernsthafter

Gesichtspunkt. Das war nicht nur eine Frage mangelnder Klugheit, sondern auch einer seit Generationen tief eingewurzelten kolonialen Haltung der Überlegenheit. Im folgenden schildern wir die in der ersten Dezemberwoche 1941 von den Alliierten unternommenen Schritte, insbesondere diejenigen, die das Schicksal der am 2. Dezember in Singapur eingetroffenen britischen Schiffe beeinflußt haben.

Montag, 1. Dezember. In Malaya wird der Ausnahmezustand erklärt. Die Admiralität schickt Admiral Phillips, der gerade, per Flugzeug von Colombo kommend, in Singapur eingetroffen ist, einen Funkspruch und schlägt darin vor, daß entweder die PRINCE OF WALES oder die REPULSE – oder möglichst beide Schiffe – kurz nach ihrer Ankunft Singapur wieder verlassen und im Seegebiet östlich von Singapur kreuzen sollten. Der Zweck dieser Maßnahme ist offensichtlich, die Japaner zu verwirren, aber wahrscheinlich fürchtet man auch, daß die beiden Schiffe durch einen überraschenden Angriff japanischer Flugzeuge auf den Hafen von Singapur getroffen werden könnten und die neue Ostflotte dadurch schwer geschädigt würde, bevor sie überhaupt zum Einsatz gekommen war.

Dienstag, 2. Dezember. Von den Phillippinen gestartete amerikanische Patrouillen-Flugzeuge sichten querab von Indochina zwölf japanische Unterseeboote. Alle laufen mit südlichem Kurs, und man konnte annehmen, daß sie in das Seegebiet vor Singapur gehen würden, um die Bewegungen der dort gerade eingetroffenen britischen Großkampfschiffe zu überwachen. Andere Geheimberichte melden, daß einundzwanzig Transportschiffe in der Camranh-Bucht, einem großen Ankerplatz im Norden von Saigon, gesehen wurden. Weiter wird gemeldet, daß sich im ganzen Pazifik, im Atlantik und im Indischen Ozean kein einziges japanisches Schiff mehr befindet und daß die japanischen Luftstreitkräfte in Südindochina eine Stärke von 180 Flugzeugen, einschließlich neunzig schweren Bombern erreicht hätten.

Mittwoch, 3. Dezember. Die Admiralität übermittelt Phillips erneut einen Funkspruch mit dem Vorschlag, PRINCE OF WALES und REPULSE sollten wieder aus Singapur auslaufen. Diese zweite, dringende Aufforderung, erfolgt wahrscheinlich wegen der Möglichkeit, daß die vor Indochina gesichteten U-Boote Singapur erreichen und die Großkampfschiffe angreifen könnten, wenn sie im Kriegsfall auslaufen würden. Die Admiralität drängt Admiral Phillips zudem, er möge Admiral Hart, den Befehlshaber der U.S. Asienflotte in Manila, fragen, ob die in Niederländisch-Indien und Borneo befindlichen acht amerikanischen Zerstörer nicht nach Singapur verlegt werden könnten, um dort die britischen Streitkräfte zu verstärken. Dieser letzte Vorschlag zeigt, daß es immer Ziel der britischen Politik war, die Amerikaner in einen Krieg miteinzubeziehen und den Japanern vor Augen zu führen, daß ein Angriff auf einen gleichbededeutend mit einem Angriff auf beide wäre. Die Briten waren zweifellos bereit, sich im Kriegsfall mit den Amerikanern zu verbünden, aber sie hatten womöglich immer noch Zweifel an der Bereitschaft der Amerikaner auf der Gegenseite.

Admiral Phillips informiert die Admiralität, daß er Admiral Hart in Kürze besuchen und die Anregungen hinsichtlich der Zerstörer an Ort und Stelle mit ihm besprechen würde. Er beabsichtige ferner, die REPULSE zu einem kurzen Besuch nach Darwin in Australien zu schicken. Dadurch würde zumindest eins seiner beiden Schiffe von Singapur entfernt. Phillips fragt außerdem, ob die ursprünglich für seine Flotte vorgesehenen alten Schlachtschiffe REVENGE, ROYAL SOVEREIGN, RAMILLIES und RESOLUTION jetzt nach Singapur geschickt werden könnten. Er fragt weiterhin an, ob die von ihrer Reparatur in Amerika nach England zurückkehrende WARSPITE für eine Woche Singapur anlaufen könnte, um dadurch einen weiteren Eindruck der Stärke zu vermitteln. Er unterrichtet die Admiralität, daß er den dringenden Wunsch habe, »seine Schlachtschiffflotte auszubilden«.*

Donnerstag, 4. Dezember. Admiral Phillips verläßt mit zwei Mitgliedern seines Stabes Singapur und fliegt nach Manila, um Admiral Hart und General MacArthur zu treffen und die Pläne für zukünftige Operationen zu besprechen.

Dieses Treffen sollte das erste von mehreren Zusammenkünften mit den Amerikanern und Holländern zur Ausarbeitung eines langfristigen Planes gegenseitiger Hilfe in Südostasien werden.

Freitag, 5. Dezember. REPULSE läuft in Begleitung der Zerstörer VAMPIRE und TENEDOS (Lieutenant R. Dyer) von Singapur nach Darwin aus. Die Besatzungen sind begeistert. Sie hoffen, daß diese Reise nach Darwin nur der Anfang eines längeren Besuches in Australien sein würde, und man spricht davon, Weihnachten in Sydney zu verbringen. Der wahre Grund der Reise ist ein anderer: REPULSE wird von Singapur entfernt, wie es die Admiralität gewünscht hatte, und Admiral Phillips hofft, die Australier zur Entsendung eines ihrer Kreuzer, H.M.S. HOBART, zur Vereinigung mit der Ostflotte zu bewegen. Phillips hatte früher damit gerechnet, einen anderen australischen Kreuzer, H.M.S. SYDNEY, zu erhalten, aber dieses Schiff war gerade in einem Gefecht mit dem deutschen Hilfskreuzer CORMORAN an der Küste von Westaustralien mit seiner gesamten Besatzung verlorengegangen. Aber die Entsendung der REPULSE zu einem weit abseits eines möglichen Kriegsgebietes liegenden Bestimmungsort zeigt, wie gering in Singapur die unmittelbare Nähe eines Krieges eingeschätzt wurde.

Admiral Phillips trifft an diesem Tag Admiral Hart in Manila, sie besprechen die Möglichkeit eines Zusammentreffens der britischen Ostflotte mit den Amerikanern in Manila, da dies eine günstige Ausgangsbasis für ge-

---

* Public Record Office ADM 199/2234

meinsame *Angriffs*-Operationen für den Fall eines Krieges gegen Japan sein würde. Diese Gedankengänge – gut achtundvierzig Stunden, bevor die Japaner im Pazifik und in Südostasien zuschlagen – zeigen noch einmal die ganze Naivität des alliierten Denkens. Die beiden Admiräle kommen überein, daß dieses Zusammentreffen ihrer Flotten ein Plan auf lange Sicht bleiben und davon abhängig sein solle, ob zum Schutz von Singapur weitere britische Flugzeuge als Ersatz für zusätzliche Kriegsschiffe zur Verfügung gestellt würden.

Sonnabend, 6. Dezember. Admiral Phillips und Admiral Hart setzen ihre Gespräche in Manila fort. Admiral Hart erklärt sich bereit, die vier Schiffe seiner 57. Zerstörerflottille (Commander E. M. Crouch) von Balikpapan in Holländisch-Borneo abzuziehen und sie mit Phillips' Schiffen zu vereinen, wenn dieser die drei in Hong Kong stationierten britischen Zerstörer ebenfalls nach Singapur schicken würde. So wird es beschlossen. Die vier Amerikaner – U.S.S.S. WHIPPLE (Lieutenant-Commander E. S. Karpe), JOHN D. EDWARDS (Lieutenant-Commander H. E. Eccles), EDSALL (Lieutenant J. J. Nix) und ALDEN (Lieutenant-Commander L. E. Coley) – werden angewiesen, sich auf eine Reise von Balikpapan nach Batavia einzurichten, angeblich um ihren Besatzungen Landurlaub geben zu können, in Wirklichkeit soll es nach Singapur gehen. Admiral Phillips kann dem Abzug der Hong Kong-Zerstörer nur prinzipiell zugestimmt haben, da diese nominell ein Teil der China-Basis waren und somit noch unter dem Kommando von Vizeadmiral Layton standen. Nach Ausbruch des Krieges gingen auch nur zwei von ihnen, SCOUT (Lieutenant-Commander H. Lambton) und THANET (Lieutenant-Commander B. S. Davies), nach Singapur. Das war Pech für Hong Kong, aber seine Lage wurde als nicht verteidigungsfähig beurteilt und seine Garnison bei Ausbruch eines Krieges so gut wie abgeschrieben. Der dritte Hong Kong-Zerstörer THRACIAN (Commander A. L. Pears) befand sich in Reparatur und blieb in Hong Kong.*

Dies ist der letzte Punkt, der in Manila besprochen wird, bevor ein amerikanischer Offizier eine dramatische Meldung in die Sitzung bringt. Ein aus japanischen Handelsschiffen bestehender Geleitzug, der vorher durch die Luftaufklärung in der Camranh-Bucht festgestellt worden war, ist jetzt von einem von Malaya gestarteten Hudson-Flugzeug mit australischer Besatzung auf hoher See gesichtet worden. Der Kommandant der Hudson, Flight Lieutenant J. C. Ramshaw, berichtete, daß er zuerst drei nach Süden laufende japanische Schiffe gesichtet hätte und dann nach seiner Schätzung einen Geleitzug von nicht weniger als fünfundzwanzig Handelsschiffen, be-

---

* THANET und THRACIAN wurden beide während der nächsten Tage versenkt, THRACIAN später von den Japanern gehoben und als Vorpostenboot verwendet. SCOUT überlebte den Krieg. Die vier amerikanischen Zerstörer werden später in diesem Bericht wieder erscheinen.

gleitet von einem Schlachtschiff, fünf Kreuzern und sieben Zerstörern (Ramshaws »Schlachtschiff« war in Wirklichkeit ein schwerer Kreuzer). Dieser Geleitzug befindet sich gut südlich von Saigon und läuft mit westlichem Kurs. Die von Flight Lieutenant Ramshaw gesichteten Schiffe können nur das noch neutrale Siam oder Malaya zum Ziel haben. Wenn das keinen Krieg bedeutete, so war er so nahe wie überhaupt möglich.*

Ein Wirbel von Maßnahmen setzt ein. Die vier amerikanischen Zerstörer erhalten den Befehl, sofort auszulaufen; innerhalb von vierundzwanzig Stunden sind sie auf dem Weg nach Singapur. Admiral Phillips sendet einen Funkspruch an seinen Chef des Stabes, Admiral Palliser, und befiehlt, daß die REPULSE zurückgerufen wird, was Palliser bereits veranlaßt hat. Innerhalb einer Stunde ist Phillips selbst auf dem Rückflug nach Singapur. Sein Abflug erfolgt so schnell, daß ein Mann der Flugzeugbesatzung in der Stadt zurückbleibt. Weitere Sichtmeldungen japanischer Schiffe in See treffen ein, jetzt sind drei Geleitzüge festgestellt, die aus etwa neunundzwanzig Handelsschiffen und einer etwa gleichen Anzahl Kriegsschiffe bestehen.

Diese Sichtung der Invasionsgeleitzüge durch alliierte Flugzeuge paßte den Japanern in diesem Stadium gar nicht, aber das Glück blieb ihnen weiterhin treu. Jetzt war zweifellos der Augenblick gekommen, in dem die Briten ihre Kriegsschiffe und Flugzeuge auf die japanischen Geleitzüge hätten ansetzen müssen. Aber Admiral Phillips war in Manila, die REPULSE unterwegs nach Australien, und die Geleitzüge befanden sich noch außerhalb der Reichweite der meisten veralteten britischen Flugzeuge in Malaya. Hinzu kam, daß die Briten glauben wollten, daß dies noch keinen Krieg bedeute und mit Bestimmtheit nicht gewillt waren, den ersten Schritt zu tun und die Geleitzüge anzugreifen. Wäre jedoch Admiral Phillips mit all seinen Schiffen in Singapur gewesen und sofort in Richtung des Golf von Siam ausgelaufen, hätte ihr Erscheinen die Japaner möglicherweise veranlaßt, mit ihren verwundbaren Geleitzügen umzudrehen, wodurch zumindest ihr gesamter Zeitplan in Unordnung gebracht worden wäre.

Die R.A.F. erhält Befehl, von Malaya aus verstärkte Aufklärung zu fliegen, aber eine niedrige Wolkendecke und schlechtes Wetter verhindern an diesem Tag weitere Sichtungen.

Sonntag, 7. Dezember. Admiral Phillips trifft am frühen Morgen wieder in Singapur ein und wird von den höchsten Offizieren der australischen und neuseeländischen Marinestäbe zu Konsultationen erwartet. Dies ist für den beunruhigten Admiral das letzte, was er sich gewünscht hätte, aber er trifft kurz – in Begleitung von holländischen und amerikanischen Marine-Verbindungsoffizieren – mit seinen Besuchern zusammen. In Singapur löst die Rückkehr der REPULSE und ihrer zwei Begleitzerstörer nach einer

---

* Flight Lieutenant Ramshaw wurde am ersten Tag des Krieges mit Japan im Einsatz getötet.

mit Höchstfahrt durchgeführten Rückreise große Erleichterung aus. Der britische Kreuzer EXETER (Captain O. L. Gordon), unterwegs mit einem Geleitzug in der Bucht von Bengalen, erhält von der Admiralität Befehl, mit höchstmöglicher Geschwindigkeit nach Singapur zu laufen.

Es werden verstärkt Tageseinsätze von Aufklärungsflugzeugen geflogen, aber das Wetter ist mit einer niedrigen Wolkendecke und den tropischen Regengüssen des Nordost-Monsuns noch schlechter geworden. Zwar werden flüchtig japanische Schiffe gesichtet, aber die Meldungen bleiben so vereinzelt, daß sich kein klares Bild über die japanischen Schiffsbewegungen gewinnen läßt. Als letzte Möglichkeit werden zwei Catalinas des 205. Luftgeschwaders weit nach Norden geschickt, um die Buchten an der Westküste von Indochina zu inspizieren, falls die japanischen Geleitzüge dort eingelaufen waren. Eine Maschine kehrt zurück, ohne etwas gesehen zu haben, das zweite Flugzeug wird nie wieder gesehen. Ein japanischer Jäger hatte es abgeschossen. Seine Besatzung fiel – die ersten Opfer dieses Krieges.

Die Stadt Kota Bharu liegt in der Nähe der Mündung des Kelantan-Flusses an der nördlichsten Spitze von Malaya. Die sechs Meilen entfernte Küste wurde von indischen Truppen des 3/17. Dogra-Regiments verteidigt. Kurz nach Mitternacht vom 7. zum 8. Dezember sichteten die Inder drei große Handelsschiffe, die zwei Meilen von der Küste entfernt vor Anker lagen, wenige Minuten später wurden sie beschossen. Die See war rauh, und eine Anzahl japanischer Soldaten ertranken, aber die Hauptstreitkräfte der Japaner erreichten dennoch in Landungsbooten die Küste. Die Eindringlinge waren kriegserfahrene Soldaten des 56. Infanterie-Regiments. Die Dogras bestanden hauptsächlich aus noch nicht voll ausgebildeten jungen Rekruten, die noch nie im Einsatz gewesen waren. Der Kampf war erbittert, bis die Japaner schließlich an der Küste einen festen Brückenkopf bildeten.

Der Zeitablauf dieser um 00.45 Uhr Ortszeit beginnenden japanischen Landung wurde wahrscheinlich durch die Notwendigkeit bestimmt, bei Dunkelheit und Hochwasser zu landen. Es war dies der allererste offene Angriff dieses Krieges, siebzig Minuten vor dem Angriff auf Pearl Harbor – ein erhebliches Risiko für die Japaner: wenn die Nachricht von der Landung bei Kota Bharu sofort in die ganze Welt gefunkt worden wäre, wären die Verteidiger von Pearl Harbor wahrscheinlich alarmiert worden. Aber die Japaner vermuteten richtig, daß die Nachricht nicht so schnell verbreitet werden könnte.

(In London war Winston Churchill wütend, als er von der Landung erfuhr. Seine Berater hatten ihm wiederholt gesagt, daß eine Landung vor dem Frühling unmöglich sei, wenn der Nordost-Monsun erst einmal eingesetzt hätte.)

Die Japaner wollten in erster Linie den Flugplatz von Kota Bharu in Besitz nehmen. Er lag auf halbem Wege zwischen der Stadt und der Invasionsküste und war Stützpunkt der 36. R.A.F.-Staffel, bestehend aus zwölf veralteten Vildebeest-Torpedobombern. Ferner lagen dort dreizehn Hudson-Bombenaufklärungsflugzeuge der 1. australischen Staffel. Da die Japaner befürchteten, Flugzeuge könnten ihre Schiffe beschädigen, betrachteten sie diesen Flugplatz als erstes Angriffsziel. Die australischen Hudsons starteten fast sofort, und es gelang ihnen in dem hellen Mondschein, zusammen mit der Küstenartillerie, alle drei japanischen Handelsschiffe und einige Landungsboote zu treffen. Aber bei Tagesanbruch marschierten die Japaner ins Landesinnere, und japanische Flugzeuge aus Indochina bombardierten den Flugplatz und beschossen ihn mit Bordwaffen. Die indischen Truppen kämpften tapfer, aber unter dem Bodenpersonal brach eine Panik aus. Durch ständige Bombenabwürfe und verirrte Geschosse, die ihnen aus dem nahegelegenen Dschungel rund um den Flugplatz um die Ohren sausten, entmutigt, zündeten die Männer der R.A.F. Gebäude und Einrichtungen an, obwohl hierzu kein Befehl gegeben worden war. Schließlich flohen sie auf Lastwagen. Kurz danach erhielten die achtzehn Flugzeuge, die den Luftangriffen entgangen waren, Befehl, sich zurückzuziehen, und das Heer gab den Versuch auf, den Flugplatz zu verteidigen, der für Einsätze gegen die japanischen Invasionsgeleitzüge am günstigsten gelegen war. Er fiel in weniger als vierundzwanzig Stunden in die Hände des Feindes.

Der Angriff auf Kota Bharu war für die japanischen Erfolge dieses Tages typisch. In Pearl Harbor näherten sich die japanischen Flugzeuge unbemerkt, und die Warnungen einer U.S. Heeres-Radarstation, die die japanischen Flugzeuge in einer Entfernung von 130 Meilen geortet hatte, wurden nicht beachtet. Die Japaner drangen ein und verursachten ungeheure Verwüstungen. Ihre Torpedos und Bomben versenkten oder beschädigten alle acht Schlachtschiffe der amerikanischen Pazifikflotte, sowie verschiedene andere kleinere Schiffe. 128 Flugzeuge wurden zerstört, die Flügel an Flügel am Boden standen. Die Japaner verloren neunundzwanzig Flugzeuge. Es war ein glänzend gelungener Überfall, nur dadurch beeinträchtigt, daß sich die drei amerikanischen Flugzeugträger nicht im Hafen befunden hatten und für zukünftige Einsätze zur Verfügung blieben. Fast das Gleiche ereignete sich in geringerem Umfang auf den Philippinen, in Siam und in Hong Kong. Trotz des großen Risikos für die Japaner, so zahlreiche Streitkräfte auf langsamen Geleitzügen binden zu müssen, von denen einige sogar mehrere Tage vorher gesichtet worden waren, hatten es die Alliierten versäumt, schnell genug zu handeln, und so waren die ersten japanischen Angriffe überall erfolgreich verlaufen.

Singapur war eines der ersten japanischen Angriffsziele. Einige Flugzeuge von den Marinelufteinheiten der Flugplätze rund um Saigon hatten in den letzten Tagen weite Aufklärungsflüge über See ausgeführt, um Warnmeldungen abgeben zu können, falls die britischen Großkampfschiffe aus Singapur ausliefen. Für diesen Fall standen andere mit Bomben und Torpedos beladene Maschinen startbereit. Unter den japanischen Flugzeugbesatzungen entstand erhebliche Aufregung, als gemeldet wurde, ihre Truppengeleitzüge seien am 6. Dezember gesichtet worden, dann folgte Erstaunen, daß weder auf ihre Schiffe noch auf ihre eigenen Flugplätze irgendein Angriff erfolgte und daß es keinerlei Anzeichen für ein Auslaufen der britischen Schiffe aus Singapur gab. Als diese belastende Wartezeit ohne Zwischenfälle vorüber gegangen war, konnten die japanischen Flugzeugbesatzungen auf ihre für den ersten Tag des Krieges vorgesehene Hauptaufgabe zurückkommen: die Bombardierung von Singapur.

Für den ersten Angriff wurden vierundfünfzig Mitsubishi-Bomber der Mihoro- und Genzan-Luftflotte mit Bomben beladen. Wiederum war nach Meinung der Japaner die Bemühung, zuerst die britische Luftwaffe auszuschalten, von höchster Wichtigkeit. Der Angriff wurde am frühen Morgen des 8. Dezember bei hellem Mondlicht durchgeführt, weil sich Singapur außerhalb der Reichweite aller japanischen Jagdflugzeuge befand und weil die Japaner diesen ersten Überfall durchführen wollten, bevor die Briten durch andere Operationen voll alarmiert waren.

Aber der Angriff verlief nicht wie geplant. Dichte Wolken und stürmisches Wetter zwangen alle Genzan- und einige Mihoro-Flugzeuge zur Umkehr, nur siebzehn Mihoro-Besatzungen kämpften sich durch und befanden sich kurz nach 04.00 Uhr am klaren Himmel über Singapur. Da das Verteidigungssystem in Singapur niemals in gemeinsamen Übungen zwischen Nachtjägern, Scheinwerfern und Flak geübt worden war, wurde die Verteidigung der Insel den Scheinwerferbatterien und den Kanonen überlassen, die bereits durch Radarkontakte in einer Entfernung von 140 Meilen alarmierten Nachtjäger erhielten Startverbot. Die Japaner wurden durch die Scheinwerfer erfaßt, tausende von Menschen beobachteten ihren sauberen Formationsflug über der Insel.

Viele Bomben fielen rund um die Flugplätze, keine einzige rief schwere Schäden hervor. Einige Bomben fielen mitten in die Stadt, wo die Verdunkelung erst nach dem Angriff funktionierte. 200 Menschen, meist Chinesen, wurden getötet oder verwundet. Nicht ein einziges japanisches Flugzeug wurde abgeschossen.

Die Besatzungen der PRINCE OF WALES und der REPULSE befanden sich unter den Zuschauern des Angriffs.

»Ich war mit einigen Maaten zusammen an Land gewesen, und wir saßen in der großen feuchten Kantine in der Marinebasis. Wir hatten eine Menge Lion- oder Tiger-Bier getrunken. Als ich an Bord zurückkam, ging ich an

Oberdeck schlafen. Ich wachte durch Geschützfeuer und Sirenengeheul an Land auf und hörte die Signalhörner, die uns auf Gefechtsstationen riefen. Für einen Augenblick wußte ich nicht, wo ich war und was los war.« (Vollmatrose S. E. Brown, H.M.S. REPULSE)

»Ich kam nach einem angenehmen und gesellligen Tag in Singapur an Bord zurück. Es war eine ruhige, warme und windstille, friedliche Nacht. Plötzlich brach die Hölle los, und alle Kanonen und Sirenen ertönten. Als wir weiterrannten, sahen wir die PRINCE OF WALES bereits im Gefecht und waren beim Anblick der ungezählten Geschosse überrascht, die auf die winzigen Ziele hoch in der Luft abgefeuert wurden.« (Lieutenant D. B. H. Wildish, PRINCE OF WALES)

»Wir waren nach einem ausgedehnten Kantinenbesuch ganz zufrieden an Bord gekommen und wurden durch den fast vergessenen Ton aufheulender Luftschutzsirenen auf der Werft geweckt, denen entferntes Geschützfeuer folgte. Das konnte nur Japs bedeuten. Beim Aufwachen waren meine Gedanken nur ›Verdammt noch mal! Diese verrückten Kerle haben angefangen!‹ Wie sich unsere kleine Welt doch schnell verändern kann! Ich beobachtete sehr hoch fliegende Flugzeuge, die von Scheinwerfern angestrahlt wurden – viel zu hoch, um durch das verschwenderische Flakfeuer getroffen zu werden. Merkwürdigerweise warfen sie in der Nähe der Werft keine Bomben ab.« (Leichtmatrose D. F. Wilson, H.M.S. PRINCE OF WALES)

Tatsächlich waren die japanischen Flugzeuge im Feuerbereich der 5.25"-Steilfeuerkanonen der PRINCE OF WALES gewesen, und nach dem Angriff wurde das Schiff von der Pier abgezogen, damit die Kanonen bei zukünftigen Angriffen besser feuern konnten.

Die Besatzungen der PRINCE OF WALES und der REPULSE hatten im Krieg bereits eine ganze Menge erlebt und begriffen daher die neue Entwicklung sehr rasch, nicht jedoch die Bevölkerung von Singapur.

Die kürzliche Ankunft der beiden Großkampfschiffe und die Anwesenheit so zahlreicher Flugzeuge und Soldaten hatten in Verbindung mit der primitiven Ansicht, die Europäer würden die Japaner schließlich schon aufhalten, die Zivilbevölkerung zu dem Glauben kommen lassen, ihr friedliches Dasein würde in diesem tropischen Hafen ungestört andauern. Jetzt aber waren von irgendwoher japanische Flugzeuge aufgetaucht, hatten die Stadt bombardiert, viele Tote zurückgelassen – und waren unversehrt wieder weggeflogen. Diesem erschütternden Ereignis folgte in den nächsten Stunden eine ganze Serie von katastrophalen Nachrichten. Um 06.30 Uhr wurde ein Sondertagesbefehl aller Militär- und Zivilstellen der britischen Fernostbesitzungen veröffentlicht.

»Der heutige japanische Angriff gibt den Marine-, Heeres- und Luftstreitkräften des Empire und denen ihrer Alliierten das Signal, mit gemeinsamem Ziel und gemeinsamen Idealen einzugreifen.

Wir sind bereit. Wir waren vielfach gewarnt und haben unsere Vorbereitungen getroffen und erprobt. Wir haben in diesem Augenblick die Jahre der Geduld und Zurückhaltung nicht vergessen, die wir mit Würde und Disziplin ertragen haben, obwohl uns die Japaner mit gemeinen Beleidigungen und unverschämten Anmaßungen im Fernen Osten herausgefordert haben. Wir wissen, daß dies nur geschah, weil Japan glaubte, es könne aus unserer vermeintlichen Schwäche Vorteile für sich ziehen.

Nachdem jetzt Japan selbst beschlossen hat, die Dinge einem harten Test zu unterziehen, wird es erkennen, daß es einem schwerwiegenden Irrtum unterlegen ist. Wir sind zuversichtlich. Unsere Verteidigungsmittel sind stark und unsere Waffen leistungsfähig. Welcher Rasse wir auch immer angehören mögen und ob wir nun in unserer Heimat oder Tausende Meilen von ihr entfernt sind, wir haben alle nur ein Ziel. Es ist die Verteidigung dieser Küsten, den Feind zu vernichten, der den Fuß auf unser Land setzt, und schließlich die Macht unserer Feinde zu brechen, die unsere Ideale, unser Eigentum und unseren Frieden gefährden.

Was sind das für Feinde? Wir haben ein durch die seit Jahren zehrenden Anforderungen ihres rücksichtslosen Angriffs auf China ausgepumptes Japan vor uns. Ein Japan, dessen Handel und Industrie durch diese Jahre unverantwortlicher Abenteuer so in Unordnung geraten sind, daß seine Regierung es in einem Anfall von Verzweiflung in einen Krieg gestürzt hat und vortäuscht, es könne sein Ziel dadurch erreichen, daß es einer friedlichen Nation in den Rücken fällt. Sie sollten sich Italien zum Beispiel nehmen und sehen, was mit dieser Nation geschehen ist, die ähnliche Schritte unternommen hat.

Wir sollten uns daran erinnern, daß wir hier im Fernen Osten einen Teil des mächtigen Kampfes für die Aufrechterhaltung von Ehrlichkeit, Gerechtigkeit und Freiheit in der Welt austragen; Vertrauen, Entschlossenheit, Wagemut und Treue zur guten Sache muß und wird jeden von uns im kämpferischen Einsatz beflügeln, während wir von der Zivilbevölkerung – Malaien, Chinesen, Inder oder Burmesen – erwarten, daß sie durch Geduld, Ausdauer und Gelassenheit – den großen Tugenden des Ostens – die kämpfende Truppe bis zum endgültigen und vollständigen Sieg unterstützen.

R. Brooke-Popham, Luftmarschall
Oberkommandierender Fernost
G. Layton, Vizeadmiral
Oberkommandierender China«.*

Dieses Dokument wurde in Wirklichkeit bereits einige Monate zuvor vorbereitet, so daß es in verschiedene Sprachen des Fernen Ostens über-

---

* Zitiert aus »The British Official History«, Seite 525

setzt werden konnte, aber es offenbart zugleich erneut die mangelnde Einschätzung der tatsächlichen Stärke des Feindes.

Der Oberbefehlshaber aller Fernoststreitkräfte, Luftmarschall Sir Robert Brooke-Popham, sollte eigentlich routinemäßig abgelöst werden, als die Ereignisse ihn in die wenig beneidenswerte Lage versetzten, mit den japanischen Angriffen fertig zu werden. Trotz seiner Dienststellung übte Brooke-Popham seine Befehlsgewalt – wie wir gesehen haben – nur über die Einheiten des Heeres und der R.A.F. im Fernen Osten aus. Die Admiralität hatte darauf bestanden, daß ihre Schiffe ausschließlich unter dem Befehl der Marine blieben. Aber selbst innerhalb dieses unabhängigen Kommandos der Marine gab es Unklarheiten. Admiral Phillips war bei seiner Ankunft in Singapur zum Oberbefehlshaber der Ostflotte ernannt worden, aber es blieb immer noch Vizeadmiral Sir Geoffrey Layton, der Oberbefehlshaber der China-Station. Die Admiralität hatte befohlen, daß Admiral Phillips am 10. Dezember um 00.30 Uhr, also in zwei Tagen, Kommando und Leitung der China-Station übernehmen sollte. Admiral Layton sollte seine Flagge an diesem Abend niederholen, er wollte mit einem Handelsschiff sofort nach England abfahren. Es hieß, daß er sehr enttäuscht sei, nicht das Kommando über die neue Ostflotte erhalten zu haben. Die Abreise eines mit den örtlichen Verhältnissen so gut vertrauten Offiziers war in diesem kritischen Moment ein großer Verlust. Sobald jedoch die Japaner ihre Angriffe begannen, drängte Admiral Phillips auf Grund eines Befehls der Admiralität auf die Übernahme des Kommandos.

Die Beziehungen zwischen Brooke-Popham und Phillips wurden durch Richtlinien aus London vom 2. Dezember geregelt. Brooke-Pophams Position als Oberbefehlshaber Fernost wurde darin bestätigt, er war »gemeinsam mit dem Befehlshaber der Ostflotte der Regierung Seiner Majestät für die Durchführung unserer Strategie im Fernen Osten verantwortlich«. Phillips erhielt ähnliche Weisungen, »gemeinsam mit dem Oberbefehlshaber Fernost der Regierung Seiner Majestät für die Durchführung unserer Strategie im Fernen Osten verantwortlich zu werden«.* Mit anderen Worten: weil die Admiralität nicht bereit war, ihre Schiffe dem einheitlichen Befehl eines R.A.F.-Offiziers zu unterstellen, mußte der Krieg im Fernen Osten unter geteilten Befehlsverhältnissen geführt werden. Admiral Phillips, der bisher nur einige Stunden in Singapur und ein paar Tage im Fernen Osten zugebracht hatte, brauchte Brooke-Popham nur zu *konsultieren* und war dann in seinen Entscheidungen völlig frei.

Es ist bekannt, daß sich Phillips und Brooke-Popham am späten Abend des 7. Dezember, also etwa zwei Stunden vor der japanischen Landung in Nordmalaya, kurz in der Marinebasis trafen. Sie besprachen dabei die aktu-

---

* British Official History, Seite 485 und 487.

elle Lage. Kurz nach diesem Treffen sandte Phillips an die Admiralität den folgenden Funkspruch:

»Wenn es die relative Stärke der feindlichen Streitkräfte erlaubt, werden wir bemüht sein, die Expedition bei Nacht oder bei Tage anzugreifen. Wenn wir an Kräften unterlegen sind, wird ein Überfall versucht, und die Luftwaffe wird im Zusammenwirken mit Marineeinheiten mit Bomben und Torpedos angreifen«.*

Es muß angenommen werden, daß dieser Funkspruch abgeschickt wurde, als die Japaner bereits tatsächlich gelandet waren, und nur die vorläufigen Absichten Phillips' enthält. Man kann nur vermuten, daß der ungenaue Wortlaut des Funkspruchs den Wunsch zum Ausdruck bringen sollte, so viel Handlungsfreiheit wie möglich zu behalten.

Gegen Mittag des 8. Dezember, als der Krieg fast zwölf Stunden alt war, gingen weitere Nachrichten über die ausgedehnten Bewegungen der Japaner in Singapur ein. Einzelinformationen von weiter entfernten Gebieten standen zwar noch aus, aber das Bild war klar: Japaner waren in Nordmalaya und an verschiedenen Stellen in Siam gelandet, und Einheiten des Heeres und der R.A.F. waren in schwere Kämpfe verwickelt. Es wurde Zeit für Admiral Phillips, sich zu entscheiden, was die Royal Navy unternehmen sollte. Um 12.30 Uhr eröffnete er auf der PRINCE OF WALES eine Besprechung. Außer dem Admiral und seinem unmittelbaren Stab waren Captain Leach von der PRINCE OF WALES, Captain Tennant von der REPULSE und die Kommandanten verschiedener Zerstörer anwesend. Es war kein Vertreter des Fernost-Hauptquartiers von Luftmarschall Brooke-Popham und niemand vom örtlichen R.A.F.-Befehlshaber eingeladen. Es war eine reine Marineangelegenheit.

Admiral Phillips hatte bereits die Stärke der ihm zur Verfügung stehenden Kriegsschiffe ermittelt. Zwar würde die Admiralität jetzt wohl verzweifelte Anstrengungen machen, mehr Schiffe nach Singapur zu bekommen, aber es würde Tage oder sogar Wochen dauern, bis sie eintrafen. Zum Glück waren PRINCE OF WALES und REPULSE frei von irgendwelchen ernsthaften Schäden und konnten innerhalb einer Stunde auslaufen. Es gab ferner in der Marinebasis vier Kreuzer, drei von ihnen – die DURBAN (Captain P. G. L. Cazalet), DANAE (Captain R. J. Shaw) und DRAGON (Commander D. H. Harper) – von den Streitkräften der China-Station, die Phillips an diesem Morgen übernommen hatte. Aber es waren alte, für Patrouillen- und Aufklärungsaufgaben gebaute, aber für harte Kämpfe ungeeignete Schiffe, obwohl sie sechs 6"-Geschütze trugen und ihre Geschwindigkeit mit PRINCE OF WALES und REPULSE mithalten konnte. Aber nur die DURBAN war wirklich auslaufklar. Der vierte war ein moderner Kreuzer, die

* Public Record Office ADM 199/1149

MAURITIUS (Captain W. D. Stephens), mit zwölf 6"-Geschützen. Sie befand sich in Reparatur und war für einige Zeit nicht verfügbar. Die EXETER, ein kraftvoller acht-8"-Geschütz-Kreuzer, befand sich mit Höchstfahrt auf dem Weg vom Indischen Ozean nach Singapur, seine Ankunft wurde innerhalb von sechsunddreißig Stunden erwartet. Gleiches galt für den holländischen fünf-9"-Geschütz-Kreuzer JAVA, der aus Niederländisch-Indien kommen sollte.

Die Situation bei den Zerstörern war nicht viel besser. Zwei der vier, die PRINCE OF WALES und REPULSE begleitet hatten, waren mit Schäden ausgefallen. Während ENCOUNTER in drei Tagen klar sein würde, würde es bei der »berüchtigten alten Kiste« JUPITER noch drei Wochen dauern. Aber die beiden von der Heimatflotte gestellten Zerstörer EXPRESS und ELECTRA waren einsatzklar. In Singapur standen noch zwei andere Zerstörer zur Verfügung: H.M.S. VAMPIRE (Commander W. T. A. Moran) und H.M.S. TENEDOS (Lieutenant R. Dyer). Beide Kommandanten waren mit in Phillips' Kajüte und wahrscheinlich erstaunt, daß ihre beiden aus dem ersten Weltkrieg stammenden alten Zerstörer zusammen mit diesen glanzvollen, frisch aus England gekommenen Großkampfschiffen für eine große Flottenoperation mit in Erwägung gezogen wurden. Ein anderer in Singapur stationierter Zerstörer, H.M.S. STRONGHOLD (Lieutenant-Commander G. R. Pretor-Pinney), hatte gerade seine Werftliegezeit beendet und stand ebenfalls zur Verfügung. Wenn Admiral Phillips darüber hinaus noch zwei Tage warten könnte, hätte er die vier amerikanischen Zerstörer aus Balikpapan und die zwei britischen Zerstörer, die am gleichen Morgen aus Hong Kong ausgelaufen waren, einsatzbereit.

Die Bilanz: ein Schlachtschiff, ein Schlachtkreuzer, ein leichter Kreuzer und fünf Zerstörer sofort und mehrere weitere Kreuzer und Zerstörer in den nächsten Tagen bereit. Es bestand aber keine Aussicht, innerhalb der nächsten Woche Verstärkung durch ein weiteres Schlachtschiff zu erhalten, und ein Flugzeugträger würde erst noch später verfügbar werden.

Es war Phillips bekannt, daß die japanischen Truppengeleitzüge durch Kreuzer und Zerstörer geschützt wurden und daß weitere schwere Einheiten vorhanden waren, die aus mindestens einem Schlachtschiff der Kongo-Klasse bestanden. (In Wirklichkeit waren es zwei Schlachtschiffe dieser Klasse, KONGO und HARUNA.)

Er kannte außerdem mit einiger Genauigkeit die Anzahl der rund um Saigon stationierten Bomber und Jäger und war über das kürzlich gelegte Minenfeld sowie über die japanischen U-Boot-Patrouillen unterrichtet.

Admiral Phillips hatte zwei Entscheidungen zu treffen: über den zeitlichen Ablauf aller Bewegungen und über die Zusammensetzung seiner Streitkräfte. Über beide Punkte hatte er bereits entschieden und die Zusammenkunft mehr zur Unterrichtung der Anwesenden einberufen, als um

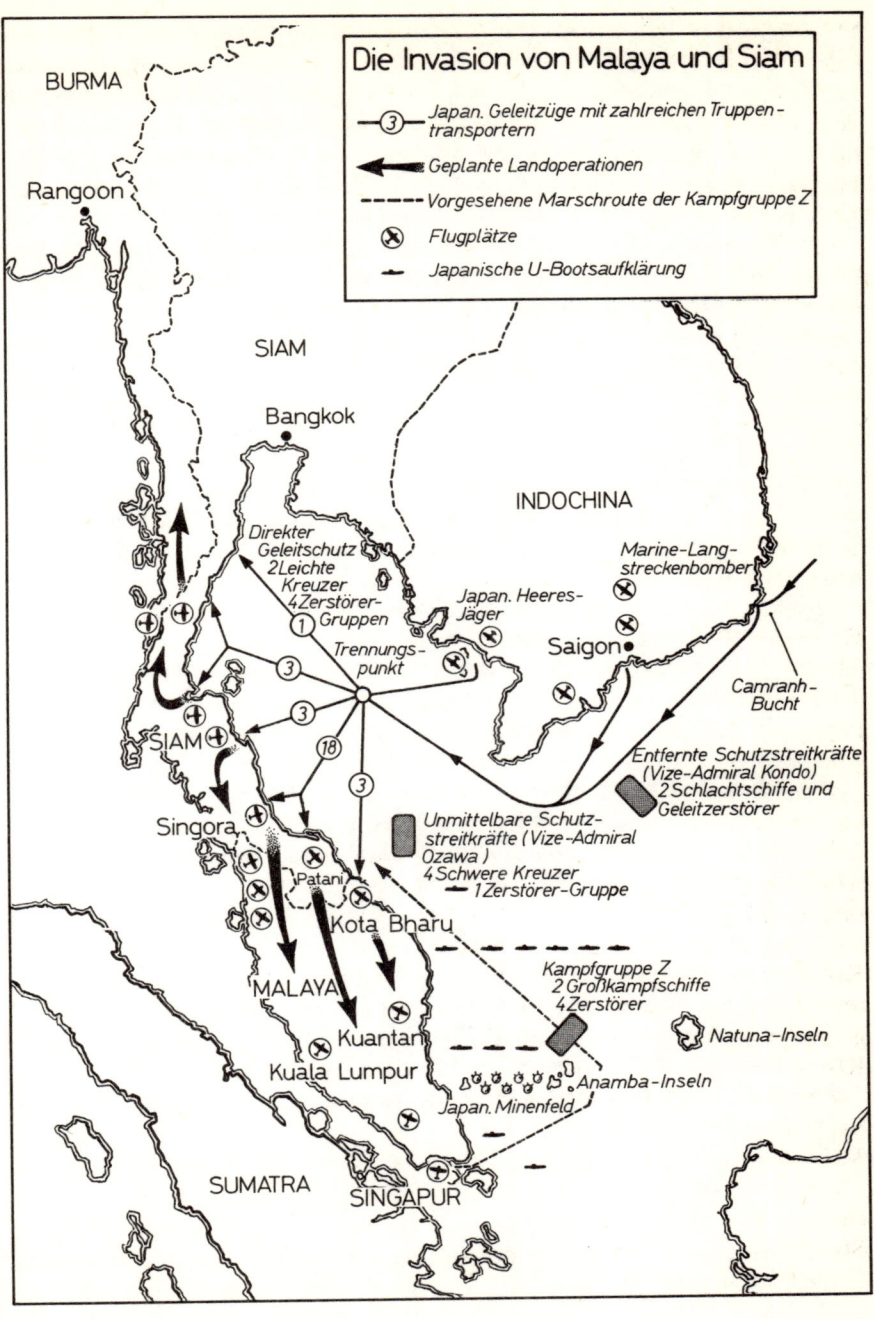

sich beraten zu lassen. Es war eine undramatische Szene. Die Offiziere saßen ruhig um den großen Mahagonitisch in der Admiralsmesse. Die Luft war heiß und feucht. Phillips machte einen überanstrengten und müden Eindruck. Er gab mit ruhiger Stimme bekannt, daß er noch an diesem Abend an Bord seines Flaggschiffes PRINCE OF WALES auszulaufen beabsichtige. Die REPULSE und nur vier Zerstörer sollten ihn begleiten. Von den Zerstörern habe er die zuverlässige EXPRESS und ELECTRA ausgewählt, die die Kampfgruppe G bereits auf dem gesamten Weg von Greenock her begleitet hätten. Dazu kämen TENEDOS und VAMPIRE von den örtlichen Streitkräften. Der Kreuzer DURBAN solle in Singapur bleiben. Es wäre eine zwar kleine, aber schlagkräftige Streitmacht. Es sei seine Absicht, nach Norden in den Golf von Siam zu laufen und den japanischen Schiffsverkehr an der Küste von Malaya und Siam am Morgen des 10. Dezember anzugreifen.

»Die Atmosphäre war ruhig und nachdenklich – vielleicht fatalistisch. Wenn ich mich richtig erinnere, sagte Admiral Phillips: ›Gentlemen, dies ist ein äußerst gewagtes Unternehmen, und ich möchte es damit vergleichen, daß man mit der Heimatflotte ohne Jagdschutz in den Skagerrak läuft. Nichtsdestoweniger habe ich das Gefühl, daß wir irgend etwas unternehmen müssen.‹

Danach folgte eine lange Stille, und ich vermute, daß alle anderen so wie ich in diesem Augenblick das Gleiche fühlten. Meine eigenen Gedanken waren: ›Ja, Sie müssen wirklich etwas tun, aber was Sie vorhaben, ist gegen Ihre eigene Auffassung, und die Lage, in der Sie sich befinden, muß Churchill zu Füßen gelegt werden‹. Ich glaube, wir dachten alle an uns selbst und vergaßen andere Prioritäten, wie den Nordatlantik, das Mittelmeer und die Heimatfront.« (Lieutenant R. Dyer, H.M.S. TENEDOS)

»Nachdem die Diskussion beendet war, faßte Admiral Phillips das Ergebnis in etwa wie folgt zusammen: ›Wir können in Singapur bleiben. Wir können auch nach Osten – Australien – laufen. Oder wir können auslaufen und kämpfen. Gentlemem, wir laufen um fünf Uhr aus.‹« (Lieutenant-Commander F. J. Cartwright, H.M.S. EXPRESS)*

Die Sitzung hatte höchstens eine halbe Stunde gedauert, und die Anwesenden kehrten zu ihren Schiffen zurück oder gingen zu Auslaufvorbereitungen an Land. Jetzt wandte Phillips seine Aufmerksamkeit dem Jagdschutz zu. Nach der Sitzung auf der PRINCE OF WALES überbrachte ein Offizier seines Stabes die Forderung der Marine an Air Vice-Marshal Pulford, Luftbefehlshaber Malaya:

»1. Aufklärung am 9. Dezember bei Tageslicht 100 Meilen nordwärts der Seestreitkräfte.

---

* Leider ist Lieutenant-Commander (später Captain) Cartwright vor der Veröffentlichung dieses Buches gestorben.

2. Am 10. Dezember bei Morgendämmerung Aufklärung im Gebiet von Singora.
3. Am 10. Dezember während des Tages Jagdschutz im Gebiet von Singora.«*

Admiral Phillips hatte bereits die Admiralität darüber verständigt, daß er den japanischen Schiffsverkehr bei Kota Bharu angreifen wolle. Jetzt teilte er dem örtlichen Befehlshaber der R.A.F. mit, daß sein Angriffsziel die japanische Schiffahrt im Gebiet von Singora sei, 120 Meilen weiter einwärts im Golf von Siam. Neueste Meldungen des Geheimdienstes hatten wahrscheinlich erkennen lassen, daß die Landungen bei Singora noch schwerwiegender als die bei Kota Bharu seien. Oder Phillips plante jetzt eine noch ehrgeizigere Unternehmung. Aber das Glück der R.A.F. ging auf diesem neuen Kriegsschauplatz bereits zu Ende. Die veralteten Flugzeuge ihrer Staffeln waren am Boden zerschlagen oder in der Luft abgeschossen worden. Die frontnahen Flugplätze waren wegen der japanischen Angriffe geräumt worden, und die R.A.F. verlor für die Verteidigung des Fernen Ostens schnell an Bedeutung.

Es ist schwer, die genaue Entwicklung der Dinge nach dem Eingang der Niederschrift beim R.A.F.-Hauptquartier zuverlässig zu rekonstruieren.

Die Offiziere der Luftwaffe waren sich über das Risiko beim Eindringen der Marine in den Golf von Siam ohne Luftunterstützung wohl im Klaren, und sie wurden sich stündlich mehr bewußt, wie schwer es sein würde, die benötigten Flugzeuge zu stellen.

Es ist wahrscheinlich, daß Air Vice-Marshal Pulford mit Air Chief Marshal Brooke-Popham über dieses Dilemma gesprochen hat, und es wird heute noch in Singapur angenommen, daß nachmittags zwischen Brooke-Popham und Phillips eine Debatte stattfand, bei der wahrscheinlich Brooke-Popham den Admiral gewarnt hat, daß die R.A.F. nicht alle Wünsche der Marine erfüllen könne und das Unternehmen gefährdet sei. Aber bei der geteilten Befehlsgewalt in Singapur konnte Brooke-Popham, obwohl Oberbefehlshaber Fernost, Phillips nicht befehlen, das Unternehmen aufzugeben. Es gibt gerüchtweise Anhaltspunkte dafür, daß ein Offizier von Brooke-Pophams Stab, Group Captain L. Darvall, am Nachmittag in besonderer Mission an Bord der PRINCE OF WALES gesandt wurde, »um es ihm ganz klar zu machen, daß er weder Luftunterstützung von Land bekommen noch erwarten könne. Admiral Sir Tom Phillips war daher nicht im Zweifel gelassen worden, übernahm das kalkulierte Risiko und lief aus.« Darvall (später Air Marshal) ist inzwischen gestorben und kann diese Worte nicht mehr bestätigen.

Die Schwierigkeiten mit der R.A.F. konnten Admiral Phillips' Entschluß

* Public Record Office ADM 199/1149

nicht mehr ändern. Es stand ihm immer noch frei, die Unternehmung zwischen dem Auslaufen und der Ankunft im Gebiet der größten Gefahr in 36 Stunden abzukürzen. Man muß Verständnis für den übermüdeten Admiral haben. Manches wäre klarer geworden, wenn er mehr Zeit gehabt hätte. Wenn Phillips nur noch 48 Stunden gewartet hätte, hätte die Expedition tatsächlich mit weiteren zwei Kreuzern und vier Zerstörern auslaufen können. Es wäre dann auch eine echte alliierte Kampfgruppe mit amerikanischen, holländischen und britischen Schiffen gewesen. Die Luftabwehr einer derart vergrößerten Streitmacht wäre natürlich sehr viel wirkungsvoller gewesen. Aber mit jeder Stunde, die verging, festigten die Japaner ihre Landungsplätze im Norden. Wie ein Marineoffizier richtig kommentiert, wäre außerdem die Auswirkung auf die Moral in Singapur »verheerend« gewesen, wenn die Schiffe im Hafen geblieben wären. Sicher drohte Gefahr aus der Luft, aber wie groß war sie? Es wird behauptet, daß Phillips glaubte, kein japanischer Torpedobomber hätte die Reichweite, um von Saigon aus 400 Meilen zu dem von ihm vorgesehenen Seegebiet zu fliegen. Dabei hatten die japanischen Flugzeuge, die in der Nacht zuvor Singapur bombardiert hatten, diese Distanz etwa zweimal geflogen, und die gleichen Flugzeuge konnten bei Bedarf auch als Torpedobomber operieren.

Aber vielleicht dachte Admiral Phillips daran, daß seit 1939 kein Großkampfschiff durch Luftangriffe auf See versenkt worden war. Minen, U-Boote und alte japanische Schlachtschiffe würde er akzeptieren. Er konnte seinen Kurs so einrichten, daß er das vermutlich verminte Gebiet umfuhr. Er konnte schnell genug laufen, um jedem U-Boot zu entgehen. Seine Schiffe konnten gegen jedes in diesem Seegebiet anwesende japanische Kriegsschiff antreten. Wenn er die richtige Position erreichte, konnten die schweren Geschütze der PRINCE OF WALES und der REPULSE an der Invasionsküste unter den japanischen Handelsschiffen ein Blutbad anrichten.

Bis zum Auslaufen blieben nur noch wenige Stunden. Für Zwecke der Nachrichtenübermittlung wurde das Geschwader »Kampfgruppe Z« genannt. Der Chef des Stabes von Admiral Phillips, Rear Admiral A. F. E. Palliser, blieb an Land zurück, um die Verbindung zwischen den Schiffen auf See und den verschiedenen Hauptquartieren in Singapur zu halten. Palliser sollte seinen Chef so eingehend wie möglich durch Funksprüche informieren, aber Phillips selbst wollte so lange wie möglich Funkstille halten; die beiden müssen die möglicherweise bei veränderten Umständen von Phillips geplanten Maßnahmen miteinander abgesprochen haben. Es war sehr wichtig, daß Palliser nach dem Auslaufen der Schiffe die Absichten von Phillips weitgehend erraten würde.

Ein Offizier auf der PRINCE OF WALES erinnert sich an den Nachmittag vor dem Auslaufen an das »lebhafte Hin- und Herlaufen der Offiziere«. Mehr Arbeit gab es auf den Zerstörern, besonders auf der EXPRESS:

»Vor dem 8. Dezember war die Besatzung damit beschäftigt, die Munition von Bord zu geben, da das Schiff für dringende Reparaturen ins Trokkendock gehen sollte. Als der Befehl kam, alle Vorbereitungen rückgängig und stattdessen das Schiff wieder seeklar zu machen – die Granaten waren halb innerhalb und halb außerhalb der Ladeluken –, können Sie sich das Gerede vorstellen. ›Wissen diese Idioten eigentlich, was sie wollen?‹ Die heftige Aufregung half aber nichts. Reinschiff und Aufklaren gingen schnell, und bald waren wir klar zum Auslaufen und bereit, alle Arten von geheimnisvollen Abenteuern zu bestehen, wie sie sich gerüchtweise herumgesprochen hatten. Eine Version war aber auch, wir liefen nach Hause. Verdammt gute Sache!« (Vollmatrose J. M. Farrington)

Captain Leach von der PRINCE OF WALES war am Nachmittag noch einmal an Land gegangen und traf seinen Sohn, dessen eigenes Schiff in der Marinebasis überholt wurde.

»Ich habe an diesem Tag von meinem Vater wenig zu sehen bekommen, aber er konnte es einrichten, daß wir uns am späten Nachmittag im Schwimmbad des Stützpunktes trafen. Ich bin ein schlechter Schwimmer und planschte nur ein bißchen herum, um mich abzukühlen, aber ich erinnere mich, daß mein Vater sagte: ›Ich werde jetzt ein paar Längen schwimmen. Man weiß nie, wofür es gut ist‹. Nachher tranken wir noch einen Gin Sling (ein beliebtes Getränk an Stelle von Gin-Tonic), und dann stellte er mich Captain Bill Tennant von der REPULSE vor, einem charmanten und freundlichen Offizier. Die beiden waren gute Freunde und immer völlig einer Meinung. Wir trennten uns dann, mein Vater ging an Bord der PRINCE OF WALES und ich in meine Landunterkunft, die ich von nun an H.S.M. TERROR nannte. Ich habe meinen Vater nie wieder gesehen.« (Fähnrich z.S. H. C. Leach, H.M.S. MAURITIUS)

Doch der Matrose Cecil Jones, ein in der Marinebasis stationierter Neuseeländer, erinnert sich:

»Die Schiffe verließen mit unserer ehrlichen Überzeugung, daß sie unsinkbar seien, den Stützpunkt.«

Der Schlag

»Alle Schotten und Oberlichter schließen. Gefechtsposten auf Stationen!« Diese Anweisungen über die Befehlslautsprecher der vier Kriegsschiffe versetzten die Besatzungen in Alarmbereitschaft. »Alle Mann an Deck antreten zum Auslaufen!«

Als erster lief der australische Zerstörer VAMPIRE um 17.10 aus, dicht gefolgt von der TENEDOS. Dann folgten REPULSE und PRINCE OF WALES. ELECTRA und EXPRESS waren schon am frühen Nachmittag zu Übungen mit dem Minensuchgerät ausgelaufen und würden mit den übrigen Schiffen außerhalb der Hafensperre von Changi Point zusammentreffen. Alle Schiffe führten die Kriegsflagge, und vom Großmast der PRINCE OF WALES wehte das rote St. Georgs-Kreuz auf weißem Grund – die Flagge eines Befehlshabers, der mit seiner Flotte in See geht. Es wurde bereits dunkel. Als die Schiffe nach Osten drehten, die Straße von Johore abwärts in Richtung auf die offene See, hatten sich viele Zuschauer eingefunden.

Als die Kampfgruppe Z von der Küste frei war, formierte sie sich für den ersten Nachtmarsch. PRINCE OF WALES hatte REPULSE eingeholt und überlaufen, und der Schlachtkreuzer hatte nun seine Position vier Kabellängen (800 Yards) hinter dem Flaggschiff eingenommen. Nach Erreichen der offenen See lief EXPRESS voraus, um seine Position gut voraus der PRINCE OF WALES einzunehmen, und brachte sein Minensuchgerät für hohe Geschwindigkeit aus, doch es ging fast unmittelbar zu Bruch, und ELECTRA mußte an seine Stelle treten. Die sechs Kriegsschiffe liefen mit 17,5 Knoten Fahrt in die Nacht hinein.

»Ich kenne diesen gespannten Zustand von Herzklopfen, diese beinahe angenehme, süß-bittere Freude – ich frage mich, ob es ein Vergnügen ist? Es ist schwer zu sagen, ob einer der Männer viel Lust verspürte, beschossen oder gebombt zu werden. Ich persönlich bestimmt nicht, aber ich weiß, daß derartige Situationen ein enormes Gefühl der Kameradschaft vermitteln und einen beinahe selbstlosen Stolz.

Wir gingen auf unsere normalen Deckstationen und unterhielten uns noch lange nach Anbruch der Dunkelheit. Was stand uns bevor? Wie kämpften die Japsen? Waren sie wirklich fanatisch? Flogen sie wirklich Selbstmordangriffe? Ich sprach mit einem alten Freund, der in Singapur an Bord gekommen war, und wir beobachteten die Geleitzerstörer, die einige Blinksprüche zu uns herüber gaben, und gingen dann in die helle, geräuschvolle Offiziersmesse zu einem Drink.« (Surgeon Lieutenant-Commander E. D. Caldwell, H.M.S. PRINCE OF WALES)

»Wir waren zu der Ansicht gekommen, daß die Japsen sehr unorthodox kämpfen würden und mit der deutschen Luftwaffe nicht zu vergleichen seien. Meine einzigen Befürchtungen waren die unbestätigten Gerüchte vom ›Koppeltisch‹, daß die Dinge nicht so koordiniert seien, wie man es sich bei einigen Schießübungen gewünscht hätte. Aber wir schoben all diese Zweifel beiseite, entspannten uns und genossen die tropische Ruhe und Dunkelheit.« (Matrose W. E. England, H.M.S. PRINCE OF WALES)

»Wir hatten Singapur bei herrlichem Wetter verlassen, aber ich hatte eine Vorahnung, daß die PRINCE OF WALES nie wieder dorthin oder in einen anderen Hafen zurückkehren würde. Ich hatte das Gefühl, daß die Fahrt das Ende für dieses Schiff sein würde.« (Schiffsjunge W. S. Searle. H.M.S. PRINCE OF WALES)

Dieses unbehagliche Vorgefühl von nahendem Unglück war auf der REPULSE eher noch stärker.

»Es war eine merkwürdige Angelegenheit, und ich weiß nicht, ob sich außer mir noch jemand erinnert. Eine Art ›Gemurmel‹ schien im ganzen Schiff umzulaufen, daß dies eine Reise sei, von der wir nicht zurückkehren würden. Der Grund sei, daß wir mit dem ›Judas‹ PRINCE OF WALES führen« (Matrose H. J. Hall).

Aber viele andere Männer auf der REPULSE würden sagen, daß diese düsteren Ahnungen nur vereinzelt aufkamen und daß der größere Teil an dem guten Ausgang keinen Zweifel hatte.

›Hallo, hier kommen wir, ihr Japs-Bastarde! Macht euch klar!

Gegen die Japaner wird es ein Kinderspiel!

Angst? Nicht wirklich; vielleicht ist das Wort ›aufgeregt‹ richtig. Immerhin ist dies der Schlachtkreuzer REPULSE, und die anderen sind nur Japsen.‹

Die japanischen Schiffe galten als alt und topplastig. Sie würden beim Feuern einer vollen Breitseite kentern. Ihre Flugzeuge wären noch langsamer als die alten »Swordfish«.

»Wir sprachen eine Menge über Haie und meinten im Spaß, sie hätten in Kürze ein Festessen - von Japanern.«

Acht Stunden nach dem Auslaufen wurde auf der PRINCE OF WALES der erste Funkspruch von Rear Admiral Palliser empfangen. Er war nicht geeignet, die Zuversicht von Admiral Phillips zu vergrößern.

»An Befehlshaber Ostflotte
von Chef des Stabes Ostflotte
Sofort vorlegen!

Meine Nr. 2253/8. I.) R.A.F.-Aufklärung bis zu einer Tiefe von 100 Meilen nach Norden, westlich von Ihnen, wird von einer Catalina ab 08.00 am 9. durchgeführt.

II.) Es ist zu hoffen, daß am Mittwoch, 10. in der Morgendämmerung eine Aufklärung an der Küste nahe Singora geflogen werden kann.

III.) Jagdunterstützung am Mittwoch, 10. ist nicht, wiederhole, nicht möglich.

IV.) Japaner haben starke Bomberverbände in Südindochina und wahrscheinlich auch in Thailand stationiert. Oberbefehlshaber Fernost hat General MacArthur ersucht, mit seinen Langstreckenbombern von Flugplätzen in Indochina aus Angriffe durchzuführen.

V.) Flughafen von Kota Bharu wurde evakuiert, und es hat den Anschein, als verlören wir wegen feindlicher Lufttätigkeit auf andern nördlichen Flugplätzen an Boden.

VI.) Die militärische Lage nahe Kota Bharu scheint nicht gut zu sein, jedoch sind keine Einzelheiten verfügbar.«*

Die R.A.F. ist seit Dünkirchen viele Male beschuldigt worden, sie habe die Armee oder die Marine ohne Luftunterstützung im Stich gelassen. Im vorliegenden Fall hatte sie die Marine nicht im Zweifel gelassen, daß es ausschließlich ihr Risiko sei, wenn ihre Schiffe zu weit nach Norden vorstießen.

Obwohl ihre Jagdverbände durch die Kämpfe in Nordmalaya stark in Anspruch genommen waren, war die 453. australische Staffel mit ihren auf dem Flugplatz Sembawang auf der Insel Singapur stationierten Brewster Buffaloes-Jägern zur Unterstützung der Kampfgruppe Z bestimmt worden. Diese Handvoll Flugzeuge konnte ohne Frage keinen dauernden Jagdschutz geben, aber sie würden während der gesamten Operation für die Stunden des Tages in Bereitschaft stehen. Ob die australischen Piloten im Fall eines japanischen Luftangriffs in der Lage sein würden, einzugreifen, hing von der rechtzeitigen Alarmierung und von der Entfernung der Schiffe ab.

Es gab einen Faktor, den Admiral Phillips damals noch nicht kannte. Am vorhergehenden Tag, dem 8. Dezember, hatten japanische Flugzeuge einen erfolgreichen Angriff auf Clark Field bei Manila durchgeführt und dort die Hälfte der amerikanischen B-17-Fliegenden Festungen zerstört. Es waren die Flugzeuge, die Air Chief Marshal Brooke-Popham General MacArthur für Bombenangriffe auf die Flugplätze in der Nähe von Saigon vorgeschlagen hatte. Der im Funkspruch von Palliser erwähnte amerikanische Bombenangriff konnte daher nicht geflogen werden.

Der Funkspruch lud weitere schwere Entscheidungslast auf die Schultern von Admiral Phillips. Er wollte den ganzen nächsten Tag, den 9. Dezember, weiter nach Norden laufen. Sofern das schlechte Wetter, das jetzt eingesetzt hatte, seine Schiffe weiterhin vor den japanischen Aufklärern schützte,

---

* Public Record Office ADM 199/1149. Weitere operative Funksprüche stammen aus der gleichen Quelle, falls nicht anders vermerkt.

konnte er immer noch nach Westen drehen und in der Morgendämmerung des 10. mit hoher Fahrt den geplanten Vorstoß zu einem der japanischen Landungsgebiete durchführen. Nach einem Angriff könnte die Kampfgruppe Z sich mit hoher Fahrt nach Süden zurückziehen und sich während dieses Rückzuges gegen alle Luft- oder Schiffsangriffe der Japaner zur Wehr setzen. Wenn aber die Japaner seine Schiffe am 9. tagsüber sichten sollten, konnte Phillips die Operation jederzeit abbrechen und nach Singapur zurückkehren.

Es war eine ruhige Nacht ohne Zwischenfälle. Die Morgendämmerung kam gegen 06.00 Uhr. Es herrschte Erleichterung, daß die niedrigen Wolken und die Regenschauer anhielten. Die Kampfgruppe Z war nun fast zwölf Stunden in See und hatte auf dem Wege zu dem vorgesehenen Einsatzziel 220 nautische Meilen zurückgelegt. Während des kommenden Tages und in der Nacht standen ihr aber immer noch 520 Meilen bevor. Phillips glaubte, daß er eine Sichtung durch die Japaner vermieden hätte und daß alles nun davon abhinge, daß er für die kommenden vierzehn Stunden Tageslicht weiterhin unentdeckt blieb. Nach Anbruch der Morgendämmerung befahl er einen Zickzackkurs mit einer Geschwindigkeit von 17.5 Knoten. Mit diesem Tempo würde er in vierundzwanzig Stunden im japanischen Landungsgebiet eintreffen, während der Zickzackkurs verhindern würde, daß ein japanisches U-Boot mehr als einen Zufallstorpedo anbringen könnte. Um die Ostküste der Anamba-Inseln zu passieren und das japanische Minenfeld zu vermeiden, blieb der Kurs weiterhin nordöstlich. ELECTRA lief den großen Schiffen weiterhin voraus und suchte nach Minen, aber auf diesem Weg lagen keine.

Kurz nach Tagesanbruch gab es einen kurzen Alarm, als VAMPIRE dem Flaggschiff die Sichtung eines Flugzeuges signalisierte. Sofort kam von PRINCE OF WALES folgende Antwort:

»An VAMPIRE von Befehlshaber.

Sind Sie sicher, ein Flugzeug gesichtet zu haben? Berichten Sie alle Einzelheiten.«

Die Anwort benötigte achtunddreißig Minuten.

»An Befehlshaber von VAMPIRE.

Ihr 06.21 Flugzeug wurde von einem zuverlässigen Ausguck für eine Minute gesehen. Peilung 135 Grad, Höhenwinkel 8. Verschwand dann in den Wolken. Typ nicht erkannt.«

Admiral Phillips nahm offenbar an, das Flugzeug sei nicht japanischer Herkunft gewesen und wenn doch, so könne es in dem kurzen Augenblick die Schiffe nicht gesehen haben. Er hatte Recht, so zu handeln. Die Identität des Flugzeuges ist nicht bekannt; wenn es ein japanisches Flugzeug gewesen ist, hat es die Schiffe nicht gesehen.

Um 07.13 drehte die Kampfgruppe Z östlich der Anambas und steuerte neuen Kurs 330 Grad. Die beiden folgenden Stunden verliefen ohne Zwischenfall. Die während der Morgendämmerung besetzten Gefechtsstationen wurden auf Bereitschaftsstufe zwei vermindert, wobei alle Geschütze geladen und teilweise besetzt blieben. Besonders die Besatzung der schlecht belüfteten PRINCE OF WALES sollte so viel wie möglich Ruhe haben.

Die sechs britischen Schiffe dampften weiter durch den Dunst. Die britischen Radargeräte konnten schwimmende Objekte auf eine Entfernung bis zu fünfundzwanzig Meilen »orten«, abhängig von der Größe des Objektes, und hoch fliegende Flugzeuge bis zu achtzig Meilen entfernt auffassen, niedrige Flugzeuge in geringeren Entfernungen. Es war noch die Anfangszeit des Radars, und die Geräte arbeiteten nicht immer voll zufriedenstellend. Die japanischen Schiffe und Flugzeuge besaßen zu dieser Zeit noch keinerlei einsatzfähige Radargeräte. Die Asdic-Geräte der vier britischen Zerstörer konnten zwar theoretisch U-Boote erfassen, aber das Asdic war ein sehr unvollkommenes Gerät und konnte nur einen sehr kleinen Winkel vor dem Zerstörer abdecken. Ein mehr als 2.500 Yards entferntes getauchtes U-Boot war vor einer Ortung ziemlich sicher.

Um 09.06 wurde die Ruhe durch einen langen Blinkspruch der REPULSE an das Flaggschiff unterbrochen.

»An Befehlshaber von REPULSE.

Ein sehr günstiger Himmel, um uns vor Sichtung zu schützen, Mit welcher Geschwindigkeit wollen Sie morgen ab Tagesanbruch laufen? Vermutlich werden wir frei von allen Minenfeldern sein. Würde es nützlich sein, wenn TENEDOS am morgigen Tag mit Marschfahrt nach Südosten liefe? Sie würde dann während der Heimreise für Räumdienst verfügbar sein. Schlage vor, ein Flugzeug aufzutanken und kurzfristig für Erkundung einzusetzen, falls irgend etwas von Bedeutung auf unseren Radarschirmen erscheint. Das Flugzeug kann dann in Penang oder anderswo landen. Wäre dankbar für jede sich während des Tages ergebende Information über japanische Operationen an der Siam-Malaya-Küste.«

Die von Captain Tennant an den Admiral durchgegebene Botschaft war fast öffentlich zu nennen, denn sie konnte auf der PRINCE OF WALES von jedem mitgelesen werden, der das Morsealphabet verstand. Vermutlich fühlte er sich übergangen und nahm an, daß Captain Leach auf der PRINCE OF WALES regelmäßig von Admiral Phillips über den weiteren Verlauf des Unternehmens um Rat gefragt würde. Tennant wollte wohl dem Befehlshaber ebenfalls seine Erfahrungen und Überlegungen zur Verfügung stellen. Aus dem Blinkspruch von Captain Tennant geht klar hervor, daß er bei Annäherung an die japanischen Flugplätze keine Furcht vor Luftangriffen zeigte. Tennant mußte fast zwei Stunden auf Antwort warten.

»An REPULSE von Befehlshaber.

Ihr 09.06. Grundsatzblinkspruch folgt in Kürze.«

Als nächstes folgte jedoch ein Austausch von Überlegungen über die Möglichkeit, die TENEDOS und VAMPIRE durch die REPULSE zu beölen. Dazu hätte allerdings die Geschwindigkeit verringert werden müssen. In jedem Fall hätte die Ölergänzung ungefähr anderthalb Stunden in Anspruch genommen. Admiral Phillips entschied, nichts zu unternehmen. Er war nicht bereit, Zeit zu verlieren. Das Problem der Ölversorgung seiner Zerstörer mußte auf andere Weise gelöst werden.

Kurz nach Mittag erschien über der PRINCE OF WALES ein Catalina-Flugboot. Nachdem es als Freund erkannt war, ging es tiefer und blinkte mit der Aldis-Lampe eine Meldung, die angeblich lautete:

»Japaner landen im Norden von Singora«.

Im Public Record Office befindet sich keine Abschrift dieser Meldung. Es ist unwahrscheinlich, daß die Catalina selbst auf ihrem Weg nach Norden zum Golf von Siam in Singora gewesen ist. Es handelte sich wahrscheinlich um jenes Flugzeug, das – wie von Admiral Phillips vor seinem Auslaufen gefordert – die Aufgabe hatte, einhundert Meilen vor der Kampfgruppe Z Aufklärung zu fliegen. Es ist unbekannt, warum Singapur diese Art der Nachrichtenübermittlung angewendet hat. Die Catalina verschwand zur Fortsetzung ihrer Aufklärungstätigkeit im Dunst.

Die Kampfgruppe Z hatte inzwischen ihren Kurs auf 345 Grad geändert und lief nun weiter östlich als vorgesehen, um gut von dem üblichen direkten Weg in den Golf von Siam frei zu bleiben, auf dem die Japaner sie vielleicht vermuten würden. Um 13.00 Uhr war die Hälfte der Strecke zurückgelegt. Die Kampfgruppe Z zwar jetzt von den Flugplätzen um Saigon nur noch 360 Meilen entfernt und damit leicht von den dort stationierten Flugzeugen zu erreichen. Mit jeder Stunde kam sie dieser Gefahr näher und damit auch den zahlreichen, die Invasionswege bewachenden japanischen Kriegsschiffen. Hauptsächlich dank der Wetterbedingungen waren die britischen Schiffe immer noch nicht entdeckt worden. Die Japaner hatten mit U-Booten drei unvollständige Vorpostenstreifen gebildet, die die Wege von Siam zu den Invasionsräumen erfassen sollten. Das östlichste Boot in der zweiten Vorpostenkette war I.65. Dieses U-Boot war das Führungsboot der 30. U-Flottille und hatte den Flottillenchef, Captain Masao Teraoka, und den eigentlichen Kommandanten, Lieutenant-Commander Hakue Harada an Bord. Um 15.15 Uhr Tokio-Ortszeit (anderthalb Stunden der britischen Zeit voraus) sah der Wachhabende Offizier von I.65 für einen Augenblick durch sein Sehrohr fast an der äußersten Sichtgrenze die verschwommenen Schatten von zwei östlich laufenden Schiffen. Der Japaner vermutete, daß es sich um Zerstörer handele, und benachrichtigte sofort seine beiden Vorgesetzten. Beide sahen sorgfältig durch das Sehrohr, konnten aber die Schiffe nicht genauer identifizieren, weil sie weiter im Dunst verschwanden und die Linsen des Sehrohrs durch Spritzwasser und

Regenwasser getrübt wurden. Schließlich entschied Captain Teraoka unter Zuhilfenahme des Flottenhandbuches, daß die gesichteten Schiffe keine Zerstörer, sondern ein britischer Schlachtkreuzer und ein ganz modernes Schlachtschiff seien. Um Zeit zu sparen, ließ Teraoka folgenden Funkspruch absetzen:

»Zwei feindliche Schlachtschiffe Typ REPULSE gesichtet. Ihre Position ist KO.CHI.SA11, Kurs 340 Grad, Geschwindigkeit 14 Knoten.«*

Das war gute Arbeit von I.65 und eine ziemlich genaue Schätzung. Die britischen Schiffe liefen mit Kurs 345 Grad und 18 Knoten. Das japanische U-Boote wartete, bis die Schiffe es passiert hatten, tauchte dann auf und hielt so lange wie möglich Fühlung. Grausamkeit des Schicksals. Wenn ihr Kurs die Briten nur ein paar Meilen weiter ostwärts geführt hätte, wären die PRINCE OF WALES und die REPULSE nicht gesichtet worden.

Es besteht kein Zweifel, daß die japanischen Befehlshaber des Malaya-Siam-Unternehmens über die zwei britischen Schiffe, von deren Ankunft in Singapur sie wußten, von Anfang an sehr besorgt waren. Die japanischen Operationspläne hätten das Abziehen von Flugzeugträgern oder modernen Schlachtschiffen vom Pearl-Harbor-Unternehmen nicht erlaubt, und man hätte den britischen Schiffen mit den beiden alten Schlachtschiffen entgegentreten müssen, die die Landungsgebiete aus der Ferne überwachen sollten. Man hätte ferner eine Anzahl von Kreuzern und Zerstörern bereitstellen müssen, die eigentlich die Truppentransporter begleiten und beschützen sollten. Die Japaner hatten weder ein Einzelschiff noch eine Gruppe von Schiffen, die es an Geschwindigkeit und Feuerkraft mit der PRINCE OF WALES und der REPULSE aufnehmen konnten.

Die längste Zeit des Tages hatten die Japaner keine Ahnung, daß sich britische Schiffe in See befanden. Am gestrigen Nachmittag hatte ein Aufklärer Singapur überflogen und die beiden Schiffe noch im Hafen liegen sehen. Am Morgen des 9. Dezember flog ein weiteres japanisches Flugzeug in großer Höhe über Singapur, und der Pilot glaubte, die britischen Großkampfschiffe immer noch im Hafen zu erkennen. Er funkte seine Meldung nach Saigon. Bis zu diesem Augenblick waren die Japaner besonders wegen ihrer Landungen in Kota Bharu besorgt. Weiter im Norden waren alle Landungen planmäßig verlaufen, aber das energische Eingreifen der australisch bemannten Hudsons und der Landbatterien hatten ihren Zeitplan in Unordnung gebracht. Jetzt erhielt Ozawa zwei wichtige Meldungen: im Laufe der vergangenen Nacht sei die Hauptlandung in Kota Bharu erfolgreich abgeschlossen worden und die britischen Großkampfschiffe lägen anscheinend immer noch in Singapur. Die Japanese Official History berichtet:

---

* Alle hier zitierten japanischen Funksprüche stammen aus der ›Japanese Official History‹. Die angegebenen Positionen entsprechen dem Quadrat-System der japanischen Seekarten.

»Da ein britisches Flugzeug unsere Invasionsflotte (vor der Landung) gesichtet hatte, war Vizeadmiral Ozawa der Meinung, daß die britischen Seestreitkräfte höchstwahrscheinlich einen vorbeugenden Angriff auf unsere Streitkräfte ausführen würden, und widmete dieser Möglichkeit größte Aufmerksamkeit. Aber die Briten hatten es versäumt, anzugreifen, und unsere Einheiten waren nun an verschiedenen Stellen erfolgreich gelandet. Die Versorgung der Truppen erfolgte zu diesem Zeitpunkt nur in geringem Umfang. Selbst wenn die Briten ab sofort angreifen würden, entstünde den bereits gelandeten militärischen Einheiten kein Schaden, er würde nur bei den leeren Schiffen und einigen Nachschubeinheiten entstehen. Mit anderen Worten, die britischen Seestreitkräfte hatten ihre beste Gelegenheit versäumt, für unsere Schiffe war die kritische Periode bereits ohne ernsthafte Schwierigkeiten überwunden.«*

Die Japaner konnten den nächsten Abschnitt ihrer Operationen planen, und wiederum war ihre Kühnheit und ihr Tempo atemberaubend. Die gelandeten Truppen wurden fast sich selbst überlassen und sollten sich ihren Weg nach Malaya mit einem Minimum an Versorgung und Verstärkung erkämpfen. Die Japaner hatten die für westliche Armeen als notwendig angesehene gewaltige logistische Organisation nicht nötig. Vizeadmiral Ozawa erteilte am 9. Dezember gegen Mittag seine nächsten Befehle. Die meisten Kriegsschiffe wurden zusammen mit den leeren Transportern in die Camranh-Bucht in Indochina zurückbeordert. Sie sollten dort frische Truppen für die Invasion von Borneo an Bord nehmen. Nur einige leichte Kriegsschiffe wurden zum Schutz der Invasionsküsten zurückgelassen. Die Hauptverantwortung für die weitere Behandlung der britischen Kriegsschiffe in Singapur wurde den Lufteinheiten in Saigon und den U-Booten übertragen. Während die PRINCE OF WALES und die REPULSE stetig nach Norden dampften, und kurz bevor I.65 die britischen Schiffe sichtete, waren um 13.30 Uhr Admiral Ozawas Befehle herausgegangen. Bald würden zahlreiche japanische Kriegsschiffe auf dem Weg nach Osten sein, direkt in das Gebiet, das die Kampfgruppe Z ansteuerte.

Die falsche Meldung, daß die britischen Schiffe sich immer noch in Singapur befänden, war in Saigon von der japanischen Luftwaffe empfangen worden.

»Alle entspannten sich. Unsere Truppentransporter waren von der Bedrohung durch die schweren britischen Geschütze befreit. Obwohl wir von den Kriegsschiffen so lange nichts zu befürchten hatten, wie sie in Singapur blieben, konnten die Briten doch jeden Augenblick in See gehen und uns angreifen.

Rear-Admiral Matsunaga berief in seinem Hauptquartier eine Stabssit-

---

* Japanese Offical History, Seite 247

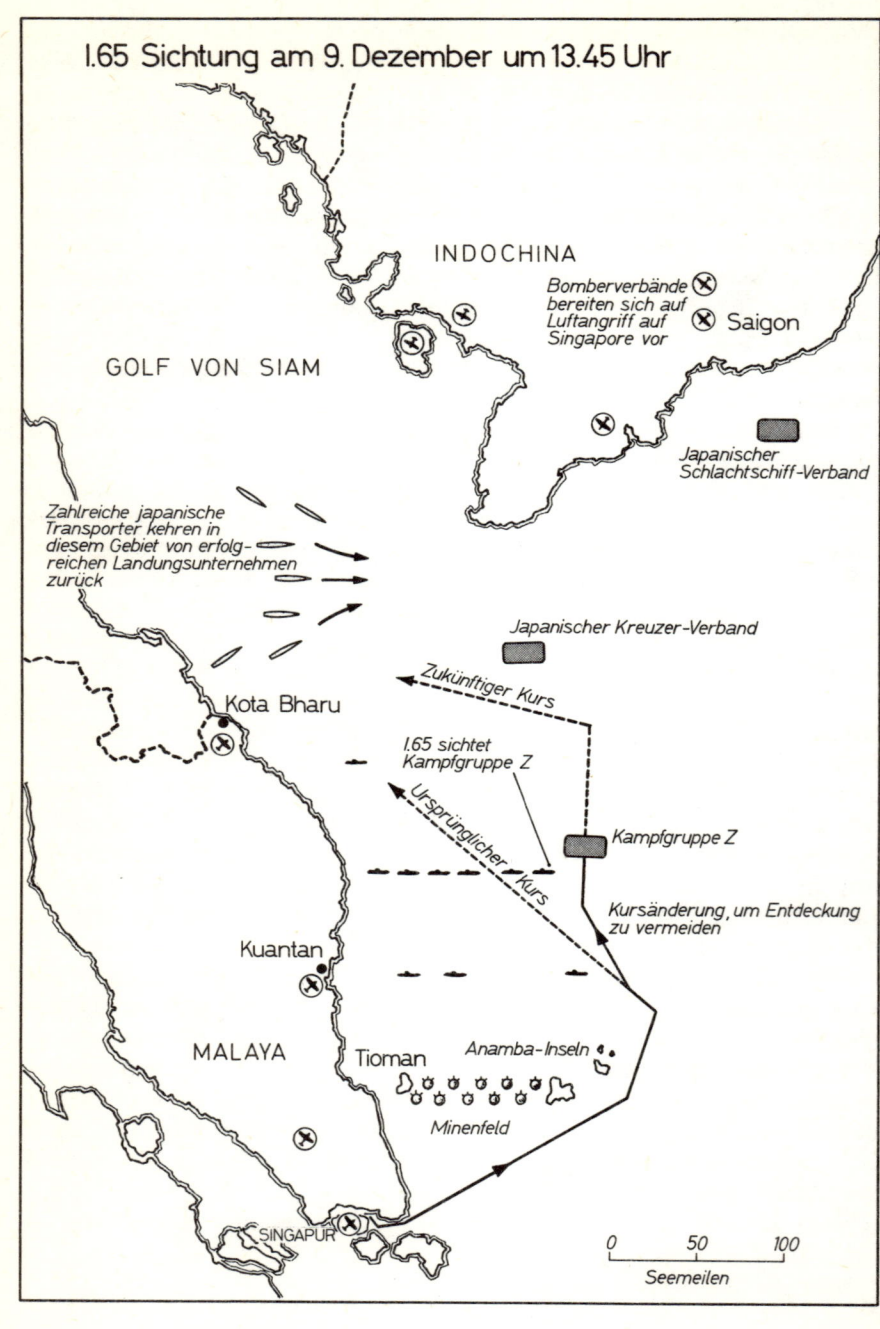

zung ein, um die Durchführbarkeit eines Massentorpedoangriffs unserer Bomber gegen die in der Basis liegenden Kriegsschiffe zu prüfen. Alle Piloten und Flugzeugbesatzungen befanden sich in Hochstimmung. Wir hatten die Schlachtschiffe gefunden, und uns lockte die Möglichkeit, vielleicht noch mehr strahlenden Ruhm zu erlangen als die Männer, die Pearl Harbor erfolgreich angegriffen hatten. Jeder beschäftigte sich mit dem Studium der Wassertiefen in der Marinebasis von Singapur, ferner mußte die günstigste Angriffsrichtung gefunden und die vorteilhafteste Flugformation ermittelt werden.« (Lieutenant Sadao Takai, Genzan Air Corps)*

Von den 138 Mitsubishis auf den Flugplätzen um Saigon befanden sich neun auf einem Angriffsflug gegen den britischen Flugplatz bei Kuantan und drei weitere auf Aufklärungsflügen. Das Bodenpersonal arbeitete eifrig an den vorhandenen Flugzeugen, um sie für einen Einsatz klar zu machen, von dem sich die japanischen Flugzeugführer ein zweites Pearl Harbor erhofften.

Aber während das Bodenpersonal auf den Flugplätzen schwitzte, erlitten die Japaner an einer anderen Stelle einen schweren Rückschlag. Während sich I.65 bemühte, mit den beiden von ihm gesichteten Schiffen Fühlung zu halten, verschlechterte um 15.50 Uhr ein Schauer die Sicht, und der Kontakt ging verloren. Obwohl die Briten eine Stunde später noch einmal in Sicht kamen, ging der Kontakt endgültig verloren, als ein Wasserflugzeug das japanische U-Boot anflog, als ob es angreifen wolle. Lieutenant-Commander Harada mußte tauchen, und als er eine halbe Stunde später wieder auftauchte, war nichts mehr zu sehen. Das Flugzeug, das ihn zum Tauchen zwang, war – eine Ironie des Schicksals – ein japanisches Aufklärungsflugboot vom Kreuzer Kınu, der für eine Anzahl japanischer U-Boote als Flaggschiff operierte.

Bis zum Empfang des Funkspruchs von I.65 trat eine zweistündige Verzögerung ein, die in der Offficial Japanese History Gegenstand einiger Kommentare geworden ist. Es scheint, daß nur die Kınu und ein anderer, als Flaggschiff für U-Boote operierender Kreuzer, Yura, zusammen mit einer als »81. Nachrichteneinheit« bezeichneten anderen Einheit, die Wellenlänge von I.65 geschaltet hatten. Entweder wegen schlechter Empfangsbedingungen oder wegen unklarer Anordnung der Funksignale empfing während anderthalb Stunden niemand den Funkspruch von I.65, und es vergingen zwei Stunden, bis Kınu diese lebenswichtige Nachricht an Vizeadmiral Ozawa weiterleitete.

Die Meldung schreckte Ozawa auf. In der Annahme, daß die Briten immer noch in Singapur seien, hatte er die meisten seiner Kriegsschiffe von ih-

---

* Diese und weitere Zitate von Lieutenant Takai sind aus *Zero. The Story of the Japanese Naval Air Force*, London 1957, entnommen.

ren Sicherungsaufgaben bei den Transportern entlassen, sie dampften nun in ungeordneten Formationen zur Camranh-Bucht zurück. Die Lufteinheiten in Saigon waren mit der Beladung ihrer Flugzeuge mit Bomben für den am nächsten Morgen geplanten Angriff auf Singapur beschäftigt. Nun befanden sich zwei schlagkräftige britische Schiffe schon fast in einem Gebiet japanischer Schiffe, und es blieben nur noch wenige Stunden Tageslicht. Kein Zweifel, daß der japanische Admiral die zweistündige Verzögerung des Funksignals von I.65 gründlich verfluchte, und er fluchte weiter, als das U-Boot meldete, es habe den Kontakt verloren.

Ein Aufklärer, der gerade auf einem der außerhalb Saigons liegenden Flugplätze landen wollte, erhielt Befehl, in Saigon selbst zu landen, und die über Singapur gemachten Aufnahmen wurden mit höchster Eile entwickelt. Sie zeigten ein wahrscheinlich irrtümlich von der Flugzeugbesatzung für ein Schlachtschiff gehaltenes großes Schwimmdock, einige Kreuzer und ein großes Handelsschiff – aber kein Schlachtschiff! die Meldung von I.65 mußte richtig sein!*

Die Japaner reagierten schnell auf diese alarmierende Situation. Vizeadmiral Ozawa befand sich an Bord seines Flaggschiffes, des Kreuzers CHOKAI, nur etwa 120 Meilen von der gemeldeten Position der britischen Schiffe entfernt. Er entschied sich für die naheliegende Maßnahme, jedes verfügbare japanische Kriegsschiff während der verbleibenden Tagesstunden und während der kommenden Nacht auf die Suche nach den britischen Schiffen anzusetzen, ungeachtet der Tatsache, daß auf See eine eilig vorbereitete Nachtunternehmung zu den verwirrendsten Situationen führen kann. Wiederum wurden Ozawas Befehle per Funk abgesetzt. Aufklärer wurden von CHOKAI selbst, von MOGAMI, MIKUMA, KUMANO und SUZUYA – den vier Kreuzern des 7. Geschwaders – katapultiert. Die KINU startete ohne Wissen des Admirals ebenfalls ihre Wasserflugzeuge. Sieben Kreuzer und mindestens fünf Zerstörer konnten gemeinsam auf die Jagd nach den britischen Schiffen angesetzt werden.

Das aus den alten Schlachtschiffen KONGO und HARUNA bestehende Geschwader unter Vizeadmiral Kondo befand sich weiter im Norden und konnte nicht vor dem frühen Morgen des nächsten Tages eintreffen. Am kommenden Morgen könnten weitere sechs Kreuzer und einige Zerstörer dazustoßen. Die am nächsten stehenden U-Boote wurden ebenfalls in das

---

* I.65 wird in diesem Buch nicht wieder genannt werden. Es wurde im Mai 1942 in I.165 umbenannt und blieb bis Dezember 1944 als Frontboot im Einsatz. Es versenkte mehrere alliierte Schiffe, wurde dann einige Monate als Schulboot verwendet, jedoch im April 1945 als Trägerboot für zwei Kaiten-Kleinst-U-Boote umgebaut. Die Kaitens waren mit den Kamikaze-Flugzeugen gleichzusetzen. Während eines Kaiten-Einsatzes wurde I.65 am 27. Juni 1945 mit seiner gesamten Besatzung von einem amerikanischen Marineflugzeug bei Saipan versenkt.

fragliche Seegebiet beordert. Die Transporter an der Invasionsküste erhielten Befehl, sofort die Entladung zu stoppen, und sich in Richtung Norden zu zerstreuen. Als weitere List wurde der regelmäßige Gebrauch der Funkgeräte auf den Kriegsschiffen angeordnet, die weit draußen auf See waren. Man verband damit die wohlüberlegte Absicht, die Briten zum Kampf zu locken und sie von den Invasionsküsten fernzuhalten. Es gibt aber keine britischen Aufzeichnungen darüber, daß einer dieser Funksprüche aufgefangen wurde.

Auch auf den Flugplätzen um Saigon wurden eilig neue Pläne entwickelt. Rear Admiral Matsunaga entschied aus eigener Initiative, seine Flugzeuge für die Teilnahme an dieser großen abendlichen Jagd klar zu machen. Der letzte gemeldete Standort der britischen Schiffe war nur 300 Meilen von Matsunagas Flugplätzen entfernt. Doch gab es wieder eine Verzögerung, weil die meisten Flugzeuge mit Bomben beladen worden waren, die nun gegen Torpedos ausgetauscht werden mußten. Wieder mußte das Bodenpersonal schwitzen und die zum Angriff bestimmten Flugzeuge einsatzbereit machen.

Die ersten startbereiten Flugzeuge waren vier Aufklärer. Am späten Nachmittag und in den frühen Abendstunden konnten drei Formationen mit insgesamt dreiundfünfzig Flugzeugen starten. Die Zeit hatte nicht gereicht, bei neun Maschinen die Bomben auszutauschen, aber alle anderen waren mit Torpedos beladen.

Am frühen Abend des 9. Dezember steuerten PRINCE OF WALES, REPULSE und die vier Zerstörer immer noch ihren nördlichen Kurs. Sie wußten nicht, daß I.65 sie gesichtet hatte. Falls die Japaner die Schiffe wieder entdeckten, waren sieben Kreuzer, mindestens fünf Zerstörer, verschiedene U-Boote, dazu vierundvierzig mit Torpedos und neun mit Bomben beladene Flugzeuge angriffsbereit.

Die Sonne sollte um 18.09 Uhr untergehen. Um 22.38 war Mondaufgang. Admiral Phillips hoffte, die japanische Schiffahrt an den Invasionsküsten in der Morgendämmerung vor seinen Geschützrohren zu haben. Für die Briten war es ein Nachmittag der Planungen und Vorbereitungen gewesen. Phillips hatte seine Pläne für die kommende Nacht und die ersten kritischen Stunden des folgenden Tages abgeschlossen und folgte seiner vorher getroffenen Entscheidung, die Operation weiter durchzuführen, vorausgesetzt, die Japaner hätten seine Streitkräfte nicht entdeckt.

Von der PRINCE OF WALES waren insgesamt fünf Blinksprüche an die Kommandanten der Schiffe und an alle Besatzungen abgegeben worden.

»An Kampfgruppe Z von Befehlshaber.

1. Außer einer nicht erweiterten kleineren Landung bei Kota Bharu sind Landungen zwischen Patani und Singora, sowie eine Hauptlandung 90 Meilen nördlich von Singora erfolgt.

2. Über die Seestreitkräfte des Feindes in unserer Nähe ist nur wenig bekannt. Es kann angenommen werden, daß wir wahrscheinlich die Kongo als einziges Großkampfschiff antreffen. Gemeldet sind noch drei Kreuzer vom Typ ATAGO, einer vom Typ KAKO und zwei vom Typ ZINTU. Wahrscheinlich werden auch eine Anzahl Zerstörer vom Flottentyp dabei sein.

3. Ich habe die Absicht, in Überraschungsangriffen Transportschiffe und feindliche Kriegsschiffe zu versenken, bevor Luftangriffe erfolgen. Die auszuwählenden Objekte hängen von Ergebnissen der Luftaufklärung ab. Ich beabsichtige, die Angriffsziele morgen, 10. Dezember, nach Sonnenaufgang zu treffen. Wenn sich Gelegenheit ergiebt, Kongo zu stellen, so hat dies Vorrang vor allen anderen Aktionen.

4. Unabhängige Manöver seitens der Kommandanten nur bei Notlage. Kampfgruppe Z bleibt unter einheitlichem Befehl und wird im geschlossenen Verband manövrieren, bis Unternehmung beendet. Wenn Signal ›Unabhängig handeln‹ gesetzt wird, kann Kommandant Repulse nach eigenem Ermessen unabhängig handeln, behält jedoch taktische Unterstützung bei und sucht günstigste Schußposition.

5. Beabsichtige, mit 25 Knoten zu operieren, außer wenn Verfolgung erforderlich, und später Rückmarsch mit Höchstfahrt entsprechend gegebenen Möglichkeiten.

6. Großkampfschiffe sollten zum Gegner unter 20.000 Yards aufschließen, bis Feuer wirksam, aber achterliches Ziel vermeiden. Schiffe müssen auf Umstellung von Aufschlagzündung auf Zeitzündung, abhängig von Zielart, vorbereitet werden.

7. Prince of Wales und Repulse müssen je ein aufgetanktes Flugzeug startbereit halten. Wenn gestartet, muß Flugzeug auf Landbasis landen. Konta Bharu kann nicht mehr angeflogen werden.

8. Tenedos wird vor Dunkelheit entlassen und geht unabhängig nach Singapur zurück.

9. Restliche Zerstörer werden voraussichtlich während der Nacht 9./10. entlassen, sofern Feindmeldung schnellen Vormarsch erfordert. In diesem Fall sollen Zerstörer mit 10 Knoten Richtung Anamba zurücklaufen, bis Treffpunkt befohlen wird.«

»An Prince of Wales und Repulse von Befehlshaber:
Informieren Sie Besatzungen wie folgt:

Der Feind hat an der Nordküste von Malaya verschiedene Landungen durchgeführt und örtliche Fortschritte gemacht. Unser Heer ist nicht groß und auf den Kriegsschauplätzen hart bedrängt. Unsere Luftwaffe mußte einen oder mehrere Flugplätze zerstören und aufgeben. Inzwischen liegen vor den Küsten umfangreiche Transporte. Dies ist unsere Gelegenheit, bevor der Feind sich weiter entwickeln kann. Wir haben zur Vermeidung der Luftaufklärung einen weiten Bogen geschlagen und hoffen, den Feind morgen kurz nach Sonnenaufgang zu überraschen. Wir könnten das Glück haben, unsere Geschütze gegen den alten japanischen Schlachtkreuzer Kongo oder gegen einige Kreuzer und Zerstörer zu erproben, die im Golf von Siam liegen sollen. Wir werden sicher einige nützliche Erfahrungen mit unserer schweren Artillerie sammeln. Was auch immer wir antreffen werden, ich wünsche ein schnelles Ende zu machen und dann schnell westwärts zu laufen, bevor die Japaner eine zu große Streitmacht zum Angriff gegen uns aufstellen. Wir werden schießen und versenken.«

»An Repulse und Prince of Wales von Befehlshaber.

Ab Sonnenaufgang alle Besatzungen auf Gefechtsstationen. Während des morgigen Tages müssen alle Offiziere, Unteroffiziere und Mannschaften Arbeitszeug oder eine Kleidung tragen, die Arme und Beine bedeckt und Schutz gegen Verbrennungen bietet.«

»An Repulse, Electra, Tenedos, Prince of Wales, Express, Vampire von Befehlshaber.

Durch Flaggensignal wird um 18.00 Uhr Kurs auf 320 Grad geändert. Um 19.30 Uhr wird Kurs auf 280 Grad geändert und Geschwindigkeit ohne Flaggensignal auf 24 Knoten erhöht. Um 22.00 Uhr verlassen Zerstörer ohne Flaggensignal den Verband und laufen mit entsprechendem Kurs und Geschwindigkeit südostwärts nach Punkt C (in der Nähe der Anamba-Inseln), dort am 10. um 16.00 Uhr eintreffend, sofern keine anderen Befehle erteilt werden.«

»An Repulse und Prince of Wales von Befehlshaber.

Falls keine anderen Mitteilungen erfolgen, beabsichtige ich um 07.45 bei Singora zu stehen und von dort östlich entlang der Küste zu operieren. Ich bleibe östlich und versuche weiterhin ungesehen zu bleiben, weil das heute überhaupt das Wichtigste ist.«

Captain L. H. Bell, ein Offizier des Stabes von Admiral Phillips, schrieb in einem Memorandum:

»Es war der Plan des Admirals, die Zerstörer um Mitternacht vom 9. zum 10. zu entlassen und mit hoher Fahrt mit den am wenigsten verwundbaren Schiffen Prince of Wales und Repulse allein nach Singora zu marschieren. Er hielt die Zerstörer für sehr verwundbar gegen Luftangriffe. Mit Ausnahme von Electra waren ihre Besatzungen nicht voll ausgebildet, und ihr Brennstoffvorrat war eine ständige Sorge. Der Admiral verließ sich auf seine Geschwindigkeit und den Überraschungseffekt und wollte Schäden an diesen Schiffen vermeiden, die unter Umständen ihre Geschwindigkeit herabgesetzt hätten. Er glaubte, daß die japanischen Flugzeuge keine Spezialbomben gegen Schiffe und keine Torpedos geladen hätten und daß sein Verband während des Rückmarsches nur mit eilig zum Einsatz gebrachten Langstreckenbombern von Basen in Indochina in Berührung kommen würde.« (Public Record Office ADM 199/1149)

Die niedrige Wolkendecke und die schlechte Sicht hatten während des Nachmittags angehalten, aber gegen 16.45 Uhr verschwanden weniger als zwei Stunden vor Sonnenuntergang die Wolken, die schlechten Sichtverhältnisse besserten sich schnell, und es kam ein strahlender und klarer tropischer Abend.

Etwa eine Stunde später ortete die PRINCE OF WALES auf ihrem Radarschirm drei Flugzeuge. Als das erste tief am Horizont in Sicht kam, identifizierte man ein kleines, einmotoriges Wasserflugzeug. Es handelte sich um japanische Aichi-E13A-Wasserflugzeuge (bei den Alliierten »Jakes«), die zur weiteren Verfolgung der Sichtmeldung von I.65 von den japanischen Kreuzern katapultiert worden waren. Sie hielten sich außer Reichweite der britischen Flak und ermittelten in aller Ruhe Kurs und Geschwindigkeit der Schiffe. Jetzt wäre eine ständige Unterstützung durch die R.A.F. oder durch Flugzeuge der Fleet Air Arm sehr nützlich gewesen. Aber an diesem Abend wurde nur ein Catalina-Flugboot gesichtet.

Die Sonne ging einige Minuten nach 18.00 Uhr unter. Die Dunkelheit verbreitete eine Stimmung voller böser Vorahnungen. Was geschah hinter dem Horizont? Welche Kräfte konnten die Japaner in der Dunkelheit rund um die kleine Schar britischer Schiffe zusammenziehen?

»Wir standen an Oberdeck und beobachteten in dem nun schwindenden Tageslicht das japanische Wasserflugzeug. Unsere 5.25"-Kanonen schwenkten lautlos und drohend, aber die Entfernung war zu groß, und leider hatten wir keine Jäger zur Verfügung. Wir konnten uns lebhaft die Aufregung, die Vermutungen und natürlich auch die durch die japanischen Funkmeldungen in ihren Basen ausgelösten Vorbereitungen vorstellen. Und wir verwünschten die Tatsache, daß wir in dieser kurzen klaren Periode vor Dunkelheit nur durch großes Pech entdeckt worden waren.

Wir würden nun die ganze Nacht auf unseren Gefechtsstationen zubringen müssen. Ich ging zum Abendessen in die Offiziersmesse, die jetzt kahl und ungemütlich geworden war. Man hatte alle Bilder, Bücher und Sportpreise entfernt und alle beweglichen Gegenstände festgezurrt – die üblichen Vorbereitungen bei nahe bevorstehenden Kampfhandlungen. Es gab ein kaltes, lieblos zubereitetes Selbstbedienungsabendbrot, da die Stewards und Wärter bereits in den Geschütztürmen auf ihren Gefechtsstationen, bei den Munitionsaufzügen oder in den Munitionskammern waren.

Ich hatte keinen Hunger. Aber ich überlegte mir, welch ein Fluch eine lebhafte Phantasie sein kann, und wünschte mir, man könne alles beschleunigen und zur Sache kommen. Alle schienen ziemlich ruhig zu sein. Ich ging unter Deck in meine Kammer, zog warmes Zeug an und steckte etwas Schokolade, eine Taschenlampe, eine Injektionsspritze und ein Paket mit Anhängern für Verwundete in meine Taschen, befestigte die Schwimmweste und verließ meine Kammer mit einem letzten Blick auf alle persönlichen

Habseligkeiten und überlegte bei mir: ›Wie zum Teufel wirst du morgen um die gleiche Zeit aussehen?‹.« (Surgeon Lieutenant-Commander E. D. Caldwell, H.S.M. Prince of Wales)

»Ich erinnere mich, daß ich die zu erwartende Schlacht mit dem Oberstückmeister besprach, der am selben Tag wie ich auf der Repulse eingestiegen war, ein ruhiger, kühler und abschätzender Mann, der nur sagte: ›Mit dem Überraschungsmoment auf unserer Seite könnten wir eine gute Vorstellung geben‹, womit er die Repulse meinte, weil die Prince of Wales immer noch nicht als voll ausgebildet galt. Er meinte aber weiter, es sei unwahrscheinlich, daß wir wieder in unsere Basis zurückkommen würden. Dies war eine Diskussion über ›Tatsachen‹; zum ersten Mal nach Fahrten über Tausende von Meilen in von U-Booten verseuchten Gewässern dachte ich über die Möglichkeit der Versenkung unseres Schiffes nach. Ich trug von diesem Moment an ständig meine kleine, aufblasbare Schwimmweste, verpackte meine Pfundnoten wasserdicht in der vom Schiffslazarett vorgeschriebenen Art (in einem Condom) und überlegte mir meinen möglichen Fluchtweg.« (Krankenwärter W. Bridgewater, H.M.S. Repulse)

Eine halbe Stunde nach Sonnenuntergang scherte der Zerstörer Tenedos aus seiner Position aus und drehte nach Süden ab.

Das alte Schiff hatte eine nützliche Tätigkeit ausgeübt und vierundzwanzig Stunden lang die beiden Großkampfschiffe über eine Strecke von 420 Meilen geleitet. Aber sein Brennstoffvorrat war jetzt so begrenzt, daß es in Schwierigkeiten geraten würde, sollten erneut hohe Geschwindigkeiten erforderlich werden. Admiral Phillips hatte einen Blinkspruch absetzen lassen, den der Zerstörer am nächsten Tag um 08.00 Uhr als Funkspruch nach Singapur übermitteln sollte. Er forderte darin Rear-Admiral Palliser auf, so viele Zerstörer wie möglich, einschließlich der in Singapur erwarteten amerikanischen Zerstörer, bereitzuhalten, um die Prince of Wales und Repulse am 11. bei Tagesanbruch an einem Punkt südlich der Anamba-Inseln zu treffen. Der zusätzliche Zerstörerschutz würde zur Sicherung der beiden Großkampfschiffe gegen japanische U-Boote benötigt, die möglicherweise im Seegebiet vor Singapur auf der Lauer liegen könnten. Phillips hatte sich also immer noch nicht zum vorzeitigen Abbruch des Unternehmens entschlossen.

Lieutenant Richard Dyer, Kommandant der Tenedos, beobachtete das Verschwinden der Kampfgruppe Z in der Dunkelheit. Er konnte nicht vermuten, daß sein eigenes Schiff zuerst eine Kampfhandlung erleben sollte. Eine halbe Stunde, nachdem die Tenedos den Verband verlassen hatte, wurde um 18.50 Uhr die vereinbarte Kursänderung durchgeführt, die fünf Schiffe drehten nach Nordwesten, Kurs 320 Grad. Die Geschwindigkeit wurde auf 26 Knoten erhöht. Die Kampfgruppe Z lief nun in Richtung auf die Invasionsküsten und genau mitten in die vom Feind beherrschten Gewässer. Minuten nach der Kursänderung sichteten die Ausgucks auf der ELECTRA in einer Entfernung von ungefähr fünf Meilen voraus ein Leuchtsignal. Das Licht schien für einige Sekunden über der Wasseroberfläche zu schweben und erlosch dann. Das Flaggschiff befahl allen Schiffen eine Schwenkung nach Steuerbord, um gut von der Position des Leuchtsignals freizukommen. Währenddessen kam ein weiterer Funkspruch von Rear-Admiral Palliser herein.

»An Befehlshaber von Admiral Singapur.
Sehr dringend!

Ein Schlachtschiff, Kreuzer der ›M‹-Klasse, 11 Zerstörer und eine Anzahl Transporter von Luftaufklärung dicht an der Küste zwischen Kota Bharu und Perhentian-Inseln gemeldet.«

Das war der langerwartete Funkspruch, von dem Phillips sich die neuesten Meldungen über die japanischen Landungsgebiete erhofft hatte. Er hatte immer angenommen, daß das Gebiet bei Singora in Siam Schauplatz der wichtigsten japanischen Landungsunternehmen sei. Dieser Funkspruch erwähnte Singora nicht und meldete die Unterstützung der Landungen bei Kota Bharu durch starke Streitkräfte. Die Perhentian-Inseln liegen einige Meilen südlich von Kota Bharu. Kota Bharu befand sich 130 Meilen näher an Singapur als Singora, und ein Zielwechsel würde den britischen Schiffen bei Tagesanbruch einen weit weniger riskanten Rückmarsch ermöglichen. Admiral Phillips konnte nicht wissen, daß seit der morgendlichen Luftaufklärung die Landungen bei Kota Bharu so gut wie beendet waren und sich die meisten der beteiligten Schiffe entweder bereits auf dem Heimmarsch nach Indochina befanden oder in diesem Augenblick die Kampfgruppe Z selbst verfolgten.

Es war das Wasserflugzeug des Kreuzers KINU, das die erste Sichtmeldung kurz vor Einbruch der Dunkelheit abgab.

»Habe zwei feindliche Schlachtschiffe gesichtet, Position WSM, Kurs 340 Grad, 13 Knoten, 3 Geleitzerstörer.«

Diese Meldung überraschte Vizeadmiral Ozawa. Er wußte nicht, daß der Kommandant der KINU sein Flugzeug mit zur Suche eingesetzt hatte. Für die Japaner war dies von großem Vorteil, weil die Suchgebiete für die Flugzeuge der fünf anderen Kreuzer fächerartig westlich der tatsächlichen Position der Kampfgruppe Z lagen und diese sehr wahrscheinlich die Briten vor Einbruch der Dunkelheit nicht gefunden hätten. Die Navigation des U-Bootes I.65 war fehlerhaft, und es hatte seine Sichtmeldungen mit falschen Standortangaben gefunkt.

Der Meldung des Bordflugzeuges der KINU folgten bald zwei weitere von den Flugzeugen der SUZUYA und der KUMANO. Die letzte Meldung enthielt allerdings in der Kursangabe einen Fehler, der mit fünfzig Grad angegeben wurde. Außerdem wurden fälschlich fünf Geleitzerstörer gezählt. Diese erfolgreiche Suchaktion war die Japaner allerdings teuer zu stehen gekommen. Das Flugzeug der KUMANO ging verloren, die Maschine der YURA streifte auf der Insel Procondor einen Berg und wurde dabei schwer beschädigt; das von SAZUYA mußte später notwassern, und der Zerstörer HAMAKAZE mußte zur Bergung eingesetzt werden.

Trotz der verschiedenen Irrtümer in den Meldungen war Vizeadmiral Ozawa in der Lage gewesen, den Marsch der britischen Schiffe in nördlicher Richtung mitzukoppeln, bevor sie nach Einbruch der Dunkelheit nach Westen gedreht waren. Unter häufigem Gebrauch ihrer Funkgeräte drehten Ozawas Kreuzer und Zerstörer nach Nordost, um den Briten den Weg abzuschneiden. Als Admiral Phillips nach Dunkelwerden seine Wendung nach Westen vornahm, waren Ozawas Schiffe nur wenige Meilen entfernt von ihm und jetzt der Kampfgruppe Z direkt auf der Spur.

Inzwischen hatten die auf den Flugplätzen von Saigon stationierten Mitsubishis nach Einbruch der Dunkelheit ihre Suche fortgesetzt. Es war ein gefährliches Vorhaben, weil der Mond erst in vier Stunden aufgehen würde. Ein von Lieutenant Takeda geflogener Aufklärer, dicht über der Wasseroberfläche, befand sich plötzlich über zwei breiten weißen Schaumstreifen – dem Kielwasser von zwei großen Schiffen! Takeda kurvte und verfolgte sorgfältig die Spur. Er entdeckte zwei schwarze Schatten – die britischen Schiffe.

Die dreiundfünfzig Bomben- und Torpedoflugzeuge der Hauptangriffsverbände hatten jetzt ihr Zielgebiet erreicht. Wieder war Lieutenant Sadao Takai einer der Piloten des Genzan-Geschwaders.

»Die Sonne war hinter dem Horizont verschwunden. Die Sicht war sehr schlecht, und wir flogen in Dreierformation.

Unglücklicherweise mußte immer noch ein ernstes Problem gelöst werden. Bei Beginn des Unternehmens hatten wir zwischen unseren und den feindlichen Schiffen keinerlei verbindliche Unterscheidungszeichen ausgemacht. Bei einer Seeschlacht auf kurze Entfernungen kann eine entsprechende Identifizierung außerordentlich schwer sein. Wir kannten den endgültigen Standort der feindlichen Kriegsschiffe nicht; weiterhin besaßen wir über den Standort unserer eigenen Schiffe in dieser Nacht keine Informationen. Wie sollten wir sie unterscheiden?

Da wir auf diesem Gebiet keinerlei Unterweisung gehabt hatten und auch vor dem Start zur Besprechung der Erkennungsmerkmale der Kriegsschiffe keine Zeit mehr war, stürmten unsere Luft- und Seestreitkräfte blind in die Schlacht. Es schien, als ob wir in unsere eigene Falle gehen würden.

Die Wolken schienen sich endlos über den Ozean zu erstrecken. Wir konnten sie nicht unterfliegen, und die Beobachtung der Meeresoberfläche wurde zunehmend schwerer. Wir konnten nicht viel höher als 300 Meter fliegen. Unter diesen Umständen waren unsere Chancen für die Entdeckung der feindlichen Flotte sehr zweifelhaft, es sei denn, wir flögen direkt über die britischen Schiffe oder kreuzten ihr Kielwasser. Aber die Lage war nicht hoffnungslos. Wir hatten eine Menge Flugzeuge im Einsatz, die den Ozean absuchten. Außerdem gab es noch die Möglichkeit, daß wir unbeabsichtigt den Feind dadurch entdeckten, daß er unsere Flugzeuge sichtete und das Feuer auf sie eröffnete. Wenn man in fast völliger Dunkelheit fliegt, hat man das Gefühl, als ob der Feind ganz plötzlich und ohne Warnung auftaucht.

Die Funkmeldung eines unserer Aufklärer ließ unsere Herzen jubeln. Die feindlichen Schiffe waren gesichtet! ›Wir haben ein Leuchtsignal abgeworfen‹.« Vizeadmiral Ozawa bekam einen großen Schreck. Durch das Leuchtsignal wurde sein Flaggschiff, die CHOKAI, illuminiert, und Lieutenant Takeda wies den anderen japanischen Flugzeugen den Weg dorthin. Das war also das von der ELECTRA beobachtete Leuchtsignal, das Admiral Phillips zum Abdrehen nach Süden veranlaßte. Admiral Ozawas Reaktion war eine Kursänderung nach Norden und die gleichzeitige Abgabe eines wütenden Funkspruchs nach Saigon:

»Über CHOKAI befinden sich drei angreifende Flugzeuge. Unter dem Leuchtfeuer befindet sich CHOKAI.«

Rear-Admiral Matsunaga in Saigon erkannte, daß seine hastige Einmischung in diese nächtliche Suchaktion beendet werden müsse. Er befahl daher, die Suche abzubrechen. Bis alle Flugzeuge den Befehl empfangen hatten, verging einige Zeit, aber es erfolgten keine Sichtmeldungen mehr, und es wurde kein Schaden angerichtet. Die Flugzeuge mußten zweieinhalb Stunden bis zum Mondaufgang warten, bevor sie landen konnten. Vizeadmiral Ozawa war der Ansicht, daß man mit der weiteren Aufklärung mindestens bis zum Mondaufgang warten solle. Jetzt mischte sich aber der mit den Schlachtschiffen KONGO und HARUNA weit nördlich stehende Admiral Kondo ein und setzte seinen Willen gegen diese verworrenen Aktivitäten durch. Er befahl, daß sich alle japanischen Steitkräfte auf das Aufeinandertreffen mit dem Feind vorzubereiten hätten, womit er unmittelbar nach Sonnenaufgang rechne.

»Die Geschütze der britischen Kriegsschiffe wurden als den unsrigen weit überlegen beurteilt, aber wir waren in den übrigen Waffen weit überlegen. Mit anderen Worten war die größere Feuerkraft auf Seiten der Briten, aber wir besaßen mehr und bessere Torpedos und Kampfflugzeuge. Für die Torpedoangriffe unserer Zerstörer wurden jedoch wegen der höheren Geschwindigkeiten der britischen Schiffe erhebliche Schwierigkeiten erwartet, und man nahm außerdem an, daß sie mit Radargeräten ausgerüstet seien.

Wir wären dadurch bei einer Seeschlacht mit schlechten Sichtverhältnissen und Regen außerordentlich im Nachteil. Sogar in unserer Marine glaubte zu dieser Zeit noch nicht jeder, daß ein Luftangriff die beste Methode zur Versenkung eines großen Schlachtschiffes sei. Hinzu kam, daß es sich hier um das Schlachtschiff Prince of Wales handelte, ein sogenanntes unsinkbares Schiff. Wir bereiteten uns daher mit großer Entschlossenheit auf die Schlacht am nächsten Morgen vor.«*

Keine von beiden Seiten war sich bewußt, wie nahe sie sich in der Nacht gegenübergestanden hatten und daß daraus eine der entscheidenden Seeschlachten dieses Krieges hätte entstehen können. Als das Leuchtsignal abgeschossen wurde und beide Seiten zum Abdrehen veranlaßte, betrug die Entfernung zwischen der Kampfgruppe Z und den japanischen Kreuzern nur fünf Meilen. Überraschenderweise wurde die Chokai vom Radar der Prince of Wales nicht erfaßt, obwohl es theoretisch eine Reichweite von fünfundzwanzig Meilen haben sollte.

Aber es war nicht zur Schlacht gekommen. Chokai und die übrigen japanischen Kreuzer liefen auf ihrem nördlichen Kurs weiter. Als die Kampfgruppe Z nach Steuerbord drehte, glaubte jeder, daß bald wieder der ursprüngliche Kurs gesteuert werden würde. Aber Admiral Phillips traf während dieser wenigen Minuten die wohl wichtigste und möglicherweise schwerste Entscheidung seines Lebens.

Er wußte, daß er keinen ständigen Jagdschutz haben konnte. Der Überraschungseffekt war vorüber. Obwohl er nicht ahnen konnte, wie nah die japanischen Schiffe und Flugzeuge standen, wußte er sicher, daß am Morgen alle da sein würden. Die japanischen Kriegsschiffe konnte er bekämpfen und wenn notwendig auch die Flugzeuge, aber er wußte, daß jeder umsichtige feindliche Admiral jetzt die Handelsschiffe in Einzelfahrer aufgeteilt hatte und daß die Japaner die Gewässer um Singora und Kota Bharu geräumt hatten. Selbst wenn die Prince of Wales und die Repulse sich ihren Weg erkämpft hätten, mußte Phillips wissen, daß für seine schweren Geschütze am Morgen keine Ziele mehr vorhanden sein würden. Es gab keine Aussicht auf Erfolg mehr. Das Unternehmen mußte abgebrochen werden – und zwar schnell. Sie hatten bereits zwei wertvolle Stunden der Dunkelheit verloren, in denen seine Schiffe mit hoher Geschwindigkeit nach dem vergleichsweise sicheren Singapur hätten zurücklaufen können.

Admiral Phillips hatte sich sicher seit der Entdeckung der Kampfgruppe Z durch die japanischen Wasserflugzeuge am späten Nachmittag vorgenommen, so zu handeln, aber die endgültige Entscheidung fiel sicher erst wenige Minuten nach der Kursänderung wegen des von Electra beobachteten Leuchtfeuers. Es war ein bitterer Augenblick. In ein paar Stunden hätte er seinen Namen berühmt machen können; nun würde er als ein Ad-

---

* Japanese Official History, Seite 437

miral bekanntwerden, der seine Flotte heimbrachte, nachdem er den Kampf offensichtlich vermieden hatte. Diese Entscheidung kennzeichnet aber auch das endgültige Scheitern einer zwanzigjährigen Marinepolitik für den Fernen Osten. Aber sie beweist großen moralischen Mut. Die nächsten vierundzwanzig Stunden würden erweisen, ob diese Entscheidung zu lange verzögert wurde.

Der ursprüngliche Kurs wurde nie wieder gesteuert. Um 20.05 Uhr wurde eine Herabsetzung der Geschwindigkeit auf zwanzig Knoten befohlen und fünfzehn Minuten später ein neuer Kurs festgelegt, der die Kampfgruppe Z über die Anamba-Inseln nach Singapur zurückführen sollte. Um 20.55 Uhr blinkte eine blaue Nachtsignallampe an REPULSE folgende Nachricht: »Ich habe das Unternehmen mit großem Bedauern abgebrochen, weil wir nach Sichtung durch Flugzeuge das Überraschungsmoment verloren haben und unsere Ziele am Morgen fast mit Sicherheit verschwunden sein werden. Der Feind wird dann voll auf uns vorbereitet sein.«

Captain Bell, ein Offizier in Admiral Phillips' Stab, hat später ein Memorandum über die Operation verfaßt und berichtet, daß dieser Blinkspruch »eine spontane Antwort der REPULSE auslöste, die den Admiral aufmunterte, weil sie erkennen ließ, daß der Kommandant der REPULSE die Schwere der Entscheidung anerkannte und sie billigte«.

Kuantan

Die fünf Schiffe der Kampfgruppe Z dampften weiter nach Süden.
Seit Rear-Admiral Palliser seinen Chef in Singapur zuletzt gesehen hatte, waren nun fast dreißig Stunden vergangen. Der Mond ging über dem Horizont auf. Palliser informierte seinen Chef über alle Entwicklungen dieses zwei Tage alten Krieges so gut er konnte und berichtete der Kampfgruppe Z über alle Ereignisse, die für Admiral Phillips wichtig sein könnten. Palliser wußte, daß Phillips die Funkstille nur gezwungenermaßen brechen würde, und mußte versuchen, sich vorzustellen, welche Entscheidungen er bei Erhalt seiner Funksprüche fällen würde – eine Übung, die mit fortschreitender Zeit immer schwerer wurde, denn die Stunden verliefen und die Zahl der abgegebenen Funksprüche häufte sich. Palliser muß sich an diesem Abend der schwierigen Lage seines Vorgesetzten bewußt gewesen sein und sandte um 21.45 Uhr einen weiteren Funkspruch.
»1. In meinem 11.26z vom 9. ist nur Bedeutung Feindlage enthalten. Feind setzt offensichtlich Landungen im Gebiet Kota Bharu fort, die wohl ähnlich erfolgreich wie in Singora verlaufen.
2. Andererseits sind Feindbomber auf Südindochina-Flugplätzen in voller Stärke einsatzbereit und ungestört. Sie könnten fünf Stunden nach Sichtung angreifen, und alles hängt davon ab, ob Sie heute gesehen wurden. Zwei Träger können sich im Gebiet Saigon befinden.
3. Militärische Lage bei Kota Bharu erscheint schwierig. Flugplatz befindet sich in Feindeshand.
4. Alle unsere nördlichen Flugplätze werden wegen feindlicher Lufttätigkeit nicht zu halten sein. Oberbefehlshaber Fernost gab zu verstehen, daß er erwägt, alle Luftstreitkräfte auf die Verteidigung des Gebietes von Singapur zu konzentrieren.
5. Es ist äußerst schwer, Ihnen ein klareres Bild zu geben, weil Luftaufklärung und Nachrichtenübermittlung wegen teilweiser Zerstörung der Flugplätze sehr verzögert sind.«
Dieser Funkspruch zeigt mit dem Finger auf das sehr viel näher als Singora gelegene Kota Bharu als mögliches Zielgebiet für die Kampfgruppe Z. Tatsächlich war diese Information jetzt unwichtig, da Admiral Phillips die Unternehmung bereits abgebrochen hatte und die Kampfgruppe Z nach Süden lief. Der Funkspruch ist jedoch deshalb von Interesse, weil er zeigt, daß Palliser mit seinem Chef im Gleichschritt ging und ihm diese Nachrich-

ten innerhalb der zwei Stunden übermittelte, die Phillips für seine Entscheidung zur Verfügung hatte. Gleichfalls ist interessant, daß der Funkspruch darauf hinzudeuten scheint, daß Palliser sich nur zu gut über die von den japanischen Flugzeugen ausgehende potentielle Gefahr im klaren war.

Die entscheidend wichtige Frage, bis zu welchem Grad die gegenseitige Übereinstimmung zwischen den Gedanken des Admirals auf See und seinem Chef des Stabes an Land ging, sollte sehr bald einem weiteren Test unterworfen werden, denn Palliser hatte eine neue Nachricht zu übermitteln.

»Sofort.

Feind ist bei Kuantan gelandet. 03.50 Nördlicher Breite.«

Kuantan lag genau auf dem halben Wege zwischen Kota Bharu und Singapur an der Ostküste von Malaya. Dort befanden sich ein kleiner Hafen, ein wichtiger Flugplatz der R.A.F., und verschiedene Straßen führten von hier nicht nur nördlich und südlich entlang der Küste, sondern auch quer durch die Halbinsel in das Landesinnere. Eine erfolgreiche Landung der Japaner bei Kuantan konnte die britischen Streitkräfte in Nordmalaya abschneiden und die Japaner bis auf 180 Meilen an Singapur heranbringen.

Der Funkspruch wurde kurz vor Mitternacht auf der PRINCE OF WALES empfangen und obwohl der Admiral stark ermüdet sein mußte, erfaßte er sofort die Bedeutung dieser Entwicklung. Es ist leicht, Phillips' Reaktion zu erraten. Kuantan befand sich vom Rückweg der Kampfgruppe Z nicht weit ab, und die britischen Schiffe konnten mit Leichtigkeit früh am nächsten Morgen vor Kuantan erscheinen. Soweit Phillips wußte, hatten die Japaner die Kampfgruppe Z zuletzt weit im Norden gesichtet, immer noch nach Norden laufend und voraussichtlich auf dem Weg in den Golf von Siam. Auf Grund der vorliegenden Meldungen konnten die Japaner nicht damit rechnen, daß die britischen Schiffe in fünf Stunden vor Kuantan erscheinen würden. Diese Einschätzung der Situation war völlig korrekt. Darüber hinaus war Kuantan vierhundert Meilen von den japanischen Flugplätzen in Indochina entfernt, weit genug von den japanischen Torpedobombern in Saigon. Bestimmt war es aber eine sichere Entfernung von den beiden bei Saigon angenommenen Flugzeugträgern. Die Kampfgruppe Z mußte in Richtung auf Kuantan drehen und die Geschwindigkeit auf fünfundzwanzig Knoten erhöhen. PRINCE OF WALES und REPULSE würden versuchen, die Japaner am Morgen zu überraschen und einen wertvollen Sieg für die Verteidigung von Malaya und Singapur zu erringen. Wir können uns vorstellen, daß Phillips durch die Wendung der Ereignisse außerordentlich ermutigt war. Nun hatten sich die Japaner übernommen. Die Signallampen der PRINCE OF WALES gaben die neuen Befehle an REPULSE und die Zerstörer.

Aber viel bedeutsamer war, was nicht geschah. Um die Durchführung dieses neuen Planes nach Singapur melden zu können, mußte die Funkstille gebrochen werden. Wenn die Japaner diesen Funkspruch abhörten, würde

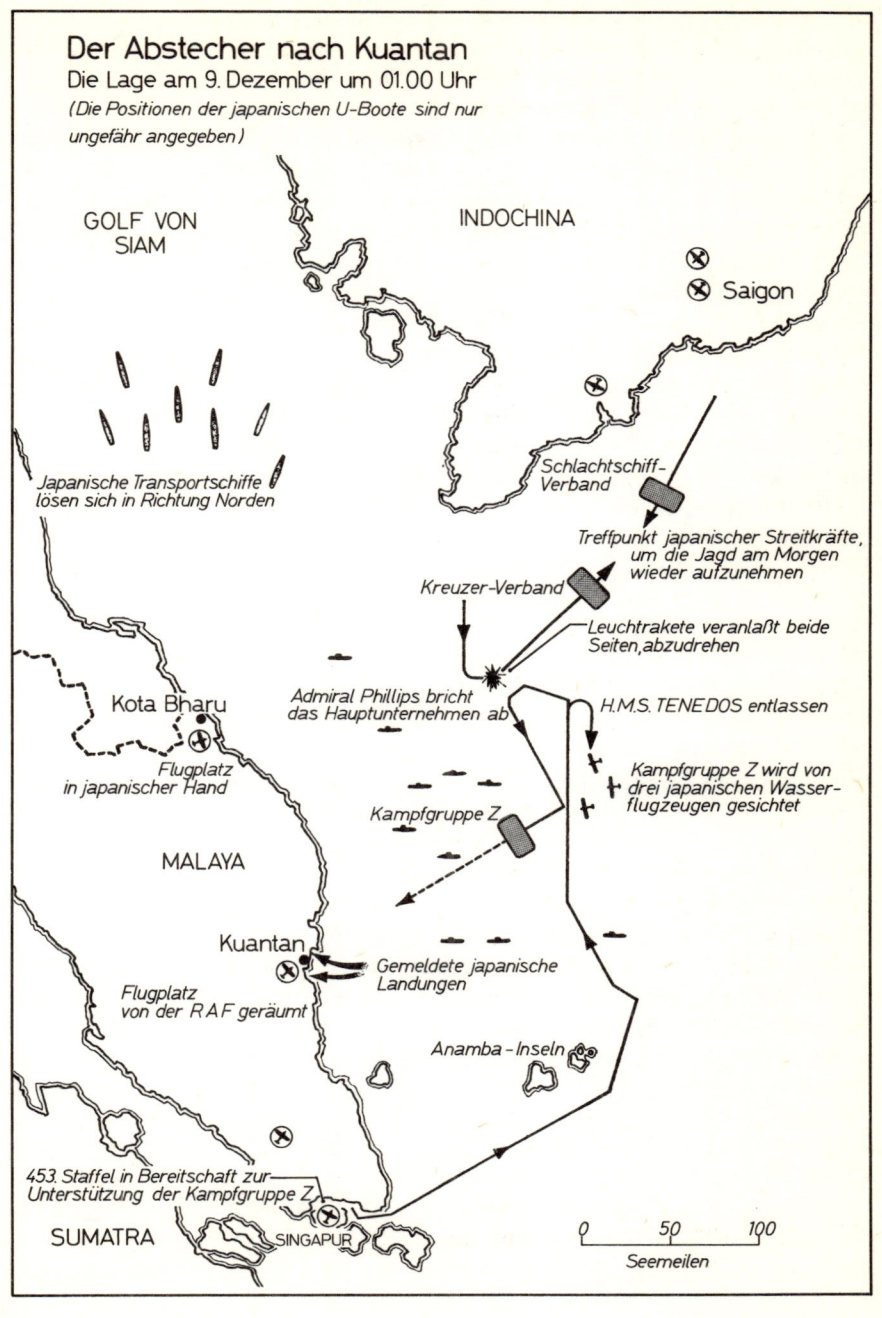

er ihnen verraten, daß die britischen Schiffe nun bereits seit zwei Stunden von ihrem letzten bekannten Standort nach Süden liefen. Dies konnte dem vorgesehenen Schlag gegen Kuantan jegliches Überraschungsmoment rauben. Daher ging kein Funkspruch ab.

Nun mußte sich die geistige Übereinstimmung zwischen Admiral Phillips und Rear-Admiral Palliser erweisen. Das Gebiet um Kuantan befand sich innerhalb des Bereichs, der zwar nicht unter der absoluten Kontrolle der R.A.F. stand, aber doch zumindest aus der Luft überwacht werden konnte. Die britischen Flugzeuge waren am 9. wegen der japanischen Bombenangriffe tatsächlich vom Flugplatz Kuantan nach Singapur verlegt worden. Wenn jedoch bekannt gewesen wäre, daß die Kampfgruppe Z im Begriff war, am 10. mit Tagesanbruch in dieses Gebiet einzulaufen, hätten die als Unterstützung vorgesehenen und bisher aus allen anderen Kampfhandlungen herausgehaltenen Buffalo-Jäger des 453. Geschwaders in Singapur am nächsten Morgen Patrouillen über den britischen Schiffen fliegen und Kuantan als eine Art Vorausbasis zum Auftanken verwenden können. Admiral Phillips hatte zwei Jahre bei der Admiralität in leitender Stellung gedient und häufig die weiteren Bewegungen von in See befindlichen Flotteneinheiten unter Einhaltung von Funkstille abschätzen müssen. Es ist durchaus denkbar, daß Phillips damit rechnete, Palliser würde automatisch dafür Sorge tragen, daß die Buffalos am nächsten Morgen für ihn von Kuantan aus Patrouille flogen. Es ist nicht bekannt, ob Palliser dies in Erwägung zog, aber es steht fest, daß nichts derartiges geschah. Das Hauptquartier der R.A.F. hatte keine Ahnung, wo sich die Kampfgruppe Z befand, und die Buffalos blieben am Boden.

Es gibt noch einen Umstand, der von Einfluß gewesen sein kann. Während seiner Tätigkeit bei der Admiralität hatte Phillips bei der Führung von Schiffsbewegungen in See häufig seine Hand mit im Spiel gehabt. Die Admiralität bevorzugte bei solchen Operationen eine zentrale Kontrolle. Obwohl er eine halbe Weltreise von London entfernt war, wußte Phillips ganz genau, daß das Lagezimmer in der Admiralität alle Funksprüche von Palliser mithören und die Operation genau verfolgen würde. Wenn Phillips jetzt seine Absichten an Palliser nach Singapur funken würde, würde die Admiralität ebenfalls Kenntnis davon erhalten. Es kann nur vermutet werden, daß Tom Phillips die Kontrolle über diese Operation selbst behalten wollte. Indem er sicherstellte, daß die Japaner nichts über seinen derzeitigen Standort erfuhren, schützte er sich auch davor, daß die Admiralität es wußte und in seine Entscheidungen eingreifen konnte. Aber so kannte auch die R.A.F. nicht sein Ziel.

Als die Japaner am vorhergehenden Abend alle Kräfte für die Jagd auf die britischen Schiffe angesetzt hatten, erhielten die weiter südlich patrouillierenden U-Boote den Befehl, nach Norden zu gehen und sich weiter auseinander zu ziehen. Eingedenk der zweistündigen Verzögerung bei der Sichtmeldung von I.65 hatten die Japaner eine neue, sehr viel straffere Nachrichtenübermittlung angeordnet.

Eines dieser U-Boote war I.58 unter seinem Kommandanten Lieutenant-Commander Sohichi Kitamura. Die offizielle japanische Kriegsgeschichte gibt an, daß I.58 die Briten schon um 23.52 Uhr (Singapur-Zeit) sichtete. Zu diesem Zeitpunkt befand sich die Kampfgruppe Z noch auf südlichem Kurs, bevor der Kurs in Südwest Richtung Kuantan geändert worden war. I.58 befand sich über Wasser, als sein Ausguck in nur 600 Meter Entfernung die dunklen Schatten von zwei großen Schiffen entdeckte. Kitamura tauchte sofort und beobachtete durch sein Sehrohr. Er identifizierte sie als die gesuchten britischen Schiffe und ließ das Boot sofort zum Unterwasser-Torpedoangriff klarmachen. Sein Angriff sollte dem vorderen Schiff, der PRINCE OF WALES gelten, die in eine ideale Schußposition lief. Aber I.58 war ein altes Boot, 1925 vom Stapel gelaufen, ein Veteran unter den aktiven japanischen U-Booten. Zur Enttäuschung der Besatzung klemmte die Mündungsklappe eines Torpedorohres, und das britische Schlachtschiff lief außer Reichweite. Die REPULSE wanderte auch durch, während sich die Japaner noch mit der Mündungsklappe abmühten, und als der Schaden behoben war, war REPULSE nur noch ein schnell achteraus verschwindendes Ziel. Fünf Torpedos wurden trotzdem abgefeuert, aber alle verfehlten ihr Ziel. Weder die Radargeräte der Großkampfschiffe noch das Asdic der Zerstörer hatten das U-Boot geortet.

Vor seinem Torpedoangriff hatte Lieutenant-Commander Kitamura noch eine Sichtmeldung abgegeben, aber sie wurde nur durch ein Schiff der dritten japanischen Zerstörerflottille aufgefangen und entweder nicht an eine höhere Befehlsstelle weitergeleitet oder erst sehr viel später empfangen. Kitamura hielt über Wasser weiter Fühlung und gab drei weitere Funksprüche ab.

»Unser Standort FU.MO.RO.45. Habe fünf Torpedos auf REPULSE geschossen, aber nicht getroffen. Feindkurs 180 Grad, Geschwindigkeit 22 Knoten. 03.41. (02.11 Singapur-Zeit).«

»Feindlicher Verband läuft jetzt 240 Grad, entwickelt starken schwarzen Rauch, dem wir folgen. 04.25. (02.55).«

»Wir haben den Feind aus Sicht verloren. 06.15. (04.45).«

Der erste und der letzte Funkspruch wurden von den zuständigen Marine- und Lufthauptquartieren klar empfangen, nicht jedoch der entscheidende zweite, der die Kursänderung der Briten nach Südwesten meldete. Wieder wurde dieser Funkspruch von der dritten Zerstörerflottille aufgefangen, aber nicht korrekt an die japanischen Befehlsstellen weitergeleitet.

I.58 hatte gute Arbeit geleistet und trotz ihres Alters fast fünf Stunden lang an einem fünfundzwanzig Knoten laufenden Kriegsschiffverband Fühlung gehalten.* Die japanischen Befehlshaber wußten jetzt, daß die Briten ihren Überfall im Norden aufgegeben hatten und zurückliefen. Aber sie erkannten wegen ihrer mangelhaften Nachrichtenübermittlung wieder nicht, daß die britischen Schiffe nach Südwesten in Richtung auf die Küste von Malaya und nicht nach Süden auf Singapur zuliefen.

In völliger Unkenntnis der Aktionen von I.58 dampfte die Kampfgruppe Z in den frühen Morgenstunden des 10. Dezember in Richtung Kuantan. Die Besatzungen befanden sich die ganze Zeit in erhöhter Alarmbereitschaft – eine Periode voller Spannung, Müdigkeit und geistiger Erschöpfung, die man oft in solchen letzten Stunden vor der Morgendämmerung findet. Für einige wurde es Zeit zum Routinedienst. Der Koch J. H. Larthwell trat um 02.00 Uhr seinen Dienst auf der REPULSE an und buk in den nächsten vier Stunden 800 Pfund Brot. »Ich war wohl der letzte, der auf der REPULSE Brot gebacken hat.«

Indessen ging im Funkraum der PRINCE OF WALES ein weiterer Funkspruch ein, diesmal von der Admiralität in London.

»Persönlich vom Ersten Seelord.

Da Flugzeug-Torpedoangriffe auf in der Straße von Johore vor Anker liegende Schiffe nicht ausgeschlossen werden können, bin ich sicher, Sie beabsichtigen M/LD 02033/41 vom 22. April 1941 Paragraph 18-(14), an dem sie so stark interessiert waren.«

Lächelte Tom Phillips, als er diesen Funkspruch las? Konnte er sich Sir Dudley Pound in London vorstellen, nervös nicht etwa wegen der Möglichkeit eines Luftangriffs auf die PRINCE OF WALES und die REPULSE, sondern weil die Schiffe vor Anker liegend angegriffen werden könnten, so wie die italienischen Schlachtschiffe in Taranto durch die Fleet Air Arm versenkt worden waren – wahrscheinlich hatte dieses Ereignis zu dem Dokument Veranlassung gegeben, auf das er sich in seinem Funkspruch bezog. Der Stabsoffizier, der Admiral Phillips diesen Funkspruch vorlegte, erinnert sich, daß sie beide die Bedeutung seines Inhaltes nicht begriffen und daß Phillips so etwas sagte wie »der Erste Seelord hat wohl eine Frühzündung«. Es war aber doch ein wichtiger Funkspruch, weil er vielleicht zum Ausdruck bringen wollte, daß die Admiralität im Besitz von Geheiminformationen sei, aus denen man das Vorhandensein japanischer Torpedoflugzeuge in Indochina entnehmen konnte. Wenn es so war, so war es eine Tragödie, daß die Admiralität diese Gefahr nicht klarer zum Ausdruck brachte. Niemand auf der PRINCE OF WALES beachtete diesen Funkspruch weiter.

Vor der Morgendämmerung wurde auf den britischen Kriegsschiffen ein

---

* I.58 wurde 1942 in I.158 umbenannt und als Schulboot eingesetzt. In den letzten Kriegsmonaten wurde es wie I.65 (I.165) als Trägerboot für Kaiten-Kleinst-U-Boote umgebaut und kehrte wieder in den Frontdienst zurück. Nach Kriegsende wurde es an die U.S.-Marine übergeben und später verschrottet.

vorzeitiges Frühstück ausgegeben, und es herrschte eine nicht zu übersehende Spannung. »Wir hatten Visionen von überraschenden Angriffen auf eine große Anzahl japanischer Transporter und Kriegsschiffe im Morgengrauen, von der Versenkung der meisten und von einem eiligen Rückzug nach Süden.«

Kurz vor der Morgendämmerung, gegen 05.00 Uhr, wurden die Gefechtsstationen wieder voll besetzt. Es war kühl, und das eben hinter den Schiffen über dem Horizont erscheinende Licht kündigte einen windstillen Tag mit ausgezeichneten Sichtverhältnissen an. Zu jedermanns Erleichterung konnten die Ausgucks über den ganzen Horizont nichts entdecken. Die Kampfgruppe Z befand sich noch etwa sechzig Meilen von Kuantan entfernt, die Küste war noch nicht in Sicht. Langsam stieg die Sonne höher und wärmte die Geschützbedienungen und die Ausguckposten auf ihren exponierten Stationen. Der Tag versprach heiß zu werden.

Um 05.15 Uhr wurden am nördlichen Horizont vier Punkte festgestellt. Sie wurden zunächst als ein Kreuzer und drei Zerstörer angesehen und konnten dann nur Japaner sein. Admiral Phillips gab seinem Verband Befehl, auf die gesichteten Fahrzeuge zuzudrehen. Nach wenigen Minuten wurden sie als ein großer Schlepper oder ein kleines Schiff identifiziert, der drei Leichter zog – möglicherweise japanische Invasionsfahrzeuge? Innerhalb kürzester Zeit traf Phillips seine Entscheidung. Wenn dies Japaner waren, so waren sie die Aufmerksamkeit der britischen Schiffe in diesem Stadium nicht wert. Die weit wertvolleren Ziele befanden sich wahrscheinlich eben hinter dem Horizont in Richtung auf Kuantan. Der alte Kurs wurde wieder eingenommen.

Kurz nach 06.30 Uhr entstand erneut leichte Aufregung und einige Besorgnis, als die Ausgucks der REPULSE dicht über dem Horizont ein Flugzeug sichteten, das offensichtlich an den britischen Schiffen Fühlung hielt. Es blieb aber etwa eine halbe Stunde lang in derselben Entfernung und verschwand dann. Wenn es ein japanisches Flugzeug war, so war anzunehmen, daß es eine Meldung an seinen Stützpunkt abgegeben hatte, und dann wußte der Feind erneut den genauen Standort und Kurs der britischen Schiffe. Aber Admiral Phillips unternahm nichts. Die Funkstille wurde beibehalten und von der R.A.F. keine Luftunterstützung angefordert.

Nachdem das unbekannte Flugzeug wieder verschwunden war, wurde auf der PRINCE OF WALES das Walrus-Amphibienflugzeug auf das Katapult gesetzt und startklar gemacht. Sein Fleet Air Arm-Pilot, Lieutenant C. R. Bateman, erhielt Befehl, nach Kuantan zu fliegen und Küste und Hafen zu inspizieren, an PRINCE OF WALES zu berichten und dann entweder nach Singapur oder zu einem anderen eigenen Flugplatz zu fliegen. Die Walrus konnte bei Kuantan aber keine japanischen Schiffe ausmachen. Vierzig Minuten später bekam die Kampfgruppe Z selbst Land in Sicht, konnte aber auch nichts Ungewöhnliches feststellen. An dieser Küste fanden offensichtlich keine Kampfhandlungen statt. Prince of Wales und Repulse konnten nicht zu dicht an die Küste heranlaufen und drehten mit fünfzehn Knoten Fahrt auf Parallelkurs zum Land. Trotz der Meldung der Walrus entschied sich Admiral Phillips für eine genauere Besichtigung der Küste und vor allem des kleinen Hafens von Kuantan, der von der Prince of Wales aus nur als eine schmale Lücke in dem dichten Urwald des Festlandes ausgemacht werden konnte. Der Zerstörer Express erhielt Befehl, näher an die Küste heranzulaufen und den Hafen zu erkunden.

Als die Express mit breitem Schaumstreifen durch das blaue Wasser in Richtung Land lief, starrten hunderte von Augenpaaren angestrengt auf die Küste. Ein mit einem Fernglas bewaffneter Mann konnte »einen verschwommenen Streifen tropischer Küste, nichts als Sand, Brandung und tropische Vegetation« und ein anderer »einen einzelnen Motorradfahrer auf der Straße zwischen Ufer und Dschungel fahren« sehen. Die Express war genau eine Stunde fort.

»Wir liefen dicht unter Land und nahmen einen genauen Rundblick. Bekamen wir an der Küste japanische Landungsfahrzeuge zu sehen? Alles, was ich sehen konnte, war Vegetation, keine Spur von Leben.« (Vollmatrose J. M. Farrington)

Ein anderer Mann der Express sagt, daß er »nur einen einzelnen winkenden weißen Mann« sah. Lieutenant-Commander Cartwright beendete seine Erkundung, änderte seinen Kurs in Richtung auf die offene See und signalisierte an Prince of Wales, daß er nur »vollständigen Frieden« vorgefunden habe. »Alles ist so ruhig wie an einem regnerischen Sonntagnachmittag.«

An Bord der Schiffe waren viele Männer über diese doppelte Überprüfung verärgert. »Je länger wir hier herumhingen, desto weniger gefiel es mir. Es gab weder an Land noch auf See irgend etwas, was auch nur den Schimmer eines Verdachts erwecken könnte – ausgenommen diese Tatsache selbst! Trotz laufender Kursänderungen hatten wir wegen unserer reduzierten Geschwindigkeit das Gefühl von lahmen Enten, und ich war der Ansicht, daß wir nun so schnell wie möglich nach Singapur zurückfahren sollten, nachdem wir erst einmal entdeckt worden waren.« (Leichtmatrose D. F. Wilson, H.M.S. Prince of Wales)

»Hier waren wir also mit unseren beiden großen Schiffen mit enorm geringem Geleitschutz und ohne Luftunterstützung, lässig durch die Gegend fahrend, mal hin und mal her vor dieser leeren Küste, führten umständliche friedensmäßige Kursänderungen durch und bildeten ruhende Ziele für U-Boote oder Luftangriffe, auf die wir nicht vorbereitet waren.« (Lieutenant J. O. C. Hayes, H.M.S. Repulse)

Captain Tennant von der Repulse war es, der mit zwei Blinksprüchen an das Flaggschiff Vorschläge machte, die eine sofortige Veränderung bedeuteten. Der erste schlug vor, daß jetzt die REPULSE eines ihrer beiden Walrus-Flugzeuge katapultieren sollte, um U-Boots-Sicherung für die Kampfgruppe Z zu fliegen. Admiral Phillips war einverstanden. Tennants zweiter Vorschlag war, das kleine Schiff und die drei Leichter etwas genauer anzusehen, bevor die Kampfgruppe Z dieses Gebiet endgültig verließ. Admiral Phillips stimmte wieder zu, und die fünf britischen Schiffe gingen auf 080 Grad, etwas nördlicher als genau Ost, anstatt mit Kurs Südost in Richtung Anamba-Inseln nach dem vergleichsweise sicheren Singapur zu laufen. Ein Schlachtschiff, ein Schlachtkreuzer und drei Zerstörer machten sich auf den Weg, ein kleines Dampfschiff und drei Leichter zu untersuchen – wirklich ein leichtfertiges Risiko für eine Aufgabe, die ein Zerstörer hätte übernehmen können! Aber es ist der klare Beweis für zwei Vermutungen, die die Überlegungen von Admiral Phillips zu diesem Zeitpunkt beeinflußt haben müssen: waren es japanische Leichter, so konnten sie die Vorhut einer größeren japanischen Einheit sein, die er dann mit seinen schweren Geschützen vernichten konnte; und daß bei dieser Entfernung von Indochina von japanischen Flugzeugen nur geringe Gefahr drohe. Nachdem die Kampfgruppe Z etwa dreißig Minuten von der Küste abgelaufen war, wurde die Selbstzufriedenheit der zweiten Vermutung durch einen um 10.05 Uhr aufgefangenen Funkspruch schwer erschüttert. Der Zerstörer TENEDOS, am Vorabend wegen Brennstoffknappheit entlassen, funkte, daß er durch japanische Bombenflugzeuge angegriffen werde, in einer Position 140 Meilen südöstlich des gegenwärtigen Standortes der Kampfgruppe Z. Wenn die Japaner die TENEDOS erreicht hatten, konnten sie auch leicht die Kampfgruppe Z erreichen.

Minuten später sichtete ein Ausguck ein Flugzeug im Anflug.

Bevor wir Kuantan verlassen, noch ein Wort zu den dort gemeldeten angeblichen Landungen. Das Gebiet von Kuantan wurde von der unter Sollstärke besetzten 22. Indischen Brigade mit zwei Infanteriebataillonen, den 5/11. Sikhs und den 2/18 Royal Garhwal Rifles mit einigen wenigen Kanonen verteidigt. Brigadekommandeur war Brigadier G. W. A. Painter. Die indischen Einheiten waren noch nie im Kampf gewesen. Ihre Hauptaufgabe bestand in dem Schutz des Flugplatzes von Kuantan, der Basis für drei Staffeln, bis er am 9. Dezember schwer mit Bomben und Maschinengewehren angegriffen wurde und die restlichen Flugzeuge vor Nachtanbruch nach Singapur verlegt wurden. Um 19.00 des gleichen Abends hatte ein von den Garhwal Rifles besetzter Beobachtungsposten gemeldet, er habe zahlreiche kleine Schiffe und Leichter gesehen, die sich der Küste näherten. Drei Stunden später wurde die Basis beschossen. Die Inder glaubten, dies sei der Beginn einer japanischen Landung. Daher die Meldung von Vizeadmiral Palliser an die Kampfgruppe Z.

Die Beschießung dauerte die Nacht hindurch an, jedoch gab es keine Beweise dafür, daß das Feuer von See kam. Als die Morgendämmerung kam, waren die »Landungsfahrzeuge« verschwunden und keine japanischen Truppen zu sehen. Die Inder behaupteten, sie hätten einen schwachen japanischen Erkundungstrupp vertrieben. Vier Tage später wurden einige Meilen südlich verschiedene kleine Boote entdeckt; einige waren von Kugeln durchlöchert, und eins enthielt japanische Gewehre, eine japanische Postkarte und Uniformteile.

Es ist gut möglich, daß diese kleinen Boote durch das von der Kampfgruppe Z am Morgen gesichtete Fischerboot an Land gebracht worden waren und dies ein Versuch war, an verschiedenen Punkten der Ostküste von Malaya Verwirrung zu stiften. Wenn dies zutrifft, so brachte dieser Trick den Japanern einen über alle Erwartungen großen Erfolg, denn er veranlaßte die Kampfgruppe Z, an diesem Morgen Kurs Kuantan zu fahren.

Für die Japaner war die Sichtmeldung des U-Bootes I.58 die wichtigste Meldung der Nacht gewesen. Vizeadmiral Kondo hatte diesen Funkspruch um 02.11 Uhr erhalten, aber nicht den nachfolgenden über die britische Kursänderung auf Südwest in Richtung Kuantan. Nach Erhalt der ersten Meldung befahl er sofort seinen Kreuzern und zwei Schlachtschiffen, die Verfolgung aufzunehmen, sie liefen mit vierundzwanzig Knoten nach Süden. Die Kreuzer von Vizeadmiral Ozawa waren den Briten viel näher, aber Kondo erkannte sehr bald, daß die japanischen Schiffe trotz der nach Tagesanbruch auf achtundzwanzig Knoten erhöhten Geschwindigkeit niemals in der Lage sein würden, die britischen Schiffe vor Erreichen des sicheren Hafens von Singapur zum Kampf zu stellen. Zudem hatte er nicht die Absicht, seine Überwasserstreitkräfte so nahe bei den britischen Flugplätzen einzusetzen. Nur eine halbe Stunde später befahl Kondo den Abbruch der Verfolgung, und die Schiffe drehten nach Norden ab.

Das kurz nach der Morgendämmerung von den Briten gesichtete angebliche japanische Aufklärungsflugzeug hatte keine Sichtmeldung abgegeben, oder seine Meldung hatte den Weg zu Admiral Kondo nicht gefunden. Es ist auch nicht sicher, ob es tatsächlich ein japanisches Flugzeug gewesen ist, es kann auch ein von dem aufgegebenen Flugplatz von Kota Bharu kommendes britisches Heeresflugzeug gewesen sein.

Nach japanischer Ansicht trat die Bemühung, die schnellen britischen Schiffe zu stellen und zur Schlacht zu zwingen, nunmehr in seine entscheidende Phase, es wurde mehr und mehr eine Art »catch-as-catch-can«-Unternehmung. Die Überwasserschiffe, die in der vergangenen Nacht so unmittelbar vor einem Zusammentreffen mit den Briten gestanden hatten, waren nun von der Rechnung gestrichen. Die U-Boote hatten zwar als Fühlungshalter nützliche Arbeit geleistet, aber die Geschwindigkeit der Briten nicht vermindern können und waren auf verschiedene Seegebiete verteilt.

Jeder Erfolg der U-Boote würde nur einem Glückszufall und nicht einer sorgfältigen Planung zu verdanken sein. Die letzte japanische Hoffnung lag nun bei den im Norden auf den Flugplätzen um Saigon stationierten Marinelufteinheiten. Das auf beiden Seiten von vielen Marinebefehlshabern gering eingeschätzte Flugzeug sollte nun Gelegenheit bekommen, zu zeigen, daß es die Geschwindigkeit, Reichweite und Treffsicherheit besaß, um dort zum Erfolg zu kommen, wo die Kriegsschiffe versagten.

Obwohl seine Flugzeugbesatzungen stark ermüdet waren und erst vor kurzem von ihrem letzten Flug gelandet waren, erkannte Rear-Admiral Matsunaga, daß die nächsten Stunden entscheidend sein würden. Er gab für jeden verfügbaren Mitsubishi-Bomber seiner drei Geschwader Befehl zum Auftanken und zur Startbereitschaft kurz nach Tagesanbruch. Von insgesamt neunundneunzig Bombern waren vierundneunzig einsatzbereit. Nach den ständigen Einsätzen der letzten Tage beweisen diese Zahlen ein hohes Maß an Wartung und stellen der robusten Konstruktion der Mitsubishis und der Fähigkeit des Bodenpersonals ein gutes Zeugnis aus. Nach Matsunagas ursprünglichem Plan sollten siebzehn Flugzeuge für Aufklärung eingesetzt werden, siebzehn für Bombenabwurf aus großer Höhe und sechzig Flugzeuge für Torpedoabwurf.

Die Aufklärungsflugzeuge sollten voll aufgetankt starten und nur zwei kleine 50-Kilo-Bomben mitnehmen. Sie sollten zuerst starten, einen breiten Fächer bilden und das Gebiet absuchen. Die zum Angriff bestimmten Flugzeuge sollten später folgen. Sie mußten wegen ihrer schweren Bomben- bzw. Torpedolast mit weniger Treibstoff starten. Besonders die Flugzeit der Torpedoflugzeuge würde eng begrenzt sein, aber im Notfall würde ihnen der eroberte Flugplatz von Kota Bharu zur Verfügung stehen. Es hing viel davon ab, ob die Aufklärer die Briten schnell finden könnten, um dann die Angriffsflugzeuge dort hinzuführen. Zu Beginn sollten die hoch fliegenden Bomber die Aufbauten der britischen Schiffe zerschlagen und Verluste unter den Geschützbedienungen verursachen. Panzerbrechende Bomben standen nicht zur Verfügung – sie waren alle für den Angriff auf Pearl Harbor verwendet worden. Nicht einmal normale 800-Kilo-Bomben waren vorhanden; Matsunagas Männer mußten mit 500-Kilo-Bomben auskommen, pro Flugzeug eine und in einigen Fällen auch mit je zwei 250-Kilo-Bomben. Der eigentliche Schlag sollte von den Torpedoflugzeugen geführt werden. Die Torpedos hatten eine Sprengladung von 149,5 oder 204 Kilo.

Kurz vor dem Start entschied sich Matsunaga für mehr Höhenbomber. Von den Aufklärern wurden acht Maschinen und von den Torpedoeinheiten neun abgezogen.

Die endgültige Aufteilung gliederte sich wie folgt:

Aufklärer 9 Mitsubishis 96 G3M2 (Nell) des Genzan-Luftgeschwaders
Start von Saigon um 05.00 Uhr (Singapore-Zeit)

Genzan Luftgeschwader Angriffsgruppe
Kommandeur: Lieutenant-Commander Nakanishi
Flugzeug-Typ: Mitsubishi 96 G3M2 (Nell)

Staffel	Staffelkapitän	Anzahl	Aufgabe
1.	Lnt. Ishihara	9	Torpedo
2.	Lnt. Takai	8	Torpedo
3.	Lnt. Nikaido	9	Bomben

Start von Saigon kurz nach 06.25 Uhr

Kanoya Luftgeschwader Angriffsgruppe
Kommandeur: Lieutenant-Commander Miyauchi
Flugzeug-Typ: Mitsubishi 1 G4M1 (Betty)

Staffel	Staffelkapitän	Anzahl	Aufgabe
1.	Lnt. Nabeta	9	Torpedo
2.	Lnt. Higashimori	8	Torpedo
3.	Lnt. Iki	9	Torpedo

Start von Tu Duam kurz nach 06.44 Uhr

Mihoro Luftgeschwader Angriffsgruppe
Kommandeur: Nicht ernannt
Flugzeug-Typ: Mitsubishi 96 G3M2 (Nell)

Staffel	Staffelkapitän	Anzahl	Aufgabe
1.	Lnt. Shirai	8	Bomben
2.	Lnt. Takeda	8	Bomben
3.	Lnt. Ohira	9	Bomben
4.	Lnt. Takahashi	8	Torpedo

Start von Tu Duam zwischen 06.50 und 08.00 Uhr
Gesamt:
9 Aufklärungsflugzeuge
34 Bombenflugzeuge
51 Torpedoflugzeuge

Die Besatzungen wußten noch nicht, daß dieser Tag in die Geschichte eingehen würde.

Um 06.25 Uhr startete das erste Angriffsflugzeug von Saigon, gesteuert von Lieutenant Ishihara. Bis die letzte Maschine abhob, war es 08.00 Uhr. Es waren die neun Nells von Lieutenant Ohiras Staffel von Tu Duam. Ihr Abflug hatte sich wegen der Änderung ihrer Bewaffnung von Torpedos auf Bomben verzögert.

Die Piloten waren erfreut, schönes Wetter vorzufinden. Sie flogen direkt mit leicht südwestlichem Kurs auf die See hinaus, der sie unmittelbar über den Einlaufweg nach Singapur führte. Die »Nells« und »Bettys« flogen in Formationen zu acht oder neun und stiegen bis 3000 Meter. Die Sicht war ausgezeichnet.

Die Mitsubishis flogen mit wirtschaftlichster Geschwindigkeit stetig nach Süden. Es war Aufgabe der neun Aufklärer, den Feind zu finden. Die Angriffsmaschinen konnten nur anfliegen und hoffen, daß die Sichtmeldung käme, bevor zu viel Benzin verbraucht war. Aber die Stunden vergingen ohne eine Sichtmeldung. Saigon befahl den Aufklärern weiter südlich zu suchen. Lieutenant Takai führte eine der Genzan-Torpedostaffeln:

»Was war nur mit unseren Aufklärern los? Immer noch nichts vom Feind zu sehen. Wie war es möglich, daß unsere Aufklärer trotz des guten Wetters und der klaren Sicht die britischen Kriegsschiffe immer noch nicht gefunden hatten? Unsere Flugzeuge sollten jetzt mehr als 500 nautische Meilen von Saigon entfernt sein. Lieutenant-Commander Nakanishi, der vor meinem Bomber flog, muß ebenfalls zunehmend ungeduldiger geworden sein.

Wir hatten den kritischen Punkt 400 nautische Meilen von Saigon passiert. Immer noch keine Meldung von den britischen Schiffen. Man bildete sich ein, von völliger Dunkelheit umhüllt zu sein. Die Piloten wurden wegen des Brennstoffvorrats unruhig. Wir kontrollierten den Verbrauch so sorgfältig wie möglich und brachten ihn auf den niedrigst möglichen Stand. Das war für die Motoren nicht gut, aber wir hatten keine andere Wahl. Einer meiner Bomber hatte, wahrscheinlich wegen der strengen Mischungskontrolle, Motorstörung und mußte umkehren. Ich konnte ihm nicht einmal eine Maschine als Begleitschutz mitgeben. Einschließlich meines eigenen Flugzeuges war die Zahl meiner Staffel auf sieben reduziert.«

Bei diesem Stand der Dinge wäre der Funkspruch von I.58 über die britische Kursänderung Richtung Kuantan sehr wertvoll gewesen. Das Gebiet um Kuantan lag nicht auf dem Wege eines der neun japanischen Aufklärer. Das vierte Flugzeug der Suchgruppe hatte die südliche Grenze seines Gebietes nahe der Insel Tioman erreicht, drehte nach Osten und dann zum Rückflug nach Norden. Um 09.45 sichtete es unter sich ein kleines Schiff und identifizierte es richtig als einen britischen Zerstörer. Die beiden 50-Kilo-Bomben verfehlten ihr Ziel.

Von Norden kommend passierten die drei Angriffsstaffeln des Genzan-Luftgeschwaders den Aufklärer in einer Stärke von fünfundzwanzig Flugzeugen auf Gegenkurs. Wieder Lieutenant Takai:

»Um 10.15 Uhr sichteten wir an unserer linken Seite ein kleines Fahrzeug. Die See war völlig glatt. Das Fahrzeug schien ein Handelsschiff von ungefähr fünf- bis sechshundert Tonnen zu sein. Singapur war nahe. Da weitere feindliche Schiffe in der Nähe sein konnten, befahl ich meinen Männern besondere Aufmerksamkeit. Es war aber nichts weiter zu sehen; das war ungewöhnlich.

Indem wir nach vorn und hinten scharf nach feindlichen Flugzeugen Ausschau hielten, zogen wir unsere Formation enger zusammen und setzten den Flug nach Süden fort.

Ohne Warnung scherte plötzlich die gesamte 3. Staffel aus der zusammenhängenden Formation aus und flog auf das kleine Fahrzeug zu. Dann kreiste sie über dem Schiff. Ich hatte keine Ahnung, was der Staffelkapitän vorhaben könnte.

Das feindliche Schiff änderte plötzlich seinen Kurs und hätte sein Ausweichmanöver nicht früher ausführen dürfen, denn eine Salve von Bomben fiel mehr als 250 Meter entfernt ins Meer, ohne irgendeinen Schaden anzurichten! Was war mit dem Kapitän der 3. Staffel los? Neun 500-Kilo-Bomben waren verloren und ohne Ergebnis verschwendet, nachdem man sie mit viel Mühe so weit getragen hatte!«

Die neun Mitsubishis drehten ab und flogen nach Hause. Mit ihnen war nun nicht mehr zu rechnen. Das gerade bombardierte »Handelsschiff« war in Wirklichkeit der Zerstörer TENEDOS.

Als die Flugzeuge angriffen, führte Dyer sein Schiff so geschickt, daß die japanische Formation drei Anflüge auf den zackenden Zerstörer ausführen mußte, bevor sie sich entschloß, ihre Bomben auf einmal abzuwerfen.

»Die Bombenwürfe auf die TENEDOS waren meine ersten kriegsmäßigen Erfahrungen eines Angriffs schwerer Flugzeuge auf See, und ich fand dieses Ereignis mehr aufregend als erschreckend. Es war mein erstes Kommando, ich handelte wie im Traum, und der Allmächtige war mit uns.«

Die Japaner waren für die Geschütze der TENEDOS zu hoch angeflogen, und sie konnte daher das Feuer nicht eröffnen. Die Bomben fielen über hundert Meter entfernt an Steuerbordseite ins Meer. Ein Seemann wurde von einem Bombensplitter in den Oberschenkel getroffen, er blieb der einzige Verletzte.

TENEDOS funkte vier Meldungen und berichtete in allen Einzelheiten über den Angriff und die große Anzahl von Flugzeugen – der Rest des Genzan-Luftgeschwaders. Diese Funksprüche wurden von der Kampfgruppe Z aufgefangen, aber anscheinend nicht in dem nur 120 Meilen entfernten Singapur. So wurden auf die Japaner keine britischen Jäger angesetzt. Die verbleibenden acht japanischen Aufklärer erreichten nacheinander die südliche Grenze ihres Aufklärungsstreifens und kehrten um, wobei jeder einen etwas veränderten Rückweg einschlug, um so viel Seeraum wie möglich zu überdecken. Von den drei Angriffsformationen hatten die Genzan- und die Kanoya-Staffeln nun die Höhe von Singapur erreicht. Die Besatzungen konnten im Westen deutlich die malayischen Gebirge sehen und weiter südlich sogar Sumatra. Sie würden in Kürze den ›point of no return‹ erreichen und deshalb umdrehen müssen.

Die entscheidende Entdeckung machte schließlich die Besatzung des dritten Flugzeuges von Fähnrich Masame Hoashi auf seinem Rückflug von der malayischen Küste. Um 10.15 Uhr sichtete seine Besatzung unter sich Schiffe. Drei Funksignale gingen heraus:
»Feindliche Flotte gesichtet Breite 4N Länge 103.55E Kurs 60 Grad«
»Feindliche Einheiten ändern Kurs auf 30 Grad«
»Feindliche Einheiten werden von drei Zerstörern geleitet. Reihenfolge der Formation ist King-Typ-Schlachtschiff, REPULSE«

Wieder arbeitete das japanische Nachrichtensystem nicht richtig. Die Funksignale wurden in Saigon und auf den Flugplätzen von Tu Duam klar empfangen, aber viele Angriffsflugzeuge hatten Hoashis Signale nicht aufgefangen oder nicht verstanden. Hoashi wurde befohlen, offen zu funken und den Gebrauch von Kodes einzustellen, weiterhin, auf Langwelle einen Dauerton zu senden. Diese Maßnahme brachte einen gewissen Erfolg, aber die sechsundsiebzig verbleibenden Flugzeuge der japanischen Angriffsverbände würden wegen der anfänglichen Verzögerungen nur in kleinen Gruppen und über einen Zeitraum von anderthalb Stunden im Einsatzgebiet eintreffen und alle mit Brennstoffmangel. Sie würden keine Gelegenheit haben, die sorgfältig geplante Kombination von hoch fliegenden Bombern und niedrig fliegenden Torpedoflugzeugen auszuführen.

Vierzig Minuten später erschien die Staffel von Lieutenant Yoshimi Shirai vom Mihoro-Luftgeschwader mit acht Höhenbombern als erster auf dem Schauplatz. Seit dem Ablaufen von Kuantan waren die Besatzungen der Kampfgruppe Z von Gefechtsstationen weggetreten, und viele hatten ein zweites warmes Frühstück bekommen. Es herrschte »eine ungewöhnliche Ruhe, eine Stimmung unheilvoller Vorahnung«, die sich verstärkte, als das japanische Aufklärungsflugzeug im Süden hoch am Himmel gesichtet wurde. Fünfundzwanzig Minuten später tauchten auf den Radarschirmen die Echos einer Formation von Flugzeugen auf.

Das Flaggschiff gab sofort einen allgemeinen Befehl:
»VOLLE FLUGABWEHRBEREITSCHAFT HERSTELLEN!«
Auf Befehl von Captain Leach blies ein sechzehnjähriger Hornist der Royal Marines auf der Brücke der PRINCE OF WALES das Signal »Auf Gefechtsstationen! Flugabwehr!«.

Es war kurz nach 11.00 Uhr, als die acht Mitsubishis hoch in der Luft und in der Sonne glitzernd im Anflug von vorn gesichtet wurden. Die japanischen Flugzeuge waren für die E-Meßoffiziere der Steilgeschütze auf der PRINCE OF WALES und der REPULSE bald nah genug, um ihre Geräte einzusetzen. »Feindliche Flugzeuge in Sicht. Entfernung 16 500 Yards, Höhe 10 000 Fuß, Geschwindigkeit 200. Anfangen. Anfangen. Anfangen.« Kein Funksignal war nach Singapur gegeben worden.

Die erste Runde

Können Großkampfschiffe auf See gegen entschlossene Luftangriffe überleben? Die praktische Beantwortung dieser Frage hatte sich erstaunlich lange verzögert, aber der Tag der Abrechnung war nun gekommen.

Lieutenant Yoshimi Shirais aus acht Nell-Bombern des Mihoro-Luftgeschwaders bestehende Staffel war die erste Formation, die sich der Kampfgruppe Z näherte. Um seinen Bombenanflug aus einer mehr südlichen Richtung und aus der Sonne durchführen zu können, hielt Shirai seine Staffel gut hinter den Schiffen. Seine Flugzeuge waren die einzigen, die je zwei 250-Kilo-Bomben anstelle einer 500-Kilo-Bombe trugen. Die Formation bestand nur aus acht Flugzeugen, das neunte war nicht einsatzbereit gewesen. Lieutenant Shirai entschied sich für den Angriff auf das zweite britische Großkampfschiff, weil er wahrscheinlich die REPULSE erkannt hatte, deren Oberdeck bekanntermaßen weniger stark bewaffnet war als das der PRINCE OF WALES. Die Japaner schlossen sich zu der so oft geübten engen Formation zum Anflug zusammen. Die britischen Schiffe hatten die japanische Formation einige Zeit mit Radar und optisch beobachtet.

»Ich war für eine Zigarettenlänge und einen Rees zu den übrigen wachhabenden Kameraden in das Geschützdeck B gegangen. Während wir da standen, machte uns ein Vollmatrose auf die Rahnock aufmerksam, an der der Stander ›A‹ mit drei Ziffern wehte, was bedeutete – ich kann nach so langer Zeit noch darauf schwören – ›Flugzeuge sind vermutlich feindlich, gesichtet in Peilung (drei Ziffern)‹. Wir drehten auf der Stelle um und sahen eine starke Gruppe von Flugzeugen sich nähern. Ich hatte über ihre Absichten keinen Zweifel.

Als ich meine Gefechtsstation – der Funkraum befand sich aus Sicherheitsgründen immer unterhalb der Wasserlinie – erreichte, schossen die Geschütze, Hupen ertönten, und ich fand das alles großartig. Das war ein Gefecht!« (Funker W. C. Tinkler, H.M.S. REPULSE).

Auf der PRINCE OF WALES flatterte das Signal »B T 3«, ein Befehl von Admiral Phillips an die Kampfgruppe Z: »Alle Schiffe drehen gemeinsam um 30 Grad nach Steuerbord.« Die beiden großen Schiffe und die drei Zerstörer begannen ihre Drehung in Richtung auf den anfliegenden Feind. Sonst war es bei der Marine nicht üblich, Kampfstaffeln von Flugzeugen durch Flaggensignale auszumanövrieren, wie es an diesem Morgen notwendig war. Der Endanflug der Japaner von Süden hatte die PRINCE OF

Wales näher an den Feind herangebracht als die Repulse. Bevor sich das BT3-Signal auswirken konnte, hatten sich die Bomber der Prince of Wales von der Steuerbordseite genähert. Alle vier 5.25"-Türme an Steuerbord konnten auf den anfliegenden Feind gerichtet werden. Es waren dies die hochentwickelten Steilfeuer-Mehrzweckgeschütze, auf denen in erster Linie die Hoffnungen ruhten. Ein junger R.N.V.R.-Offizier, Lieutenant E. J. Kempson, gab als Geschützführer des steuerbord-vorderen Steilfeuergeschützes die ersten Informationen über die anfliegende Formation an den Steilfeuer-Koppeltisch unter Deck durch: »Entfernung 16500 Yards. Höhe 10000 Fuß, Geschwindigkeit 200. Anfangen. Anfangen. Anfangen.«

Diese Angaben wurden in den Rechner des Koppeltisches eingegeben und an die 5.25"-Türme als konstante Folge von Justierungswerten weitergegeben. Als Lieutenant Kempson glaubte, daß sein E-Meßgerät eine wirklich zuverlässige Entfernung von etwa 12000 Yards gemessen hatte, befahl er Feuereröffnung. In den Türmen drehten die Richtschützen die letzten Schußwerte ein, und als jedes Geschütz geladen war, leuchtete in Kempsons Zentrale eine Lampe zum Zeichen der Feuerbereitschaft auf. Als alle Lampen brannten, ertönte eine Hupe, Kempson drückte auf den Knopf, und alle Geschütze feuerten automatisch genau in dem Moment, in dem die eingegebenen Schußwerte durchliefen.

Weitere Werte wurden an den Koppeltisch gegeben, neue Schußwerte gingen an die Türme zurück, und die acht Steuerbordgeschütze gingen auf Dauerfeuer über.

Bald waren auch die älteren und weniger zahlreichen 4"-Geschütze der Repulse in Tätigkeit und eröffneten auf ungefähr 11000 Yards das Feuer. Anfangs nur ein Geschütz, aber nachdem es vier Salven abgefeuert hatte, kam ein zweites hinzu. Auf der Repulse registrierte der Artillerie-Beobachtungsoffizier die Wirkung. Er sah sofort, daß die Detonationen weit rechts von den anfliegenden japanischen Maschinen lagen, und obwohl er Korrekturen nach links gab, lagen die Granatexplosionen weiter rechts von den Japanern. Dasselbe geschah wahrscheinlich mit dem Feuer der Prince of Wales, weil beide Schiffe in Ausführung des BT3-Signals nach rechts drehten und dadurch die Korrekturen des Beobachtungsoffiziers aufgehoben wurden. Die Drehung zwang kurz danach auf beiden Schiffen alle Geschütze auf der Steuerbordseite zur Feuereinstellung, weil die Aufbauten die Schußlinie verdeckten.

Als die 5.25"-Geschütze der Prince of Wales das Feuer eröffneten, waren dies für Admiral Phillips die ersten scharfen Schüsse auf See seit 1915. Er erkannte schnell, daß die von ihm befohlene Kursänderung ein Fehler war und widerrief sie. Neue Signalflaggen wurden gesetzt: »5BT«: »Alle Schiffe drehen gemeinsam um 50 Grad nach Backbord.« Aber ein großes Schiff kann nicht so schnell entgegengesetzt drehen, und Prince of Wales und REPULSE drehten zunächst weiter nach Steuerbord, so daß die meisten ihrer Backbordgeschütze das Feuer eröffnen konnten. Dann aber wirkte sich das Gegenruder aus und die Backbordgeschütze mußten das Feuer wieder einstellen. Bis schließlich die Steuerbordgeschütze das Feuer erneut eröffnen konnten, fiel für einige Augenblicke kein Schuß. Inzwischen waren die Japaner klar zum Bombenwurf. Die in der Flugabwehr erfahrenen Offiziere wurden durch Admiral Phillips' Maßnahmen verunsichert. Richtig wäre gewesen, jedem Schiff volle Handlungsfreiheit zu geben und so die Flak bestmöglichst einzusetzen. Das schwerfällige Manöver per Flaggensignal hatte den Artillerieoffizieren die Möglichkeit genommen, sich auf Dauerfeuer einzustellen, das laufende Zielverbesserung ermöglicht und wirksamere Ergebnisse erzielt hätte. Der gerade Anflug einer geschlossenen Formation von Flugzeugen mit konstanter Geschwindigkeit und Höhe war wirklich der Traum jedes Artilleristen. Admiral Phillips hatte aus seinem ersten Einsatz von Kriegsschiffen einen Mißerfolg gemacht, aber er sah es als erster ein und gab den Kommandanten für zukünftige Angriffe freies Manöver.

Die japanischen Bomber befanden sich nun fast unmittelbar über der PRINCE OF WALES, schreckliche Sekunden für alle unbeschäftigten Männer an Deck. Sie konnten nur mit einem Gefühl absoluter Hilflosigkeit auf das Schlimmste warten. Aber die Bomben fielen nicht auf die PRINCE OF WALES; das Ziel war die REPULSE. Der Bombenschütze vom Lieutenant Shirais Flugzeug gab den Befehl zum Bombenwurf, und im gleichen Augenblick lösten alle Flugzeuge ihre Bomben.

Captain Tennant machte keinen Versuch, den Bomben auszuweichen. Er wußte, daß ein so großes Schiff in diesen wenigen Sekunden einer solchen Salve nicht ausweichen kann. Die Männer auf den anderen Schiffen beobachteten riesige Wassersäulen, erst eine an Steuerbordseite der REPULSE und dann mehrere weitere an der Backbordseite. Aber sie sahen keine Stichflammen, das Zeichen direkter Treffer. Als die REPULSE jedoch aus dem Gischt auftauchte, stieg eine kleine Rauchfahne vom Oberdeck an Steuerbordseite in der Nähe des Flugzeughangars auf.

Jedes Flugzeug hatte nur eine Bombe geworfen. Lieutenant Shirai wollte nach einer weiten Kurve erneut zu einem zweiten Bombenwurf anfliegen. Nur eine von acht Bomben hatte die REPULSE getroffen. Sie hatte Dach und Boden des Hangars durchschlagen, war dann ohne zu detonieren durch das Messedeck der Marines gegangen, wobei sie glatte Löcher von fünfzehn Zoll Durchmesser schlug. Die Bombe detonierte schließlich auf dem Panzerdeck. Eine Panzersprengbombe oder eine 500-Kilo-Bombe wäre wahrscheinlich durch die nur einen Zoll starke Stahlplatte geschlagen, die an dieser Stelle den nur leicht gepanzerten Schlachtkreuzer schützte, und wäre in einem der Kesselräume detoniert. Die Explosion war so schwach, daß Captain Tennant auf die Rückfrage des Schlachtschiffes nach Einzelheiten zunächst meldete, sein Schiff sei nur durch eine neben das Schiff fallende Bombe beschädigt worden. Die REPULSE hatte Glück gehabt. Ihre Geschwindigkeit war unvermindert, sie lief weiter, und nur ein Rauchwölkchen zeigte an, daß sie getroffen worden war.

Nach dem Abwurf zogen die Japaner ihre Maschinen wie ein Schwarm Vögel in die Höhe und drehten nach Norden ab. Die Steilfeuergeschütze schossen noch einige Zeit hinter ihnen her, stellten dann aber das Feuer ein, um Munition zu sparen. Die britischen Artilleristen waren enttäuscht, daß sie kein einziges Flugzeug abgeschossen hatten, aber immerhin waren fünf Maschinen getroffen worden, zwei davon so schwer, daß sie den Kampfplatz verlassen und geradewegs zu ihrer Basis zurückfliegen mußten.

Auf dem Katapult-Deck der REPULSE brachen kleinere Brände aus, ebenso im Messedeck der Marines und in einem Lüftungsschacht. Zwei Männer wurden in der zertrümmerten Torpedowerkstatt und in der Maschinenwerkstatt eingeklemmt. Ein Kraftwerk wurde beschädigt und meldete einen Wassereinbruch, wahrscheinlich kam das Wasser aus einem beschädigten Feuerlöschanschluß. Commander Dendy, der Lecksicherungsoffizier, teilte fünf Suchgruppen und eine Schiffszimmermannsgruppe ab, um das Feuer zu bekämpfen und die Schäden zu beheben. Das Walrus-Flugzeug bildete eine große Gefahr. Der Luftdruck der Bombe hatte es halb von den Schienen des Katapults geschleudert und aus seinen lecken Tanks lief Benzin auf das Deck. Die Walrus wurde von einem Kran angehoben und seitlich nach außen geschwenkt. Dann kletterte der Fleet Air Arm-Pilot, Sub-Lieutenant »Ginger« Holden, ein Neuseeländer, auf den Kran-Ausleger und ließ die Walrus ins Wasser fallen.

Durch den Luftdruck wurden mehrere Männer verletzt und mindestens einer sofort getötet. Die schwersten Schäden entstanden durch Reißen mehrerer Dampfrohre im Kesselraum unterhalb des Panzerdecks. Einige Heizer wurden schwer verbrüht und konnten nur mit großer Mühe aus dem Kesselraum herauskommen und ärztlich versorgt werden. Es dauerte einige Minuten, bis die zur Behebung der Schäden eingesetzte Bedienungsmannschaft eines 4"-Geschützes die Verletzten an Deck schaffen konnte.

»Zu unserer Verwunderung hatten es einige Heizer während der eingetretenen Ruhepause fertiggebracht, durch einen Luftschacht oder das Lüftungssystem zu klettern, und riefen nun, wir sollten sie herauslassen. Diese Luftschächte waren mit schweren Drahtgittern bedeckt, und ich erinnere mich, daß sie den Draht mit den Händen beiseite zu drücken versuchten. Sie benahmen sich wie Affen im Käfig. Ginger Wilkinson ergriff die Initiative. Wir nahmen ein Stahlseil, schlangen es durch die Drähte und rissen zu zwölft das Gitter zur Seite. Erst dann begriffen wir, daß sie nackt und schwer verbrüht waren und vor Schmerzen schrien. Es war ein furchtbarer

Anblick. Wir taten unser Bestes, es ihnen an Deck bequem zu machen, bis die Leute der Ersten Hilfe kamen und sie ins Schiffslazarett brachten.« (Vollmatrose S. C. Baxter)

So endete der erste Angriff.

Die Geschütze und die Geschützbedienungen der REPULSE waren weiter einsatzbereit, und die Instandsetzungstrupps würden ihre Arbeit beendet haben und für weitere Einsätze bereit sein, bevor sie wieder gebraucht würden. Trotz des zeitweiligen Dampfdruckverlustes eines Kesselraumes und der Verletzungen einiger Heizer war die Antriebsleistung der REPULSE kaum vermindert.

Vom ersten Sichten bis zum Verschwinden der Formation von Lieutenant Shirais Verband hatte diese erste Begegnung genau zwanzig Minuten gedauert. Aber sie war nicht mehr als ein Vorspiel. Außer den sechs verbleibenden Flugzeugen von Shirais Staffel gab es siebzehn weitere Höhenbomber und nicht weniger als fünfzig Torpedoflugzeuge, die noch nach den britischen Schiffen suchten.

Nach zehn Minuten schon erfaßte das Radar der PRINCE OF WALES eine noch stärkere Flugzeugformation, die nicht wie zu erwarten von Norden, sondern von Südosten anflog. Vielleicht bestand kurzzeitig Hoffnung, daß es sich um eigene, den britischen Schiffen zu Hilfe kommende Jagdflugzeuge handele, aber diese Hoffnung wurde schnell zunichte gemacht, als zwei getrennte Verbände zweimotoriger Flugzeuge, ähnlich denen, die gerade die REPULSE bombardiert hatten, in etwa 3 000 Meter Höhe in Sicht kamen. Es war 11.38 Uhr.

Diese beiden Verbände bestanden mehr aus Nells von den drei Genzan-Staffeln, die so weit südlich geflogen waren, daß sie sich auf der Höhe von Singapur befunden hatten. Die Bomberstaffel des Genzan-Geschwaders, die ihre Bomben auf den Zerstörer TENEDOS vergeudet hatte, befand sich nun auf dem Heimflug. Die beiden verbleibenden Staffeln waren mit Torpedos des verbesserten Typs 91 Modell 1 mit dem 149,5 Kilo (320 lb.)-Gefechtskopf bewaffnet, so daß für das Genzan-Geschwader keine Gelegenheit für einen kombinierten Höhenabwurf von Bomben mit einem Torpedo-Tiefangriff sein würde. Die erste Genzan-Staffel wurde von Lieutenant Kaoru Ishihara geführt und hatte die volle Stärke von neun Flugzeugen. Wahrscheinlich an Bord des von Ishihara geführten Flugzeuges befand sich Lieutenant-Commander Niichi Nakanishi, Kommandeur des Genzan-Geschwaders, der den Angriff der beiden Staffeln koordinieren sollte. Die zweite Staffel wurde von Lieutenant Sadao Takai geführt und bestand nur aus acht Flugzeugen, von denen noch eines wegen Motorschadens umkehren mußte. Als Fähnrich Hoashi seine Meldung über den Standort der britischen Schiffe direkt an der Küste von Malaya durchgegeben hatte, hatte die Besatzung eines Torpedobombers beim Flugplatz Saigon um Angabe der

Wassertiefe in diesem Gebiet gebeten. Der Grund für diese Rückfrage war, daß der Torpedoangriff bei Unterschreiten einer gewissen Tiefe aus einer geringeren Höhe und mit verminderter Geschwindigkeit als normal ausgeführt werden mußte, da sonst der abgeworfene Torpedo den Meeresboden streifen und beim Auftreffen explodieren konnte, bevor er sich auf die eingestellte Tiefe von sechs Metern eingesteuert hatte. Der japanische Einsatzleiter in Saigon war überrascht, daß der Pilot sich in diesem aufregenden Augenblick für eine derartige Einzelheit interessierte und wurde durch dieses Funksignal außerordentlich ermutigt.

Lieutenant Sadao Takai berichtet:

»Trotz der wiederholten Warnungen an die Besatzungen, sie sollten nicht einen Augenblick in ihrer Aufmerksamkeit vor und hinter den Flugzeugen nachlassen, blickte jeder aufs äußerste gespannt nur nach vorn, um die feindliche Flotte zu entdecken. Jeder wollte der erste sein.

Es war kurz nach 13.00 Uhr (11.30 Uhr Singapur-Zeit). Der Himmel vor uns war mit niedrigen Wolken bedeckt. Seit unserem Start von Saigon waren volle fünf Stunden vergangen. Die feindliche Flotte mußte jeden Augenblick in Sicht kommen. Ich wurde nervös und zitterte und konnte meine Gefühle nicht verbergen. Ich verspürte einen ungeheuren Drang zum Wasserlassen. Es war genau das gleiche Gefühl wie vor einem sportlichen Wettkampf.

Genau um 13.05 entdeckte ich direkt unterhalb der Wolken einen schwarzen Fleck. Es schienen die feindlichen Schiffe in ungefähr fünfundzwanzig Meilen Entfernung zu sein. Jawohl – es war der Feind! Wir konnten sehr bald die Schiffe unterscheiden.

Die erste Staffel erhöhte ihre Geschwindigkeit und setzte sich vor meinen Verband. Lieutenant-Commander Nakanishi befahl: ›Angriffsformation bilden!‹ und wenig später: ›Angreifen!‹.

Die feindliche Flotte war nun noch ungefähr acht Meilen entfernt. Wir flogen immer noch in 2500 Meter Höhe und befanden uns in einer idealen Angriffsposition. Nakanishis Bomber erhöhten wie geplant ihre Geschwindigkeit und begannen ihren Anflug. Er schwenkte nach rechts und etwas vor die Kriegsschiffe. Die Bomber meines Verbandes erhöhten ebenfalls ihre Geschwindigkeit, um die gleichen Abstände zu halten. Gleichzeitig begann ich einen stufenweisen Abstieg. Ich hielt auf die linke Flanke des feindlichen Verbandes zu. Es war bei uns ständige Praxis, daß die erste Staffel das größte Schiff, die zweite das nächstgrößte Schiff anzugreifen hatte.

Alle Besatzungen suchten den Himmel aufmerksam nach feindlichen Jagdflugzeugen ab, deren Angriff wir jeden Augenblick erwarten mußten. Zu unserer großen Überraschung war kein einziges zu sehen. Dies war um so erstaunlicher, weil der Schauplatz der Schlacht weit innerhalb der Reichweite britischer Jäger lag.«

Die beiden japanischen Staffeln trennten sich gut außerhalb der Reichweite der britischen Geschütze und änderten ihre Flugrichtungen so, daß sie sich aus verschiedenen Richtungen näherten. Es sollte ein gleichzeitiger Zangenangriff auf die PRINCE OF WALES und die REPULSE ausgeführt werden, um das britische Abwehrfeuer aufzusplittern. Aus Gründen, auf die wir noch zurückkommen, kam der Angriff von Lieutenant Takais Staffel auf die REPULSE ein wenig spät. Wir können daher seine sieben Flugzeuge für einen Moment verlassen und uns auf die zum Angriff auf die PRINCE OF WALES ansetzenden Maschinen konzentrieren.

Die Briten hatten beobachtet, wie dieser Verband von Südosten anflog und dann quer zum Bug ihrer Schiffe außerhalb der Reichweite drehte. Sie konnten sehen, daß die Japaner ständig an Höhe verloren und sich gleichzeitig zu einer Art Kiellinie formierten. Admiral Phillips saß auf dem Peildeck der PRINCE OF WALES. Captain Leach und mehrere andere Offiziere standen in der Nähe – alle beobachteten die japanischen Flugzeuge. Phillips hatte bereits eine Fahrterhöhung auf fünfundzwanzig Knoten befohlen, um ein schwerer zu treffendes Ziel zu bieten. Alle Kommandanten hatten jetzt für die unabhängige Führung ihrer Schiffe freie Hand. Phillips machte einen »sehr gefaßten, sehr ruhigen« Eindruck. Lieutenant-Commander R. F. Harland, Torpedooffizier auf der PRINCE OF WALES, bemerkte: »Ich denke, daß sie einen Torpedoangriff machen werden«. Phillips Antwort war etwa: »Nein, das werden sie nicht machen. Das sind keine Torpedoflugzeuge«.

Der japanische Verband verlor weiter an Höhe, verschwand in einigen niedrigen Wolken und erschien dann wieder Steuerbord querab vom Bug. Der Aufmarsch war beendet, als die Kiellinie sich in drei saubere Reihen auflöste, in jeder Reihe drei Flugzeuge, die nun auf die PRINCE OF WALES zuflogen. Im Gegensatz zu Phillips' Annahme flogen nun neun Torpedobomber in einem weit gestreckten Bogen direkt auf sein Schlachtschiff zu.

Die japanischen Flugzeuge bildeten nun für die acht 5,25''-Geschütze auf Steuerbordseite ein gutes, nicht vom Kurs abweichendes Ziel. Diese Geschütze wurden in zwei Gruppen geleitet. Sub-Lieutenant G. H. Hopkinson hatte die Leitung der achteren Gruppe, und nachträgliche Berichte ergeben, daß die japanischen Flugzeuge sehr bald in Reichweite dieser Geschütze kamen und er begonnen hatte, die notwendigen Schußunterlagen an den Koppeltisch zu geben; aber »die Feuererlaubnis vom Fla-Leitstand ließ so lange auf sich warten, daß ich erst darum ersuchen mußte. Das Feuer hätte viel früher eröffnet werden können.«*

Alle acht 5,25''-Geschütze eröffneten mit einem Schlag gleichzeitig das Feuer und schossen dann Dauerfeuer auf die anfliegenden Japaner. Ihnen schlossen sich bald die auf dem Achterdeck stehenden Bofors-Einzelkano-

---

* Diese Berichte stammen aus Public Record Office ADM 199/1149

nen an, die von Soldaten der Royal Marines bedient wurden. Dann folgten vier achtrohrige Sätze Maschinenflak, die laufend ihre zweipfündigen Granaten herausschossen, und zum Schluß kamen noch die Oerlikons und die Maschinengewehre.

Dennoch wurde während der ersten Phase des Anfluges kein Treffer beobachtet. Auf der Brücke der PRINCE OF WALES stand Captain Leach vor dem klassischen Problem, wie er mit seinem Schiff manövrieren sollte. In diesem Fall bedeutete es die Entscheidung, in welchem Moment er drehen mußte, um dem japanischen Angriff so zu begegnen, daß er den Torpedolaufbahnen auswich. Zu drehen, bevor die Torpedobomber sich für den Abwurf festgelegt hatten, wäre zu früh und würde außerdem die Treffgenauigkeit seiner Artilleristen beeinträchtigen. Zu spät zu drehen, könnte die PRINCE OF WALES zu einem leichten Breitseitziel machen. Als er den richtigen Augenblick für gekommen hielt, befahl er »Ruder hart Backbord«. Das mit fünfundzwanzig Knoten laufende schwere Schiff begann zu drehen. Die folgenden drei Minuten würden zeigen, ob Captain Leach richtig gewählt hatte.

Viele Männer waren über den schnellen Anflug der japanischen Flugzeuge erstaunt. Der britische Marine-Torpedobomber, der Swordfish, war ein langsames und schwerfälliges Flugzeug, das seinen Anflug mit einer Geschwindigkeit von weniger als 100 Meilen pro Stunde und in einer Höhe von höchstens fünfzehn Metern auszuführen hatte. In ihrem Training hatten sich die britischen Artilleristen an diesen langsamen und niedrigen Anflug gewöhnt. Daher waren sie sehr überrascht, als diese modernen zweimotorigen Flugzeuge ihren Anflug mit wesentlich höherer Geschwindigkeit und in größerer Höhe begannen.

Die Japanese Official History berichtet, daß ihre Flugzeuge diesen Angriff mit einer Geschwindigkeit von 150 Knoten (180 Meilen pro Stunde) und in einer mittleren Abwurfhöhe von 33 Metern ausführten. Viele Männer auf der PRINCE OF WALES glaubten, sich einem Bombentiefangriff gegenüberzusehen und nicht einem Torpedoangriff. Die japanischen Piloten lösten ihre Torpedos aus Entfernungen zwischen 1 500 Metern (1 640 Yards) und 600 Metern (656 Yards) von der PRINCE OF WALES. Der Zerstörer EXPRESS befand sich in der Anfluglinie und mag der Grund für den zu frühen Abwurf einiger Torpedos gewesen sein. Lieutenant-Commander Cartwright berichtete, daß ein Torpedo in der Nähe seines Schiffes beim Auftreffen auf das Wasser detonierte, und das kann stimmen, da keiner die EXPRESS traf. Die von Captain Leach befohlene Drehung brachte die japanischen Flugzeuge ganz nahe an den Bug der PRINCE OF WALES heran. Ein Flugzeug geriet dadurch von der Ziellinie ab und warf seinen Torpedo auf die REPULSE (er verfehlte sie), während die übrigen Torpedos mit einer Tiefeneinstellung von sechs Metern und einer Geschwindigkeit von fünfundzwanzig Knoten auf die Prince of Wales zuliefen. Die weißen Blasenbahnen der ausgestoßenen komprimierten Luft waren deutlich an der Oberfläche zu sehen, wobei der tatsächliche Standort jedes Torpedos weit vor diesen Bahnen lag. Sie würden bis zum Erreichen ihres Zieles etwas mehr als zwei Minuten benötigen. Die japanischen Flugzeuge waren zu groß und zu schnell und ihr Drehkreis zu groß, um in kürzester Zeit einen sicheren Abstand zu gewinnen. Denn wenn sie zu schnell Höhe gewinnen wollten, würde ihre Geschwindigkeit verringert und ihre empfindliche Unterseite dem britischen Feuer ausgesetzt. Die Piloten schwenkten sogar tiefer, und manche flogen direkt über die Prince of Wales, die sie mit Maschinengewehrfeuer empfing. Das britische Feuer schwoll zu einem Crescendo an. Nach zwölf Salven hatten die 5,25''-Geschütze das gezielte Feuer auf einzelne Flugzeuge aufgegeben und waren zu »Sperrfeuer« übergegangen, wobei die Granaten so abgefeuert werden, daß sie vor den anfliegenden Flugzeugen wie eine Mauer explodieren und die Piloten zu einem verfrühten Torpedoabwurf veranlassen. Die Japaner flogen, ohne Schaden zu nehmen, scheinbar direkt durch die Sperre der 5,25''er und durch das sich steigernde Feuer der Maschinenwaffen hindurch. Sie wurden bestimmt nicht am Abwurf ihrer Torpedos innerhalb des vorgeschriebenen Abstandes gehindert. Ob es nun die unerwartet große Höhe und die Geschwindigkeit des japanischen Anfluges oder die sich nun auswirkende Backbord-Ruderlage der Prince of Wales war, jedenfalls konnte sie diesen Angriff nicht abwehren.

Eine weitere Schwierigkeit bestand darin, daß viele Maschinenwaffen Probleme mit ihrer Munition hatten. Ihre kleinen Granaten mußten von den Kartuschen getrennt in die Schnellfeuerwaffen eingeführt werden, und dabei entstanden Ladehemmungen, die zu gelegentlichen Unterbrechungen führten. Eine Kanone der Prince of Wales hatte zwölf solcher Störungen, eine andere acht. Das war besonders ungünstig, weil die niedrig fliegenden japanischen Flugzeuge für diese Maschinenwaffen ideale Ziele boten. Die auf der Turmdecke von Turm B montierte Waffe hatte genau in dem Moment eine Hemmung, als ein japanisches Flugzeug ganz niedrig über den Bug der Prince of Wales flog; der verantwortliche Offizier, Lieutenant Ian Forbes, behauptete später, daß dieses »mit Leichtigkeit abgeschossen worden wäre!«

Der Vollmatrose W. E. England war Beobachter für die von dem Boxer Johnny King bediente Lewis-Kanone.

»Ich richtete mein Glas ungefähr 090 Grad nach Steuerbord und sah dort am Horizont, wie Punkte, eine Formation von ungefähr zehn Flugzeugen dicht über dem Wasser auf uns zufliegen. Ich hatte diese niedrige V-förmige Formation natürlich schon vorher gesehen und erwartete erregt die Vernichtung dieses vielgliedrigen Scheusals, das uns unbedeutende Sterbliche zu Tode erschrecken wollte. Aber nein, nicht uns, laß sie näher kommen, wir werden sie schon im Anflug erwischen. Ein ohrenbetäubendes Crescendo von detonierenden Granaten erfüllte den Himmel. Acht 5,25"er feuerten gleichzeitig. Ich beobachtete die Explosion der Granaten – kein Flugzeug wurde getroffen. Für mich schienen es leichte Ziele zu sein. Die Flugzeuge flogen erbarmungslos näher, und alle Schnellfeuerkanonen, Maschinengewehre und die Bofors eröffneten das Feuer. Die Hölle schien los zu sein, aber nichts schien sie aufhalten zu können, und als sie dann über unsere Masten flogen, konnte ich die Gesichter und die Brillen der japanischen Piloten sehen, die uns anstarrten. Johnny King hätte anstelle seines Maschinengewehrs auch ein Blasrohr haben können, so gering war die Wirkung auf die anfliegende Horde.«

Leichtmatrose Derek Wilson erinnert sich:

»Ich stand auf der obersten Spitze des hinteren Aufbaudecks, genau zwischen den beiden 5,25"-Leitständen auf einer Plattform von ungefähr zehn Fuß Durchmesser. Wir hatten dort zwei alte Lewis-Maschinenkanonen auf Dreibeingestelle montiert, aber meine war ausgefallen, und ich fungierte als Flak-Ausguck.

Die Torpedoflugzeuge näherten sich genau wie beim Angriff auf die REPULSE in geringer Höhe und in aufgelockerter Formation. Als sie uns überflogen, machten unsere Geschütze einen ungeheuren Lärm. Es kann nur wenige Ohren gegeben haben, die diesen Detonationen stärker ausgesetzt waren. Die meisten anderen hoch gelegenen Posten hatten wenigstens etwas Schutz vor den Schallwellen. Ich erinnere mich, daß einer meiner Kameraden auf mich zusprang und mich zu Boden drückte, als unser eigenes Maschinengewehr in Verfolgung seines Zieles auf mich schwenkte. Selbst aus größter Nähe konnte ich es bei dem Lärm nicht heraushören. Ich erinnere mich eines Gefühls der Erleichterung, als diese Flugzeuge über uns hinwegflogen, ohne Bomben zu werfen.«

Signalmaat E. A. Randall war auf dem Signaldeck, als es durch japanisches Maschinengewehrfeuer beschossen wurde.

»Ich sah, wie ein Brückenausguck mit vier Einschüssen im Magen umfiel, und auch einer meiner Signalgasten ging zu Boden. Sein Gesicht, oder was davon übriggeblieben war, troff vor Blut, und ich mußte mich übergeben.«

Aber die Japaner kamen nicht ganz ohne Verluste davon. Eine Nell verlor an Höhe und stürzte an der Steuerbordseite der PRINCE OF WALES ins Meer. Sie wurde von Petty Officer Katsujiro Kawada geflogen, es gab keine Überlebenden. Die Japanese Official History behauptet, daß Kawadas Flugzeug kurz nach dem Abwurf seines Torpedos getroffen wurde und daß der Pilot in Erkenntnis des unvermeidlichen Absturzes versuchte, einen Kamikaze-Angriff auszuführen, aber er kam nicht mehr dazu. Drei Nells wurden durch das Abwehrfeuer beschädigt, aber keine ernsthaft.

Die PRINCE OF WALES entging diesem Angriff nicht ohne Schaden. Die japanischen Flugzeuge brauchten nach dem Abwurf ihrer Torpedos bis zum Erreichen des Schlachtschiffes etwa fünfundzwanzig Sekunden. Die Torpedos benötigten etwa anderthalb Minuten länger. Captain Aylwin von den Royal Marines befand sich bei seiner achtrohrigen Maschinenflak auf der Turmdecke des 14"-Turms Y auf dem Achterschiff, wo seine Männer kämpften.

»Wir erwarteten mit angehaltenem Atem das Herannahen von neun Torpedos und wußten, daß der Kommandant auf der Brücke alles versuchen würde, um ihnen durch Kursänderungen zu entgehen. Plötzlich gab es einen fürchterlichen Schlag, gefolgt von einer lauten Explosion in unmittelbarer Nähe meines Standortes an der Backbordseite. Eine riesige Wassersäule und Rauch schoß bis zu zweihundert Fuß hoch in die Luft und ergoß sich über das Achterschiff. Gleichzeitig erschütterte ein gewaltiger Stoß das Schiff. Mindestens ein Torpedo hatte uns getroffen. Es war, als ob das Schiff auf einen Felsen unter Wasser aufgelaufen wäre und es durch sein Fahrtmoment wieder davon frei käme. Als sich Rauch und Gischt verzogen hatten, neigte das Schiff zehn Grad nach Backbord, und seine Geschwindigkeit hatte sich erheblich vermindert.«

»Es war, als wenn das Schiff mit einem sehr harten Gegenstand zusammengestoßen wäre und gleichzeitig einen Luftsprung machte.«

»Das Schiff benahm sich wie gefedert, es hob sich in die Luft und fiel wieder herunter.«

»Es schien drei- oder viermal hochzuspringen und beruhigte sich dann wieder.«

Unmittelbar nach der Explosion fühlte auf der PRINCE OF WALES jeder eine höchst unnatürliche Vibration durch das Schiff laufen, »wie ein Junge, der mit einem Stock über Wellblech streicht, aber noch viel stärker«. Dieser schreckliche Zustand dauerte ungefähr dreißig Sekunden. In dieser halben Minute hatte das Schiff erheblich an Geschwindigkeit verloren und starke Schlagseite nach Backbord bekommen. Das Hinterschiff war deutlich tiefer gesackt. Die Instrumente zeigten an, daß es seine Fahrt auf fünfzehn Knoten vermindert hatte, daß die Schlagseite einen beängstigenden Wert von 11,5 Grad angenommen hatte (manche Berichte nennen sogar 13 Grad), und daß das Heck so tief gesackt war, daß es anstatt normalerweise sieben Meter nur noch sechzig Zentimeter über der Wasseroberfläche lag! In vielen Teilen des Schiffes war der Strom ausgefallen – hier gab es keine Nachrichtenverbindungen, kein Licht, für viele Geschütze keinen Strom, für die unteren Decks keine künstliche Belüftung.

So endete der erste Teil des ersten Torpedoangriffs. Zwischen dem ersten Sichten der zwei japanischen Staffeln und der Explosion waren nur sechs Minuten vergangen. Auf dem Peildeck der PRINCE OF WALES schienen Admiral Phillips und Captain Leach beide »einigermaßen aus der Fassung« zu sein. Sie mußten wissen, daß ihr Schiff einen massiven Wassereinbruch bekommen hatte und mindestens eine Propellerwelle schwer beschädigt war, daher die eigenartige Vibration.

Das angeblich kampfstärkste Kriegsschiff der Welt war durch einen Stahlzylinder und 330 Pounds Sprengstoff zum Krüppel geworden. Die Männer auf der Brücke der PRINCE OF WALES konnten nun einen anderen Verband japanischer Torpedobomber im Angriff auf die REPULSE beobachten. Sie hatten keine Ahnung, daß in ihrer Nähe weitere vierunddreißig Torpedobomber und dreiundzwanzig Höhenbomber waren.

Da Captain Tennant auf der REPULSE jetzt frei manövrieren durfte, hatte er sich gut nach Steuerbord abgesetzt, und die REPULSE befand sich jetzt etwa eine Meile südlich des Flaggschiffs.

Die japanischen Verbände »schienen unsere Schiffe wie Indianer zu umkreisen, die einen Eisenbahnzug überfallen wollen«. Man konnte sehen, daß der zweite Verband nicht gleichzeitig mit dem ersten angreifen würde. Der Grund für die Verzögerung findet sich in dem Bericht von Lieutenant Sadao Takai, dem Piloten des Führungsflugzeuges dieser Formation.

»Indem ich meine Bewegungen mit denen der ersten Staffel koordinierte, führte ich sie so zum Angriff, daß die feindlichen Schiffe von beiden Flanken gleichzeitig torpediert werden konnten. Die erste Staffel kreiste ungefähr vier Meilen links vor den feindlichen Schiffen und war in etwa klar zum Angriff. Luftabwehrgranaten explodierten rund um die kreisenden Flugzeuge. Beim Explodieren der Granaten konnte man die Flugzeuge zwischen den aufblitzenden Wölkchen weißen Rauchs erkennen.

In der Nähe meiner Staffel explodierte keine einzige Flakgranate. Vielleicht verbargen uns die Wolken vor den feindlichen Schützen. Eine lange, schmale, weiße Rauchfahne stieg von dem zweiten Schlachtschiff auf. Später erkannte ich, daß sie durch einen direkten Treffer eines der Mihoro-Bomber erzielt worden war, die den ersten Angriff geflogen hatten.

Es bestand kein Zweifel, daß dies ein Schlachtschiff war. Als ich es aber genau betrachtete, hatte es große Ähnlichkeit mit unserem Schlachtschiff KONGO! Wir waren über die Standorte unserer eigenen Überwasserstreitkräfte in diesem Gebiet vollkommen uninformiert; es war nicht unmöglich, daß es sich unter uns tatsächlich um die KONGO handelte. Mir war noch das knappe Entrinnen der CHOKAI vor unseren Bombern in der letzten Nacht frisch in Erinnerung, und mein Blut erstarrte bei dem Gedanken, wir könnten unser eigenes Schiff angegriffen haben.

Aber ein Bomber der ersten Staffel nach dem anderen stürzte sich in den Angriff, und die feindlichen Geschütze (wenn es wirklich der Feind war!) erfüllten den Himmel mit berstenden Abwehrgranaten.

Ich war immer noch unentschlossen, ob ich angreifen sollte. Ich rief unse-

[1] Winston Churchill und Admiral Sir Tom Phillips – zwei zentrale Figuren der Geschichte der PRINCE OF WALES und REPULSE. Dieses Foto wurde im Februar 1940 aufgenommen, als Churchill Erster Lord der Admiralität und Phillips Stellvertretender Chef des Admiralstabes war.

[2] H.M.S. REPULSE. Dieses Bild vom Mai 1939 in Portsmouth zeigt die eleganten Linien dieses Schlachtkreuzers aus dem Ersten Weltkrieg. Er war gerade für die Reise von König George VI. und Königin Elizabeth nach Kanada besonders ausgerüstet worden.

[3 und 4] Der Stapellauf von H.M.S. PRINCE OF WALES in Birkenhead im Mai 1939. Das untere Bild zeigt die Aussparungen am seitlichen Schiffskörper, in die später die 15zölligen Seitenpanzerung eingesetzt wurde, um die Maschinen- und Kesselräume sowie die Munitionskammern vor Granattreffern zu schützen. Die unterhalb dieser Panzerung eintretende Wirkung eines Torpedotreffers sollte von einem doppelten System wasserdichter Abteilungen aufgefangen werden.
Der noch oberhalb der Wasserlinie befindliche schwarz angestrichene Teil des Schiffskörpers verdeutlicht die Zunahme des Tiefgangs nach Anbringung der Seitenpanzerung, Einbau der Geschütztürme, der restlichen Aufbauten und der sonstigen Ausrüstung.

5] Die REPULSE in ihrem kriegsmäßigen Tarnanstrich. Auf dieser Aufnahme bildet sie einen Teil des Geleitschutzes für WS.11, einen aus Truppentransportern und Handelsschiffen bestehenden wertvollen Geleitzug auf dem Weg um das Kap der Guten Hoffnung nach Suez. Nach dieser Geleitaufgabe traf die REPULSE die PRINCE OF WALES, um mit ihr den Kern der neuen Fernostflotte zu bilden.

6] Diese Aufnahme zeigt eines der 4"-Flakgeschütze der REPULSE. Acht dieser veralteten, handbedienten Geschütze an exponierten, ungeschützten Stellen bildeten die Haupt-Flakbewaffnung des Schiffes.

[7] Maschinenraum ›X‹ der PRINCE OF WALES. Im Hintergrund der Wachhabende Ingenieur, Lieutenant-Commander (E) Lockley, bei der Beobachtung der Kontrollmanometer aller vier Maschinen- und Kesselräume. Im Vordergrund rechts Obermaschinist Chesworth am Hauptmanövrierventil der Propellerwelle ›X‹. Lieutenant (E) Pybus beobachtet ihn dabei. Pybus verließ die PRINCE OF WALES vor ihrer Ausreise nach Fernost. Links ein unbekannter Unteroffizier bei der Führung des Maschinentagebuches.

[8] Die PRINCE OF WALES auf ihrem Weg nach Singapur beim Anlegemanöver in Kapstadt. Diese Aufnahme zeigt den Tarnanstrich und die starke Seitenpanzerung. Die Radar-Antennen wurden vom Kriegs-Zensor wegretuschiert.

9] Admiral Sir Tom Phillips und sein Chef des Stabes, Rear-Admiral A. F. E. Palliser, auf der Pier der Singapur-Marinebasis in Erwartung der REPULSE und der PRINCE OF WALES.

10] PRINCE OF WALES bei der Ankunft in Singapur. Der Anstrich des Schiffskörpers weist deutliche Spuren der langen Reise von Großbritannien auf. Der Zensor hat die Radar-Antennen nicht unkenntlich machen lassen, jedoch wurde dieses Bild wahrscheinlich nicht veröffentlicht. Der an der Pier liegende Kreuzer der Fiji-Klasse ist H.M.S. MAURITIUS während einer Reparatur an der Maschinenanlage. Längsseits der MAURITIUS liegt die dem Oberkommandierenden für den Fernen Osten zur Verfügung stehende Jacht. Im Hintergrund Johore auf dem malaiischen Festland.

[11 und 12] Die PRINCE OF WALES (oben) und die REPULSE (unten) in der Johore-Straße, kurz nach dem Auslaufen aus der Marinebasis zur Bekämpfung der japanischen Invasionsstreitkräfte. Im Top des Hauptmastes weht das Rote St. Georgs-Kreuz, die Flagge eines Volladmirals.

[13, 14, 15 und 16] Die Geleitzerstörer der Kampfgruppe Z. H.M.S. TENEDOS (H04), H.M.S. EXPRESS (H61), H.M.S. ELECTRA (H27) und H.M.S. VAMPIRE (D68). Alle diese Aufnahmen sind vor dem Krieg entstanden.

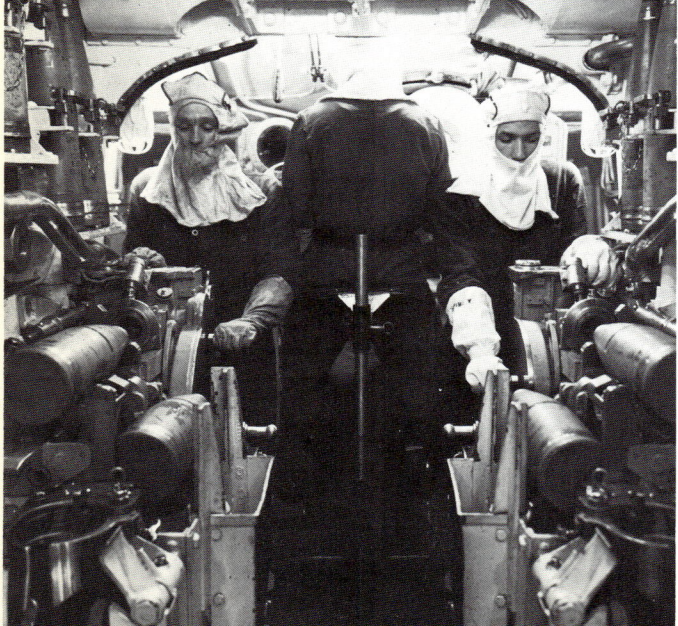

[17] Geschützexerzieren (1). Diese von der Backbord-Brückennock der PRINCE OF WALES gemachte Aufnahme vermittelt einen guten Eindruck von zwei der sechs achtrohrigen 2-Pfünder ›Pom-Poms‹, manchmal auch ›Chikago-Klaviere‹ genannt. Außerdem ist der 5,25"-Turm ›P2‹ zu sehen, dessen Rohre sich in der Stellung für Steilfeuer gegen Luftziele befinden. Diese Geschütze konnten mit geringeren Höhenwinkeln auch gegen Seeziele eingesetzt werden.

[18] Geschützexerzieren (2). Das Innere eines der 5,25"-Geschütztürme der PRINCE OF WALES (Aufnahme von der Hinterseite des Turmes). Die beiden Männer mit dem Gesicht zur Kamera sind die Soldaten, die an den von unten kommenden Granaten die Sicherungen entfernen. Der dritte Mann ist der ›Richtkanonier‹.

[19] Das japanische Unterseeboot I.65 (später I.165), das als erste Marine- oder Lufteinheit die Kampfgruppe Z in See entdeckte. Diese Aufnahme wurde im Jahre 1932 in der Nähe von Hiroshima kurz nach der Fertigstellung von I.65 gemacht.

[20] Eine ›Nell‹ im Flug.

[21] Japanische Flugzeugbesatzungen rennen zu ihren Mitsubishi G3M2(›Nell‹)-Bombern. Zeitpunkt und Ort dieser Aufnahme sind unbekannt; das Genzan- und das Mihoro-Luftgeschwader waren mit diesem Flugzeug-Typ ausgerüstet.

[22] Eine Gruppe Mitsubishi G4M1(›Betty‹)-Bomber in einer aufgelösten Formation, in der das Kanoya-Luftgeschwader bei der Suche nach der Kampfgruppe Z operiert haben mag.

[23] Der Beginn der japanischen Luftangriffe auf die Kampfgruppe Z. Die erste Bombensalve ist gerade rings um die REPULSE explodiert und ein Treffer – der schwarze Rauch – ist zu verzeichnen. Der weiße Rauch ist normaler Rauch aus dem Schornstein. Das Kielwasser der PRINCE OF WALES (oben) verdeutlicht den von Admiral Phillips während dieses Angriffs befohlenen plötzlichen Kurswechsel.

[24] Die schwere Schlagseite der PRINCE OF WALES, von der Brücke des Zerstörers EXPRESS aus gesehen (Foto von Sub-Lieutenant P. F. C. Satow). Der auf dem Bild zu erkennende 5,25"-Turm ist der Turm ›S3‹.

[25] Überlebende der PRINCE OF WALES versuchen auf die EXPRESS hinüberzusteigen, kurz bevor die zunehmende Schlagseite des Schlachtschiffes den Zerstörer zum Ablegen zwingt.

[26] ›Ein großartiges, aber schreckliches Bild.‹ Dieses dramatische Foto des sinkenden deutschen Schlachtschiffes BLÜCHER in der Doggerbank-Schlacht im Januar 1915 ist oftmals von Überlebenden der REPULSE und der PRINCE OF WALES als Vergleich für den Anblick herangezogen worden, der sich ihnen bot, als ihre eigenen Schiffe sich vor dem Untergang auf die Seite legten. Die BLÜCHER hatte weniger als die Hälfte der Wasserverdrängung der REPULSE oder der PRINCE OF WALES. Nur ein Fünftel der deutschen Seeleute überlebten in dem winterlich kalten Wasser der Nordsee.

[27] Die Brewster Buffalo-Jäger der australischen 453. Staffel in Paradestellung (oben).

[28] Die 453. Staffel über Malaya, begleitet von einer Bristol Blenheim. Der Zensor hat die taktischen Zeichen der Staffel unkenntlich machen lassen.

[29 und 30] Glückliche Überlebende der Schiffsuntergänge. Es handelt sich wahrscheinlich um Männer der REPULSE an Bord des Zerstörers ELECTRA.

31] Captain W. Tennant und Kanonikus J. S. Bezzant, Kommandant und Schiffspfarrer der REPULSE, nach ihrer Rettung am Heck des australischen Zerstörers VAMPIRE auf Wasserbomben sitzend.

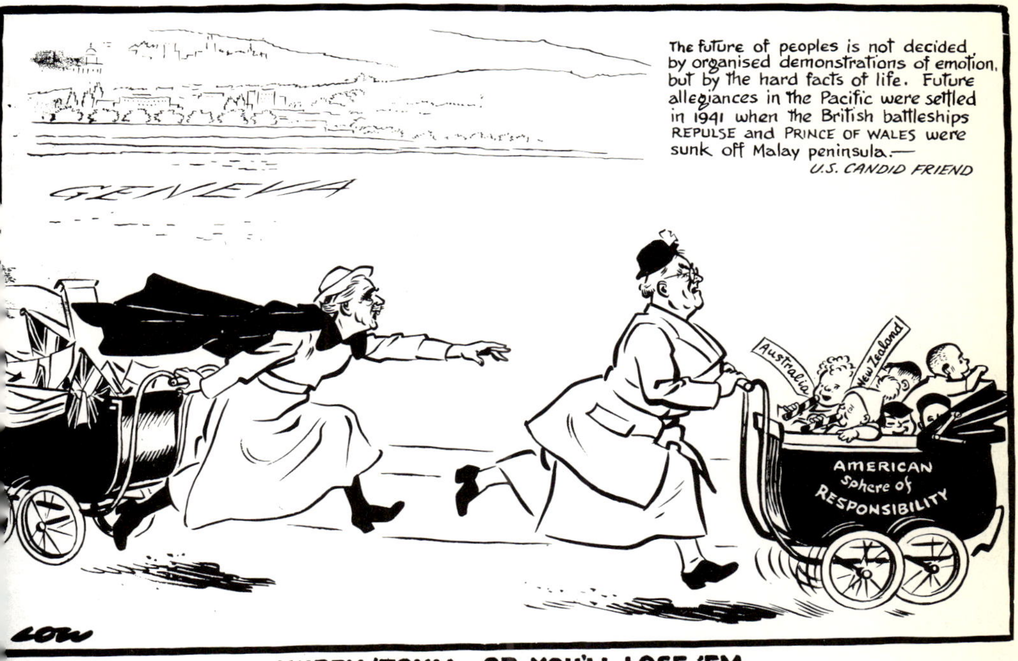

The future of peoples is not decided by organised demonstrations of emotion, but by the hard facts of life. Future allegiances in the Pacific were settled in 1941 when the British battleships REPULSE and PRINCE OF WALES were sunk off Malay peninsula.—
U.S. CANDID FRIEND

HURRY, 'TONIA, OR YOU'LL LOSE 'EM

[32] Die politischen Auswirkungen der Versenkung wurden noch nach dreizehn Jahren in einer der berühmten politischen Karrikaturen von David Low dargestellt. ›Tonia‹ ist der britische Außenminister Anthony Eden, und das ›Kindermädchen‹, das mit Australien und Neuseeland im Kinderwagen davonläuft, ist der amerikanische Außenminister John Foster Dulles. Anlaß dieser Karrikatur war eine Konferenz in Genf im April 1954, bei der die Zukunft Indochinas und andere Probleme im Fernen Osten besprochen werden sollten.

Text rechts oben in der Karrikatur: »Die Zukunft eines Volkes entscheidet sich nicht durch die organisierte Demonstration von Gefühlen, sondern durch die harten Tatsachen des Lebens. Die Zukunft der Zusammengehörigkeit im Pazifik wurde 1941 geregelt, als die britischen Schlachtschiffe REPULSE und PRINCE OF WALES bei der Halbinsel Malaya versenkt wurden.«

[33] Die britische Kriegsflagge, an der Backbord-inneren Propellerwelle des Wracks der REPULSE befestigt, dreißig Meter unter der Oberfläche der Südchinesischen See.

[34] Das Ehrenmal für die Vermißten in Plymouth Hoe. Die Namen der auf der REPULSE und der PRINCE OF WALES Gefallenen sind in diesem Ehrenmal verewigt. Die Besatzungen beider Schiffe waren von den nahe gelegenen Devonport Naval Barracks bereitgestellt worden.

ren Beobachter an und fragte ihn nach der Identität der Schiffe unter uns. Ich sagte ihm, daß es der KONGO sehr ähnlich sehe. Ich war schockiert über seine Antwort: ›Es sieht für mich auch wie die KONGO aus!‹.

Eine furchtbare Situation. Ich war vor drei Jahren auf der KONGO gewesen und versuchte, mich an Einzelheiten des Schlachtschiffes zu erinnern. Ich muß gestehen, daß ich die Einzelheiten britischer Schlachtschiffe überhaupt nicht studiert und mich stattdessen auf amerikanische Schiffe konzentriert hatte. Meine Kenntnisse britischer Schiffe waren sehr dürftig.

Die Wolken verdichteten sich ständig, und die Sicht war bereits schlechter. Ein Angriff auf die feindlichen Schiffe vom Heck her würde für uns ein Nachteil sein. Der Verband kreiste mutig aus dem Schutz der Wolken heraus, und wir prüften noch einmal die Positionen unserer Ziele. Jetzt konnten wir die Schiffe sehr gut sehen.

Ich war sehr erleichtert – das Schiff da unten war nicht die KONGO.«

So entstand eine Verzögerung von etwa zwölf Minuten, bis Takais sieben Nells zum Angriff auf die REPULSE ansetzten. Captain Tennant war darauf vorbereitet, sein Schiff diesmal als Ausweichmanöver nach Steuerbord zu drehen.

»Ich war nervös und aufgeregt und begann vor Erregung zu zittern. Die REPULSE hatte bereits mit einem Ausweichmanöver begonnen und drehte hart nach rechts. Der Zielwinkel wurde kleiner und kleiner, weil der Bug des Schiffes nach und nach auf mich zudrehte und es schwer wurde, den Torpedo gegen das Schiff zu lösen. Es war zu erwarten, daß der führende Bomber gezwungen sein würde, seinen Angriff aus einer sehr ungünstigen Lage auszuführen. Dadurch könnten die mir folgenden Flugzeuge aber das Ziel unter den besten Bedingungen torpedieren.

Die Luft war mit weißem Rauch, berstenden Granaten und den Leuchtspuren von Flak-Kanonen und Maschinengewehren erfüllt. Als ob mich die vom Feind errichtete Feuerwand nach unten drückte, ging ich bis fast auf die Wasseroberfläche nieder. Der Geschwindigkeitsanzeiger zeigte mehr als 200 Knoten an. Ich kann mich nicht mehr erinnern, wie ich das Flugzeug geflogen habe, wie ich gezielt habe und welche Entfernung ich beim Lösen des Torpedos hatte. In der Aufregung riß ich mehrfach am Auslösehebel. Ich handelte fast im Unterbewußtsein, und die langen Monate täglichen Trainings ließen mich alle Handgriffe wie von selbst ausführen.« Die Luftabwehrgeschütze der REPULSE eröffneten zwar das Feuer, aber die REPULSE war gegen Flugzeugangriffe nicht gut gerüstet. Wohl hatte sie im Vergleich zu den sechzehn 5,25''-Geschützen der PRINCE OF WALES immerhin zwanzig 4''-Geschütze, aber einige konnten nicht steil gerichtet und andere nicht genügend gesenkt werden, um niedrig fliegende Flugzeuge damit zu bekämpfen. Alle diese alten Geschütze besaßen entweder veraltete Feuerleitsysteme oder überhaupt keine. Viele wurden nicht einmal elektrisch angetrieben, sondern mußten von Hand bedient werden. Wahrscheinlich setzte Captain Tennant seine größeren Hoffnungen auf das Ausweichen vor den Torpedos durch energische Handhabung seines Schiffes und nicht auf seine Flugzeugabwehr-Bewaffnung.

Als die Japaner anflogen, eröffneten die 4"-Geschütze das Feuer, ihnen schlossen sich bald die Maschinenwaffen an. Diese hatten jedoch auch ihre Schwierigkeiten; die am günstigsten postierten Schnellfeuergeschütze hatten wie auf der PRINCE OF WALES wegen der getrennten Kartuschen an sechs ihrer acht Rohre Ladehemmungen – die gleichen Störungen. Der Elektromotor des einzigen anderen Schnellfeuergeschützes war bei dem vorangegangenen Bombentreffer beschädigt worden, und die Umstellung auf Handbetrieb war noch nicht beendet. Also konnte die REPULSE nur eine sehr schwache Sperrfeuerzone errichten.

»Die REPULSE war eigentlich zur Überholung fällig und sollte dabei eine wesentlich bessere Flak-Bewaffnung bekommen – sechs 4"-handbediente Flak-Geschütze für ein Schiff dieser Größe! Einige Angreifer flogen für diese Geschütze zu niedrig, und so eröffneten wir das Feuer mit unseren 4"-Drillingen mit ungesicherten Granaten. Sie machten zwar eine Menge Krach und starkes Mündungsfeuer, wodurch andere Piloten vielleicht erschreckt worden wären, nicht aber die Japaner. Einige machten überhaupt keine Ausweichmanöver, sie flogen über uns weg und winkten. Ihre Aluminiumzellen blitzten in dem blendenden Licht, die aufgehende Sonne spiegelte sich in ihren Leitwerken. Mein Gott, und wir konnten sie nicht abschießen! Unsere Oerlikons gingen glatt durch ihren Rumpf.« (Bootsmann A. T. Skedgell)

Wieder waren die an die Oberfläche der ruhigen blauen See steigenden weißen Blasenbahnen der Torpedos deutlich zu sehen. Erneut flogen einige japanische Piloten direkt über das britische Schiff. Die Flugzeuge stürzten von beiden Seiten auf die REPULSE zu, und die ungeschützten Posten an Deck und auf den Aufbauten des Schlachtkreuzers wurden weit stärker in Mitleidenschaft gezogen als ein paar Minuten vorher auf der PRINCE OF WALES.

»Mein Gott, rannten wir, als wir das Aufschlagen der verspritzten Maschinengewehrkugeln auf dem Oberdeck hörten! Wie ein Mann suchten wir in dem Schacht unterhalb der Ladeöffnung der 4"-Geschütze Schutz. Wir hörten das Aufprallen der Kugeln auf das Geschützschild und waren glücklich, daß niemand getroffen wurde. Als das Schießen aufhörte, konnten wir sehen, was geschehen war. Es war ein Glück, daß wir rund um unser Geschütz diese Stahlplatte hatten, andernfalls wären wir alle getötet worden. Direkt hinter unserem Geschütz war eine unserer großen Barkassen von Einschüssen durchlöchert, und wir konnten es gar nicht fassen, welches Glück wir gehabt hatten.« (Vollmatrose S. C. Baxter)

Eine andere Geschützbedienung war nicht so glücklich und einem Royal Marine war »der halbe Kopf weggeflogen«. Durch eine schmale Öffnung war eine Kugel in den Turm eingedrungen. Seine Kameraden trugen den Körper hinaus und legten ihn in eine ruhige Ecke. Ein Seemann einer Munitionsmannschaft legte ein Bündel Putzwolle über sein Gesicht. Dieser Royal Marine war nur einer von vielen, die durch das Maschinengewehrfeuer getötet oder verwundet wurden. Andere Ausfälle traten bei Männern ein, die aus einem tiefer liegenden Deck die Granaten für ein Flakgeschütz heranzuschaffen hatten. Zu diesen alten Kanonen gab es keinen direkten mechanischen Aufzug; mehrere Munitionsträger wurden getötet.

Als die japanischen Torpedos auf die REPULSE zuliefen, war die Schiffsführung durch Captain Tennant von entscheidender Bedeutung. In dem gepanzerten Kommandostand direkt unterhalb der Brücke befand sich der Obergefreite John Robson als Rudergänger.

»Der Kommandostand füllte sich schnell mit Offizieren und Dienstgraden. Ich wurde als Rudergänger nicht abgelöst, und der auf der Brücke stehende Obersteuermann gab mir während der Ausweichmanöver die Ruderbefehle durch Pfeifsignale. Der Lärm der feuernden Kanonen war furchtbar. Ich erinnere mich immer noch an den Obersteuermann, der nur einen Fuß von mir entfernt stand und mir zuletzt die Ruderbefehle zuschrie. Sein Gesicht war vor Anstrengung rot, um sich bei diesem Krach um uns herum Gehör zu verschaffen.

Ich dachte an die vor langer Zeit vom Leitenden Ingenieur gegebenen Anweisungen, die Ruderlagen langsam zu ändern, weil die Rudermaschinen schon längst nicht mehr voll leistungsfähig waren, aber der Kommandant gab gegen die sich nähernden Torpedos wechselnde Ruderkommandos, als ob wir ein Zerstörer seien. Das ganze Schiff schüttelte sich unter der Wirkung der Drehungen von Backbord nach Steuerbord.« Viele Augenzeugen haben Captain Tennants Geschicklichkeit bewundert. Erst gelang es ihm, den »überschüssigen« Torpedos von dem Angriff auf die PRINCE OF WALES auszuweichen, und jetzt brachte er es fertig, allen von beiden Staffeln abgeworfenen Torpedos zu entgehen. Captain Tennant berichtete später:

»Der zweite Angriff wurde durch Torpedobombenflugzeuge ausgeführt und teilte sich zwischen der PRINCE OF WALES und der REPULSE auf.

Ich kann nicht mehr sagen, wie viele Maschinen an diesem Angriff beteiligt waren. Aber nachträglich habe ich den Eindruck, daß es uns gemeinsam gelungen ist, den Laufbahnen einer großen Anzahl von Torpedos – möglicherweise zwölf – zu entgehen. Wir liefen mit fünfundzwanzig Knoten, und ich hielt geraden Kurs, bis es den Anschein hatte, daß die japanischen Flugzeuge sich auf einen Angriffskurs festgelegt hatten. Dann ließ ich hart Ruder legen und vermied glücklicherweise die Torpedos. Ich möchte die in diesen Augenblicken geleistete wertvolle Arbeit des gesamten Brückenpersonals erwähnen, das mich ruhig auf die sich nähernden Flugzeuge aufmerksam machte und an dem geglückten Ausweichen vor all den Torpedos großen Anteil hat.« Doch die Torpedos waren nicht die einzige Gefahr. Ein kleiner Verband hoch fliegender Bomber war in 4000 Meter Höhe über sie hinweggeflogen und führte im selben Moment seinen Angriff aus wie die Torpedobomber. Die sechs Flugzeuge stammten von Lieutenant Shirais Staffel und hatten bereits einen Angriff auf die REPULSE geflogen. Es war die einzige Staffel, die pro Flugzeug zwei Bomben an Bord hatte, Shirai wollte zusammen mit den tief fliegenden Torpedoflugzeugen einen perfekt koordinierten Angriff ausführen. Doch knapp verfehlten die sechs 250-Kilo-Bomben die REPULSE.

Lieutenant Takai entspannte sich.

»Plötzlich kam mein Beobachter mit schwankenden Schritten durch den engen Gang zu mir nach vorn gelaufen und schrie: ›Etwas Furchtbares ist passiert! Der Torpedo hat sich nicht gelöst!‹ Ich hatte das Gefühl, als ob jemand mich mit kaltem Wasser übergossen hätte. Wir hatten unseren Torpedo noch! Ich zwang mich zur Ruhe und änderte sofort unseren Kurs. Ich übermittelte meinen Männern meine neuen Befehle: ›Wir greifen sofort noch einmal an!‹ Ich begann unsere Höhe zu vermindern, da wir durch die Wolken flogen. Der zweite Torpedoangriff würde sehr gefährlich werden. Die feindlichen Schützen würden voll alarmiert sein und uns erwarten. Ich konnte mich nicht mit dem Gedanken befreunden, noch einmal durch einen Sturm von Flakfeuer zu fliegen, der wahrscheinlich schlimmer als zuvor sein würde.

Wir gingen unterhalb der Wolkendecke. Wir befanden uns seitlich des gerade in einem weiten Bogen schwenkenden Schlachtschiffes. Wir hatten Glück – eine bessere Gelegenheit gab es nicht.

Um die Höchstgeschwindigkeit zu erreichen, gab ich Vollgas und flog dicht über der Wasseroberfläche. Diesmal zog ich kräftig an dem Auslösehebel für den Torpedo. Trotz der dumpfen Schläge von Geschossen und einschlagenden Schrapnells konnte ich den harten Schlag spüren, der durch den Bomber ging, als der Torpedo ausklinkte und ins Wasser fiel. Es war unentschuldbar, daß wir das Ausbleiben dieses Schlages beim ersten Anflug nicht bemerkt hatten.«

Die Ausgucks auf der REPULSE sahen das Flugzeug von Lieutenant Takai erneut auf sich zufliegen, und mindestens eine Schnellfeuerkanone und zahlreiche weitere leichte Waffen eröffneten das Feuer, aber ohne schweren Schaden anzurichten. Takais Torpedo verfehlte das Ziel. Ein anderes Flugzeug seiner Staffel hatte mit der Torpedo-Auslöseeinrichtung sogar noch mehr Ärger, der Torpedo ließ sich überhaupt nicht abwerfen. Durch das Flakfeuer erlitten vier Flugzeuge leichte Beschädigungen.

Die Zeit, die zwischen dem ersten Sichten der Torpedobomber und dem Rückflug von Lieutenant Takai vergangen war, betrug ungefähr zweiundzwanzig Minuten. Die Japaner behaupteten, sie hätten auf der REPULSE nicht weniger als sieben Treffer erzielt. In Wahrheit wurde nur die PRINCE OF WALES getroffen. Um den Preis eines abgeschossenen sowie zweier schwer und zehn leicht beschädigter Flugzeuge hatten nun fünfundzwanzig Torpedobomber und acht Höhenbomber ihre Angriffe beendet. Seit dem ersten Angriff waren siebenundvierzig Minuten vergangen. Die britischen Schiffe waren noch lange nicht außer Gefahr. Weitere sechsundzwanzig Torpedo- und siebzehn Höhenbomber suchten noch nach ihnen, und obwohl keiner sie bisher gefunden hatte und alle in Kürze unter Brennstoffmangel leiden würden, mußte mit ihnen gerechnet werden.

Auf die Phase hektischer Kampfhandlungen folgte nun eine Ruhepause.

Die Gefechtspause

Als Lieutenant Takai nach seinem zweiten Torpedoangriff abdrehte und davonflog, war es fast genau Mittag. Die letzten Salven des Flakfeuers der REPULSE verfolgten ihn. Dann wurde es plötzlich ungewöhnlich still, und die Besatzungen der britischen Schiffe konnten Luft holen. Die PRINCE OF WALES schlingerte mit stark verminderter Geschwindigkeit langsam daher, und die etwa drei Meilen entfernte REPULSE tauchte aus dem Rauch ihres eigenen Geschützfeuers auf und beruhigte sich von dem hektischen Drehen mit Hartruderlagen, das so vielen Torpedos auszuweichen geholfen hatte. Es war sehr heiß geworden, und obwohl sich die vereinzelten Wölkchen allmählich verdichteten, waren sie weder tief noch dicht genug, um den britischen Schiffen irgendwelchen wirksamen Schutz zu bieten. Die See blieb so ruhig, wie das offene Meer überhaupt nur sein kann.

Die Gefechtspause ermöglichte es beiden Schiffen, ihre Schäden festzustellen und den Zustand ihrer Abwehrwaffen zu überprüfen. Die Artillerieoffiziere liefen auf den noch vor ein paar Minuten von Maschinengewehrkugeln überschütteten Decks umher, besichtigten ihre Geschützstände und riefen nach Artilleriemechanikern oder Elektrikern. Verwundete unter den Bedienungsmannschaften wurden ersetzt. Große Mengen von leeren Kartuschhülsen wurden von den Kanonen weggeschafft und über Bord geworfen. Eine große Anzahl von Ersatzleuten wurden zu Munitionskolonnen zusammengestellt, um den Munitionstransport zu den Geschützen zu übernehmen, bei denen die Aufzüge versagt hatten oder wo der normale Transportweg durch Schäden behindert wurde. An vielen Stellen mußten Notlösungen gefunden werden. Speziell die Pom-Poms und die Oerlikons hatten große Mengen Munition verbraucht, und ihr Vorrat mußte aufgefüllt werden. Es war eine schwere Arbeit, die Kästen für die leichten Geschütze oder die schweren, schmierigen Granaten für die schwereren Geschütze aus den Magazinen tief im Schiffsbauch durch mehrere Decks zu den Geschützständen zu schaffen. Eine Kolonne mußte einen improvisierten Transport dadurch einrichten, daß man einzelne Kisten auf einer langen Planke mit Stricken längs zog, mindestens vier Gruppen wurden benötigt, um eine Versorgungskette in Gang zu halten. Jeder wußte, daß hier eine lebensnotwendige Arbeit zu verrichten war, und tat sein Bestes, obwohl in den unteren Decks eine erdrückende Hitze herrschte.

Wahrscheinlich ist der folgende Bericht von Sub-Lieutenant G. H. Peters, der für die vordere Gruppe von 4"-Steilfeuergeschützen auf der REPULSE zuständig war, typisch; wenn eine solche Schlacht einmal begonnen werden mußte, hing viel von diesen jungen Offizieren ab.

»Mein Eindruck war, daß wir jetzt eine wertvolle Atempause hatten, in der die Techniker uns darüber informieren konnten, daß an zwei der 4"-Geschützen Stromkreise ausgefallen seien (was mir unbekannt war). Ich sagte den beiden Geschützführern, daß es im Fall eines neuen Angriffs das Beste wäre, falls bis dahin die Reparatur noch nicht von einem Fachmann durchgeführt worden wäre, die Geschütze von Hand zu bedienen, wenn das Schiff direkt bedroht würde. Ich ging unter Deck, um alle verfügbare Munition herbeizuschaffen.

Ich prüfte den Bestand an Munition und beschloß in Erinnerung an frühere Befehle bezüglich des Munitionsverbrauchs, daß es jetzt alles oder nichts galt und daß wir wohl erst Jagdunterstützung bekommen würden, wenn die Munition aufgebraucht war. Ich beschloß daher, von jetzt ab mit höchster Feuerkraft auf alle anfliegenden Flugzeuge schießen zu lassen.«

In den inneren Räumen beider Schiffe herrschte ebenfalls große Aktivität. Der Hauptverbandsplatz befand sich unterhalb des Panzerdecks, und solange sich das Schiff im Gefecht befand, hatte man nur auf besondere Anforderung kleine Sanitätstrupps ausgesandt. Während der Gefechtspause konnte man jetzt die schützenden gepanzerten Schotten öffnen und mehr Verwundete hereinholen oder größere Trupps unter Führung eines Arztes aussenden, um in der Nähe der schwersten Schäden neue Sanitätsplätze einzurichten.*

Die Lecksicherungsoffiziere auf der PRINCE OF WALES fanden ihr Schiff in einem nicht für möglich gehaltenen Zustand. Die Wassersäule, die durch die Explosion auf der Backbordseite in die Luft geschleudert worden war, war an einer Stelle entstanden, die gegen Unterwasserangriffe durch ein neues Schutzsystem als besonders gut gesichert galt, das sogenannte »Liquid Sandwich«. Dabei wird eine verstärkte innere Hülle um die lebenswichtigen Teile des Schiffs selbst wieder von einem inneren Luftraum umgeben; dann kommt eine aus stets mit Heizöl oder Wasser gefüllten Tanks bestehende Zone und schließlich ein äußerer Gürtel mit luftgefüllten Abteilungen.

Versuche hatten bewiesen, daß die Wirkung einer Torpedo- oder Minenexplosion in diesen drei Zonen verpufft, der verbleibende Wassereinbruch sehr begrenzt ist und der innere Schiffskörper unbeschädigt bleibt. Ein Torpedotreffer in der Nähe des Turms »Y« sollte durch einen geringen Wassereinbruch in die äußeren Abteilungen nur eine leichte Schlagseite hervorrufen und bestimmt keinen Wassereinbruch in innere Räume verur-

---

* Siehe den Bericht von Surgeon-Lieutenant S. G. Hamilton im Anhang.

sachen. Die genaue Ursache für den entsetzlichen Zustand der PRINCE OF WALES ist seitdem Gegenstand vieler fachkundiger Untersuchungen und Spekulationen gewesen. Viele Beobachter haben von der riesigen Wassersäule gesprochen, die vermutlich durch einen Torpedotreffer an der Backbordseite der PRINCE OF WALES ungefähr auf Höhe des Hauptmastes in die Höhe schoß. Außerdem steht fest, daß nach der Explosion viele das sonderbare Gefühl des Anhebens des Schiffes hatten, dem eine ungewöhnliche Schwingung folgte. Schließlich ist aus einer nach dem Krieg geführten Untersuchung bekannt, daß ein Loch von 12" Durchmesser mit schartigen, nach einwärts gebogenen Kanten an der Backbordseite in der Nähe des Hinterstevens klaffte, dort, wo die Backbord-Außenpropellerwelle aus dem Schiff austritt. An dieser Stelle ist aber keinerlei Wassersäule beobachtet worden.

Es ist klar, daß das Loch in der Nähe der Propellerwelle nur durch einen direkten Treffer eines japanischen Torpedos hervorgerufen sein kann. Das Ausbleiben einer Wassersäule an dieser Stelle kann möglicherweise dadurch erklärt werden, daß der Schiffskörper dort zum Kiel hin scharf nach innen gezogen ist und die etwas gedämpfte Explosion unter dem Schiff in dem von vier mit höchsten Umdrehungen laufenden Schrauben aufgewühlten, weißschäumenden Wasser nicht beobachtet werden konnte. Es steht fest, daß es die Wirkung dieser Explosion unter dem Hintersteven war, die das Auf- und Abwippen des ganzen Schiffskörpers verursacht hat. Der ›A‹-Lagerbock, der den äußeren Teil der Propellerwelle am Schiffskörper abstützt, riß ab, die Welle selbst wurde verbogen und der Propeller wahrscheinlich beschädigt. Die verformte Welle wurde mit voller Kraft weiter angetrieben – der Grund für die gewaltigen Schwingungen. Wahrscheinlich brach der Propeller kurz danach ab. Nicht so leicht zu erklären ist der Grund für die Wassersäule, die ungefähr vierzig Meter weiter vorn gesehen wurde. Möglicherweise erfolgte an dieser Stelle gleichzeitig eine zweite Torpedo-Explosion, wobei sich die eigentliche Explosion einige Meter vor der Bordwand ereignete. Es kann durchaus sein, daß die Druckwelle des weiter hinten explodierenden Torpedos diesen zweiten zur vorzeitigen Detonation brachte, kurz bevor er das Schiff erreichte. Die Explosion ganz nahe an der Bordwand warf eine höhere Wassersäule als jemals danach empor, und verursachte wahrscheinlich unter Wasser das Abscheren der Nieten an den Platten der vier wasserdichten Räume, die danach voll Wasser liefen.

Die Männer im Inneren der PRINCE OF WALES beobachteten die Wirkungen der von den Torpedos verursachten Druckwellen. Die erste wirkte sich im Maschinenraum ›B‹ am vorderen Ende der 240 Fuß langen Propellerwelle aus, die durch die Explosion verformt wurde. Dort war Lieutenant Dick Wildish auf Station.

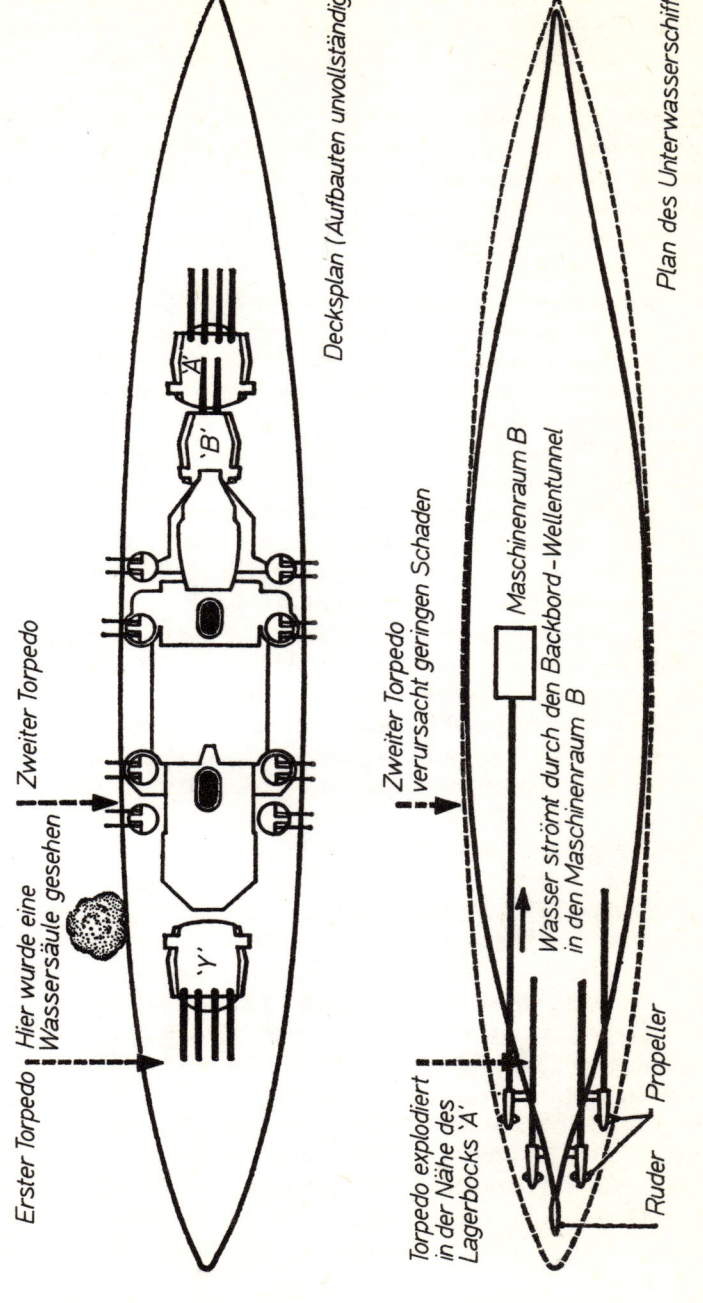

»Der gesamte Hauptmaschinensatz geriet in eine schreckliche Vibration, und aus den Lüftungsschächten ergoß sich eine dichte Wolke von Schmutz, Rauch, Pulverdampf und Staub. Es war klar, daß die Welle schwer beschädigt worden war, und ich gab Befehl, sie sofort zu stoppen. Bei einer Drehzahl für fünfundzwanzig Knoten war das nicht ganz leicht. Ich tat es auf eigene Verantwortung, denn es war keine Zeit, jemanden zu fragen. Als die Welle gestoppt war, hörte auch die Vibration auf. Danach entschied ich mich, die Welle wieder anzufahren, da mein Kesselraum in Ordnung war und ich die Geschwindigkeit des Schiffes während des Angriffs beibehalten wollte.

Aber als wir sie laufen ließen, meldete ein Unteroffizier einen Wassereinbruch am hinteren Ende des Maschinenraumes. Das Wasser drang durch die flexible wasserdichte Stopfbuchse durch das Schott ein. Wir haben natürlich versucht, das Leck abzudichten, aber das war hoffnungslos.

So stellten wir alle Pumpen zum Saugen aus der Bilge an – einschließlich der Hauptkühlwasserpumpe, anstatt sie aus See saugen zu lassen. Es wurde uns aber schnell klar, daß die Pumpen das Wasser nicht schaffen konnten, und daher bereiteten wir uns auf das Verlassen des Raumes vor. Einige Maßnahmen mußten ergriffen werden, um die Maschinenanlage trotz des vollaufenden Raumes so lange wie möglich in Betrieb zu halten. Wir mußten verhindern, daß Seewasser in den Schmierölkreislauf und in den Kreislauf des Kesselspeisewassers eintrat.

Währenddessen war das Wasser bis zur Höhe der Bedienungsplattform gestiegen und stieg schnell weiter. Als ich als letzter den Raum hinter meinem Maschinenpersonal verließ, wirbelte das Wasser in einer öligen Emulsion direkt hinter uns hoch. Ich habe seitdem nur einmal einen flutenden Maschinenraum erlebt und kann nur sagen, daß es ein entsetzlicher Anblick ist.«

Nicht allein der Maschinenraum ›B‹ von Lieutenant Wildish befand sich in Schwierigkeiten. Das Schiff besaß noch drei weitere Maschinenräume – ›A‹, ›X‹ und ›Y‹ – mit dazugehörigem Kesselraum. Jeder Maschinenraum war mit einem Hilfsmaschinenraum verbunden, in dem große Turbodynamos Dampfkraft in Elektrizität umwandelten, die die Antriebskraft für die Geschütztürme, die Munitionsaufzüge und eine Menge weiterer Einrichtungen lieferten, mit denen ein Kriegsschiff lebt und kämpft. In diesem Bereich befanden sich auch noch zwei Reserve Diesel-Dynamo-Räume und der Hafen-Maschinenraum, in denen auch noch Strom erzeugt wurde. Diese tief im Herzen des Schiffes liegenden Räume waren durch stählerne Panzerplatten und die »Liquid Sandwich« gut geschützt und galten als vor Gefahren normalerweise sicher. Jetzt lief aber nicht nur der Maschinenraum ›B‹ voll, sondern auch Kesselraum ›Y‹, Hilfsmaschinenraum ›Y‹, und einer der Diesel-Dynamo-Räume fluteten schnell. Der Hafen-Maschinenraum lief langsamer voll Wasser, und im Maschinenraum ›Y‹ fiel der Dampfdruck, an seinen Turbinen traten heftige Schwingungen auf, und eine gebrochene Ölleitung hatte die Schmierung der Turbinen unterbrochen. Die Maschinen dieses Raumes brachen daher schnell zusammen. So hatte eines der kraftvollsten und modernsten Schlachtschiffe der Welt schon nach den ersten Treffern innerhalb weniger Minuten die Hälfte seiner Antriebskraft und drei seiner sieben Kraftwerke verloren. Zusätzlich liefen drei der acht 5,25"-Munitionskammern und eine große Anzahl kleinerer Räume voll Wasser.

Alle diese Wassereinbrüche wurden durch die Beschädigung der Backbordaußenwelle in den wenigen Sekunden ihres Amoklaufs verursacht, bevor Lieutenant Wildish sie stoppen konnte. Die heftige Vibration der Welle hatte Schotten gesprengt sowie Heizöl- und Schmierölleitungen in ihrer ganzen Länge aufgerissen. Die Welle wurde durch einen langen Tunnel nach hinten geführt. Die letzten fünfundzwanzig Meter dieses Tunnels waren breit genug, für drei nebeneinander gehende Männer. Die Torpedoexplosion am Heck hatte den hinteren Teil des Wellentunnels aufgerissen, und eine ungeheure Wassermenge strömte in die oberhalb, unterhalb und zu beiden Seiten gelegenen beschädigten Abteilungen. Die zweite Torpedoexplosion weiter vorn hatte vier wasserdichte Räume geflutet, aber die Menge des dort eingeströmten Wassers war im Vergleich zu dem über das Heck eingedrungenen Wasser fast nichts. Das obere und untere Plattformdeck des Schiffes war an Backbordseite auf einer Länge von achtzig Metern geflutet, und das Wasser suchte sich zusätzlich einen Weg durch beschädigte Lüftungsschächte bis zur Höhe des Zwischendecks nach oben. Die schwersten Wassereinbrüche nach oben erfolgten da, wo von den Seeleuten die Lüftungsrosetten in den Schächten zur besseren Versorgung mit Frischluft entfernt worden waren, obwohl sie eigentlich im Gefecht geschlossen sein sollten. Es ist außerdem erwiesen, daß wasserdichte Schotten und Luken offengelassen worden sind, als die Männer vor dem Wasser flüchteten. Die PRINCE OF WALES nahm nach dem Treffer innerhalb von vier Minuten etwa 2 400 Tonnen Wasser, und nach diesem ersten starken Wassereinbruch drangen ständig weitere Wassermengen ein, weil weitere Räume dem Wasserdruck nachgaben. Die Lecksicherungstrupps hatten alle Hände voll zu tun.

Dennoch war die Lage absolut nicht hoffnungslos. Instandsetzungsarbeiten konnten die Wassereinbrüche begrenzen, Lenzen und Gegenfluten die Schlagseite verringern. Zwei der vier Kessel und die dazugehörigen Maschinen und Wellen waren immer noch in der Lage, das Schiff anzutreiben. Keiner der Geschütztürme war wirklich beschädigt, das Schiff konnte sich immer noch verteidigen. Aber die PRINCE OF WALES erlitt in direkter Folge des ersten Treffers einen weiteren, wiederum unerwarteten Rückschlag.

Prince of Wales – Umfang des Wassereinbruchs
(Nach Berichten Überlebender an die Bucknill-Kommission)

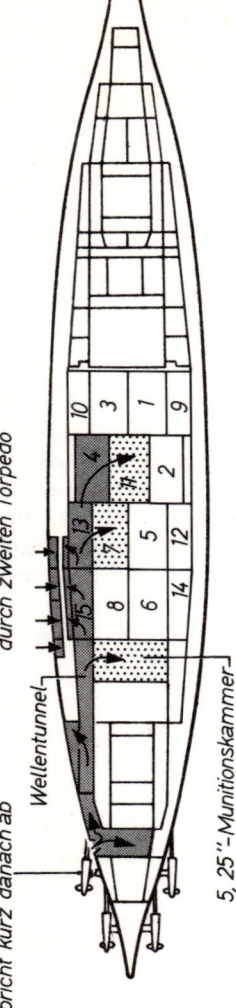

Torpedoloch, verbogene Welle und abgebrochener Lagerbock 'A'. Der Propeller bricht kurz danach ab

Begrenzter Wassereinbruch durch zweiten Torpedo

Wellentunnel

5,25"-Munitionskammer

→ Flutrichtung

■ Sofort vollgelaufene Abteilungen

▨ Vollaufende Abteilungen

Kessel- und Maschinenräume

1. Kesselraum 'A'
2. Maschinenraum 'A'
3. Kesselraum 'B'
4. Maschinenraum 'B' – vollgelaufen
5. Kesselraum 'X'
6. Maschinenraum 'X'
7. Kesselraum 'Y' – läuft voll
8. Maschinenraum 'Y' – verliert Dampfdruck

Stromzentralen

9. Gefechts-Stromzentrale 'A' – Aggregat noch in Betrieb
10. Gefechts-Stromzentrale 'B' – Aggregat noch in Betrieb
11. Hafen-Maschinenraum – ein Aggregat noch in Betrieb, eins durch Wasser ausgefallen, Kurzschluß
12. Stb. Diesel-Dynamoraum – Dynamo ausgefallen, wahrscheinlich durch Wasser und Kühlwasser-Probleme
13. Bb. Diesel-Dynamoraum – Dynamo vollgelaufen
14. Gefechts-Stromzentrale 'X' – Dynamo ausgefallen, wahrscheinlich wegen Überlastung
15. Gefechts-Stromzentrale 'Y' – Dynamo vollgelaufen

Die elektrische Anlage der Schlachtschiffe der King George V-Klasse war bis zu diesem Augenblick noch nie der Beanspruchung einer schweren Beschädigung durch eine Kampfhandlung ausgesetzt worden. Wie bei der Konstruktion des Schiffskörpers waren auch die elektrischen Einrichtungen viel umfangreicher als auf jedem anderen Schiff. Die elektrische Anlage von 220 Volt Gleichstrom widerstand dennoch nicht den Beanspruchungen durch den harten Schlag und den Schwingungen der Torpedoexplosion sowie den danach einströmenden riesigen Wassermassen.

Die Maschinenräume und die Reserve-Diesel-Dynamo-Räume enthielten sechs Turbogeneratoren und zwei Dieselgeneratoren, die die Dynamos zur Erzeugung des gesamten Stromes für das Schiff antrieben. Vier dieser acht Dynamos fielen nach dem Fluten der Räume sofort aus, ein fünfter Dynamo kurz danach. Die beiden Maschinisten überlebten nicht. Unter den ausgefallenen Aggregaten waren auch die vier, die das Hinterschiff der Prince of Wales zu versorgen hatten. Theoretisch hätte es möglich sein müssen, mittels einer Ringschaltung von den drei verbleibenden Dynamos Strom in das Hinterschiff zu liefern, aber das war nie befriedigend erprobt worden. Ein derartig schlagartiger Totalausfall war niemals in Betracht gezogen worden, und in dieser Notlage ermöglichte die Auslegung der elektrischen Anlage keine Abhilfe. Den Reparaturtrupps gelang es nicht, die Stromausfälle zu beheben und außer der batteriegespeisten Notbeleuchtung und einer gelegentlichen zeitweiligen Versorgung durch Notkabel hat den hinteren Teil der Prince of Wales kein elektrischer Strom wieder erreicht. Ein Kriegsschiff lebt von der Versorgung mit Strom, und genau die Hälfte der Prince of Wales war tot.

Einige Auswirkungen des Stromausfalls:

Pumpen. Prince of Wales hatte vierzehn Pumpen mit einer Leistung von je 350 Tonnen pro Stunde und vier größere Bilge-Notlenzpumpen von je 1 000 Tonnen pro Stunde. Die Gesamtleistung der Pumpen betrug also 8 900 Tonnen pro Stunde. Aber alle im Hinterschiff stehenden Pumpen waren ohne Strom und konnten nicht arbeiten.

In den vollgelaufenen Abteilungen des Mittelschiffs wurden einige Lenzversuche unternommen, aber gegen die über den Hintersteven eindringenden Wassermassen war kein Erfolg möglich.

Gegenfluten. Die Wiederherstellung der waagerechten Lage war für die Prince of Wales eines der dringendsten Erfordernisse, damit die Geschütze geschwenkt werden konnten. Bei der derzeitigen Schlagseite von 11,5 Grad konnte keiner der acht elektrisch angetriebenen 5,25"-Türme mehr geschwenkt werden. Captain Leach befahl daher sofort das Fluten einiger Abteilungen an der Steuerbordseite des Schiffes, um die Schlagseite auszugleichen. Dieses Gegenfluten war in vorderen und im Mittelschiff liegenden Steuerbord-Abteilungen möglich. Die Schlagseite wurde auf zehn

Grad verringert, aber es befand sich so viel Wasser in der Backbord-Seite des Schiffes, daß keine weitere Besserung möglich war.

Nachrichtenverbindungen. Mit dem hinteren Teil des Schiffes bestand überhaupt keine Telefonverbindung mehr. Nachrichten mußten durch Läufer überbracht werden. Einzelheiten über die Schäden im Hinterschiff kamen nur sehr schleppend in der Lecksicherungszentrale an, und oftmals arbeiteten die Reparaturtrupps an weniger bedeutenden Objekten, während viel dringendere Schäden unbeachtet blieben. So zogen Elektro-Trupps zu den einzelnen 5,25"-Türmen Notkabel, während so gut wie keine Anstrengungen gemacht wurden, die grundsätzlichen Defekte in der Ringschaltung zu beheben.

Lüftung und Licht. Im Hinterschiff gab es in allen Abteilungen unter Deck keinerlei künstliche Belüftung, und es brannte nur die Notbeleuchtung. Das war für die Reparaturtrupps besonders ungünstig, die schnell ermüdeten und daher weniger wirkungsvoll arbeiten konnten. Auch die Besatzungen des Kesselraums ›X‹ und des dazugehörigen Maschinenraums sowie die des Maschinenraums ›A‹ litten darunter. Diese Räume waren voll betriebsfähig, wurden aber so heiß, daß die Männer vor Hitze umfielen oder alle paar Minuten abgelöst werden mußten – es wurden Temperaturen bis zu 150°F (66° C) gemessen! Da diese Methode nicht lange beibehalten werden konnte, mußten diese Räume mit unbewachtem Betrieb fahren und wurden nur ab und zu durch einen Ingenieuroffizier oder einen älteren Oberfeldwebel kontrolliert. Selbst dieses System versagte gelegentlich, weil die Männer, die diese kurzen Kontrollen durchführten, jedesmal fünfzehn Minuten Erholung in der frischen Luft benötigten.

Die hintere Sanitätsstation mußte aus ihrem sicheren Platz unter Deck ausziehen und in die ein Deck höher gelegene Schiffskapelle verlegt werden. Aber auch von dort mußten die vielen verwundeten und halb erstickten Männer wegen Überfüllung bald in das nächst höhere Deck gebracht werden und in dem dort gelegenen Kinoraum unterkommen.

Steuerung. Obwohl das Ruder selbst durch die Torpedoexplosion im Heck nicht beschädigt worden sein mag, fielen beide Rudermaschinen wegen des Stromausfalls sofort aus. Nachdem verschiedene Ruderkommandos mündlich vom Hauptsteuerstand an den achteren Steuerstand übermittelt worden waren, wurde versucht, auf die dampfbetriebene Notrudermaschine umzustellen, wahrscheinlich jedoch erfolglos.

Flugabwehr-Bewaffnung. Die vier auf dem hinteren Teil des Schiffes befindlichen 5,25"-Türme – p3, p4, s3 und s4 – waren sämtlich ohne Strom und zu groß und zu schwer, um per Hand geschwenkt zu werden. Zwei der vorderen Türme hatten zeitweilige Ausfälle, die zwar schnell behoben werden konnten, aber die Schlagseite war so stark, daß keiner der vier vorderen Türme seine Rohre von einer Seite zur anderen schwenken, sondern nur noch der Höhe nach richten konnte. Einige der Pom-Poms litten unter zeitweiligem Stromausfall, blieben aber zumeist in Betrieb, obwohl sie wegen ihrer fehlerhaften Munitionsgurte dauernd Unterbrechungen hatten.

Eine gefährliche Lage, in der sich die PRINCE OF WALES während der Gefechtspause befand. Sie sank nicht, war noch nicht vollständig kampfunfähig und noch nicht in einer völlig hoffnungslosen Lage, aber in diesem Zustand war sie ein Krüppel. Um 12.10 Uhr wurden zwei schwarze Bälle gesetzt, die den anderen Schiffen der Kampfgruppe Z anzeigten, daß die PRINCE OF WALES nicht mehr manövrierfähig war. Der japanische Pilot, der seinen Torpedo gegen die sich mit 204 Umdrehungen pro Minute drehende backbordäußere Propellerwelle geschossen hatte, hatte damit eine Kettenreaktion ausgelöst, die dieses große Schiff in die Knie zwang. Es ist unwahrscheinlich, daß ein Treffer an irgendeiner anderen Stelle derart schwerwiegende Folgen hätte haben können.

In einigen nicht direkt durch die Beschädigungen und Wassereinbrüche betroffenen Teilen der PRINCE OF WALES herrschte eine Atmosphäre der Unwirklichkeit und Planlosigkeit. Ein Mann sagt, daß »es eine Menge Menschen zu geben schien, die nichts zu tun hatten und nirgendwohin wollten; viele legten sich hin und schienen auf den Backen und Bänken zu schlafen«. Die Organisation auf dem Schiff war zwar nicht zusammengebrochen, aber einer harten Belastung unterworfen, und die Männer empfanden in diesen Minuten das Fehlen einer geordneten Arbeitsroutine. Der Funker C. V. House war vom Dienst weggetreten und mit mehreren anderen Ersatzleuten in einem Mannschaftsdeck eingesperrt.

»Für einige Augenblicke arbeitete mein Gehirn fieberhaft – würde es eine innere Explosion geben? Sollte ich, eingesperrt in einer Stahlkiste unterhalb der Wasserlinie, wie eine Ratte ersäuft werden? Sekunden vergingen, dann bemerkte ich einen Kerl, weiß wie eine Gans, immer noch auf seinem Hintern im Gang sitzen. Ich ging zu ihm hin, sprach mit ihm und fragte, ob ich irgend etwas für ihn tun könnte. Ich versuchte, eine Unterhaltung anzufangen, gewann aber den Eindruck, daß er sich auf nichts einlassen wollte. Ich fragte ihn, ob er für uns eine Möglichkeit sehe, aus dem Mannschaftsdeck an Oberdeck zu gehen. ›Nein, nicht daran zu denken‹, antwortete er. Inzwischen hatte das Schiff begonnen, Schlagseite zu bekommen, aber nicht in der gewohnten üblichen Rollbewegung, sondern durch eine allmähliche Neigung in einer Richtung, die ständig stärker wurde, bis das Schiff in einem beängstigenden Winkel schräg hing. Ein Streifen einer rötlichen Masse lief über das Deck, als ich genauer hinsah, stellte ich fest, daß es Syrup war, der von einem Backsregal runtergefallen sein mußte. Als ich einsehen mußte, daß ich nichts tun konnte, als mich hinzusetzen und auf die kommenden Ereignisse zu warten, kletterte ich auf eine Back und sah mir in einem ›Life‹-Magazin die Bilder an.

Ungefähr zu diesem Zeitpunkt kam ein ganzer Haufen Ingenieuroffiziere in das Deck, um zahlreiche Ventile zu öffnen und dadurch verschiedene Räume an Steuerbord – Waschräume und ähnliche – zu fluten, um die Schlagseite des Schiffes auszugleichen. Die ersten hatten keine Schlüssel zum Drehen der Ventilhandräder und offensichtlich auch keine Ahnung, an welchen Handrädern sie drehen sollten. Das Eintreffen eines Obermaschinisten, der seine Sache verstand, bewahrte sie davor, sich lächerlich zu machen, und das Fluten begann. Die Schlagseite nahm nun nicht mehr zu, und nach einer Weile schien sich das Schiff sogar ein wenig aufzurichten, aber es kam nicht wieder auf ebenen Kiel zurück. Ich bemerkte dann, daß der Erste Funkoffizier das Deck verlassen hatte. Offensichtlich war es ihm gelungen, herauszuschlüpfen, als die Flut-Gruppe hereinkam. Es war Zeit zum Mittagessen, aber da alle Köche als Reparatur-Gruppen oder Erste-Hilfe-Trupps beschäftigt waren, bestand keine Möglichkeit, irgend etwas zu essen zu bekommen.«

Mittlerweile begannen auch Leute auf der PRINCE OF WALES daran zu denken, daß das Schiff möglicherweise nicht überleben würde.

»Ich wurde mir klar, daß das Schiff in Kürze sinken würde, weil die Schlagseite darauf schließen ließ, daß wir schwer beschädigt waren und die Torpedobomber leicht einen Pendelverkehr einrichten konnten, bis wir erledigt wären, selbst wenn es Tage dauern würde. Natürlich war ich erstaunt, daß unser gewaltiges Schiff so leicht unterzukriegen sein sollte, und besorgt, was mit mir persönlich passieren würde. Aber es war jetzt nicht die Zeit, sich hinzusetzen und über all das nachzudenken.« (Sub-Lieutenant G. A. G. Brooke)

Andere waren nicht so pessimistisch, und bei einigen gab es aufgeregte Erwartungen, daß die PRINCE OF WALES vielleicht zur Reparatur nach »Aussie« gehen würde.

Ganz anders die Stimmung auf der REPULSE. Dieses Schiff hatte sich hervorragend bewährt, und seine Besatzung war sich dessen bewußt. Man war auf die Schiffsführung durch Captain Tennant enorm stolz, und es gab erregte Diskussionen darüber, wie vielen Torpedos man bisher ausgewichen war – »neunzehn« war die Zahl, die am häufigsten genannt wurde. Die Männer an Oberdeck waren über den Zustand der PRINCE OF WALES erschüttert. Sie hatten von den modernen Steilfeuergeschützen der PRINCE OF WALES große Dinge erwartet.

Die REPULSE hatte während der Gefechtspause die notwendigsten Reparaturen beendet, die nach ihrem einzigen Bombentreffer erforderlich waren, obwohl ein kleinerer Brand blieb und einige Leute in einem Raum unterhalb des Katapultdecks eingeschlossen blieben. Die ärztliche Betreuung befand sich in guten Händen, gleiches galt für die Beseitigung von Schäden an den Geschützen, sowie für den Nachschub an Flakmunition.

Die REPULSE war aus der ersten Phase dieser Schlacht fast unbeschädigt hervorgegangen. Ihre gesamte Maschinenanlage und die Waffen waren voll einsatzfähig, die Moral der Besatzung ausgezeichnet. Captain Tennant drehte auf die immer noch ungefähr drei Meilen von ihm entfernte PRINCE OF WALES zu, um zu sehen, wie er dem Flaggschiff helfen könnte. Aber seine Blinksprüche wurden nicht beantwortet. Es schien, als ob das Flaggschiff mit seiner furchtbaren Lage viel zu beschäftigt sei und keine Zeit hätte, besorgten Fragestellern zu antworten.

Captain Tennant hatte seinen Funkraum gefragt, welche Funksignale die PRINCE OF WALES während der letzten Angriffe nach Singapur gesandt habe, und war erstaunt zu hören, daß sie immer noch nichts gesendet habe. Tennant beschloß, nun selbst ein Funksignal zu senden. Um 11.58 Uhr wurde von der Kampfgruppe Z die erste Nachricht seit dem Auslaufen vor zwei Tagen aus Singapur abgegeben:

»Von REPULSE *an alle britischen Kriegsschiffe.*
Werde von feindlichen Flugzeugen bombardiert. Meine Position 134NYTW22X09.«

Zwar waren die Antennen der PRINCE OF WALES durch die Erschütterungen der Torpedoexplosion teilweise beschädigt, aber sie war mit Sicherheit in der Lage, Funksignale auszusenden. Oberfunkmeister Arthur Best, der für die beiden Funkräume innerhalb der gepanzerten Zitadelle zuständige älteste Feldwebel, hat berichtet, daß »H.M.S. PRINCE OF WALES bis ein paar Minuten, bevor sie sank, in der Lage war, jede Art drahtloser Nachrichten über jede Entfernung abzugeben«. Dies ist ein wichtiger Punkt, weil zuweilen der Eindruck hervorgerufen wird, daß Admiral Phillips wegen Ausfalls der Sender der PRINCE OF WALES nicht in der Lage war, eigene Notsignale abzugeben. Die Wahrheit ist ganz einfach, daß Captain Tennant die Dinge selbst in die Hand genommen und dieses erste lebenswichtige Funksignal ohne Zustimmung des Flaggschiffes abgegeben hatte. Auf der REPULSE herrschte die Ansicht vor, »hätte Captain Tennant den Befehl über die Kampfgruppe gehabt, so wie er ihn in den letzten zwei Jahren ständig über viel größere Seestreitkräfte ausgeübt hatte, wäre der ganze Verlauf der Dinge vielleicht anders gewesen.«

Es dauerte sechs Minuten, bis die Marinefunkstation in Kranji auf der Insel Singapur das Funksignal entschlüsselt und bearbeitet hatte. Aus der Funkmeldung der TENEDOS am Morgen war hervorgegangen, daß die britischen Schiffe auf direktem Wege nach Singapur zurückkehren würden. Dies war nun der erste Hinweis auf den Abstecher nach Kuantan und auf den Angriff japanischer Flugzeuge, obwohl die Kampfgruppe schon seit fast zwei Stunden durch das Flugzeug des Fähnrichs Hoashi beschattet worden war. Bis das Funksignal die Einsatzzentrale im R.A.F.-Hauptquartier in der Sime Road erreicht hatte, vergingen weitere fünfzehn Minuten. Ein sofortiger Einsatzbefehl wurde an den Flugplatz Sembawang gegeben, wo die australischen Flugzeuge der 453. Staffel seit zwei Tagen zur Hilfeleistung bereitstanden; ihre elf Brewster Buffaloes starteten innerhalb von fünf Minuten. Der Verband wurde von Flight Lieutenant Tim Vigors geführt, einem Iren und ehemaligen Piloten in der Luftschlacht um England, der vorübergehend das Kommando über die Staffel übernommen hatte. Bis zum Gebiet um Kuantan betrug die Entfernung circa 150 nautische Meilen – also etwa eine Flugstunde. Die R.A.F. hatte eine ihrer schwer entbehrlichen Jagdstaffeln aus den übrigen Kämpfen herausgehalten, um der Royal Navy helfen zu können, und war nun sehr verärgert, daß man sie nicht über den Verlauf des Unternehmens der Kampfgruppe Z unterrichtet und nicht früher um Unterstützung ersucht hatte.

Der Kampf hatte bisher fast ausschließlich zwischen den japanischen Angreifern und den beiden Großkampfschiffen stattgefunden. Von den anderen Beteiligten waren die drei Zerstörer noch am engsten in die Kampfhandlungen einbezogen worden. Sie suchten intensiv mit ihren Asdic-Geräten nach U-Booten, aber den japanischen Booten war es nicht gelungen, das Kampfgebiet rechtzeitig zu erreichen. Die Zerstörer hatten sich sehr bemüht, den großen Schiffen bei ihrer Verteidigung zu helfen, und hatten sich an der Abwehr mit allen Kräften beteiligt. Die EXPRESS befand sich direkt auf dem Anflugweg der ersten Welle von Torpedobombern, und ihr Logbuch gibt an, daß drei Torpedos auf sie abgeworfen wurden, von denen anscheinend einer direkt unter ihr durchgelaufen ist. Die Mitsubishis waren dann direkt über die EXPRESS geflogen und hatten sie mit Maschinengewehren beschossen, ohne Treffer zu erzielen. Der Heizer Robert Burnett hatte bei der Munitionsversorgung einer 4,7''-Kanone geholfen.

»Ich stand auf einer etwa ein Yard großen viereckigen Platte. Eine Ecke dieser Platte war mit einem Pfosten an Deck befestigt. Ich hatte an diesem Pfosten einen Gurt befestigt und um meine Hüften geschlungen, damit ich beim Überholen nicht über Bord ging. Während ein anderer Heizer und ich die Granaten und Kartuschen vom Munitionsaufzug zur Kanone schafften, lag ein stämmiger australischer Seemann laut schreiend an Deck. Ich überlegte mir zeitweilig, von wem wohl die größere Gefahr ausging – von ihm oder von den Bombern. Egal, unser Arzt kam und gab ihm eine Beruhigungsspritze. Mit diesem Australier war es eine sonderbare Sache; als noch keinerlei Anzeichen für einen Angriff vorhanden waren, lief er auf dem Oberdeck mit einem langen Fahrtenmesser im Gürtel herum und verkündete, was er alles mit den Japsen machen würde, wenn er sie zu fassen bekäme. Ich schaffte triefend vor Schweiß weiter Granaten und Kartuschen heran, bis mich eine Stimme anschrie: ›Bringen Sie hier verdammte hochexplosive Granaten an!?‹. Ich sah mich um und bemerkte den Oberstückmeister Appleby. Ich sagte ihm, daß ich das weitergäbe, was man mir nach oben reichte. Darauf er: ›Das sind verdammte Leuchtgranaten!‹ Sie waren als einzige noch vorhanden.«

Surgeon-Lieutenant T. E. Barwell weiß noch eine andere Geschichte.

»Als wir in Singapur einliefen, hatte der Kommandant, Lieutenant-Commander Jack Cartwright, seinen Steward Clingham an Land geschickt, um ihm eine Papaya-Frucht oder ›Pawpaw‹, wie sie Clingham nach seiner Rückkehr von St. Helena nannte, zu besorgen. Er brachte sie Cartwright am nächsten Tag zum Frühstück, aber es hieß, er möge sie wieder mitnehmen und erst reifer werden lassen. Mitten im Gefecht und während des heftigsten Geschützfeuers erschien Clingham mit der Pawpaw auf der Brücke, machte eine Ehrenbezeigung und sagte: ›Captain, Sir. Ihre Pawpaw ist reif. Wollen Sie sie jetzt essen, Sir?‹«

Auch die ELECTRA und der australische Zerstörer VAMPIRE hatten mit allem, was sie hatten, auf die japanischen Flugzeuge geschossen. VAMPIRE behauptete, sie habe mindestens zwei Flugzeuge getroffen. Während der Gefechtspause wurde beiden Schiffen befohlen, im Kielwasser der PRINCE OF WALES nach etwa durch den Schlag der Torpedoexplosion über Bord geschleuderten Männern zu suchen, es wurde aber niemand gefunden.

Die Walrus der REPULSE war ein weniger beteiligter Beobachter der Schlacht. Sie hatte bei Beginn der Angriffe zunächst U-Boots-Sicherung um die Kampfgruppe Z geflogen. Sie setzte ihren Flug um die Schiffe während des gesamten Gefechts fort.

Die Walrus wurde von zahlreichen japanischen Piloten gesehen, aber ignoriert, und die langsame, schwach bewaffnete Maschine konnte ihrerseits die schnellen Japaner nicht angreifen. Da die REPULSE keine Gelegenheit hatte, ihr Flugzeug wieder einzusetzen, flog die Walrus schließlich in Richtung Singapur davon, mußte aber auf dem Flug wegen Brennstoffmangels auf See niedergehen. Eine eigene Catalina fand sie schließlich und warf Proviant und Wasser ab. Der Zerstörer STRONGHOLD schleppte sie dann nach Singapur ein.

Noch eine andere Flugzeugbesatzung war Augenzeuge des Gefechts. Es war das Flugzeug des Fähnrichs Hoashi, der die britischen Schiffe zuerst gesichtet hatte. Als er wieder in Saigon gelandet war, befahl ihm Vizeadmiral Matsunaga, sofort wieder zu starten und bis 13.30 Uhr Fühlung zu halten. Dann schicke er eine andere Maschine zur Ablösung. Es war jetzt für die Japaner wichtig, bis zum Abschluß der Operation an den Briten Fühlung zu halten. Es war ihr unwahrscheinlich großes Glück, daß bisher keine britischen Jagdflugzeuge erschienen waren, um sie zu vertreiben. Die Japaner waren von ihrer Hauptbasis ungefähr 450 nautische Meilen entfernt, die Briten dagegen nur 150 Meilen von ihren Flugplätzen in Singapur und sogar nur 60 Meilen von Kuantan. Dort befand sich ein speziell für die Verteidigung von Malaya gebauter Militärflugplatz!

Kurz vor der Gefechtspause hatte Hoashi den Kampfplatz verlassen und war zum Flugplatz von Kuantan geflogen, wo er seine beiden 50-Kilo-Bomben abwarf, aber der Flugplatz war bereits leer. Der japanische Pilot kehrte nach einer Stunde Abwesenheit zu den britischen Schiffen zurück und setzte seine Beobachtungen und Meldungen fort.

Schließlich gab es noch einen letzten Zuschauer. Der alte Dampfer HALDIS befand sich nahe genug, um alle Bombenangriffe zu beobachten, aber Captain A. Hall wollte auf keinen Fall in diese gefährliche Angelegenheit verwickelt werden und hatte sich so schnell wie möglich aus dem Staube gemacht, so daß die HALDIS bald außer Sicht kam.

Die Schlußrunde

Jede Hoffnung, die die Männner auf den britischen Kriegsschiffen möglicherweise gehabt haben, sie hätten die letzten japanischen Flugzeuge gesehen oder vor dem nächsten Angriff könne Hilfe durch eigene Flugzeuge kommen, wurde bald zunichte gemacht. Nach einer genau zwanzig Minuten dauernden Gefechtspause sahen die Ausgucks auf allen britischen Schiffen um 12.20 Uhr im Osten eine starke Formation von Flugzeugen. Sie verloren schnell an Höhe und teilten sich so in zwei Gruppen, als ob sie sich auf einen weiteren Torpedoangriff vorbereiteten.

Die PRINCE OF WALES und die REPULSE waren immer noch etwa zwei Meilen voneinander entfernt. Die PRINCE OF WALES konnte mit ihren Steuerbordmaschinen gerade eben fünfzehn Knoten laufen, aber nicht steuern und hatte immer noch starke Schlagseite nach Backbord. REPULSE war in ausgezeichneter Verfassung und war näher gekommen, um dem Flaggschiff bei Insichtkommen der japanischen Flugzeuge vielleicht in irgendeiner Form helfen zu können. Genau im gleichen Augenblick starteten die Buffalo-Jäger von dem 150 Meilen entfernten Flugplatz Sembawang.

Bei den sich nähernden Flugzeugen handelte es sich um die gesamten Luftstreitkräfte des Kanoya-Luftgeschwaders: sechsundzwanzig Mitsubishis Betty, geführt von Lieutenant-Commander Shichizo Myauchi. Die Kanoya-Flugzeuge hatten alle die schweren Torpedos des Modells 2 mit dem 204-Kilo-Gefechtskopf geladen. Es waren die Flugzeuge, die im letzten Augenblick, als die Japaner über die Ankunft der PRINCE OF WALES und der REPULSE in Singapur unterrichtet worden waren, von der Operation gegen die Philippinen abgezogen und nach Indochina verlegt worden waren. Die Besatzungen der Kanoyas befanden sich bereits von Süden kommend auf dem Rückflug nach Indochina, als sie einigermaßen verspätet die Peilsignale von Fähnrich Hoashi empfingen. Sie waren daraufhin sofort nach Westen abgedreht, konnten aber zunächst die britischen Schiffe unterhalb der dichten Wolkendecke nicht finden. Sie waren bereits im Begriff, die Suche aufzugeben, weil ihre Tanks fast leer waren. Plötzlich war durch ein Loch in den Wolken ein einzelnes Flugzeug in niedriger Höhe zu sehen. Es war die Walrus der REPULSE, die immer noch nach U-Booten Ausschau hielt. Dann kamen zuerst die drei Zerstörer und schließlich die beiden großen Schiffe in Sicht.

Der Verband bestand aus drei Kanoya-Staffeln, geführt von den Lieutenants Nabeta, Higashimori und Iki. An Bord eines der Flugzeuge von Lieutenant Nabeta befand sich Lieutenant-Commander Miyauchi. Miyauchi durfte den Angriff seines Luftgeschwaders wegen der Brennstofflage nicht zu lange hinauszögern, und daher ist es gut möglich, daß der sich entwickelnde Angriff nicht das Ergebnis seiner speziellen Befehle, sondern eine »jeder auf eigene Faust«-Angelegenheit war. Die Kanoyas teilten sich schnell in zwei Gruppen. Die erste Gruppe bestand aus den siebzehn Maschinen von Lieutenant Nabetas und Lieutenant Higashimoris Staffel. Sie flogen auf die PRINCE OF WALES zu, obgleich einige von ihnen in letzter Minute zum Angriff auf die REPULSE abdrehen wollten. Die dritte Staffel von Lieutenant Iki war mit ihren neun Flugzeugen weiter entfernt. Die Angriffe auf die PRINCE OF WALES erfolgten genau zwei Minuten vor denen auf die REPULSE. Wir wollen sie in dieser Reihenfolge schildern.

Die eilige und in gewisser Hinsicht unvorbereitete Entwicklung dieses Angriffs gab der PRINCE OF WALES für die Abwehr nur wenig Vorbereitungszeit. Allerdings konnte sie ohnehin nicht viel tun. Die noch verbliebenen Hauptmaschinen erhöhten ihre Umdrehungen von 204 auf 220 pro Minute, um den schwerfälligen und vollgesogenen Krüppel ein wenig schneller vorwärts zu treiben, und die Artilleristen standen erneut zur Feuereröffnung bereit. Aber immer noch waren von den vier 5,25"-Türmen auf der Steuerbordseite – woher der japanische Angriff zu kommen schien – nur zwei einsatzbereit, und die Maschinenwaffen waren nicht besser dran. Leichtmatrose Derek Wilson war Ausguck auf der PRINCE OF WALES und vergleicht diesen Angriff mit dem vorangegangenen Überfall der Torpedoflugzeuge auf sein Schiff, wobei der Anflug in einer geordneten Seite-an-Seite-Formation erfolgte.

»Die Angriffstaktik der Japaner schien sich in gleichzeitige Einzelangriffe aus mehreren verschiedenen Richtungen geändert zu haben. Da wir manövrierunfähig waren, kann das bei unserer Feuerleitzentrale zu Unklarheiten geführt haben. Ich war überrascht, wie schnell sich diese Angriffe entwickelten, und hatte später den Eindruck, daß bei den Japanern in diesem Augenblick eine gewisse Verwirrung herrschte, aber dieser Eindruck mag auch daher entstanden sein, daß sie sich uns in so ungeordneter Formation näherten.«

Die wenigen noch feuerbereiten Geschütze der PRINCE OF WALES eröffneten das Feuer. Die vier 5,25"-Geschütze der Türme s1 und s2 taten ihr Bestes, aber die Schräglage des Decks verhinderte an allen Geschützen eine Senkung der Rohre unter fünf Grad, so daß sie die niedrig fliegenden Angreifer nicht treffen konnten. Die Türme s3 und s4 waren ohne Strom und kamen nicht zur Feuereröffnung, obwohl ihre Bedienungsmannschaften geschuftet hatten, um die Türme mit Hand mittels Ketten oder Stahlseilen in Richtung auf die anfliegenden Ziele zu schwenken. Verschiedene Pom-

Poms waren ebenfalls stromlos, andere hatten wegen der mangelhaften Munition sehr bald wieder Ladehemmungen. Daher überrascht es nicht, daß bei diesem Angriff kein einziges japanisches Flugzeug abgeschossen wurde.

Die ersten sechs Mitsubishis flogen in unterschiedlichen Höhen und aus verschiedenen Richtungen an, aber alle griffen die Steuerbordseite der PRINCE OF WALES an. Einige japanische Piloten flogen zum Torpedoabwurf schnurgerade in 500 Meter Höhe an, warfen ab und drehten zur Seite weg. Sie näherten sich zum Abwurf der Torpedos so dicht, daß eine von Bootsmann Coles bediente Lewis-Kanone auf einen Torpedo in der Luft feuerte, in dem vergeblichen Versuch, ihn vor dem Auftreffen auf das Wasser zur Detonation zu bringen. Wieder mußten einige japanische Piloten fast direkt über das Schlachtschiff fliegen, aber diesmal schossen sie nicht mit ihren Bordmaschinengewehren. Als die Angreifer davonflogen, konnte man deutlich die Blasenbahnen verschiedener auf die PRINCE OF WALES zulaufender Torpedos erkennen. Captain Leach konnte nichts dagegen unternehmen. Die Ruderanlage war völlig unbrauchbar. Hunderte hielten den Atem an und waren auf das Schlimmste gefaßt. Die Torpedos konnten kaum vorbeilaufen. Britische Berichte sind wieder unklar, aber es scheint so, als ob der erste Treffer ziemlich weit vorn, nicht weit vom Vorsteven erfolgte und an dieser schmalen Stelle ein sauberes Loch durch das ganze Vorschiff riß. Der zweite Treffer erfolgte kurz vor der Brücke und hatte eine gewaltige Wasserfontäne zur Folge, vermischt mit dem Öl eines geplatzten Tanks. Ein dritter Torpedo traf weiter hinten auf Höhe des hinteren 14''-Geschützturmes, und auch dort schoß eine Menge Wasser in die Luft, stürzte dann auf das Deck nieder und durchnäßte alle in der Nähe stehenden Männer. Ein vierter Torpedo traf das Schiff kurz vor dem Hintersteven, bog die äußere Propellerwelle nach innen und verkeilte sie zwischen der inneren Welle und dem Schiffskörper. Die Turbinen im Maschinenraum ›A‹ blieben sofort stehen. Der Gesamteffekt dieser vier aufeinanderfolgenden Explosionen war »ungeheuerlich, das Schiff schien wie bei einem Erdbeben einige Zoll seitwärts zu springen«.

Das vorherige Gegenfluten von zahlreichen wasserdichten Räumen auf dieser Schiffsseite verstärkte nun die Wirkung der letzten Treffer. Eine Explosion in einem mit Wasser gefüllten Raum wirkt sich viel stärker aus als in einem mit Luft gefüllten, und die Zerstörungen drangen daher viel tiefer in das Innere des Schiffes. Viele Öltanks wurden durchschlagen, so daß auch dickflüssiges Heizöl in das Schiff lief. Es wird geschätzt, daß durch diese vier Treffer innerhalb weniger Minuten ungefähr 18000 Tonnen Wasser eindrangen. Abgesehen von diesen gewaltigen Wassereinbrüchen war jetzt nur noch eine der vier Hauptmaschinen in Betrieb, und nur noch zwei von acht Turbo-Dynamos gaben Strom für Kanonen, Licht, Lüftung und die alles entscheidenden Pumpen, die allein das Schiff noch hätten retten können.

Immerhin: der Wassereinbruch auf der Steuerbordseite beseitigte die bisherige Schlagseite nach Backbord fast vollständig. Die Explosionen hatten weiterhin keine großen Verluste an Menschenleben verursacht. Einige Männer wurden auf ihren Gefechtsstationen in isolierten Räumen eingesperrt und ertranken, aber es waren nicht viele, und vor allem hatte es keine innere Explosion gegeben. Aber die PRINCE OF WALES konnte nun nur noch acht Knoten laufen und sank immer tiefer. Die Pumpen und die Instandsetzungstrupps konnten den jahrhundertealten Kampf der Seeleute gegen die See nicht gewinnen.

Von der ersten Sichtung der japanischen Flugzeuge bis zur Beendigung dieses Angriffs waren nur fünf Minuten vergangen. Nur sechs der sechsundzwanzig Kanoya-Flugzeuge hatten ihre Torpedos abgeworfen, und es ist ein Maßstab für die Hilflosigkeit der PRINCE OF WALES und die enge Zusammendrängung dieses Angriffs, daß vier davon getroffen hatten. Die übrigen Kanoyas wandten nun ihre Aufmerksamkeit der REPULSE zu.

Acht Bettys der führenden Gruppe – wahrscheinlich drei von Lieutenant Higashimoris und fünf von Lieutenant Nabetas Staffel – trennten sich fast unmittelbar von dieser Gruppe, schlossen sich mit den neun Flugzeugen von Lieutenant Ikis Staffel zusammen und bildeten in sich eine aufgelockerte Angriffslinie, die sich der REPULSE aus verschiedenen Richtungen näherte, meist aber auf der Steuerbordseite. Captain Tennant hatte die erste Gruppe der japanischen Flugzeuge an seinem Bug vorbeifliegen und auf die PRINCE OF WALES zuhalten sehen. Er konnte ebenfalls die zweite Gruppe erkennen. Wieder begann er mit Rudermanövern und drehte sein Schiff in Richtung der Angreifer. Die REPULSE war immer noch voll einsatzfähig. Ihre Geschütze feuerten ausgezeichnet. Vollmatrose S. C. Baxter befand sich während dieses Angriffs auf der Steuerbordseite des Bootsdecks an einer 4"-Kanone.

Wir schossen Dauerschnellfeuer, bis wir einen Versager hatten. Eine Granate klemmte im Verschluß, und der Schlagbolzen hätte sie eigentlich gezündet haben müssen. Gemäß Bedienungsvorschrift mußte die Abzugsvorrichtung in einem solchen Fall noch einmal bedient werden, und wenn sie dann immer noch nicht zündete, sollte eine halbe Stunde gewartet werden, bevor der Verschluß zur Vermeidung einer Frühzündung zum Entfernen der Granate geöffnet werden durfte. Aber unter diesen Umständen galt das alles nicht. Wilkinson öffnete den Verschluß, die Granate sauste heraus und wurde sofort zur allseitigen Erleichterung über Bord geworfen.«

Die REPULSE begann nach Steuerbord zu drehen, aber die acht Flugzeuge auf dieser Seite beeilten sich mit ihrem Angriff nicht und lösten ihre Torpedos bei einer Entfernung von ungefähr 2 280 Yards. Dann drehten sie ab, ohne daß eine Betty abgeschossen wurde. In diesem Augenblick trennten sich plötzlich drei Flugzeuge von dem Verband, der mit dem Angriff auf die PRINCE OF WALES beschäftigt zu sein schien, drehten blitzschnell auf die Backbordseite der REPULSE zu und warfen ihre Torpedos ab.

Die REPULSE hatte keine Möglichkeit, beiden Torpedosalven auszuweichen. Die japanische Schwenkung war so exakt ausgeführt, daß Captain Tennant nichts anderes tun konnte, als seine Bemühungen fortzusetzen, die zuerst abgeworfenen Torpedos zu vermeiden.

»Die Japaner hatten sich in einer Entfernung von ungefähr drei Meilen in zwei Formationen geteilt, und ich mußte annehmen, daß die rechts von mir fliegende ihre Torpedos zuerst abwerfen würde. Ich drehte daher mit dem Schiff nach Steuerbord. Die Torpedos wurden aus einer Entfernung von 2 500 Yards abgeworfen, und es schien klar zu sein, daß wir ihren Laufbahnen erneut erfolgreich ausweichen würden. Die auf der linken Seite fliegende Formation schien direkt auf die PRINCE OF WALES zuzuhalten, die sich in diesem Augenblick achteraus an Backbordseite befand. Als sich diese Flugzeuge in einer Entfernung von etwa 2 000 Yards eben vor meiner Backbordseite befanden, drehten sie direkt auf mich zu und warfen ihre Torpedos ab. Es war deutlich, daß diese direkt auf uns zulaufenden Torpedos die REPULSE mit größter Sicherheit treffen würden, weil jede andere Kursänderung zur Folge haben würde, daß wir in die Laufbahnen jener Torpedos geraten würden, denen ich gerade auszuweichen versuchte. Ein von Backbord anlaufender Torpedo mußte das Schiff bestimmt treffen, und wir konnten seine Bahn etwa eineinhalb Minuten lang beobachten, bevor es tatsächlich geschah. Das Schiff wurde Backbord mittschiffs getroffen. Es überstand diesen Treffer gut und blieb mit einer Geschwindigkeit von fünfundzwanzig Knoten voll manövrierfähig.«

Eine leidenschaftslose Beschreibung eines aufregenden Augenblicks. Die Geschütze der REPULSE hatten wie wild geschossen. Das Schiff lief echte 27,5 Knoten, und Captain Tennant handelte richtig, allen acht Torpedos auf der Steuerbordseite auszuweichen. Seine Ruderkommandos wurden von der Brücke nach unten übermittelt, und der alte Schlachtkreuzer hatte erst nach der einen und dann nach der anderen Seite gedreht, aber diesem einen Torpedo konnte er nicht ausweichen. Die beiden anderen von Backbord kommenden Torpedos verfehlten ihr Ziel. Nachdem sie mindestens sechzehn direkt auf sie gezielten Torpedos ausgewichen war, war dies der erste Treffer auf der REPULSE. Dazu kamen noch einige »überzählige« Torpedos von Angriffen auf die PRINCE OF WALES.

Leichtmatrose Stanley Dimmack befand sich in einer Leitstelle und hatte den Angriff beobachtet:

»Plötzlich sahen wir mehrere direkt auf uns zulaufende Blasenbahnen, und mir wurde klar, daß wir ihnen nicht ausweichen konnten. Als sie unter unserem Bug durchliefen, hielt ich meinen Kopf zwischen den Armen und biß die Zähne zusammen. Ich erwartete eine mächtige Explosion, aber zu meiner großen Überraschung gab es kaum eine Erschütterung, und das Schiff lief unbeirrt weiter.«

Die REPULSE wurde an der getroffenen Stelle durch die altbewährten Torpedowülste gut geschützt. Durch das Loch drang Wasser in den Wulst ein, und das Schiff bekam langsam Schlagseite. Aber Commander Dendys Lecksicherungsmannschaften fluteten sofort zum Ausgleich der Schlagseite auf der Gegenseite, so daß die REPULSE immer noch nicht als ernsthaft beschädigt gelten konnte. Das Schiff war nur knapp einem zweiten Torpedotreffer entgangen.

»Ich erinnere mich, gesehen zu haben, daß ein japanischer Torpedo das Schiff in einem so schrägen Winkel getroffen hatte, daß er nicht explodiert sein konnte. Ich erinnere mich auch, daß ich von meiner Gefechtsstation aus über die Bordwand sehen konnte, wie diese unheimliche Waffe mit ihrem gelben Kopf ruhig von einer Seite zur anderen ihres Weges zog. Jeden Augenblick erwartete ich eine Explosion, aber sie erfolgte nicht. Später hörte ich, daß der Torpedo den vorderen Kettenkasten getroffen habe.« (Lieutenant R. A. W. Pool)

Aber nun verließ das Glück die REPULSE schnell. Es blieb immer noch die dritte Kanoya-Staffel mit den neun Flugzeugen von Lieutenant Iki. Iki hatte beabsichtigt, die PRINCE OF WALES anzugreifen und anfänglich seine Staffel gegen dieses Schiff angesetzt. Aber er merkte bald, daß er sich in einer schlechten Angriffsposition befand. Gleichzeitig sah er an der Seite des Schlachtschiffes die Wasserfontänen aufsteigen und wußte, daß der Angriff der anderen erfolgreich gewesen sein mußte. Iki entschied sich für einen Zielwechsel. Er befahl seiner Formation, sich zu teilen und den Schlachtkreuzer von zwei verschiedenen Seiten anzugreifen. Sechs Flugzeuge versuchten nun, um die REPULSE herum auf die Steuerbordseite des Schiffes zu gelangen, und Iki führte die restlichen drei Maschinen direkt von Backbord heran. Es war wahrscheinlich der geschickteste Angriff an diesem Tag.

Seit dem letzten Angriff waren weniger als zwei Minuten vergangen. Die drei Bettys kamen direkt bis auf 500 Meter heran und warfen dann ihre Torpedos ab. Lieutenant Iki gelang es, sich schnell in die Kurve zu legen und abzudrehen. Er war dabei so dicht an dem britischen Schiff, daß er die Seeleute sehen konnte, die sich vor dem Feuer seiner Maschinengewehre zu Boden warfen. Sein Flugzeug wurde durch das Abwehrfeuer der REPULSE leicht beschädigt. Die zwei anderen Piloten konnten nicht schnell genug abdrehen und flogen direkt über den Bug der REPULSE. Es gab ein wichtiges Prinzip bei der Flugabwehr: sobald ein Torpedobomber seinen Torpedo abgeworfen hatte und somit aufgehört hatte, eine unmittelbare Gefahr darzustellen, wurde das Feuer von diesem Ziel zu einem Flugzeug gewechselt, das seinen Torpedo noch nicht abgeworfen hatte. Lieutenant Pool war Feuerleitoffizier an einer Pom-Pom der REPULSE, einer auf kurze Entfernung tödlichen Waffe.

»Es war mir klar, daß die japanischen Flugzeuge ihre Torpedos außerhalb der wirksamen Reichweite unserer Pom-Poms abwerfen würden. Der nächste Angriff erfolgte fast unmittelbar... Da die Position des Schiffes hoffnungslos erschien, wechselte ich das Ziel nicht, nachdem die drei Flugzeuge ihre Torpedos abgeworfen hatten. Als zwei von ihnen über das Schiff flogen, trafen wir sie, setzten beide in Brand, und sie stürzten ab.«

Das erste Opfer war das von Feldwebel Satoshi Momoi geführte Flugzeug. Es explodierte mit einem riesigen Feuerball, und nur noch Fragmente spritzten ins Wasser. Übrig blieb nur ein roter, brennender Kreis auf der Wasseroberfläche. Das zweite getroffene Flugzeug wurde von Feldwebel Ryochi Taue geführt. Es fing im hinteren Teil des Rumpfes Feuer und verlor an Höhe, während das Feuer schnell auf das Cockpit und die Tragflächen übergriff, bis das Flugzeug auf die See aufschlug und eine Wasserfontäne bildete.

Die Jubelrufe über diesen doppelten Abschuß waren bei der Besatzung der REPULSE nur von kurzer Dauer. Alle drei Torpedos explodierten an der Backbordseite des Schlachtkreuzers. Einer in der Nähe des Maschinenraums, einer auf der Höhe des hinteren 15"-Turmes und einer in der Nähe des Hecks. Dieser letzte Treffer rammte das Ruder, die REPULSE konnte nicht mehr gesteuert werden, obwohl sie noch Antriebskraft hatte. Da sie im Augenblick des Treffers nach Steuerbord drehte, konnte sie nur noch mit dieser festen Ruderlage in einem weiten Bogen laufen.

Sehr bald folgte ein weiterer Schlag. Die sechs anderen Flugzeuge von Lieutenant Ikis Staffel hatten schon vorher ihre Torpedos aus größerer Entfernung abgeworfen, jetzt traf einer das Schiff, diesmal an Steuerbordseite auf Höhe des Kesselraumes ›E‹.

Der alte Schlachtkreuzer war schwer verwundet. Durch fünf Löcher drang Wasser in das Schiff, das für so schwerwiegende Beschädigungen nicht gebaut war. Die Schlagseite erhöhte sich auf sieben Grad, dann auf neun und schließlich auf zwölf Grad. Captain Tennants Bericht:

»Ich wußte, daß sie das nicht überleben würde, und gab sofort Befehl, daß alle Mann an Deck kommen und die Carley-Flöße klarmachen sollten. Mir war gemeldet worden, daß die Befehlsübermittlungsanlage mit Ausnahme der achteren unteren Abteilungen noch arbeitete, aber auch nach dort wurden die Befehle schnell über den Turm ›Y‹ und über den hinteren Befehlsstand nach unten weitergeleitet. Für einen Kommandanten ist die Entscheidung, ›jegliche Tätigkeit im Inneren des Schiffes einzustellen‹, unendlich schwer, aber da ich die Bauart des Schiffes gut kannte, war ich sicher, daß es vier Torpedotreffer nicht überstehen konnte.« Offensichtlich war sich Captain Tennant nicht klar darüber, daß sein Schiff durch fünf und nicht nur durch vier Torpedos getroffen worden war. Die REPULSE sank rasch.

Man bekommt den Eindruck, daß das Kanoya-Luftgeschwader eine besonders gut ausgebildete und wagemutige Einheit war. Seine sechsundzwanzig Flugzeuge hatten neun Treffer erzielt, vier auf der PRINCE OF WALES, fünf auf die REPULSE. Zwei ihrer Flugzeuge waren abgeschossen worden, drei weitere schwer beschädigt (eins davon sollte bei der Landung abstürzen) und fünf weitere leicht. Die REPULSE war innerhalb von vier Minuten von fünf Torpedos getroffen worden. Es war gerade 12.30 Uhr, als diese letzte vernichtende Serie von Torpedoangriffen vorüber war – eineinhalb Stunden nach dem ersten Angriff. Innerhalb dieser neunzig Minuten hatten alle fünfzig japanischen Torpedobomber ihre Angriffe durchgeführt, aber von den Höhenbombern hatten nur acht ihre Bomben abgeworfen, sechs davon zweimal. REPULSE und PRINCE OF WALES sanken. Bis zum Eintreffen der australischen Jäger würden mindestens noch fünfundvierzig Minuten vergehen. Der japanische Fühlungshalter mit Fähnrich Hoashi war von der Bombardierung des Flugplatzes von Kuantan noch nicht zurückgekehrt. Zwei Staffeln japanischer Bomber hatten noch nicht angegriffen – die beiden Staffeln des Mihoro-Luftgeschwaders unter Lieutenant Ohira und Takeda mit neun beziehungsweise acht Mitsubishi Nells. Jedes dieser Flugzeuge hatte eine 500-Kilo-Bombe geladen.

Diese beiden Staffeln waren gerade über dem Kampfplatz eingetroffen, aber zu spät, um ihre Angriffe mit denen der Kanoyas zu koordinieren. Die neun Flugzeuge von Lieutenant Ohira begannen ihren Bombenanflug zuerst. Ihre offizielle japanische Geschichtsschreibung gibt an, daß Ohira durch eine Wolkenlücke ein britisches Schiff entdeckte und seine Staffel um 12.33 Uhr auf dieses Ziel neun Bomben abwarf, ohne jedoch einen Treffer zu erzielen. Der persönliche Bericht von Lieutenant Takai besagt jedoch, daß der Bombenschütze in Lieutenant Ohiras Flugzeug während des Zielanfluges die Auslösevorrichtung versehentlich betätigte. Dadurch fiel eine Bombe viel zu früh, und die anderen Flugzeuge folgten seinem Beispiel. Takai gibt an, daß die Bomben dieser Staffel weit von dem Ziel entfernt, ohne Schaden anzurichten, ins Wasser fielen. Obwohl Takai in diesem Moment Meilen entfernt war, ist seine Version sicher richtig, da die Explosion dieser Bomben von verschiedenen Beobachtern auf den britischen Schiffen am Horizont gesehen wurde. Ihre Schlußfolgerung war, daß ein beschädigtes japanisches Flugzeug seine Bombenlast im Notwurf abgeworfen habe.

Die nächste Phase dieses zu Ende gehenden Gefechts konzentrierte sich auf die PRINCE OF WALES, die nach wie vor steuerlos durch das Wasser schlich, achtern immer tiefer sank und immer mehr Schlagseite nach Backbord bekam, obwohl sie vier Torpedoeinschußlöcher an Steuerbord hatte. Ein großer Teil des Schiffes war völlig ausgefallen, viele Männer warteten unbeschäftigt die weitere Entwicklung ab. Einige Schwerverwundete waren an Deck gebracht worden, und die Carley-Flöße sowie einige kleinere Beiboote hatten für den Fall des Untergangs bereits abgelegt. Ausgucks und Geschützbedienungen waren zwar noch auf ihren Posten, aber nur noch sehr wenige Geschütze waren feuerbereit.

Einige Meilen westwärts entfernt war die REPULSE mit zwei bei ihr stehenden Zerstörern zu sehen. Auf der PRINCE OF WALES beobachtete ein junger Seemann, wie die REPULSE sich immer mehr auf die Seite legte und dachte an die vielen Schiffsjungen dort an Bord, mit denen er seinerzeit zusammen ausgebildet worden war. Captain Aylwin von den Royal Marines sagt allerdings: »Es ist schwer, genau zu beschreiben, was ich gefühlt habe, als ich den Schiffsboden der REPULSE sich nach oben drehen sah. Ich glaube nicht, daß ich in irgendeiner Weise besonders betroffen war. Sie sank, das war alles. Der Feind konnte nun seine Anstrengungen auf die PRINCE OF WALES konzentrieren.«

Es läßt sich nicht genau feststellen, was zu dieser Zeit auf der Brücke der PRINCE OF WALES geschah. Wenn in früheren Seeschlachten ein Flaggschiff schwer beschädigt wurde, so wechselte der Admiral mit seinem Stab auf ein anderes Schiff über, um beweglich und aktiv zu bleiben. Im vorliegenden Fall besteht kein Zweifel, daß Admiral Phillips eine solchen Wechsel nicht beabsichtigt hat. Mit der ebenfalls sinkenden REPULSE hatte er nicht mehr viel zum Befehlen übrig behalten. Selten dürfte ein Marineoffizier in so kurzer Zeit einen so harten Schicksalsschlag durch eine feindliche Angriffstätigkeit erfahren haben, die er bisher für unmöglich gehalten hatte. Das Flaggschiff hatte schließlich seine Funkstille gebrochen und um 12.20 Uhr folgendes Signal abgegeben:

Notruf
Bin durch einen Torpedo an Backbordseite getroffen. NYTW022R06. Vier Torpedos.
Repulse durch einen Torpedo getroffen. Sendet Zerstörer.

Überraschend ist die Verzögerung – es war zweiundzwanzig Minuten, nachdem Captain Tennant auf der REPULSE die Funkstille gebrochen hatte – und daß der Hilferuf nach Zerstörern ging und nicht nach Luftunterstützung. Es war ein sehr bezeichnendes Signal.

Um 12.41 Uhr meldeten die Ausguckposten zwei neue Gefahren. Acht Höhenbomber wurden im Anflug von achtern gesichtet, und auf der Steuerbordseite wurde etwas gesehen, das wie ein Sehrohr eines U-Bootes aussah. Die Bomber waren Wirklichkeit – die Staffel von Lieutenant Takeda hatte die PRINCE OF WALES entdeckt –, das angeblich gesehene Sehrohr war eine Falschmeldung. Die PRINCE OF WALES eröffnete mit allen noch einsatzfähigen Geschützen das Feuer. Drei der 5,25''-Türme feuerten einwandfrei, aber einer, p2, mußte wegen einer schweren Leckage in der Hydraulik bald wieder das Feuer einstellen, und die beiden anderen, s1 und s2, waren in ihrer Tätigkeit behindert, weil der Soldat am Entfernungsmeßgerät am rechten Auge verletzt worden war und daher die Höhe nur noch geschätzt werden konnte. Einige Pom-Poms und andere leichte Waffen schossen ebenfalls, mehr ein symbolischer Akt des Widerstands, da Takedas Bomber in 3 000 Meter Höhe anflogen. Die hilflose PRINCE OF WALES würde für sie ein leichtes Ziel darstellen. Viele Männer nutzten die Zeit, um Schutz zu suchen. Auf der Brücke sah Captain Leach die Bomben fallen. Er wandte sich zu Admiral Phillips: »Jetzt!« Alle warfen sich zu Boden.

»Während ich half, die Laschungen an den Booten zu kappen, hörte ich Rufe über weitere Flugzeuge. Ich konnte sie sehen – diesmal in großer Höhe –, wie sie sich in einer geschlossenen Reihe nebeneinander von vorn näherten. Und ihre Absichten waren unmißverständlich. Warum? O warum? Wir sanken doch bereits! Die vorderen Pom-Poms und die 5,25'' eröffneten das Feuer, aber anscheinend funktionierten die Feuerleit-Rechengeräte nicht mehr, denn die Granaten explodierten völlig unregelmäßig. Jedes Flugzeug warf eine schwere Bombe. Bei einer solchen Angriffsformation mußte mindestens eine Bombe das Schiff treffen. Es war unvermeidbar, daß hunderte Männer in ein paar Sekunden tot sein würden, und dieses eine Mal in meinem Leben verlor ich völlig die Beherrschung und brüllte ihnen unflätige Beschimpfungen entgegen. Als die Bomben tiefer kamen, verkroch sich eine Gruppe von uns in eine Taulast und wartete ab.« (Leichtmatrose D. F. Wilson)

»Ich erinnere mich, daß wir uns im und um den Kommandostand vor dem letzten Bombenangriff alle flach an Deck warfen, da unser Pom-Pom-Kommandogerät sowieso nutzlos war und wir die Bomben schon aus den Flugzeugen fallen sahen. Ein Offizier beschimpfte uns wegen unserer Feigheit, und wir standen beschämt wieder auf. Ich ging durch das Brückendeck und suchte an dem Steuerbordkommandostand einen Freund von mir, fand aber das Deck voll mit am Boden liegenden Offizieren und Mannschaften! Während dieser Angriffe verfluchte jeder aus dem Zwischendeck das Fehlen von Luftunterstützung. Ich fürchte, der arme Admiral Tom Phillips war in diesem Stadium nicht sehr populär, denn im Zwischendeck liefen Gerüchte um, daß er seinen Vorgesetzten mitgeteilt hätte, wir würden ohne Luftunterstützung auskommen! Ich wiederhole, daß das nur ein Gerücht im Zwischendeck war.« (Vollmatrose R. H. James)

»Eine Handsirene oder eine Warneinrichtung ertönte von der Brücke. Ich dachte: ›Mein Gott, nicht noch einmal.‹ Aber als ich den völlig wolkenlosen Himmel ansah, sah ich acht oder zehn Flugzeuge, hoch, sehr hoch, Flügelspitze an Flügelspitze, auf uns zufliegen. Als wir sie beobachteten, fiel etwas aus ihnen heraus, das wie Schneeflocken aussah. Wir beobachteten sie fasziniert, dann wachte ich auf – Bomben! Sie fallen auf uns! Ich stieß die jungen Burschen in die stählerne Bootsmannslast und knallte die Tür zu. Dann gab es ein Krachen wie Donner und zerreißendes Metall. Es dauerte eine Weile, bis meine Ohren und Sinne wieder normal reagierten, aber ich hatte plötzlich das Gefühl, als ob wir sanken. Ich schob irgend jemandes Füße von meinem Nacken weg (die Bootsmannslast war ziemlich eng, und wir hatten alle versucht, in ihr Platz zu finden), machte die Tür auf, und wir strömten an Deck, wo sich uns ein Bild der Verwüstung bot. Aus den Lüfterschächten drang Feuer und Rauch. Das Bootsdeck war unbeschädigt, und wir bahnten uns einen Weg zum Mittelschiff, wo wir feststellten, daß die Bomben uns nur um ein paar Schritte verfehlt hatten, aber genau durch das Panzerdeck des Katapults in den Kinoraum gegangen war, wo die Verwundeten lagen.« (Leichtmatrose W. E. England)

Die Staffel von Lieutenant Takeda hatte sieben Bomben geworfen. Bei dem achten Flugzeug hatte die Auslösevorrichtung versagt. Es war eine gut gezielte Salve, und eine 500-Kilo-Bombe hatte das Katapultdeck an Backbord durchschlagen und war auf dem darunter liegenden fünf Zoll starken Panzerdeck explodiert. Die Explosion hatte das Katapultdeck »wie einen kleinen Berg« nach oben gedrückt. Nicht weit von dem Ort der Explosion befand sich unterhalb des Panzerdecks der Kesselraum ›X‹, der einzige, der noch besetzt war. Hier fanden die Stichflammen und der Rauch der Explosion durch die Luftschächte ihren Weg, verursachten weitere Verletzte, und die letzte Energiequelle des Schlachtschiffes fiel aus. Takedas Staffel flog davon, ihre Besatzungen waren sich sicher nicht bewußt, daß sie soeben den letzten Schlag in einer historischen Schlacht geführt hatten. Nicht weniger als fünf Flugzeuge waren durch das Abwehrfeuer der PRINCE OF WALES beschädigt worden – ein beachtliches Ergebnis, wenn man die Zahl der überhaupt noch einsatzfähigen Geschütze berücksichtigt.

Vom technischen Standpunkt aus hatte die Explosion dieser einen Bombe keinen wesentlichen Schaden angerichtet, aber die moralische Wirkung auf die Menschen war schrecklich. Sie hätte kaum an einer ungünstigeren Stelle detoniert sein können, da die eigentliche Detonation in dem als Kinosaal bekannten großen Raum erfolgte, der zu diesem Zeitpunkt als Sammelstelle für Verwundete und Erholungsstätte für das Maschinenpersonal diente, das durch die übermäßige Hitze unter Deck unter Erschöpfungserscheinungen litt. In dem Kinosaal befanden sich zwischen 200 und 300 Menschen, und die Wirkung hier und in den anschließenden Gängen war fürchterlich – Explosionsdruckwelle, Verbrennungen und Splitter. Der ganze Raum hatte sich in ein blutiges Trümmerfeld verwandelt.

»Ein gewaltiger Blitz und eine fürchterliche Explosion, vermischt mit lauten Schreien, war das erste, was ich wahrzunehmen glaubte. Diese

Schreie kamen aus allen Kehlen, und ich selbst hatte dazu um mich herum und in meinen Lungen eine Empfindung von Feuer. Ich muß dann wohl sofort bewußtlos geworden sein, ich weiß nicht, für wie lange, aber dann kam der Moment, in dem ich begriff, daß ich einen schwachen Schimmer Tageslicht sehen konnte, auf den ich mich zubewegte...« (Marine R. B. Wade).

Lieutenant Dick Wildish war einer von denen, die, durch die Hitze in den Maschinenräumen erschöpft, sich im Filmsaal erholen sollten.

»Ich legte mich neben Lieutenant-Commander (E) R. O. Lockley auf den Boden. Viele Leute lagen da, und der Schiffspfarrer ging mit einer Flasche Schnaps als Begrüßungstrunk herum – sehr angenehm. Dann fiel die Bombe, und die stählerne Decke fiel auf den Lieutenant-Commander und auf mich. Ich drehte mich zu ihm hin und war sicher, daß er tot war. Ich konnte mich eine Weile nicht bewegen, aber dann gelang es mir, mich von den Trümmern und dem ekelhaften blutigen Durcheinander zu befreien und zum Achterdeck zu gelangen, wo ich Lieutenant-Commander Terry traf. Ich erinnere mich, daß er der Rollenoffizier war und vermutlich seine Gefechtsstation verlassen mußte. Ich berichtete ihm über das entsetzliche Durcheinander in den unteren Räumen und daß ich der Meinung sei, Lockley sei getötet worden. Ich glaube, Terry organisierte dann einen Bergungstrupp, und war sehr froh, später zu hören, daß Lockley gefunden und lebend nach oben gebracht worden sei. Ich war selbst damals in keinem guten Zustand – stocktaub von der Bombenexplosion und daher unfähig, Befehle zu geben oder auszuführen, mit schweren Verbrennungen und kleineren Splitterverletzungen. Außerdem, nehme ich an, hatte ich einen schweren Schock bekommen.«

Die Geschütze schwiegen. Die Maschinen hatten gestoppt. Das riesige Schlachtschiff sank mit dem Heck immer tiefer, das Wasser kroch langsam vom Heck her immer höher auf dem Backbordoberdeck, »als ob die Flut käme«. Die Prince of Wales hatte noch ein weiteres Funksignal ausgesandt und um »alle verfügbaren Schlepper« gebeten, dann wurde noch ein in der Aufregung falsch verschlüsseltes Signal abgegeben, das deswegen in Singapur niemals verstanden worden ist und aus dem man nicht erkennen konnte, welche Art Hilfe verlangt würde – vielleicht endlich Flugzeuge? In keinem Funkspruch der Prince of Wales wurde erwähnt, daß die Repulse bereits vor zwanzig Minuten gesunken war. Es wurde dem Zerstörer Electra überlassen, diese Nachricht abzugeben.

Der Zerstörer Express befand sich als einziger noch in der Geleitposition an Steuerbord voraus für die Prince of Wales, und kurz vor dem letzten japanischen Bombenangriff war Lieutenant-Commander Cartwright zu der Überzeugung gekommen, daß das Schlachtschiff sank.

»Ich begriff, daß die Prince of Wales sich in größter Not befand, und konnte schon einzelne Männer über Bord springen sehen. Ich entschloß mich, längsseits zu gehen und zu helfen versuchen. Ich konnte die japanischen Bomber im Anflug sehen und wartete daher, bis ihr Angriff vorüber war. Ich wollte ihnen nicht ein noch größeres Ziel bieten. Nachdem die Bomben gefallen waren, drehte ich und legte mich steuerbord achtern längsseits der PRINCE OF WALES. Da erhielten wir von der Brücke der PRINCE OF WALES einen Blinkspruch: ›Warum sind Sie längsseits gekommen?‹ Ich antwortete: ›Es sieht so aus, als ob Sie Hilfe brauchten.‹ Ich glaube, man war sich über den Ernst der Lage überhaupt nicht im klaren.«

Nur ein Wunder konnte dieses einst so stolze Schlachtschiff noch retten. Captain Leach befahl, alle Verwundeten von Bord zu geben, und bald darauf verließen viele in Carley-Flößen über das Heck das Schiff. Andere Verwundete wurden auf Bahren auf die EXPRESS gebracht. Captain Leach war von der Brücke zum Achterdeck nach unten gekommen, wo sich eine große Anzahl seiner Männer versammelt hatte. Er sagte ihnen, daß die PRINCE OF WALES zwar schwer getroffen, aber immer noch eine Kampfeinheit sei, und fragte nach Freiwilligen, die an Bord bleiben wollten, um zu versuchen, das Schiff nach Singapur zurückzubringen. Es meldeten sich einige Freiwillige, aber alle wußten, daß es eine hoffnungslose Angelegenheit war, und auch Captain Leach kam bald zu der Überzeugung, daß er sein Schiff verlieren würde. Paymaster-Lieutenant J. G. Baskcomb erinnert sich an »das würdevolle Bild, das ich von seiner ein wenig hoffnungslosen Geste im Gedächtnis habe, als er wegging und befahl, daß jeder seine Schwimmweste aufzublasen habe«.

Captain Leach gab allen Männern, die nicht zur Bedienung der Geschütze oder andere lebenswichtige Aufgaben gebraucht würden, die Erlaubnis, auf die EXPRESS überzusteigen, und kletterte dann wieder zu Admiral Phillips auf die Brücke. Phillips hatte an die Männer keinerlei Ansprache gehalten, dies war auch nicht seine Aufgabe. Dies war nun keine Angelegenheit mehr für Admiräle, sondern für den Kommandanten und seine Besatzung. Ein Bericht gibt an, daß Admiral Phillips jemanden unter Deck geschickt habe, um ihm seine beste Mütze zu bringen. Um 13.15 Uhr erhöhte sich plötzlich die Backbordschlagseite. Jetzt konnten dem Schiff weder Flugzeuge noch Zerstörer noch Schlepper mehr helfen. Es ging unter. Die gefürchteten Worte, die kein Seemann jemals zu hören hofft, liefen durch das Schiff: »Alle Mann von Bord!«

»Alle Mann von Bord!«

Als Captain Leach den Befehl zum Verlassen des Schiffes gab, waren in der Umgebung der Untergangsstelle der REPULSE die Bergungsarbeiten bereits seit vierzig Minuten im Gange, und die Zerstörer ELECTRA und VAMPIRE mit dem Auffischen von Überlebenden voll beschäftigt. Die PRINCE OF WALES sollte noch genau acht Minuten mit der EXPRESS an ihrer Seite überleben. Die einzigen Zuschauer außerhalb des Geschehens waren die Besatzungen verschiedener japanischer Flugzeuge, die als neugierige Beobachter geblieben waren – und der erste Brewster Buffalo-Jäger, der genau in dem Augenblick eintraf, als die PRINCE OF WALES in der See verschwand.

Wenn der Verlust jedes großen Schiffes das Ergebnis einer Kampfhandlung ist, kann der Untergang oft sehr schnell kommen, und dann sind die Leben einer großen Anzahl von Menschen in Gefahr, in dem sinkenden Schiff eingeschlossen zu werden, durch Tausende von Tonnen Heizöl aus geborstenen Öltanks erstickt zu werden, der Gefahr weiterer feindlicher Aktionen, der Gefahr zu ertrinken oder an Erschöpfung zu sterben und in diesen tropischen Gewässern der Gefahr von Angriffen durch Haie. Mit solchen Gefahren hatten fast 3000 Männer der REPULSE und der PRINCE OF WALES zu rechnen. Der Schlachtkreuzer REPULSE war bis kurz vor seinem Ende eine noch voll kampffähige Einheit gewesen. Trotz ihrer mangelhaften Flakbewaffnung und dem frühen Bombentreffer hatte sie in der Schlacht über eine Stunde lang einen vollwertigen Gegner abgegeben. Die hauptsächlich aus der Zeit vor dem Kriege stammende, gut ausgebildete Besatzung hatte das alte Schiff bis zu der letzten Serie von Torpedoangriffen gut verteidigt, die sie in ein Wrack verwandelten. Der langwierige Todeskampf der PRINCE OF WALES galt nicht für die REPULSE. Um 12.23 Uhr war sie noch ein lebendes Schiff. Vier Minuten später ging sie unter.

Auf diesem nach Backbord hängenden Schiff, das aber immer noch mit sechs Knoten Fahrt lief, verkündete Captain Tennant über die Lautsprecheranlage: »Alle Mann an Deck! Klarmachen zum Verlassen des Schiffes! Gott sei mit euch!« In allen Abteilungen – an den Geschützen, in den Rechenzentralen, beim Lecksicherungsdienst, Nachrichtenzentralen, Munitionskammern und Lasten, in den noch in Betrieb befindlichen Maschinen- und Kesselräumen und überall dort, wo Männer ihre Pflicht getan hatten – ließen Offiziere oder ältere Dienstgrade ihre Männer wegtreten und befahlen ihnen, sich an Deck zu begeben. Kein Bericht meldet, daß auch nur ein einziger Mann seinen Posten verließ, ohne dazu Befehl erhalten zu haben. Dutzende von Männern strömten nun von unten her aus Luken oder kletterten die Niedergänge von den oberen Decks herunter, aber noch niemand sprang über Bord. Captain Tennants Bericht:

»Als das Schiff dreißig Grad Schlagseite nach Backbord bekommen hatte, sah ich über das Steuerbord-Brückenschanzkleid den Commander (1. Offizier) sowie zwei- bis dreihundert Mann sich auf der Steuerbordseite versammeln. Ich bemerkte nicht das kleinste Zeichen von Panik oder Disziplinlosigkeit. Ich rief ihnen von der Brücke aus zu, wie gut sie gekämpft hätten, und wünschte ihnen viel Glück«.*

Captain Tennant befahl dann: »Alle Mann von Bord!«

Nun gab es kein Zögern mehr, und der erste Andrang war schnell vorüber. Jeder Mann hatte eine altmodische, aber leistungsfähige Gummischwimmweste, die er in den letzten vierundzwanzig Stunden befehlsgemäß ständig getragen hatte. Sie aufzublasen dauerte nur einige Sekunden. Es waren außerdem eine Anzahl Carley-Flöße vorhanden, die leicht über Bord geworfen werden konnten, aber die Motorbeiboote und Kutter konnten nicht so schnell zu Wasser gelassen werden, und es muß angenommen werden, daß keines dieser Boote verwendet werden konnte. Die meisten Leute mußten über die Seite ins Wasser springen, durften aber nicht das schräge Deck der schräghängenden Backbordseite herunterlaufen, um dann ins Wasser zu springen oder einige Fuß tief zu stürzen. Das hätte die Gefahr mit sich gebracht, von den massiven Aufbauten der REPULSE erschlagen oder durch den Sog des untergehenden Schiffes mit in die Tiefe gerissen zu werden. Der sicherere Weg war, das schräge Deck zur Steuerbordseite nach oben heraufzuklettern, über die Reeling zu steigen und dann über den Schiffskörper ein furchterregendes Hinabgleiten in die See zu wagen. Bald war der mächtige Schiffskörper voller Männer, die auf ihrem Hinterteil herunterrutschten. An einer Stelle, an der viele Leute das Schiff verlassen wollten, befand sich genau unterhalb der augenblicklichen Wasserlinie im Schiffsrumpf ein großes Torpedoloch. Ein aufmerksamer Feldwebel bemerkte, daß verschiedene Leute in dieses Loch fielen und verschwanden. Er stellte sich in der Nähe dieser gefährlichen Stelle auf und warnte die Männer, sich von ihr entfernt zu halten. Es dauerte jedoch nicht lange, bis die REPULSE noch mehr nach Backbord krängte und das zackige Torpedoloch und die gewaltige Ausbeulung oberhalb der Wasserlinie zu sehen waren.

Der Fotograf der Admiralität, Lieutenant Abrahams, bemühte sich, seine einmaligen und unbezahlbaren Aufnahmen von den letzten Ereignissen zu retten.

* British Official History, Seite 197

»Als der Befehl zum Verlassen des Schiffes gegeben wurde, wußte ich, daß ich mich wegen des Gewichts der Kamera und der Kassetten nicht schwimmend über Wasser halten können würde. Ich packte daher die Kamera und die noch nicht belichteten Kassetten in einen leeren stählernen Schwimmwestenkasten auf dem Hauptdeck in der Nähe einer Pom-Pom – einige Männer der Geschützbedienung waren tot –, und als ich über Bord sprang, nahm ich nur die Kassetten mit den Aufnahmen von der Schlacht mit mir.

Es gab ein paar Witzbolde – ›Auf Wiedersehen in Singapur, Kamerad‹ und ›Jetzt kannst du stempeln gehen‹. Ich rutschte dann bis zu dem hervorstehenden Torpedowulst an der Bordwand hinunter, aber da sah ich eines der klaffenden, von einem Torpedo gerissenen Löcher und balancierte auf dem Schiffskörper weiter nach achtern, bevor ich ins Wasser sprang. Als ich wieder auftauchte, sah ich vom darüberliegenden Deck aus einen Mann springen – er hatte genagelte Seestiefel an und muß ein Royal Mariner gewesen sein. Er traf mich schwer, zerriß mir die Schwimmweste und verletzte ein Auge. Als ich wieder an die Oberfläche kam, hatte ich alle meine Aufnahmen verloren und konnte den Mann nicht wiederfinden, der mich inmitten von Hunderten, von Heizöl schwarzen auf- und abtanzenden Köpfen getroffen hatte.«

Sergeant H. A. Nunn von den Royal Marines war einer der vielen, die schwimmende Gegenstände über Bord zu werfen versuchten.

»In besseren Zeiten war das Geschützdeck ›B‹ die Raucherecke für die Oberfeldwebel, und daher befanden sich dort große hölzerne Gartenmöbel. Ein Seemann und ich schleppten einen dieser Stühle zur Reeling und warfen ihn über Bord, weil wir dachten, daß er im Wasser jemandem von Nutzen sein könnte. Aber zu unserer Enttäuschung sank er wie ein Stein.

Inzwischen wurde es auch für mich Zeit, über Bord zu gehen, und ich zog daher meine Schuhe aus und kletterte über die Reeling. Es war möglich, einen Teil des Weges an der Bordwand herunterzugehen, aber den Rest mußte ich auf dem Hintern rutschend ohne Rücksicht auf Rißwunden und Verletzungen zurücklegen. Meine Schwimmweste hatte ich um und keine Angst, ins Wasser zu springen, da ich ein guter Schwimmer war. Ich dachte keinen Augenblick an die Möglichkeit, daß Haie in der Nähe sein könnten. Meine einzige Sorge war, vom Schiff und dem sich immer mehr auf der Wasseroberfläche ausbreitenden Ölfleck wegzukommen.«

In diesen wenigen Minuten gelang es Hunderten von Männern, einen sicheren Abstand von der sinkenden REPULSE zu gewinnen. Alles verlief in voller Ordnung, ohne Panik, kein Stoßen und Drängen, teilweise warteten die Männer, bis sie an der Reihe waren, die Bordwand herunterzurutschen, »als ob sie sich für ein Foto in einer Reihe aufzustellen hätten«. Der Sportlehrer des Schiffes fand einen jungen Matrosen ohne Schwimmweste, gab ihm seine eigene, und beide sprangen dann vom Bug der REPULSE zusammen ins Wasser. Ein Heizer sah einen jungen Seemann auf dem Torpedowulst stehen, der Angst hatte, ins Wasser zu gehen und schrie; er hatte seine Schwimmweste verloren und konnte nicht schwimmen. Der Heizer gab ihm seine Schwimmweste und rief ihm zu, er solle mit ihm zusammen springen. Als er wieder auftauchte, war der Junge verschwunden.

Die sich überstürzenden Ereignisse und die Tatsache, daß die Lautsprecheranlage in einigen Teilen des Schiffes ausgefallen war, führte in vielen Abteilungen dazu, daß der Befehl zum Verlassen des Schiffes erst sehr spät bekannt wurde. Besonders die Männer dieser Abteilungen, die sich tief unten im Schiff befanden, hatten oftmals große Mühe zu entkommen, da sie eingeschlossen waren. Jedes Deck war von dem darüberliegenden durch Luken getrennt, die im Gefechtsfall geschlossen wurden und nun mit Gewalt geöffnet werden mußten, zum Teil gegen die Schräglage des Schiffes. Die schweren stählernen Luken des Hauptpanzerdecks konnten vielfach nur mit Hilfe von Ketten und Winden geöffnet werden und stellten damit eine besondere Gefahr dar. Dutzende von unten kommende Männer konnten nach krampfhaften Kletterübungen auf Leitern oder Stangen sowie Drängen durch stockdunkle Gänge gerade noch im letzten Augenblick an Oberdeck gelangen. Diese Männer liefen gegen die Uhr um ihr Leben.

Der Verwalter Leonard Sandland gehörte zu einer Gruppe, die unter Deck für eines der Flakgeschütze die Granaten in einen Munitionsaufzug zu laden hatten, als die Torpedos die REPULSE trafen. »Ein Bursche schrie: ›Achtung! Der Aufzug!‹ Wir erstarrten für eine Sekunde, als wir merkten, daß die Geschützbedienung über uns verwundet sein mußte. Niemand entlud mehr die Granaten, sie liefen über den Endpunkt des Aufzuges weiter und krachten dann auf den Boden. Nobby, einer unserer Gruppenführer, und ich überlegten, ob die Geschützbedienung ausgefallen oder ob Befehl zum Verlassen des Schiffes gegeben worden sei. Uns war klar, daß wir uns in einer schlimmen Lage befanden, wie schlimm allerdings konnten wir nicht wissen. Wir kamen auch nicht auf den Gedanken, daß wir da unten eingesperrt sein könnten. Als wir noch überlegten, was wir am besten tun könnten, stand plötzlich unser Entschluß durch andere Ereignisse fest. Ein neuer, rückstoßartiger Schlag gab dem Schiff eine gewaltige Erschütterung und die senkrechte Wand vor uns war nicht mehr senkrecht, sondern neigte sich in einem Winkel von ungefähr dreißig Grad. Das ließ uns unsere Entscheidung treffen. Wir ließen alles fallen und kletterten an einer Stütze, die schräg über uns hing und deren Spitze wir gerade noch sehen konnten, nach oben. Wir hatten dann Angst, daß die Luke darüber möglicherweise verriegelt sein könnte, aber wir hatten Glück, wahrscheinlich nur, weil die Burschen oben so beschäftigt gewesen waren, daß sie keine Zeit zum Festziehen der Vorreiber gehabt hatten. Egal, wir kletterten bis ganz nach oben, lüfteten die Luke an und stellten fest, daß das obere Deck, in das wir geflüchtet waren, keine Beleuchtung hatte und wir uns in völliger Finsternis befanden.

Ich glaube, daß fast alle unsere Kameraden seit ungefähr zwölf Monaten auf der REPULSE waren, und in einer solchen Zeit lernt man ein Schiff in- und auswendig kennen – und das war gut so. Auf jeden Fall fanden wir unseren Weg durch die Schotten trotz völliger Dunkelheit, bis wir zu dem großen Luk kamen, von dem wir wußten, daß es uns an Oberdeck führen würde – und das war wirklich ein harter Brocken. Es war extrem schwer und wegen der starken Schlagseite über uns wie versiegelt. Wir mußten gemeinsam unsere letzten Kräfte aufwenden, um es nach oben aufzudrücken. Aber wir schafften es und stürzten in blendenden Sonnenschein.«

Vollmatrose Tom Barnes hatte an einem Koppeltisch in der Artillerieleitstelle Dienst gemacht und von dort die Werte an die Flakgeschütze weitergeleitet.

»Wir waren erneut getroffen worden, diesmal anscheinend an der anderen Seite. Man hatte das Gefühl, als lege sie sich auf die Seite. Wir klammerten uns irgendwo fest – keiner von unserer Gruppe ließ sich aus der Ruhe bringen. Dann kam über den Lautsprecher ›Alle Mann von Bord‹. Durch den Raum ›B‹, die eiserne Leiter nach oben ins Zwischendeck, ein Gedränge um den Niedergang zum Steuerbordhauptdeck, an der Feldwebelmesse entlang. Die REPULSE hatte jetzt starke Schlagseite bekommen. Ob ich noch bis ans Oberdeck kommen würde? Die Tür zur Feldwebelmesse hängt schräg geöffnet, ein flüchtiger Blick hinein zeigt ein Oberlicht und eine offene Luke – hinein. Dann eine fast senkrechte Kletterpartie durch die Luke, hin zur Bordwand und hinunter zum Wulst – ein Sprung, und das war es dann. Ich war im Wasser.«

Der Heizermechaniker George Avery befand sich in einem der Kondensatorräume.

»Wir hatten die verschiedenen dumpfen Schläge der auftreffenden Torpedos gehört. Zwischen den beiden Kondensatorräumen befand sich unter uns eine große Ladeluke, und mein bester Freund, Patrick Sheam aus Cork, war in dem anderen Kondensatorraum. Ich blickte durch die Luke, und er winkte mir zu. Dann entstand eine dicke Rauchwolke, und Gegenstände flogen umher. Eine Torpedoexplosion hatte den anderen Raum getroffen. Ich setzte mich hin und heulte.

Die Verdampfer zeigten ein Fallen des Dampfdrucks an; obwohl ich die Zudampfventile immer weiter öffnete, änderte sich der Dampfdruck überhaupt nicht, und ich sagte daher zu dem wachhabenden Obermaschinisten: ›Ich glaube, es ist Zeit zum Abhauen.‹ Er sagte: ›Laß uns auf Befehle warten.‹ – Da das Befehlsübermittlungssystem zusammengebrochen war, sagte ich, es würde zu spät, wenn es nicht bereits zu spät sei. Wir befanden uns in dieser Abteilung mit sieben Mann. Wir öffneten die große Schottür über uns zum nächsten oberen Deck und sahen, daß die Luke darüber geschlossen war. Nur ein kleines rundes Mannloch war offen, und alles, was wir sehen konnten, war, daß Wasser durch diese Öffnung schoß. Wir kletterten durch das Mannloch, doch das Wasser drückte uns nach innen zurück. Ich ergriff irgend etwas an Deck Liegendes, der Druck des Wassers zerbrach meinen goldenen Ring am Finger, aber ich wurde davor bewahrt, wieder in das Zwischendeck zurückgedrückt zu werden.«

Doch es gab viele Männer, die nicht herauskamen. Das waren die Schwerverwundeten, die Erschlagenen, die in den untersten Räumen des Schiffes Eingeschlossenen – in den Magazinen, den Munitionskammern, den Kessel- und Maschinenräumen. Da gab es Männer, die vergebens die Gänge auf- und abliefen, an Schotten und gepanzerte Luken hämmerten, bis sie vom Wasser überwältigt wurden. In der Rechenstelle der 15"-Geschütze hatten sich einige Musiker der Royal Marine befunden, die kurz vor Beginn der Schlacht noch eine begeistert aufgenommene »Jam Session« abgehalten hatten und sich nun in äußerster Gefahr befanden. Der sechzehnjährige Schiffsjunge Heydon befand sich unter ihnen.

»Bevor wir spürten, daß das Schiff sich auf die Seite legte, hatten wir zwei weitere Torpedotreffer gezählt. Mit einem Ausdruck des äußersten Zweifels auf den Gesichtern aller um mich herum wartete ich während eines Augenblicks bedrückenden Schweigens, daß irgend jemand irgend etwas sagen würde – irgend etwas. Aber die nächste Stimme, die wir hörten, war die des Kommandanten und der Befehl ›Klarmachen zum Verlassen des Schiffes!‹. Keiner von uns bewegte sich, weil das Ganze zu unglaubwürdig schien, bis ich als Jüngster der Besatzung der Rechenstelle den Befehl erhielt: ›Raus und über Bord!‹. Dadurch, daß ich als Läufer eingesetzt wurde, kannte ich alle Abkürzungswege im ganzen Schiff und kletterte einen Notausstieg hoch, der gerade weit genug für eine Person war. Verschiedene Leute folgten mir, als ich zu der Öffnung gelangte, die auf das Geschützdeck ›B‹ führte – diese Öffnung befand sich über mir in einem Winkel von ungefähr fünfundvierzig Grad. Die einzige Möglichkeit, diese Öffnung zu erreichen, bestand darin, die Hilfe eines Mannes unter mir in Anspruch zu nehmen. Es war ein guter, persönlicher Kumpel von mir, auch ein Schiffsjunge, der mir einen Stoß nach oben geben sollte. Dabei verlor er unglücklicherweise seinen Halt, fiel herunter und riß ungefähr ein Dutzend Leute mit sich in die Tiefe. Ich träume immer noch von diesen herabfallenden Leuten, die den Aufstieg nie wieder versuchen konnten. Als ich dann vom Geschützdeck ins Wasser rutschte, war ich ganz allein und fühlte mich elend bei dem Gedanken, daß sie zur Rettung meines Lebens ihr eigenes verloren hatten. Ich leide immer noch an Gewissensbissen.«

Letztlich blieb der REPULSE eine schwere innere Explosion erspart, so wie sie im Skagerrak drei Schlachtkreuzer auseinandergerissen hatte – und kürzlich die Hood. Aber fast vier von zehn Leuten der Repulse starben, wobei ein wesentlicher Anteil dieser Verluste auf im Schiff eingeschlossene Besatzungsmitglieder entfällt. Vielleicht ereigneten sich die tragischsten Fälle dort, wo Leute in kleineren, noch mit Luft gefüllten Räumen eingeschlossen waren, aus denen es kein Entweichen gab. Die Repulse sank in einer Wassertiefe von sechzig Metern, und in dieser Tiefe dürfte der Wasserdruck nicht so stark gewesen sein, daß er unmittelbar zum Tode führte.

Die letzten paar Leute retteten sich nun vom Deck der Repulse, als sie immer weiter nach Backbord überholte. Einer davon war Commander R. J. R. Dendy.

»Einer der 4"-Drillinge auf der Steuerbordseite des Signaldecks brach weg und fiel krachend nach Steuerbord. Gleichzeitig erfaßte mich von hinten ein gewaltiger Schwall Wasser und schwemmte mich weg. Ich erinnere mich an die helle Färbung dieser Welle und erkannte daran, daß ich nicht in die Tiefe gerissen, sondern vom Schiff weggetrieben wurde und an der Oberfläche blieb.« Lieutenant J. O. C. Hayes hatte sich davon überzeugt, daß die geheimen Schlüsselunterlagen im Schiffstresor mit untergehen würden, bevor er sich selbst rettete.

»Meine Bewegungen wurden dann von den Gesetzen der Schwerkraft bestimmt wie eine dieser Kugeln auf einem Miniaturspieltisch, die von kleinen Bolzen abprallen – gegen den von der hohen Wärmeentwicklung der Höchstfahrt rotglühenden Schornstein, dann gegen die Backbord-Flaggenkästen, die normalerweise etwa fünfzehn Meter über der Wasserlinie stehen, jetzt aber fast vom Wasser bespült wurden; und dann hilflos über Bord und für eine endlos erscheinende Zeit unter Wasser. Als ich plötzlich auftauchte, schwebte die gewaltige Stahlkonstruktion des Hauptmastes, die den Großmast von der Großstenge trennt und die sich normalerweise ungefähr dreißig Meter über der Wasserlinie befindet, genau über meinem Kopf, während das Schiff mit immer noch drehenden Schrauben auf- und abstampfte.«

Viele berichten über die Tapferkeit eines jungen Australiers, Fähnrich R. I. Davies, der zuletzt angeschnallt an seiner Oerlikon-Kanone gesehen wurde, immer noch auf ein japanisches Flugzeug schoß und jeden beschimpfte, der ihm die Sicht versperrte.*

Die Repulse machte plötzlich eine taumelnde Bewegung und lag nun völlig auf der Seite – mit Masten, Schornsteinen und Aufbauten in Höhe der Wasseroberfläche. Männer, die das Schiff noch verlassen wollten, konnten nun auf der völlig freiliegenden Steuerbordseite stehen. Viele haben diese

---

* Robert Ian Davies, achtzehn Jahre alt, stammte aus Greenwich in Neu-Südwales. Er wurde durch eine posthume namentliche Erwähnung geehrt.

Szene mit dem bekannten klassischen Foto von dem Schweren Kreuzer BLÜCHER verglichen, der in der Schlacht bei der Doggerbank im Januar 1915 sank.

Vollmatrose D. W. Avery stand auf dem Schiffskörper der REPULSE.

»Wir gingen auf der Steuerbord-Schiffsseite bis zum Kiel, der jetzt bei dem auf der Backbordseite liegenden Schiff frei aus dem Wasser ragte. Ich traute mich nicht, zu den im Wasser um ihr Leben ringenden Menschen zu springen, und setzte mich daher zunächst auf den Kiel, um meine Schwimmweste aufzublasen. Aber sie war nicht mehr in Ordnung und durch die tropische Hitze beschädigt worden. Ich hatte keine neue bekommen.

Als ich so dasaß und überlegte, wie ich mein Leben retten könnte, kam Cecil Brown, der amerikanische Reporter, der in Singapur an Bord gekommen war, setzte sich neben mich, zog seine Schuhe aus, stellte sie säuberlich neben sich, stand auf, drehte sich zu mir und sagte: ›Viel Glück, Kumpel‹, sprang ins Wasser und schwamm auf den nächsten Zerstörer zu. Dieses Beispiel und die Tatsache, daß das Schiff immer tiefer ins Wasser sank, ließen mich zu einem Entschluß kommen, ich sprang ebenfalls. Aber es gelang mir zunächst nicht, wieder an die Oberfläche zu kommen. Ich sank mit offenen Augen immer tiefer und tiefer. Ich sah, daß es um mich immer dunkler und dunkler wurde und geriet in Panik. Ich bemühte mich verzweifelt, wieder nach oben zu kommen, und meine Lungen schienen zu zerspringen. Dann überwand ich meine Angst und stieß mich an die Oberfläche, aber dort fühlte ich mich nicht wohl und begann ohnmächtig zu werden. Ich mußte atmen und stieß langsam die Luft aus meinen Lungen heraus; das half zwar etwas, aber jetzt mußte ich tief durchatmen. Dann wurde mir klar, daß ich zwar Luft einatmete, aber dennoch nicht an der Oberfläche war. Ich war von dem sinkenden Schiff mit in die Tiefe gezogen worden, und während ich strampelte, muß ich in eine Luftblase geraten sein.«

Der Krankenpfleger Walter Bridgewater war als einer der letzten aus dem vorderen Gefechtsverbandsplatz weggegangen.

»Den Verwundeten wurde einem nach dem anderen zum Ausgang geholfen, dort wurden sie fast wortlos von Munitionsträgern übernommen, die ihnen halfen, zu den ersten Stufen der hölzernen Leitern zu gelangen. Die letzten zwei Männer mußte ich selbst heraufbringen, und dann erinnere ich mich, daß einer der Seeleute mich anschrie, ob ich nicht wüßte, daß ›Alle Mann von Bord!‹ gepfiffen worden sei.

Ich ging zum Schiffslazarett zurück, um den letzten Patienten zu holen, aber er war bewußtlos und konnte sich selbst überhaupt nicht helfen. Ich kann diesen erschütternden Anblick nicht vergessen. Aber da begann das bis dahin ziemlich stabil erscheinende Schiff zu schaukeln, das Deck neigte sich schräg, und die Behälter mit dem Verbandszeug sowie die Medikamentenschränke rollten umher und, was noch schlimmer war, die antiseptischen Flüssigkeiten waren ausgelaufen, so daß der Fußboden durch die gelbe Acraflavine-Flüssigkeit und andere naß und sehr glatt wurde.

Die ganze Zeit über war niemand mehr durch die Tür nach draußen gegangen, und ich konnte allein mit dem bewußtlosen letzten Verwundeten nichts anfangen. Als das Schiff nun stark erschütterte, entschloß ich mich zu gehen und mußte den letzten Mann in seiner Ecke lehnend zurücklassen.«

Bridgewater beschreibt dann, wie er durch zahlreiche Decks flüchtete, bis er an eine große Ladeluke kam.

»Ich versuchte gerade, mich durch diese Luke zu zwängen, als das Schiff sich stark auf die Seite legte. Dabei wurde mein rechter Arm an der Innenseite meines Bizeps in ein Winkeleisen eingeklemmt, und ich saß fest, während die See bereits meinen Kopf überspülte und ihn fast auf die Brust drückte. Zwei Unteroffiziere, die wie ich ›die Zeit verschlafen hatten‹ und nun noch gleichzeitig mit mir herauskommen wollten, wurden vom Wasser in das Schiff zurückgedrückt und verschwanden, nachdem sie gerade noch die Ladeluke erreicht hatten.

Für einige Minuten saß ich in dieser unangenehmen Lage fest, mit eingeklemmtem Arm und erhielt ständig Kopfstöße. Dann überlegte ich mir: ›Gut, diesmal hat es dich erwischt, mein Sohn‹ und bereitete mich darauf vor, so viel und so schnell wie möglich Wasser zu schlucken und Schluß zu machen. Mein letzter Gedanke war ziemlich egoistisch: ›Jetzt werde ich Muriel niemals heiraten können‹, und sprach ein kurzes Gebet, denn das Wasser ging mir schon bis an die Nase.

Da fühlte ich plötzlich, daß mein rechter Arm frei kam, griff nach der Lukentür, und im Bruchteil einer Sekunde war ich draußen, wahrscheinlich war ich der letzte, der das gute alte Schiff lebend verließ.«

Walter Bridgewater wurde ebenfalls eine namentliche Erwähnung zuteil dafür, daß er so lange bei den Verwundeten geblieben war – und er heiratete Muriel!

Das Ende kam schnell. Durch das Gewicht der Aufbauten verstärkte sich die Überrollbewegung, so daß die REPULSE sich einmal völlig drehte. Das Heck hob sich mit den immer noch drehenden Propellern, dann verschwand es, und der Bug stand senkrecht im Wasser, glitzernd in der Sonne, und man konnte den rot gemalten Teil des Schiffskörpers sehen. Es ist möglich, daß das Heck auf den Meeresboden aufschlug, bevor der Bug endgültig verschwand, weil die Länge der REPULSE mehr als dreimal größer war als die Wassertiefe an dieser Stelle. Genau elf Minuten nach dem ersten Torpedotreffer verschwand auch der Bug. Von den Männern im Wasser wurden einige wenige Hoch-Rufe für dieses vielgeliebte alte Schiff ausgebracht, aber die meisten Überlebenden waren wegen der Sogwirkung zu sehr damit beschäftigt, vom Schiff freizuschwimmen, obwohl sich diese Gefahr wahrscheinlich wegen der geringen Wassertiefe als geringfügig erwies. »Sie ging fast friedlich unter, als ob sie froh sei, daß alles vorüber war.«

Vom Schlachtkreuzer REPULSE blieb nichts übrig als einige große Luftblasen und an die Oberfläche steigendes Heizöl.

Nachdem die REPULSE untergegangen war, beschreibt ein Mann die Szene als »Körper und Trümmer überall. Die meisten Männer der Besatzung waren mit Heizöl bedeckt und sahen aus wie Neger-Jazzsänger, bei denen man nur das Weiße in den Augen sieht.« Die Männer, die schwimmen konnten oder besonnen genug waren, sich ihren Schwimmwesten anzuvertrauen, fanden das Wasser – wenn sie erst von dem Heizöl befreit waren – »warm und entspannend«. Es gab auch welche, die immer geglaubt hatten, sie könnten nicht schwimmen und jetzt feststellten, daß sie es doch konnten. Lieutenant Jim Davies von den Royal Marines schwamm von der REPULSE weg und wurde, als er sich umdrehte, um ihr Sinken zu beobachten, von einem stämmigen Seemann überholt, der schrie: ›Helft mir! Helft mir! Ich kann keinen Zug schwimmen!‹ Es gab auch die üblichen Scherzbolde – ›Bildet euch einfach ein, ihr wärt in Blackpool, Kameraden.‹ – Einige sangen auch, aber die Offiziere suchten das zu verhindern und warnten sie, Kraft zu sparen und kein Öl zu schlucken. Groß war die Furcht vor Haifischen, und es entstanden verzweifelte Paniksituationen, wenn ein Schwimmer sich einbildete, irgend etwas wäre unter Wasser gegen seine Beine gestoßen. Einige Männer schwammen absichtlich in Ölflecke hinein, um den Haien zu entgehen. Es gibt Berichte über eine oder zwei tote Bestien, die in der Gegend herumtrieben und wahrscheinlich durch die kürzlichen Bomben- beziehungsweise Torpedoexplosionen getötet worden waren. Die lebenden Haie waren durch eben diese Explosionen, zumindest im Augenblick, vertrieben worden.

Die REPULSE hatte mindestens zwölf große Carley-Flöße an Bord gehabt. Das waren rechteckige, pfannkuchenartig geformte Ringe aus mit Segeltuch überzogenem Kork, mit einem aus einzelnen Holzlatten bestehenden offenen Fußboden im Inneren. Sie waren praktisch unsinkbar und konnten eine Menge Menschen tragen. Die Schwimmer bemühten sich, das Asyl der Carley-Flöße zu erreichen, wo sich sehr schnell kleine Gemeinschaften von ölverschmierten und zum Teil verwundeten Menschen bildeten. Zwischendurch gab es einige Augenblicke der Angst, als sich eine Formation japanischer Flugzeuge in geringer Höhe näherte. Viele sprangen ins Wasser zurück, weil sie fürchteten, mit Maschinengewehren beschossen zu werden, aber die Mitsubishis donnerten, ohne zu schießen, über sie hinweg.

Die Zerstörer ELECTRA und VAMPIRE begannen inzwischen, die Überlebenden der REPULSE aufzufischen. Dies ist der geeignete Augenblick, diesen Schauplatz zu verlassen und zur PRINCE OF WALES zurückzukehren, die einige Meilen südöstlich sank.

Verglichen mit dem Untergang der REPULSE, der sich nach dem ersten Torpedotreffer innerhalb von elf Minuten vollzog, hatten die Männer auf der PRINCE OF WALES ausreichend Zeit, sich auf das Ende ihres Schiffes vorzubereiten. Fünfzig Minuten bevor die REPULSE sank, wurde die PRINCE OF WALES zum Krüppel geschlagen, und sie hielt sich noch weitere fünfzig Minuten. Die Carley-Flöße waren bereits seit einiger Zeit mit Verwundeten beladen und dann vorsichtig über das überflutete Heck zu Wasser gelassen worden. Die Schreie der verbrannten und verbrühten Männer bei der Berührung mit dem Seewasser sind die schrecklichste Erinnerung derer, die bei dieser Tätigkeit mitgeholfen haben. Dann hatte Captain Leach Freiwillige aufgerufen, um zu helfen, die PRINCE OF WALES nach Singapur zu bringen, hatte aber gleichzeitig denjenigen Erlaubnis zum Verlassen des Schiffes gegeben, die nicht in der Lage seien, zu helfen. Es gibt allerdings verschiedene Berichte über unverwundete Männer, die bereits davor ins Wasser gesprungen sein sollen.

Die ›Entbehrlichen‹ begaben sich in großer Zahl auf den Zerstörer EXPRESS, der an der Steuerbordseite der PRINCE OF WALES festgemacht und den Zwischenraum mit mehreren Laufstegen überdeckt hatte. Bei den noch an Bord benötigten Mannschaften gab es einigen Ärger, als sie einen in makelloses Weiß gekleideten Offizier in aller Ruhe zur EXPRESS hinübergehen sahen, der etwas in der Hand trug, das wie ein Diplomatenkoffer aussah. Dieser Anblick löste Spottrufe aus, und es gab Bemerkungen wie »Komm zurück, du Lump!« Aber die entbehrlichen Leute waren von Captain Leach entlassen worden, und dieser Offizier wird wohl den Befehl erhalten haben, sich mit wichtigen Dokumenten auf die EXPRESS zu begeben.

Die Vorbereitungen zum Verlassen des Schiffes waren nun in vollem Gange. Durch das steigende Wasser wurden mehr und mehr Menschen gezwungen, nach oben zu gehen, und bald stand eine große Menschenmenge auf dem sich verkleinernden Deck. Die Zurrungen an den Beibooten und Kuttern wurden gelöst, so daß sie beim Sinken aufschwimmen konnten. Eine Gruppe Männer band in der Nähe des Bootsdecks einen Stapel Holzbalken los und begann sie über Bord zu werfen, um später Männern, die erst zuletzt ins Wasser springen konnten, zu helfen. Ein Mann zählte beim Überbordwerfen laut jeden Balken – vierundzwanzig Balken nach der einen und die gleiche Anzahl nach der anderen Seite. Der Leichtmatrose James Cockburn war nicht weit davon in einer anderen Arbeitsgruppe beschäftigt.

»Ich war durch das Panzerschott nach oben gekommen, ging auf's Oberdeck und dann in die Offiziersmesse, wo einige Männer eine Kette bildeten, um Möbel aus der Messe nach achtern zu schaffen. Um mich nützlich zu machen, schloß ich mich dieser Kette an und reichte eine Anzahl Sessel weiter. Ich ahnte mehr, als ich es sehen konnte, daß das vordere Ende der Offiziersmesse ein gähnendes Loch hatte. Ich nahm einen Stuhl und ging damit zum Achterdeck, weil niemand da war, der ihn mir abnahm und sah, was mit den Möbeln geschehen war. Sie waren alle über Bord geworfen worden. Seit wir auf unseren Gefechtsstationen eingesperrt worden waren, war dies mein erster Blick auf die See und den Himmel. Blendendes tropisches Tageslicht und kein japanisches Flugzeug in Sicht. Das Schiff machte immer noch Fahrt, hatte schwere Schlagseite nach Backbord, und in seinem Kielwasser schwamm eine lange Kette von über Bord geworfenem Gerümpel, einschließlich der Möbel aus der Messe!«

Obwohl ›Alle Mann von Bord‹ endgültig befohlen worden war, herrschte allgemeine Unsicherheit. Der Befehl war in viele Teile des Schiffes nicht durchgedrungen, und in disziplinierten und panikfreien Abteilungen lief der Betrieb normal weiter. Wohl merkten einige Offiziere und Unteroffiziere, daß etwas nicht in Ordnung sein mußte, und befahlen ihren Leuten, nach oben zu gehen. Einige blieben bis zum Ende auf ihren Stationen und bezahlten dafür mit ihrem Leben. Wie auf der REPULSE gab es auch auf der PRINCE OF WALES verschiedene Beispiele für glückliche Rettung aus den unteren Räumen. Heizer Desmond Ulrick befand sich an Oberdeck und ging an einer offenen Luke vorbei, bei der der Niedergang zum darunterliegenden Deck zerstört war.

»Drei oder vier Leute zogen an einem Tampen und holten einen Mann der Besatzung daran hoch. Er war ziemlich mitgenommen, aber bevor er zusammenbrach, sagte er noch, daß da unten noch mehr Leute in geschlossenen Räumen eingesperrt seien. Mit zwei oder drei weiteren Männern ließ ich mich wieder an dem Tampen durch die Luke herunter. Ich entsinne mich jedoch nur an einen einzigen Mann, den wir gefunden haben, einen Unteroffizier. Er saß im Maschinenleitstand vor der Telefonzentrale und reinigte Indikatoren bzw. reparierte sie. Er muß auf seiner Gefechtsstation gewesen sein. Er schien überhaupt nicht zu wissen, was geschehen war, und war sehr erstaunt, als wir ihm mitteilten, daß das Schiff im Sinken und der Befehl ›Alle Mann von Bord‹ gegeben worden sei.

Ich erinnere mich lebhaft an diesen seltsamen Augenblick. Das Licht war aus, alles war dunkel, man konnte von irgendwo Wasser eindringen hören, und über allem herrschte hier diese völlige Ruhe, wie in einer verdunkelten und verlassenen Stadt. Wir wurden mit dem Tampen wieder durch das Luk nach oben gezogen.«

Männer, die zu diesem Zeitpunkt an der Kantine vorbeigingen, konnten sich unbegrenzt mit Zigaretten und Schokolade selbst bedienen, und der Kantinenbesitzer gab sogar ganze Bündel englischer Banknoten und Singapur-Dollars an jeden, der Zeit hatte anzuhalten, und stopfte sie in Taschen oder die von vielen Seeleuten getragenen Geldgürtel. Ein Zeuge behauptet, daß »niemand sich viel darum kümmerte«. Oberfeldwebel Hill und seine

Verpflegungsgruppe bereiteten noch auf dem Mitteldeck eine Tee- und Sandwich-Ausgabe vor, als das Schiff plötzlich stark überholte. Sie liefen wie wild weg und hatten gerade noch Zeit, durch einige offene Luken zu entkommen.

Als die Schlagseite nach Backbord gewaltig zunahm, kam die Steuerbordseite immer weiter aus dem Wasser heraus, und die tiefer liegende Seite des Schlachtschiffes hob sich unter der längsseits festgemachten Express hoch. Ihr Kommandant, Lieutenant-Commander Cartwright, hatte eine schwierige Entscheidung zu treffen. Wenn er zu lange liegen blieb, würde er sein eigenes Schiff gefährden, aber zu früh abzulegen würden den Strom von verwundeten Männern und sonstigen Überlebenden vorzeitig unterbrechen, die immer noch auf sein Schiff kamen. Als der Abstand der beiden Schiffe sich vergrößerte, fielen die Laufstege ins Wasser, aber trotzdem hangelten noch Männer an Tauen und über die Leinen, mit denen die zwei Schiffe noch miteinander verbunden waren, hinüber. Andere wagten mehr und übersprangen die Lücke, wobei Fehlsprünge furchtbare Folgen hatten. Als die Leinen steif kamen, versuchten die Männer an den Pollern der Express, sie zu fieren, aber das erwies sich als unmöglich, und schließlich brachen sie mit einem lauten Knall. Der Mechaniker Robert Woodhead war einer der letzten Männer, die ihr Glück durch einen Sprung von Schiff zu Schiff versuchten.

»Ich blickte über Bord und war entsetzt. Auf dem Wasser schwamm dikkes Öl, in dem einige Körper trieben. Einige Kameraden in meiner Nähe meinten, daß man in dieser Brühe nicht überleben könne. Ich besaß keine Schwimmweste, aber bei genauerem Hinsehen stellte ich fest, daß der längsseits liegende Zerstörer gerade ablegte. Ich rannte daher auf dem Deck zu einer freien Stelle, von wo ich Anlauf nehmen konnte und wo sich keine Reeling mehr befand. Einige Kameraden riefen mir zu, ich solle nicht verrückt sein, denn die Express habe bereits Fahrt aufgenommen, und ich würde in die Schrauben kommen. Aber ich rannte so schnell ich konnte und sprang in die Tiefe.

Ich weiß jetzt (und seit diesem Tage glaube ich immer daran), daß es für uns eine göttliche Fügung gibt. Meine Beine landeten bei den von der Bordwand der Express herabhängenden Leinen, und ich strampelte bis zu zwei Kameraden in meiner Nähe und entging so dem Untergang. Als ich mich einigermaßen von dem Schreck erholt hatte, sah ich mich nach der Prince of Wales um, die achtern sehr schnell absackte, und das erste, was ich bemerkte, war die Gruppe von Kameraden, die mich vor dem Springen gewarnt hatten und die immer noch an der gleichen Stelle standen.«

Die Express ging tatsächlich mit langsamer Fahrt zurück. Lieutenant-Commander Cartwright hatte die stärker werdende Schlagseite der Prince of Wales sorgfältig beobachtet und sah ihren Kiel hochkommen und unter der EXPRESS auftauchen. Er wartete den letzten Augenblick ab, zu dem er das Schlachtschiff noch sicher verlassen konnte. Vollmatrose John Farrington befand sich im Ruderhaus der EXPRESS.

»Ich beobachtete die ungeordnete Flucht – Männer kletterten an allen zur Verfügung stehenden Leinen nach oben, und ich hörte die Rufe derjenigen, die zwischen die beiden schweren Schiffe fielen und in einer brandenden Woge von Wasser, Öl und Blut erstickten. Die PRINCE OF WALES holte nun sehr stark über, und wir warteten dringend auf Befehle. Ich sah mit einem Auge auf die Tür des Ruderhauses und hatte eine Hand am Maschinentelegrafen. Mein Gegenüber, ›Bungy‹ Williams, sah mich drohend an: ›Beweg dich nicht vom Fleck.‹ Dann kam von der Brücke der harte Befehl: ›Volle Kraft zurück!‹ und mit einem knirschenden Sprung glitten wir von dem auftauchenden Kiel der PRINCE OF WALES herunter.

In diesem Augenblick waren wir Augenzeugen der Haltung eines wahrhaft tapferen Mannes – Admiral Tom Phillips lehnte über das Brückenschanzkleid, das Kinn auf die Hände gestützt und sah aus wie ein goldbetreßter ›What-Ho‹, und ein Signalgast an seiner Seite blinkte zu uns noch letzte Botschaften auf die Brücke.«

Als die PRINCE OF WALES überholte, wäre die EXPRESS beinahe gekentert, und einige Überlebende wurden von ihrem Deck in die See geschleudert oder sprangen von sich aus, weil sie dachten, daß der Zerstörer wirklich kentern würde. Aber Lieutenant-Commander Cartwright hatte genau den richtigen Augenblick abgepaßt, und sein Manöver wird von vielen Zuschauern als ein Beispiel hervorragender Seemannschaft beurteilt. Die EXPRESS zog sich zurück und hatte nur einen langen Schmiß davongetragen. Als die EXPRESS ablief, erhielt Cartwright eine freundliche Handbewegung von Admiral Phillips, vermutlich als Zeichen der Zustimmung.

An Bord der PRINCE OF WALES befanden sich immer noch einige hundert Männer. Sie standen für einige Minuten in großen Gruppen auf der Steuerbordseite des Achterdecks, von wo aus der sich entfernenden EXPRESS von einigen Witzbolden zugerufen wurde: ›Wünscht jemand ein billiges Schiff?‹ Dann begann über die Steuerbordseite des Schiffes die Evakuierung auf breiter Basis. Männer sprangen oder ließen sich an Leinen herunter, bis die Schlagseite so stark wurde, daß sie auf dem Hinterteil herunterrutschen konnten – eine gefährliche Rutschpartie auf der fünfzehn Meter langen stählernen Bordwand.

»Ich ging oder glitt bis zu den auf dem Schiffskörper aufgesetzten Panzerplatten abwärts. Von da aus wollte ich bis zu einer Stelle weitergehen, wo zwei an Oberdeck festgemachte Leinen fast bis zur Wasseroberfläche reichten. Aber als ich in ihre Nähe kam, sah ich ungefähr ein Dutzend Leute, die sich um einen Halt an diesen Leinen abmühten und einer nach dem anderen von dort ins Wasser glitten. Ein weiteres Überholen des Schiffes ließ mich einen schnellen Entschluß fassen, und ohne viel zu überlegen, ließ ich mich im Sitzen abwärts rutschen. Das Schiff hatte inzwischen einen Neigungswinkel von fünfundvierzig Grad angenommen, und die Bordwand war dick mit Öl verschmiert, so daß man die Geschwindigkeit, mit der ich an ihr heruntersauste, am besten der Phantasie überläßt. Als ich startete, entsinne ich mich, unter mir Dutzende von Köpfen auf dem Wasser tanzen gesehen zu haben, aber zum Wiederanhalten war es zu spät, und ich sauste mit einer tollen Geschwindigkeit abwärts und ging nur durch ein Wunder allen Hindernissen aus dem Wege.« (Funker C. V. House)

Eine große Menschenmenge hatte sich auf die Back begeben, die jetzt auf dem Deck der PRINCE OF WALES der höchste Punkt und noch frei von Wasser war. Viele der Überlebenden erinnern sich dort an einen Offizier, »einen großen, rothaarigen Lieutenant«, der die Männer kontrollierte und für Ordnung sorgte.*

Surgeon Lieutenant-Commander Dick Caldwell befand sich ebenfalls dort und bemühte sich um die letzten Verwundeten.

»Die Back bot jetzt mit Hunderten von Seeleuten einen erstaunlichen Anblick. Sie standen dort rauchend in aller Ruhe herum und unterhielten sich auf dem schrägen Deck – die meisten waren von dem sich ausbreitenden, steigenden Wasser dorthin getrieben worden. Auf den oberen Decks waren die Geschützbedienungen noch immer auf ihren Stationen, und alle übrigen hatten nichts weiter zu tun, als auf das Sinken des Schiffes zu warten. Verschiedene wurden von uns als Krankenträger und für Aufgaben der Ersten Hilfe eingeteilt. Irgend jemand sagte uns, daß in einem Raum ein Mann mit einem gebrochenen Bein läge. Wir ließen uns zu ihm führen, hoben ihn und zwei seiner Kameraden hoch, setzten sie in ein Floß und ins Wasser. Sie trieben nun alle an der Steuerbordseite der Back umher.

Einige Männer begannen über die Reeling zu klettern und zehn bis zwölf Meter tief in das Wasser zu springen. Ich nahm meine Mütze ab und zog meine Schuhe aus. Dann sah ich mich sorgfältig um, ob jemand sie haben wollte – eine ungewöhnliche Handlung, aber ich hatte gehört und gelesen, daß andere es auch getan hätten. Ich blieb dann eine Minute lang in der ruhig dastehenden Menge, die mit mir auf ihre Gelegenheit wartete und hörte einen Seemann zu seinem Kumpel sagen: ›Los, Freund. Diese Explosionen werden wohl die verdammten Haie verjagt haben!‹ Das Schiff legte sich jetzt immer mehr auf die Seite. Ich kletterte über das Geländer und rutschte bis zu einem Vorsprung in der Bordwand nach unten. Ich blieb dort stehen

---

* Dieser Offizier wurde als der Lieutenant E. J. Kempson identifiziert, R.N.V.R., dessen Vater Studiendirektor am Royal Naval College in Darthmouth vor dem Krieg gewesen war. Lieutenant Kempson überlebte den Untergang, ertrank aber am 16. Februar 1942, als das Motorboot, mit dem er aus Singapur zu entkommen versuchte, von einem japanischen Zerstörer versenkt wurde.

und sah, immer noch tief unter mir, auf ein Dutzend Köpfe, Arme und Beine im Wasser. Dann sagte ich zu mir selbst: ›Bitte, lieber Gott, laß mich nicht ertrinken!‹ – holte tief Luft und sprang mit einem Kopfsprung in das ölige Wasser.«

Die letzten Vorbereitungen für das Verlassen des sterbenden Schiffes wurden getroffen. Zuletzt durften die Geschützbedienungen von ihren Gefechtsstationen wegtreten. Ein Beobachter berichtet besonders über das disziplinierte Verhalten der Bedienungsmannschaft der Royal Marines des 5,25"-Turmes p1, dessen Geschützführer, Sergeant Brooks, antreten ließ und seine Leute einschließlich der Männer aus der Munitionskammer zählte, um sicher zu sein, daß alle wohlbehalten an Deck gekommen waren. Dann befahl er, die Schwimmwesten aufzublasen und über Bord zu springen. Sergeant Thomas von dem anderen von Marines bedienten 5,25"-Turms s1 hatte seinen Turm bis zum Schluß feuerbereit gehalten, weil es der einzige von den insgesamt acht 5,25"-Türmen war, der während des ganzen Gefechts störungsfrei gearbeitet hatte. Die Bedienungsmannschaft von s1 wurde gerettet, aber zehn Mann seiner Munitionskolonne wurden eingeschlossen und gingen verloren. Auch Lieutenant W. M. Graham entließ die Mannschaften der Maschinenwaffen, für die er verantwortlich war.

Jetzt kamen auch die wenigen Männer hoch, die überhaupt noch aus den unteren Decks nach oben gelangen konnten. Einer Gruppe Funker, die das Oberdeck zu erreichen versuchten, wurde der Weg durch einen energischen Artillerieoffizier versperrt, der immer noch versuchte, mit den Händen Munition zu den längst verstummten Flakgeschützen nach oben zu mannen. Er schickte die Funker zurück und sagte: ›Erst die Kanonen, dann die Menschen.‹ Einem oder zwei gelang es trotzdem, an dem Artilleristen vorbeizukommen, aber die übrigen wurden nie wieder gesehen. Funkmeister Bernard Campion befand sich im Funkraum.

»So erstaunlich wie es sein mag, es gab keine unvernünftige Eile, und unter den gegebenen Umständen schien die Räumung unerwartet reibungslos vor sich zu gehen. Als wir die Leitern unter Schwierigkeiten hochkletterten, da das Schiff fast ganz auf seiner Backbordseite lag, bekam ich es ein wenig mit der Angst zu tun, ob ich wohl das Oberdeck noch vor dem Kentern erreichen würde. Ich erinnere mich, daß ich dem Burschen vor mir – oder besser gesagt über mir – freundschaftlich in den Hintern stieß und ihm zuflüsterte: ›Beweg dich, Jan, um Gottes willen.‹ (Ich wußte nicht, wer es war, aber ›Jan‹ war auf den Schiffen westlicher Länder so eine Art genereller Name.)

Egal, als ich schließlich durch das Backbordschott der vorderen Aufbauten an Deck kam, fragte ich mich, wie ich um alles in der Welt ins Wasser kommen sollte – ob mit einem Kopfsprung über die Backbordseite oder so gut es ging das Deck hochzuklettern und dann auf der Steuerbordseite abwärts zu rutschen – und für ein paar kurze Sekunden blieb ich neben einem Luftschacht stehen, schleuderte dann meine Schuhe weg und blies meine Schwimmweste auf. Bevor ich irgendwelche weiteren Entschlüsse fassen konnte, entschied das Schiff für mich, da die Backbordreelingstützen im Wasser verschwanden und ich angesaugt wurde, wie es anscheinend von jeher bei den meisten Schiffsuntergängen geschieht. Dabei schlug ein Ladebaum hart auf meine Oberschenkel und alle möglichen losen Gegenstände sausten mir um die Ohren.

Ich muß gestehen, daß ich die Hoffnung aufgegeben hatte, jemals wieder an die Oberfläche zu kommen, und hoffte, alles würde schnell vorbei sein. Aber meine Schwimmweste erfüllte ihren Zweck. Mir kam es vor, als ob Minuten vergangen seien, aber ich tauchte in einer dicken Ölbrühe auf, mit einem blauen Auge, einem gebrochenen Oberschenkel und einer Menge tiefer Schnittwunden und Quetschungen. Übrigens, als ich auftauchte, war meine gesamte Kleidung bis auf die Schwimmweste und den rechten Socken weggerissen!«

Die PRINCE OF WALES legte sich völlig auf ihre Backbordseite, aber nicht so schnell wie die REPULSE, und einige Dutzend Männer konnten in aller Ruhe hinuntergehen.

Es gibt viele Spekulationen, was mit Admiral Phillips und den Männern in seiner Umgebung geschah. Bekannt ist, daß er sich ungefähr zehn Minuten vor dem Kentern der PRINCE OF WALES über das Schanzkleid des Brückendecks lehnte, wo er sich zusammen mit Captain Leach während des ganzen Gefechts aufgehalten hatte, und mit den unter ihm arbeitenden Offizieren seines Stabes sprach. Phillips entließ diese Offiziere und sagte ihnen, »sie sollten sich um sich selbst kümmern«. Der Artillerieoffizier im Stabe des Admirals, Commander H. N. S. Brown, sagt, daß im Gesicht des Admirals und auch in seiner Stimme kein besonderer Ausdruck zu bemerken war. »Es war mehr Nüchternheit als irgend etwas anderes.« Die meisten Offiziere wurden gerettet. Verschiedene Überlebende haben Admiral Phillips danach noch gesehen. Sein Steuermann hat ausgesagt, daß er sich weigerte, eine Schwimmweste anzulegen, und daß beide, er und Captain Leach, gesehen wurden, »ruhig und unzugänglich für die dringende Aufforderung, das Schiff zu verlassen, bevor es zu spät sei«.

Es gibt verschiedene Erzählungen, daß Admiral Phillips, Captain Leach und Captain Simon Beardsworth – der Chef des Stabes – gesehen worden sein sollen, wie sie nebeneinander die Bordwand hinunter und ins Wasser gegangen sind, aber das kann nicht bestätigt werden. Commander Hilary Norman, der Torpedooffizier im Stabe des Admirals, sah Phillips mit Sicherheit zu einem sehr späten Zeitpunkt »in tiefer Mutlosigkeit« in einem Sessel. Nach dem Untergang sah er dann den Leichnam des Admirals im

Wasser. Viele Leute stimmen überein, daß der Admiral genügend Zeit gehabt hätte, sein Leben zu retten, wenn er es gewollt hätte.

Lieutenant W. M. Graham fand später auch den Leichnam von Captain Leach mit dem Gesicht nach unten im Wasser, mit einer teilweise gefüllten Schwimmweste. Graham und einige andere Seeleute drehten ihn um und fanden den Mund mit Erbrochenem verschmiert, die Nase voll Schaum und das Gesicht purpurrot gefärbt. Wahrscheinlich war auch das Genick gebrochen. Sie versuchten, den Leichnam zu H.M.S. EXPRESS zu ziehen, waren aber bald erschöpft, und Lieutenant Graham befahl, die Bemühungen aufzugeben. Der Sohn von Captain Leach glaubt nicht, daß sein Vater freiwillig mit dem Schiff untergehen wollte, sondern daß sein Vater das Brückendeck aus Loyalität zu Admiral Phillips nur dann verlassen haben würde, wenn dieser ihn entlassen hätte. Es ist denkbar, daß Phillips dies getan hat, es aber für die Rettung von Leach zu spät war. Er wurde offensichtlich mit der PRINCE OF WALES in die Tiefe gerissen.

Phillips' Flaggleutnant, früher Mitglied der Schwimm-Mannschaft der Universität Cambridge, schwamm mit energischen Zügen in Richtung EXPRESS, brach aber zusammen und starb auf dem Zerstörer, wahrscheinlich durch Herzversagen. Zwei Signalmaaten, die noch zu einem sehr späten Zeitpunkt auf der Brücke gesehen worden waren, wurden nicht wiedergefunden. Über das mutige Verhalten von Commander H. F. Lawson, der für die Lecksicherung verantwortlich war, gibt es verschiedene Berichte. Er hatte versucht, die Ruderanlage der PRINCE OF WALES zu reparieren, die sich tief unten im Heck des Schiffes befand; er hatte den mit ihm dort arbeitenden Mannschaften befohlen, sich nach oben in Sicherheit zu bringen, und wurde zuletzt allein bei der Fortsetzung der Arbeit an dieser unmöglichen Aufgabe gesehen. Der Schiffspfarrer, Reverent W. G. Parker, ein Neuseeländer, stand am Ende eines der Wellentunnels Schwerverwundeten bei, und als das Schott geschlossen werden mußte, weigerte er sich, nach oben zu kommen. Auch er wurde nie wieder gesehen. Ein überlebender Mann der Royal Marines kann »niemals das fürchterliche Schreien und Rufen vergessen, das aus den Ventilationsschächten von den unten eingeschlossenen Menschen heraufdrang«. Aber weil die PRINCE OF WALES sehr viel langsamer sank und durch die Hilfe der EXPRESS wurden von jeweils fünf Leuten vier gerettet. Das Ende war nahe. Das langsame Überrollen nach Backbord setzte sich fort, bis die PRINCE OF WALES vollständig kieloben schwamm.

»Das Schiff hatte sich vollkommen umgedreht. Ich stand auf dem Schiffsboden – beinahe wäre ich noch in ein von einem Torpedo gerissenes großes Loch gefallen – und konnte die sich langsam drehenden Schrauben sehen. Ich hatte das Gefühl, als ob ich dort der einzige wäre, aber ich konnte aus dem Torpedoloch immer noch Schreie aus dem Innern hören, und um mich herum tauchten viele Menschen auf. Als das Heck langsam verschwand, begriff ich, daß das Wasser mich auch bald erreichen würde, und so schwamm ich los.« (Feldwebel L. V. Leather)

Viele der letzten auf dem Schiffsboden waren Nichtschwimmer oder abgeteilt, das Schiff so spät wie irgend möglich zu verlassen. Der Heizer Harry Roberts saß mit verschiedenen dieser Männer auf dem Kiel, öffnete in aller Ruhe eine Dose ›Craven A‹-Zigaretten und reichte sie herum. Ein anderer Heizer, Nichtschwimmer, ging in Richtung auf den Bug, bis er nicht weiter konnte, ließ sich ins Wasser fallen und begann ohne Hoffnung auf Rettung Seewasser zu trinken, um seinen Tod zu beschleunigen. Er wurde von einem Luftschwall erfaßt, wieder an die Oberfläche gehoben und fand ganz in seiner Nähe eine große Holzplanke. Eine wohlbekannte Type, Signalgast Cole, wurde mit seiner weißen Mütze ruhig dastehend beobachtet. Er war ebenfalls Nichtschwimmer und stand einfach da und vertraute auf seine Schwimmweste, die ihn schon retten würde. Cole verschwand unter Wasser, kam aber wieder sicher an die Oberfläche.

Hunderte Männer im Wasser und auf der EXPRESS waren Augenzeugen des Endes der PRINCE OF WALES. Seemann Basil Elsmore meint: »Unser Schiff verließ uns nicht leichtfertig. Mein letztes Erinnerungsbild ist das eines großen Fußballfeldes – der Schiffsboden – mit allen Spielern und Zuschauern, die nach einer Seite rutschten!« Der Bug der PRINCE OF WALES stieg steil in die Luft, das große Loch im Vorschiff war deutlich zu sehen. Dann konnte man ein »phantastisches Geräusch« hören, wahrscheinlich durch im Innern sich losreißende Gegenstände verursacht, und dann glitt das Schlachtschiff sanft unter die Oberfläche. Ein Offizier im Wasser grüßte das untergehende Schiff, zur Verblüffung eines in der Nähe schwimmenden Heizers, der meinte, »so etwas gäbe es nur in Büchern«.

Ein Überlebender sagt, daß »viele Tränen flossen«, und ein anderer erinnert sich, daß es »ein furchtbarer Anblick war und sich kein Seemann etwas Schrecklicheres vorstellen kann«.

Die Rettung

Verschiedene japanische Flugzeuge waren in der Nähe der britischen Schiffe geblieben. Diese Zuschauer waren Besatzungen des erst später gestarteten Mihoro-Luftgeschwaders, die noch mehr Brennstoff hatten, oder vom Kanoya-Luftgeschwader, die die letzten vernichtenden Torpedoangriffe geflogen hatten. Sie wußten, daß von der Luftabwehr der sinkenden Großkampfschiffe kaum noch Gefahr ausging, und sie konnten auch immer noch keine Anzeichen von britischen Jagdflugzeugen entdecken. Sie kurvten, um das Drama unter ihnen zu beobachten.

Eine Staffel flog sehr niedrig über die Stelle, wo die Repulse sank, und die Überlebenden fürchteten, wieder mit Maschinengewehren beschossen zu werden. Aber die Mitsubishis flogen ohne zu schießen über ihre Köpfe hinweg, und einer der Überlebenden ist sich sicher, einen japanischen Piloten gesehen zu haben, der grüßte, als er die Stelle überflog, wo die Repulse gerade gesunken war. Die Japaner hätten zweifellos viele Seeleute verwunden oder töten können, aber weder bei dieser Gelegenheit oder irgendwann später wurde auf Schiffbrüchige geschossen. Diese Zurückhaltung ist bemerkenswert, weil die Japaner in vielen Fällen in den ersten Monaten des Krieges ganz anders gehandelt haben. Die Gründe für dieses Verhalten sind unbekannt.

Fähnrich Hoashi, der seine beiden kleinen Bomben auf den Flugplatz von Kuantan abgeworfen hatte, kehrte bald nach dem Untergang der Repulse zurück und nahm seine Berichterstattung nach Saigon wieder auf. Er meldete, daß die Repulse gesunken sei und daß die Prince of Wales mit Sicherheit ebenfalls sinken würde. Dann berichtete er Einzelheiten über die Rettungsarbeiten und fügte hinzu, daß die drei Zerstörer seiner Meinung nach nicht genügend Platz hätten, um alle Überlebenden der Repulse aufzunehmen und daß die Überlebenden der Prince of Wales wohl nicht gerettet werden könnten.

Die Beobachtung des Schauplatzes durch die Japaner wurde jäh um 13.20 Uhr, ungefähr drei Minuten bevor die Prince of Wales sank, durch die Ankunft der von australischen Piloten gesteuerten Brewster Buffalo-Jagdflugzeuge unterbrochen, die eine Stunde vorher vom Flugplatz Sembawang gestartet waren. Eine von diesen Buffaloes war kurz nach dem Start wegen Motorstörung zur Umkehr gezwungen worden, aber die übrigen von Flight Lieutenant Tim Vigors geführten zehn Maschinen erreichten vollzählig den Kampfplatz. Der Start von Sembawang war so plötzlich erfolgt, daß vorher keine Einsatzbesprechung stattfinden konnte. Vigors war nur mitgeteilt worden, er solle zu einer Position sechzig Meilen Süd-Süd-Ost von Kuantan fliegen und die von Japanern aus der Luft angegriffenen britischen Schiffe finden. Es war keine Zeit gewesen, den übrigen Piloten irgend etwas zu sagen, sie waren einfach gestartet und Vigors gefolgt.

»Als wir auf dem Schauplatz erschienen, war dort der Teufel los. Die REPULSE war schon lange vorher gesunken. Ich konnte gerade noch das Ende der PRINCE OF WALES erleben, als sie ihre Nase in die Luft steckte und rückwärts versank. Es konnte einem übel werden, besonders weil mir der riesige Umfang der Katastrophe klar wurde und ich wußte, daß sich dies alles nicht hätte zu ereignen brauchen. Wenn es mir erlaubt gewesen wäre, ständige Fühlung über der Flotte zu halten, hätten wir den japanischen Fühlungshalter sicher abdrängen können.

Selbst wenn die Japaner in der Lage gewesen wären, die genaue Position der Schiffe ohne Fühlungshalter festzustellen, so waren ihre Torpedobomber immerhin ohne Jagdschutz und dazu noch schwer beladen. Schon sechs Buffaloes hätten ihnen das Leben zur Hölle machen können, und sicher wären eine Menge Torpedotreffer vermieden worden. Die viel schwächer bewaffnete und gepanzerte REPULSE hätte es wahrscheinlich in jedem Fall erwischt, aber meiner Meinung nach kann kein Zweifel darüber bestehen, daß wir die PRINCE OF WALES hätten retten und nach Singapur bringen können.«

Einer oder zwei der Buffalo-Piloten sah die Mitsubishi von Hoashi, aber der Japaner ging auf Höchstgeschwindigkeit, und obwohl die Buffaloes etwas schneller waren, verschwand Hoashis Maschine bald in den Wolken. Die übrigen japanischen Flugzeuge dürften dann auch geflüchtet sein, jedenfalls wurden sie von den Buffaloes nicht mehr gesehen. Vigors teilte seine Formation in kleine Gruppen auf, um etwaige gegnerische Flugzeuge in verschiedenen Höhen abfangen zu können. Er selbst ging mit seinem Jäger ganz tief herunter und umflog die trostlose Szene. Er konnte im Wasser deutlich Hunderte von Männern sehen, und die Männer im Wasser konnten ihn sehen.

Einige wenige unverwundete und widerstandsfähigere Seeleute mögen gewinkt und gerufen haben, als Vigors über ihre Köpfe flog, aber die Mehrzahl sah in der verspäteten Ankunft dieser paar Jagdflugzeuge den Grund für all ihr Unglück und für den Verlust der beiden großen Schiffe, die bis vor ein paar Minuten ihre Heimat gewesen und jetzt das Grab für so viele ihrer Kameraden geworden waren. Sie verhöhnten, buhten und verfluchten den einsam über ihnen kreisenden Piloten.

»Sofern der Pilot dieses Flugzeuges noch am Leben ist, müssen seine Ohren eigentlich immer noch klingen. Nicht daß er in irgendeiner Weise

Schuld hätte, aber für einen Augenblick wurde er zur Zielscheibe aller Verzweiflung und Enttäuschung, die die Überlebenden wegen des vollständigen Fehlens von Luftunterstützung erfüllte.« (Vollmatrose R. H. James, H.M.S. PRINCE OF WALES)

Ein Mann der PRINCE OF WALES an Bord der EXPRESS äußerte sich so: »Wenn es nach den Geschützbedienungen auf dem Zerstörer gegangen wäre, hätten sie wohl das Feuer auf die Buffaloes eröffnet.«

Nachdem sie ungefähr eine Stunde über dem Schauplatz gekreist waren, mußten die Buffaloes wegen Brennstoffmangels zurückfliegen. Die Jäger trafen auf ihrem Rückflug den Dampfer HALDIS, flogen dann in Richtung auf das Festland und landeten wohlbehalten auf ihrem Einsatzflugplatz.

Am Untergangsort der REPULSE wurde der erste Abschnitt des Rettungswerkes durch die Zerstörer ELECTRA und VAMPIRE, am Untergangsort der PRINCE OF WALES durch die EXPRESS durchgeführt. Dies war eine vernünftige Regelung. Von der PRINCE OF WALES waren mehr Überlebende aufzufischen, aber das Schiff war langsam gesunken, und Boote, Carley-Flöße und eine Menge schwimmender Gegenstände hatten vorher zu Wasser gebracht werden können. Die EXPRESS hatte außerdem eine große Anzahl von Besatzungsmitgliedern direkt von der PRINCE OF WALES an Bord nehmen können. Viele Überlebende sind der Meinung, daß die beiden Schiffe in einer Entfernung von einer Meile voneinander untergingen, höchstens von zwei Meilen. Aber das Wrack der PRINCE OF WALES liegt jetzt fast acht Meilen südöstlich von dem der REPULSE. Die entscheidenden Angriffe hatten in einer Entfernung von etwa vier Meilen voneinander stattgefunden, aber während die REPULSE sank, lief sie immer noch mit geringer Fahrt mit einer leichten Drehung nach Steuerbord und somit von der PRINCE OF WALES weg. Der Tidenstrom hat die PRINCE OF WALES wahrscheinlich während der um fünfzig Minuten differierenden Untergangszeit der beiden Schiffe um weitere zwei Meilen weggetrieben.

Von einigen Überlebenden der REPULSE wurde der Untergang der PRINCE OF WALES mit gemischten Gefühlen beobachtet. Sie hatten sie immer als einen »Judas« angesehen, und auf der ELECTRA »war auf dem Oberdeck eine Massenversammlung, die ihr einen herzlichen Abschiedsgruß entbot«. Ein Überlebender auf der ELECTRA hat »eine sehr lebhafte Erinnerung an einen fast nackten Mann, der umhertanzte und nach einer Kamera schrie«, um das sinkende Schlachtschiff zu fotografieren. Wer es auch immer gewesen ist, er bekam sein Foto nicht, und kein Bild hält den Untergang der beiden Schiffe fest.

Der Kommandant der ELECTRA, Commander C. W. May, wurde nach dem Untergang der PRINCE OF WALES dienstältester Offizier der Kampfgruppe Z. Obwohl an der Untergangsstelle der REPULSE voll beschäftigt, hatte ELECTRA seit 13.00 Funksignale namens des Flaggschiffes ausgesendet. May gab um 13.18 Uhr diesen letzten, einfachen, aber welterschütternden Funkspruch ab:

»*H.M.S. Prince of Wales gesunken.*«

Dieser Funkspruch wurde drei Minuten später im Lagezimmer des Hauptquartiers in Singapur empfangen. Alles in allem wurden neun Funksignale gesendet; in keinem einzigen wurde Hilfe durch die R.A.F. gebeten.*

Die Schiffbrüchigen waren zu den Carley-Flößen oder zu den wenigen zu Wasser gelassenen Booten geschwommen und warteten nun, bis sie an der Reihe waren, von den Zerstörern aufgenommen zu werden.

»Ich zog mir meine Schuhe erst im Wasser aus, schwamm in dem öligen Wasser ungefähr eine Stunde lang umher und suchte mir einen Weg zu einem der Carley-Flöße, in dem sich bereits zahlreiche Männer befanden. Nach meiner Erinnerung hatte ich nur Angst vor Haifischen. An dem Floß angekommen, hing ich mich an eine Seite, um wieder zu Atem zu kommen. Ich bemerkte den Bootsmann Bosun, der sich etwa sechs Meter entfernt an ein Stück Holz klammerte. Er befand sich in einer Art Delirium, weil er Öl geschluckt hatte. ›Wenn ich euch zu viel Mühe mache, so laßt mich ins Wasser fallen und absaufen.‹ Ich klemmte ihn mir zwischen die Beine und zog ihn halb auf das Floß. Durch die rollende Bewegung des Floßes und indem ich ihn mit dem Knie in den Magen stieß, konnte er alles Öl erbrechen. Innerhalb von zehn Minuten war er wieder taufrisch.« (Mariner J. Powell, H.M.S. REPULSE).

»Nachdem mich ein Mann bei seinem Sprung mit seinen Schuhen fast bewußtlos getreten hatte, gelang es mir, zu einem leeren Carley-Floß zu schwimmen, konnte aber nicht hineinklettern, weil es zu hoch aus dem Wasser ragte. So hielt ich mich, bis zwei Blaujacken das Floß ebenfalls erreichten, an den Rettungsleinen fest, und wir drückten dann eine Seite mit unserem gemeinsamen Gewicht nieder. Die beiden kletterten hinein und holten mich dann ebenfalls hoch. Wir nahmen viele Schwimmer, darunter einen Fähnrich mit einer Bauchwunde auf. Sein Blut färbte das Wasser im Innern des Floßes, das den größeren Leuten bis zur Brust und den kleineren bis zur Schulter ging. Jede Bewegung auf dem Floß ließ uns Blut und Öl ins Gesicht spritzen. Wir fischten auch einige tote Seeleute auf, ließen sie aber wieder ins Wasser fallen, um Platz für die Lebenden zu machen. Als einer der Älteren auf dem Floß kroch ich zu dem Fähnrich, der nur stammeln konnte: ›Danke, Sir, ich bin in Ordnung.‹ Ich hörte, daß der arme Kerl am nächsten Tag gestorben ist.« (Lieutenant H. Abrahams, H. M. S. REPULSE)

»Es gab da auf der Vorderseite des Floßes einen Burschen, der mit den Händen wie blödsinnig im Wasser paddelte und alle übrigen anschrie, sie

---

* Die Funksignale sind im Anhang 3 wiedergegeben

sollten an Land paddeln, – das wir in großer Entfernung gerade erkennen konnten. Niemand achtete viel auf ihn, außer daß man ihn aufforderte, den Mund zu halten.« (Schiffsjunge N. B. Millard, PRINCE OF WALES)

»Der Eindruck, der über die ganze Angelegenheit am meisten in meiner Erinnerung geblieben ist, ist die unglaubliche Ruhe und die gute Stimmung, in der die Kumpels ins Wasser gingen. Obwohl wir alle von Kopf bis Fuß mit dickem schwarzem Öl bedeckt waren und viele von uns Schmerzen hatten, hörte ich von den Kameraden nichts außer ironischen Scherzen. Auf dem überfüllten Carley-Floß murmelte einer von ihnen mürrisch, daß die So-und-So's sich die ›tot-time‹ – die Zeit, zu welcher normalerweise die Rum-Ausgabe erfolgt – für ihre Angriffe ausgesucht hätten, und der Navigationsoffizier gab uns in ruhigem Ton die ungefähre Position der Untergangsstelle der PRINCE OF WALES an. Ein anderer Bursche, ein Signalgast, gab einen Winkspruch mit der Nachricht an den nächstliegenden Zerstörer, daß wir unter uns Verletzte, mich eingeschlossen, hätten. Derselbe erfinderische Signalgast hatte mir bereits aus einem Stück Rundholz eine primitive, aber wirkungsvolle Schiene mit einigen Streifen Stoff von einem zerrissenen Hemd angefertigt.« (Funker B. G. Campion, H.M.S. PRINCE OF WALES)

Der Mann, der den Winkspruch abgegeben hatte, war der unverwüstliche Signalgast Cole, der vorher ruhig auf dem flachen Kiel der PRINCE OF WALES stehend mit seiner weißen Mütze auf dem Kopf gesehen worden war und auf seine Schwimmweste vertraute, die ihn sicher retten sollte. Lieutenant Ian Forbes von der PRINCE OF WALES kletterte zusammen mit seinem Artillerieoffizier, Lieutenant-Commander Colin McMullen, auf ein Carley-Floß.

»Wir verbrachten dort etwa zwei erträgliche Stunden, während die Rettungsarbeiten von den Begleitzerstörern durchgeführt wurden. Wir waren ganz sicher, daß die japanischen Flugzeuge nicht wiederkommen würden – warum sollten sie auch? –, und so herrschte eine Atmosphäre erfreulicher Entspannung. Von Zeit zu Zeit überflog uns ein britisches Flugzeug, das wir durch Winken und mit obszönen Worten grüßten. Dies wurde, glaube ich, als ein Zeichen besonders guter ›Moral‹ beurteilt. Ich nehme an, daß sich unsere Moral in keiner Weise von der der übrigen Flotte unterschied, aber wenn man ein solches Ereignis überstanden hat, beurteilt in einem solchen Augenblick niemand ernsthaft die ungeheure historische Bedeutung, wie zum Beispiel nach dem Fall von Singapur, dem vollständigen Verlust aller Kolonien usw. Jeder ist glücklich, am Leben zu sein und zu winken und zu grüßen.«

Die phantastischste Geschichte hat sich wahrscheinlich auf einem der Carley-Flöße mit dem Vollmatrosen Alexander White, einem Radarspezialisten der PRINCE OF WALES, abgespielt.

»Als ich in die Marine eintrat, schenkte mir eine Tante einen ›Caul‹*, der meinen Großvater bei seiner Geburt umgeben hatte und aufbewahrt worden war. Anscheinend gibt es einen alten Seemannsaberglauben, daß derjenige, der einen ›Caul‹ bei sich trägt, niemals ertrinkt. Diesem ›Caul‹ war ein Brief beigefügt, den ich in meiner Brieftasche aufbewahrte, und diese Brieftasche befand sich zufällig in einer Tasche der Hose, die ich beim Überbordspringen trug. Als ich auf dem Floß saß, sah ich in meiner Nähe den Brief schwimmen – die Brieftasche und der ›Caul‹ hatten sich in ihre Bestandteile aufgelöst. Ich besitze den Brief mit der durch das Wasser verwischten Schrift immer noch!«

Die Zerstörer hatten schwere Arbeit zu leisten, um alle Überlebenden aufzufischen. Doch die ruhige See, das warme Wetter und die Abwesenheit japanischer Flugzeuge ließen daraus eine reibungslos ablaufende Rettungsaktion werden. Kletternetze wurden die Bordwände herabgelassen, an denen die noch kräftigen Männer hochklettern konnten. Einzelnen Schwimmern wurden Leinen zugeworfen, aber sie waren von den ölverschmierten Männern nur sehr schwer zu ergreifen.

»Selbst ich hatte einen Augenblick guter Laune, als die Electra – und wie großartig diese Zerstörer an diesem Tag arbeiteten! – Zeit fand, in meine Nähe zu kommen, wo ich einem sehr großen bewußtlosen Royal Mariner zu helfen versuchte, der verwundet und vollkommen mit Öl beschmiert war. Hervorragend manövrierend lief die Electra in meine Nähe und warf mir eine Leine zu. Ich bemühte mich, sie unter den Achseln des Mannes durchzuziehen, freute mich aber zu früh, denn ich rief ein bißchen zu früh ›Hol an‹ und merkte, daß die Schlinge über seinen Nacken gerutscht war. Aber es ging alles gerade noch rechtzeitig klar.« (Lieutenant J. O. C. Hayes, H.M.S. Repulse)

Leider gab es auch verschiedene Männer, die zwar ans Ende des Netzes oder bis zu einer Leine gelangten, die aber dann die Kräfte verließen; sie fielen zurück und verschwanden.

Die Schwerverwundeten wurden zur Versorgung unter Deck gebracht, aber die meisten Geretteten wurden von der Bordwand ohne große Rücksichtnahme weggeschoben, an Deck hingelegt und allein gelassen, damit weitere Männer geborgen werden konnten. Dutzende lagen auf dem heißen Eisendeck umher, erschöpft und Öl erbrechend oder heraushustend. Rum erwies sich als ein ausgezeichnetes Mittel gegen verschlucktes Öl. Mehrfach beseitigte ein kräftiger Schluck akute Übelkeit und brachte prompte Besserung. Wenn die Geretteten sich erst einmal erholt hatten, begannen sie die

---

* Caul: Die innere Embryonalhülle, d. h. die innere Hülle, die den Fötus vor der Geburt umhüllt. Diese, oder ein Teil von ihr, bedeckt manchmal den Kopf eines Kindes bei der Geburt und wird als glücksbringend angesehen. Angeblich soll sie auch ein Schutz gegen Ertrinken sein. (Shorter Oxford English Dictionary)

dicksten Schichten des übelriechenden Öles abzuwischen, dann hielten sie nach vermißten Kameraden Ausschau, bemühten sich um einen Drink oder eine Zigarette. Viele der wieder auf die Beine gekommenen Schiffbrüchigen halfen auch bei den weiteren Rettungsarbeiten. Zum Beispiel besetzten Royal Marines von der REPULSE für den Fall weiterer Luftangriffe auf der ELECTRA die achteren Geschütze und ermöglichten den Geschützmannschaften des Zerstörers, sich an den Rettungsarbeiten zu beteiligen.

Der Vollmatrose James von der PRINCE OF WALES war einer von den Geretteten, der bei den Bergungsarbeiten zu helfen versuchte.

»Ich befand mich auf der Back der ELECTRA und leistete dort vielleicht meinen einzigen konstruktiven Beitrag zu den Ereignissen. Drei von uns hievten einen Mann an Deck, der dort sofort zusammenbrach. Wir wechselten uns mit künstlicher Beatmung ab, und ich war überrascht, wieviel Wasser aus diesem Menschen herauskam und in einem dünnen, kontinuierlichen Strom bis zum Speigatt lief. Nach ungefähr zwanzig Minuten setzte er sich auf und sagte: ›Danke, Maat. Kann ich eine Zigarette haben?‹ Die konnten wir ihm dank der Großzügigkeit des Kantinenbesitzers auf der ELECTRA geben, der sie freigebig in Packungen verteilte.«

»Ich entsinne mich, wie ich an Deck lag, die Wolken und den Himmel betrachtete und Gott dafür dankte, daß ich noch lebte. Der Steward auf der ELECTRA war ein großartiger kleiner Bursche. Er half einigen Überlebenden in die Offiziersmesse hinunter und tat sein Bestes, uns zu beruhigen, indem er uns in vieler Hinsicht behilflich war. In der Messe sah es ziemlich fürchterlich aus – überall lagen Körper. Ich erinnere mich eines auf einer Back liegenden großen Kerls, aus dessen Mund Öl lief. Ein anderer Kerl, der Oberbootsmann, war völlig fertig. Er sagte: ›Jetzt habe ich aber genug davon, dies ist für mich das dritte Mal‹. Ein anderer Seemann kam lachend in die Messe und sagte: ›Ich habe meine verdammten Zähne verloren!‹ Während sich dies alles abspielte, kam aus dem Radio der Schlager ›Ah, Sweet Mysteries of Live‹. Das machte mich nachdenklich.« (Offizierskoch Wilf Greenwood, H.M.S. REPULSE)

In den Messen gab es viele erschütternde Szenen, hier wurden Schwerverwundete behandelt. Viele verbrühte oder verbrannte Männer lagen hier, nun wirkte sich der Schock nachträglich aus. Die Ärzte konnten in diesen Fällen wenig tun, außer daß sie zur Linderung der Schmerzen Morphium gaben. Auf jedem der Bergungsschiffe gab es bald eine bejammernswerte Anhäufung von in Decken gehüllten Körpern in einer Ecke des Oberdecks.

Der Leichtmatrose W. E. England der PRINCE OF WALES ging auf der EXPRESS unter Deck, um zu sehen, ob er irgendwie helfen könnte.

»Ich fand einen auf einer Trage liegenden Kameraden, dessen Kopf in Watte gepackt war. Die Haut seines Gesichtes und des Körpers war verbrannt. Ich glaube, es war ein Heizer oder ein Richtschütze der aktiven Marine. Er sagte mir, daß er im Mittelschiff der PRINCE OF WALES gerade durch eine Schottür gegangen sei, als ihn der Feuerstrahl der letzten Bombe traf. Er gab mir sein Geld und seine Uhr (die angesengt war und stand), dann bat er mich, wenn ich zurück sei, an seine Frau zu schreiben. Ich versuchte, ihn zu beruhigen, und sagte, daß er nun in Sicherheit sei und es nicht mehr lange dauern würde, bis wir in Singapur seien und er ins Krankenhaus gebracht würde. Er faßte ein wenig Mut und bat um etwas zu trinken. Ich ging nach oben und suchte den Waschraum auf dem Zerstörer. Schließlich kam ich mit einem Becher voll Wasser zurück, aber es war schon zu spät. Bob hatte seine Laufbahn in der Marine beendet und war friedlich gestorben. Ich hob seinen Kopf, um zu sehen, welcher Art seine Verletzungen gewesen waren, seine ganze Schädeldecke war zertrümmert. Wie hatte er es in diesem Zustand nur fertiggebracht, mit mir über seine Frau zu sprechen? Seine Frau bekam drei Monate später ihr erstes Kind.«

Lieutenant J. O. C. Hayes war Fähnrichsoffizier auf der REPULSE gewesen. Einer seiner Jungen lag jetzt auf einer der beiden Kojen, die das Schiffslazarett der ELECTRA bildeten.

»Einer unserer jungen Ärzte war unter den Geretteten, und obwohl er selbst sich in keinem guten Zustand befand, packte er die erdrückenden Aufgaben so an, wie es von ihm erwartet wurde. Er hatte mich gesucht und sagte mir, daß er auf einer der Lazarettkojen einen jungen Fähnrich liegen habe, der mit einer Kugel in der Leistengegend im Sterben läge. Trotz einer Spritze habe er große Schmerzen und hätte nach mir gefragt.

Unter den dreißig Fähnrichen hatte dieser bis dahin als der am wenigsten Entwickelte gegolten. Für sein Alter noch unreif und oft in Schwierigkeiten, hatte er den Anschein erweckt und sah auch so aus, als sei er noch ein Kind, und hatte deshalb eine besonders behutsame Behandlung nötig gehabt. Um eine wichtige Gefechtsstation zu besetzen, war er noch nicht selbständig genug, und darum hatte ich ihn auf einen Posten bei der Artillerie gestellt. Hier war er durch eine Maschinengewehrkugel schwer verwundet worden.

Ich konnte ihn kaum wiedererkennen und bat, mich mit ihm allein zu lassen und nahm seine Hand. Er lächelte mich treuherzig an, und das gab mir einen Stich ins Herz. Um mein Gewissen wegen aller früheren Ermahnungen zu beruhigen, mußte ich bei ihm bleiben. Er hielt meine Hand mit einem festen Griff, so als ob er versuche, die letzten greifbaren Gefühle seines Lebens auszudrücken. Er wußte wohl, daß er nicht durchkommen würde. Ich habe niemals vorher und nie wieder jemanden sterben sehen, der in Erwartung des Todes in diesem Augenblick der Wahrheit den Schritt vom Jüngling zum Mann so sichtbar vollzogen hat und plötzlich erwachsen war, furchtlos und klar die Tragik erkennend, in die wir beide verstrickt waren. Er starb noch am gleichen Abend.«

Gegen 14.00 Uhr, also fast eineinhalb Stunden nach dem Untergang der REPULSE, waren die Rettungsarbeiten und die Suche nach Überlebenden beendet. Commmander May befahl der VAMPIRE, noch einmal eine letzte Suchaktion durchzuführen, während er mit der ELECTRA zu der Stelle lief, wo die PRINCE OF WALES gesunken war. Da keine anderen Rettungsschiffe eingetroffen waren, war die EXPRESS hier auf sich allein gestellt gewesen. Sie war nun so mit Überlebenden überfüllt, daß sie gefährlich topplastig war. Obwohl sich noch etwa 300 Männer der PRINCE OF WALES im Wasser befanden und auf Rettung warteten, befahl Commander May der EXPRESS, sofort und direkt nach Singapur zu laufen, während die ELECTRA die restlichen Bergungsarbeiten übernehmen würde. Eine Stunde später konnte die VAMPIRE mit Genugtuung feststellen, daß die letzten lebenden Männer der REPULSE aus dem Wasser gefischt seien. Sie lief zur ELECTRA und fischte unterwegs noch zwei Männer der PRINCE OF WALES auf, die abgetrieben worden waren. Die VAMPIRE wurde dann von Commander May ebenfalls nach Singapur entlassen.

ELECTRA blieb dann noch weitere fünfundvierzig Minuten, in denen die wenigen letzten Überlebenden an Bord genommen wurden. Unter den letzten Geretteten befand sich eine Gruppe, die auf einem der aufgeschwommenen Kutter der PRINCE OF WALES Zuflucht gefunden hatte. Obwohl vollgelaufen, hatte er genügend Tragfähigkeit behalten. Sie waren in recht guter Stimmung, und ein Unteroffizier war noch »verrückt genug, trotz allem zu singen«, bis er gerettet wurde. Ein erschöpfter Schiffsjunge fand das Hinaufklettern an der Bordwand der ELECTRA so schwierig, »als sei es die Spitze des Mount Everest«.

Um 16.00 Uhr lief Commander May zu den letzten Schiffbrüchigen, die er ausmachen konnte. Es war ein Floß mit einer kleinen Gruppe Menschen, von denen einer in freudiger Stimmung ein Hosenbein schwenkte und »per Anhalter mitgenommen werden wollte«. Dann meldeten die Ausgucks der ELECTRA »einen schwimmenden Mann oder eine treibende Kokosnuß achteraus«. Commander May wendete sein Schiff nochmals in einem weiten Bogen, fand tatsächlich diesen letzten Überlebenden und nahm ihn an Bord. Dann erhöhte sie ihre Fahrt und drehte in Richtung auf Singapur. Die drei Zerstörer hatten insgesamt 2081 Männer aufgefischt, die die kurze Reise bis Singapur überlebten. Außerdem hatten sie Leichen und verschiedene Schwerverwundete an Bord, die unterwegs starben. Der kleine australische Zerstörer VAMPIRE war der einzige, der die genaue Anzahl der von ihm Geretteten melden konnte – neun Offiziere einschließlich Captain Tennant von der REPULSE, 213 Mannschaften und Unteroffiziere und den zivilen Kriegsberichterstatter O'Dowd Gallagher vom »Daily Express«; dazu noch zwei Männer von der PRINCE OF WALES. Die EXPRESS, die sich so lange an der Untergangsstelle der PRINCE OF WALES aufgehalten hatte, hat wohl ungefähr 1000 Mann gerettet, also bleiben für die ELECTRA ungefähr 900, von denen 571 von der REPULSE und der Rest von der PRINCE OF WALES stammten. Der Schauplatz dieser folgenschweren Schlacht wurde durch große Flächen stinkenden Öls, treibende Boote, Carley-Flöße, Treibgut aller Art und viele Leichen gekennzeichnet, die mit dem Gesicht nach unten oder durch ihre Schwimmwesten getragen im Wasser auf- und abschaukelten und nicht identifiziert werden konnten.

Das Nachspiel

Noch während die Zerstörer die Überlebenden auffischten, wurde die Nachricht von der Katastrophe in der Welt bekannt. Die im Fernen Osten stationierten britischen Kriegsschiffe waren unter den ersten, die es erfuhren, denn ihre Empfangsgeräte waren auf die Frequenz eingestellt worden, auf der die Funksignale der Kampfgruppe Z gesendet wurden. Diese Signale waren sofort entschlüsselt und den zuständigen Kommandanten vorgelegt worden. Der Kreuzer EXETER lief gerade in Singapur ein – es war seit Ausbruch des japanisch-britischen Krieges die erste britische Verstärkung für die Fernostflotte. Lieutenant-Commander G. T. Cooper erzählt, wie er die Nachricht erhielt:

›Ich befand mich auf dem Vorschiff und bereitete das Ankermanöver und die Leinen vor, als der Kommandant nach vorn kam und mir auf die Schulter klopfte.

›Hatten Sie ein schmackhaftes Mittagessen, I. O.?‹ fragte er.

›Nicht besonders‹, antwortete ich.

›Es wäre besser, wenn Sie es gehabt hätten‹, flüsterte er, ›REPULSE ist gesunken und PRINCE OF WALES ist getroffen.‹

In seiner unerschütterlichen Art ging er weg und ließ mich absolut gelähmt zurück. Da es offensichtlich nicht seine Absicht war, diese Nachricht an die mit mir zusammen arbeitenden Seeleute weiterzugeben, beschäftigte ich mich wortlos weiter mit den Leinen.

Ein paar Minuten später spürte ich wieder einen Schubs an meiner Schulter. Es war erneut der Kommandant.

›PRINCE OF WALES ist ebenfalls gesunken‹, sagte er und ging davon.

Kurze Zeit später machten wir in der Marinebasis längsseits der Werftpier fest. Es war keine erfreuliche Situation. Unser 8000-Tonnen-Kreuzer war jetzt hier in Singapur der Vertreter der Royal Navy gegen die gesamten Seestreitkräfte der Japaner.«

Im Lagezimmer der Basis sah sich Rear-Admiral Palliser vor die unangenehme Aufgabe gestellt, die Admiralität zu unterrichten. Eben über zwanzig Minuten nach dem Untergang der PRINCE OF WALES sandte er um 13.45 Uhr ein in einfache Worte gefaßtes Funksignal, in dem er ihr mitteilte, daß REPULSE und PRINCE OF WALES »durch Torpedos« versenkt worden seien.

Spätere Funksprüche enthielten dann weitere Einzelheiten. Als Lieutenant Richard Dyer von der H.M.S. TENEDOS Admiral Palliser im weiteren

Verlauf des Abends mündlich Bericht erstattete, fand er den Chef des Stabes von Admiral Phillips »vollständig erschüttert und fast unfähig zu sprechen vor. Es schien, als habe er seine Stimme verloren und könne nur noch nicken oder mit dem Kopf schütteln.« Zu diesem Zeitpunkt war noch nicht bekannt, ob Admiral Phillips noch lebte, und die Admiralität gab Anweisung, daß der frühere Oberbefehlshaber der China-Station, Vize-Admiral Layton, der Singapur gerade an Bord des Passagierdampfers DOMINION MONARCH verlassen hatte, zurückgerufen werden solle und den vorübergehenden Oberbefehl über die Fernostflotte zu übernehmen habe. Die Behörden in Singapur mußten die schwierige Aufgabe lösen, der Bevölkerung die Neuigkeit zur Kenntnis zu geben, wobei besonders die berechtigten Zweifel hinsichtlich der Moral der eingeborenen Bevölkerung in den Fernostbesitzungen zu berücksichtigen war. Es mußte angenommen werden, daß die Japaner zur Bekanntgabe ihres großartigen Sieges keine Zeit versäumen würden, und es war außerdem bekannt, daß die drei Zerstörer im weiteren Verlauf des Tages eintreffen und dort die Hunderte von Überlebenden ausschiffen würden – ein Vorgang, der schwerlich vor den zahlreichen Zivilarbeitern der Schiffswerft verborgen werden konnte. Daher sollte Duff Cooper, Mitglied des Parlaments und seit Anfang September Repräsentant des britischen Kriegskabinetts in Singapur, am Abend im Radio sprechen.

»Dies ist in unserer ruhmvollen und langen Geschichte nicht das erste Mal, daß wir vom Unglück getroffen worden sind und es überwunden haben. In unserem Wesen und in dem unserer Väter vor uns existiert in der Tat etwas, was nur vom Unglück geschaffen werden kann.«*

Die »Singapore Free Press« schrieb in ihrem Leitartikel:

»Manchmal gibt es Nachrichten, die zunächst niemand glauben will. Das war in den letzten drei Tagen zweimal der Fall. Zuerst war es der Luftangriff auf Singapur am frühen Montagmorgen. In der letzten Nacht war es die Nachricht vom Untergang der PRINCE OF WALES und der REPULSE. Derartige erschütternde Nachrichten, so scheint es, können unmöglich wahr sein. Aber sie sind wahr, leider, und dieser schwere Schlag wird von uns im Fernen Osten lange empfunden werden, ebenso wie vom ganzen Britischen Empire und besonders von der Royal Navy. Es gibt keine Worte, die den Schlag mindern könnten, und niemand wird es wagen, die Schwere dieser Verluste mindern zu wollen ... Wir müssen uns damit abfinden, daß innerhalb der ersten drei Tage des Kampfes in diesem Teil der Welt zwei unserer besten schweren Kriegsschiffe durch die Japaner versenkt worden sind. Wir müssen zugeben, daß der Stolz der Fernostflotte nicht mehr vorhanden ist.«

Das britische Prestige im Fernen Osten und die Moral der dort kämpfen-

---

* »Singapore Free Press«, 11. Dezember 1941

den Truppe hatte einen Schlag erhalten, von dem sie sich niemals mehr erholen würde.

Die Japaner hatten tatsächlich als erste die Nachricht über Radio verbreitet. Um 14.35 Uhr (Singapur-Zeit) veröffentlichte das Kaiserliche Marinehauptquartier in Tokio die folgende Erklärung:

»Seit dem Ausbruch der Feindseligkeiten wurden die Bewegungen der beiden Schiffe sorgfältig beobachtet. Gestern Abend wurden sie durch eines unserer U-Boote entdeckt, das in Zusammenarbeit mit den Überwasserschiffen der Marine und der Marine-Luftwaffe zur Aufklärung eingesetzt war. Heute morgen um 11.30 Uhr wurde die Position der britischen Schiffe erneut von einem unserer U-Boote bestätigt. Sie befanden sich an der Ostküste von Malaya auf der Höhe von Kuantan. Unsere Marine-Luftstreitkräfte begannen, ohne einen Augenblick zu zögern, um 12.45 Uhr einen mutigen und gewagten Angriff. Die REPULSE wurde durch die ersten abgeworfenen Bomben schwer beschädigt, kurz danach wurde die PRINCE OF WALES ebenfalls getroffen und bekam schwere Schlagseite nach Backbord. Die REPULSE sank zuerst, um 14.50 Uhr explodierte die PRINCE OF WALES und sank schließlich. Der dritte Tag der Feindseligkeiten endete mit der Vernichtung der Hauptstreitkräfte der britischen Fernostflotte.«*

Während die ELECTRA noch die letzten Überlebenden auffischte, sendete die japanische Domei News Agency im Rahmen ihrer für China ausgestrahlten Sendungen bereits einen in englischer Sprache abgefaßten Bericht.

Die britische Foreign Office Radio Monitoring Station in Beaconsfield war eine der vielen Stationen in der Welt, die diesen Bericht auffingen. In London war es kurz nach 08.00 Uhr. Der Bericht wurde unverzüglich an die Admiralität und zum Amtssitz des Premierministers in der Downing Street durchgegeben, aber er bestätigte nur, was durch den früher eingegangenen Funkspruch von Rear-Admiral Palliser bereits bekannt war. Durch einen Telefonanruf war Winston Churchill bereits geweckt worden, Sir Dudley Pound, der Erste Seelord, hatte ihm die schreckliche Nachricht übermittelt. Zuerst konnte Churchill nicht verstehen, was Pound sagte, aber als ihm die Nachricht schließlich klar wurde, ›drehte er sich‹ – wie er später in seinen Memoiren schrieb – ›im Bett um und krümmte sich, und die ganze Entsetzlichkeit der Nachricht nahm von ihm Besitz‹. Großbritannien hatte in diesem Krieg schon vorher Großkampfschiffe verloren, aber niemals an einem Tage zwei und nicht in einer derart demütigenden und einseitigen Schlacht. Immerhin hatte Churchill selbst darauf bestanden, daß die REPULSE und die PRINCE OF WALES in den Fernen Osten gingen.

Wie in Singapur wurde auch in London entschieden, daß es keinen

---

* Masanobu Tsuji, Singapore, The Japanese Version, London 1962, Seite 97

Zweck habe, die Verluste vor der Öffentlichkeit zu verheimlichen. Churchill begab sich ins Unterhaus und gab unmittelbar nach dem Gebet um 11.32 Uhr die folgende Erklärung ab:

»Ich habe schlechte Nachrichten für das Hohe Haus, die ich Ihnen so bald wie möglich übermitteln sollte. Wir haben aus Singapur die Meldung erhalten, daß H.M.S. PRINCE OF WALES und H.M.S. REPULSE versenkt worden sind, während sie Operationen gegen die japanischen Angriffe auf Malaya durchführten. Wir haben noch keine Einzelheiten vorliegen außer denen, die in einem japanischen Kommuniqué enthalten sind, in dem behauptet wird, daß beide Schiffe durch Luftangriffe versenkt worden seien.«*

Die weltweite Nachrichtenübermittlung arbeitete so schnell, daß in England praktisch jeder die Neuigkeit in den Mittagsnachrichten der B.B.C. hören konnte, noch bevor irgendeiner der Überlebenden der gesunkenen Schiffe Singapur erreicht hatte.

Als Churchill das Unterhaus informierte, befanden sich die drei Rettungsschiffe noch auf dem Weg nach Singapur. Retter und Gerettete hatten sich für die achtstündige Fahrt so gut wie möglich eingerichtet. Viele Überlebende mußten an Deck bleiben, und nur die Verwundeten konnten sicher sein, einen Platz unter Deck zu erhalten. Trotzdem wurde ein »alter Hase«, der an Bord der REPULSE gewesen war und sich genügend erholt hatte, in der Kombüse der ELECTRA beobachtet, wie er in aller Ruhe seine Pfundnoten trocknete.

Bei vielen Geretteten erwachten bald wieder die Lebensgeister, besonders nach der freigebigen Ausgabe von Rum und Whisky. Die EXPRESS hatte die größte Anzahl Überlebender an Bord, und die Rumausgabe verursachte auf einer Schiffsseite eine lange Schlange, so daß eine alarmierende Schlagseite entstand. Lieutenant J. R. A. Denne eilte von der Brücke herunter, »gespannt, welches neue Unglück uns getroffen habe«. Aber alles kam wieder in Ordnung, nachdem die Schlange »um den Schornstein gewunden worden war, richtete sich das Schiff wieder auf«. Sobald es am späten Nachmittag kühler wurde, wurde Kleidung ausgegeben. Verpflegung wurde ausgegeben, allerdings hatten die jüngeren Seeleute nicht den richtigen Appetit, als in der Messe Suppe ausgegeben wurde, weil jemand den Leichnam eines inzwischen verstorbenen Seemanns auf eine Back gelegt hatte.

Es herrschte große Sorge, daß die japanischen Flugzeuge zurückkehren und die Zerstörer erneut bombardieren würden. In einem solchen Fall wären die Verluste schrecklich gewesen, aber die Japaner ließen sich nicht mehr blicken.

»Ich machte einen Rundgang durch das Schiff, um vielleicht einen Be-

---

* »Evening News« (London), 10. Dezember 1941

kannten zu entdecken. Das gesamte Oberdeck war mit erschöpften Männern bedeckt, aber es war schwer, jemanden zu erkennen, da die Gesichter wegen des Öls vollkommen entstellt waren. Ich fand schließlich einen oder zwei meiner Unteroffiziere, aber beide erkannte ich erst an der Stimme oder an ihrem Gang.

Ich hatte die Absicht, wenn und falls ich eines Tages entlassen würde, ein Bild von einigen Überlebenden zu malen, die um die Lafette des vorderen Geschützturmes herumgekauert saßen und sich gegenseitig wärmten – einige hatten nur ein Unterhemd an, einige nur eine Unterhose und andere überhaupt nichts; es war eine Reihe fast nackter Körper, die um diese Lafette versammelt waren – schmutzig, todmüde aber froh, noch am Leben zu sein. Dieses Bild ist in meinem Gedächtnis unauslöschlich eingeprägt.« (Verwaltungsoffizier Leonard Sandland, H.M.S. REPULSE)

Die EXPRESS traf fünf mit Kurs Nord laufende Zerstörer. Es waren die vier amerikanischen Schiffe – ALDEN, EDSALL, JOHN D. EDWARDS und WHIPPLE –, die am gleichen Morgen in Singapur eingetroffen waren, und H.M.S. STRONGHOLD. Sie waren alle aus Singapur ausgelaufen, nachdem Admiral Phillips um Unterstützung durch Zerstörer gebeten hatte. REPULSE informierte die Zerstörer, daß das Unternehmen beendet sei und sie nicht mehr helfen könnten. Trotzdem blieben die fünf einige weitere Stunden in See. Die vier Amerikaner suchten das Gebiet, wo die PRINCE OF WALES und die REPULSE gesunken waren, noch einmal ab, um sicher zu sein, daß keine weiteren Überlebenden mehr vorhanden waren.

Am Morgen des nächsten Tages traf der Zerstörer EDSALL die SHOFU FU MARU, einen japanischen Fischtrawler, und schickte ein Prisenkommando an Bord. Der Trawler hatte vier kleine Boote im Schlepp. Es waren mit großer Sicherheit die kleinen Schiffe, die die Kampfgruppe Z am vergangenen Morgen bei Kuantan gesichtet hatte. Die EDSALL nahm die japanischen Schiffe mit nach Singapur, wo sie von den Amerikanern und auch britischen Offizieren, die mit den Amerikanern als Verbindungsoffiziere in See gewesen waren, gründlich untersucht wurden. Es ergaben sich keinerlei Anzeichen dafür, daß diese japanischen Schiffe keine normalen Fischtrawler waren. Die Japaner wurden interniert. Es ergab sich anscheinend keine Verbindung zwischen der SHOFU FU MARU und den von Kugeln durchlöcherten Booten mit japanischen militärischen Ausrüstungsgegenständen, die in der Nähe von Kuantan aufgefunden worden waren und Grundlage für die Falschmeldung gewesen waren, die Japaner seien dort gelandet.

Die EXPRESS erreichte als erstes Bergungsschiff den Hafen von Singapur. Trotz zahlreicher Funksprüche mit Angabe der voraussichtlichen Ankunftszeit erhielt der Zerstörer auf seinen Anruf von der Signalstelle in Changi Point keine Antwort. Es war verboten, die Johore Strait zu durchlaufen, bevor man zuerst in Changi »gebucht« worden war. Man lief sonst

Gefahr, durch die Küstenartillerie beschossen zu werden. Lieutenant-Commander Cartwright war wütend, als ein Signalgast sich vergeblich um eine Antwort auf seine Blinksprüche bemühte.

»Wir liefen vollgepackt mit Überlebenden ein und mußten fast fünfundvierzig Minuten bei der Changi-Signalstation stoppen, bevor wir eine Antwort bekamen. Ich hätte ihnen eine Granate direkt vor die Nase geschossen, wenn ich noch Munition gehabt hätte. Ich war wütend.«

Schließlich wachte man in Changi auf und erlaubte der EXPRESS die Weiterfahrt. Um 23.10 Uhr erreichte der Zerstörer die Marinebasis und machte längsseits fest. VAMPIRE folgte bald und genau um Mitternacht lief auch Commander May mit der ELECTRA ein.

Überlebende von Schiffsuntergängen machen immer, wenn sie an Land gebracht werden, den Eindruck von benommenen, namenlosen Personen; die Männer der PRINCE OF WALES und der REPULSE machten keine Ausnahme. Viele waren nur teilweise bekleidet, einige wenige trugen Rangabzeichen, die meisten waren erschöpft und ölverschmiert.

Natürlich empfand man für die Überlebenden größte Sympathie und half ihnen. Die Besatzung des kürzlich eingetroffenen H.M.S. EXETER – ein ebenfalls von Devonport personell betreutes Schiff – tat sich besonders hervor, aber auch die Stammbesatzung der Basis beteiligte sich. Die Verwundeten wurden auf Krankenbahren gelegt, den noch Benommenen wurde an Land geholfen, oder sie wurden sogar Huckepack getragen. Einem völlig verschmierten Seemann, der vorsichtig barfuß über die mit Kies bedeckte Pier ging, wurde von einem Offizier Hilfe angeboten. Der Seemann protestierte und meinte, der Offizier würde sich seine saubere weiße Uniform ruinieren. »Sch... auf die Uniform, steig auf meinen Rücken!« Ein einsamer Mensch auf der Pier war der junge Fähnrich Leach, der seinen Vater vergeblich suchte.

Als die EXPRESS festmachte, hatte auf der Pier jemand gerufen: »Wie stark war denn die Flotte der Japsen, mit der ihr es zu tun gehabt habt?« Die Antwort: »Eine verdammt starke Luftflotte!« Und als die Überlebenden von der ELECTRA an Land gingen, rief ihnen ein Mann der Besatzung zu:

»Kommt morgen wieder, wenn ihr geduscht habt, und reinigt unser Schiff vom Öl!« Aber ein anderer Mann erinnert sich, daß das Ausschiffen »in verbissener Ruhe, ohne Lachen oder Zurufe« vor sich ging. Als die letzten Überlebenden glücklich an Land gebracht worden waren, konnten sich die Besatzungen der Zerstörer erst einmal ausruhen. Viele von ihnen fielen sofort in tiefen Schlaf, und die Vorgesetzten waren vernünftig genug, sie in den nächsten zwölf Stunden nicht zu stören. Ein Besatzungsmitglied der EXPRESS erinnert sich an den desolaten Zustand seines Schiffes: »Der Wind wehte von den oberen Aufbauten weggeworfene Verbände herunter, Blut hatte überall die Farbe verschmiert, dazu der Geruch von Narkosemitteln.«

Die Mannschaften der Basis hatten im Licht von Scheinwerfern lange Reihen von Tischen und Stühlen aufgestellt und auf die Ankunft der Überlebenden gewartet. Jeder Mann mußte zu diesem Sammelpunkt gehen und dort seinen Namen, Dienstgrad und Stammrollennummer angeben. All dies in der Nacht nach dem traumatischsten Tag im Leben der meisten, und viele waren nun am Ende ihrer Kräfte. Ein desillusionierter Offizier des Stabes beschreibt sie als »einen betrunkenen, ölbedeckten, undisziplinierten Haufen Pöbel, aber das konnte nach diesen Geschehnissen nicht überraschen«.

Man kann sich leicht den Unterschied zwischen der Stimmung in Singapur und bei den Japanern vorstellen. Während des Unternehmens herrschte bei den Japanern stärkste Aktivität bei der Heranführung ihrer Unterseeboote und Überwasserstreitkräfte zum Ort der Schlacht bei Kuantan. Es wurde tatsächlich geplant, die zurückkehrenden Flugzeuge neu zu bewaffnen und gegen die britischen Schiffe einen zweiten Schlag zu führen. Die Japaner mußten darauf bedacht sein, die PRINCE OF WALES und die REPULSE vollständig zu vernichten, damit ihre eigenen Operationen in dem vorgesehenen Umfang so wiederaufgenommen werden konnten, wie es vor der ungelegenen Ankunft der britischen Schiffe in Singapur geplant worden war.

Es war ein Glücksfall für die Japaner, daß die Buffaloes des 453. Geschwaders nicht ein paar Minuten früher auf dem Kampfplatz erschienen waren. Fähnrich Hoashi hatte gerade noch Zeit genug, die PRINCE OF WALES kentern und kieloben schwimmend zu beobachten, bevor er in die Wolken flüchten mußte. Er wußte, daß es für das Schlachtschiff keine Rettung mehr gab, und konnte daher seinem Hauptquartier melden, daß beide britischen Großkampfschiffe vernichtet worden seien. Wären die Buffaloes eher erschienen, hätte diese wertvolle Nachricht Saigon nicht erreichen können. Dann hätten die Japaner weitere Anstrengungen unternehmen müssen, um die PRINCE OF WALES zu vernichten. Hoashis Meldung entband sie von dieser Sorge. Die U-Boote und Überwasserschiffe wurden zurückgerufen. Die die japanischen Invasionsstreitkräfte versorgenden Handelsschiffe wurden angewiesen, ihre Tätigkeit wieder aufzunehmen. Der Plan eines zweiten Luftangriffs wurde aufgegeben. In diesem Gebiet konnten sich nun die gesamten japanischen Anstrengungen zur See ohne Furcht vor Störungen auf die zweite Phase ihres Kriegsplanes konzentrieren. Es war das erste Ergebnis des Luftsieges bei Kuantan. Diese Piloten hatten während ihres Rückfluges Hoashis Meldung an Saigon ebenfalls aufgefangen. Sie konnten kaum glauben, was sie da hörten – diese beiden großen Kriegsschiffe durch ihre Flugzeuge in nur einer Angriffsserie versenkt! Saigon hatte befohlen, daß jedes unter Brennstoffmangel leidende zurückkehrende Flugzeug den kürzlich eroberten Flugplatz der R.A.F. bei Kota Bharu anfliegen könnte, und verschiedene Piloten machten davon Gebrauch. Der Rest flog nach Indochina weiter und wurde dort von den Bodentruppen begeistert empfangen. Eine durch das britische Abwehrfeuer bei den letzten hektischen Torpedoangriffen schwer beschädigte Mitsubishi Betty des Kanoya-Luftgeschwaders stürzte bei der Landung ab und ging vollständig zu Bruch. Über Verluste bei der Besatzung existieren keine Berichte. Fähnrich Hoashi landete als einer der letzten, er war mit seiner Nell dreizehn Stunden in der Luft gewesen! In dieser Nacht wurden auf den japanischen Flugplätzen rauschende Feste gefeiert.

Am nächsten Morgen flog Lieutenant Iki vom Kanoya-Luftgeschwader erneut zum Schauplatz des Untergangs und warf einen Kranz ab. Dieser Kranz soll ein Tribut an die Tapferkeit der britischen Seeleute gewesen sein, die ihre Schiffe bis zum Ende verteidigt hatten. Es wird noch gezeigt werden, daß zwischen der japanischen Marineluftwaffe und der Royal Navy gewisse Verbindungen bestanden haben, und es besteht kein Anlaß, an der Aufrichtigkeit von Lieutenant Iki zu zweifeln. Es muß jedoch auch berücksichtigt werden, daß die beiden bei diesem Angriff neben Iki fliegenden Flugzeuge von der REPULSE abgeschossen und die Besatzungen vor seinen Augen getötet wurden. Der japanische Pilot wollte seine toten Kameraden ebenso ehren wie seine britischen Gegner.

Es war selbstverständlich zu erwarten, daß in Großbritannien auf höchster Ebene viele Fragen gestellt werden würden. Bevor die Überlebenden auseinandergehen durften, mußten viele Berichte geschrieben werden. Von den Männern der REPULSE mußten sich nur einige Offiziere hinsetzen und ihre Erlebnisse in diesem Kampf zu Papier bringen. Man war sich darüber klar, daß der Verlust eines im Jahre 1916 gebauten alten Schlachtkreuzers nach fünf Torpedotreffern nichts Außergewöhnliches war. Aber der Verlust der PRINCE OF WALES und besonders die durch den ersten Torpedotreffer verursachten schweren Schäden konnten nicht so einfach hingenommen werden, und daher mußten auch viele der älteren Mannschaftsdienstgrade einen Bericht schreiben. Diese Arbeiten wurden von Lieutenant-Commander A. G. Skipwith überwacht und koordiniert, der als First-Lieutenant auf der PRINCE OF WALES der älteste überlebende Fachoffizier war. Skipwith brauchte zur Zusammenstellung dieser vorläufigen Aussagen sechs Tage und schickte dann Abschriften davon auf zwei verschiedenen Wegen nach London, um sicher zu sein, daß dort mindestens eine Kopie eintraf. Sein Begleitschreiben drückte die Hoffnung aus, daß diese Aussagen »wertvolle Anregungen für zukünftige Konstruktionen enthalten mögen«.

Noch ein anderer Offizier war mit der Abfassung eines Berichtes beschäftigt: Flight Lieutenant Tim Vigors, der mit den Flugzeugen der 453. Staffel den verspäteten Versuch unternommen hatte, der Kampfgruppe Z

Luftunterstützung zu geben. Am Tage nach dem Untergang der beiden Schiffe setzte er sich hin und schrieb aus eigener Initiative den folgenden Brief.

R.A.F. Station, Sembawang
11/12/41

An den Oberbefehlshaber
Fernostflotte

Sir,
Ich hatte den Vorzug, als erster die schiffbrüchigen Besatzungen der PRINCE OF WALES und der REPULSE zu erreichen, nachdem beide Schiffe gesunken waren. Ich sage Vorzug, weil ich in der darauffolgenden Stunde – während der ich über ihnen kreiste – Zeuge des unbesiegbaren Geistes war, für den die Royal Navy so berühmt ist. Ich habe in diesem Krieg über Dünkirchen, während der ›Schlacht um England‹ und während der Luftangriffe auf London Bilder der Standhaftigkeit gesehen, aber nie zuvor habe ich etwas Vergleichbares mit dem erlebt, was ich gestern sah. Ich flog über Tausenden von Menschen, die eine Feuerprobe bestanden hatten, deren Härte nur sie allein ermessen können, weil es unmöglich ist, die Gefühle eines Menschen im Unglück an einen anderen weiterzugeben.

Aber selbst für meine unerfahrenen Augen war es offensichtlich, daß die drei Zerstörer Stunden brauchen würden, um diese Hunderte von Menschen aufzufischen, die an Wrackteilen hingen und im verschmutzten, öligen Wasser herumschwammen. Darüber hinaus mußte die Furcht vor weiteren Bombenangriffen und Beschuß durch Maschinengewehre groß sein. Jeder dieser Männer muß sich dessen bewußt gewesen sein. Dennoch winkten mir alle zu, als ich über sie hinwegflog.

Nach einer Stunde zwang mich Treibstoffmangel zum Rückflug, aber während dieser Stunde hatte ich so viele Männer in Lebensgefahr winken, grüßen und scherzen gesehen, als ob sie Feriengäste in Brighton seien. Es hat mich erschüttert, denn hier geschah etwas für menschliche Verhältnisse Ungewöhnliches. Ich ziehe meinen Hut vor diesen Männern, denn in ihnen habe ich den Geist gesehen, der Kriege gewinnt.

Ich bitte um Entschuldigung, daß ich Ihre wertvolle Zeit in Anspruch genommen habe, aber ich dachte, Sie sollten die vorbildliche Haltung Ihrer Männer kennenlernen.

Ich habe die Ehre, Sir, Ihr gehorsamer Diener zu sein.
gez. T. A. Vigors, Flt./Lt. O.C. 453 Squadron.

Dieser Brief ging erst zum Hauptquartier der R.A.F., von dort wurde er mit einem Begleitschreiben von Air Vice-Marshal Pulford zum Hauptquartier der Royal Navy gesandt, in dem dieser zum Ausdruck brachte, daß

»sich alle unter meinem Kommando stehenden Soldaten der Hochachtung anschließen mögen, die den Seeleuten durch Flight Lieutenant Vigors entgegengebracht wird«. Als Vigors' Brief 1957 veröffentlicht wurde, waren viele Männer amüsiert oder leicht konsterniert zu lesen, daß der Pilot ihre drohenden Fäuste und ihre beleidigenden Rufe als freundschaftliche Geste aufgefaßt hatte.

Eine halbe Weltreise entfernt war Feldwebel Wren Muriel Saunders Vorgesetzter der Abteilung, in der von sieben oder acht Marinehelferinnen die Verlustlisten geführt wurden. Diese Abteilung befand sich an Bord von H.M.S. DRAKE bei der Marineergänzungsabteilung in Devonport, die ursprünglich die Besatzungen sowohl der REPULSE als auch der PRINCE OF WALES aufgestellt hatte.

»Wir hatten das Radio angestellt, und ich war völlig erschüttert, als ich aus einer Meldung der BBC erfuhr, daß die PRINCE OF WALES und die REPULSE versenkt worden waren. Innerhalb einer halben Stunde kam ein Meldefahrer, der vom Kommandeur der Rekrutierungsabteilung geschickt worden war und mich in die Kaserne bringen sollte. Bei meiner Ankunft war mir klar, welch verheerende Auswirkungen die Radiomeldung auf besorgte Angehörige und Freunde haben mußte. Was uns betraf, konnten wir zunächst nur die Stammrollen heraussuchen und uns die Namen der Betroffenen anschauen – und im übrigen beten.

Die Telefone waren blockiert, und ich erinnere mich sogar an eine Familie, die die Sorge um ihre Angehörigen unverzüglich aus Liverpool nach Devonport getrieben hatte und die nun am Kasernentor stand und wartete.

Wir warteten ebenfalls, und ich kann mich noch an die schließlich von der Admiralität kommenden Fernschreiben erinnern, und über das steigende Entsetzen über den Umfang des Unglücks, als wir die Namen von aufgefischten und in Singapur gelandeten Überlebenden lasen. Von den Listen der Überlebenden mußten wir in grauenvoller Arbeit die Gefallenen und Vermißten ermitteln, und da wir von allen Seiten dauernd gestört wurden, waren wir sehr unter Druck. Der Kommandeur sperrte dann unsere Abteilung bis auf die Marinehelferinnen, während wir unsere traurige Pflicht erfüllten und stundenlang immer wieder die Worte ›Vermißt im Kriegseinsatz‹ tippten.

Die Sozialabteilung befand sich in der Nähe unseres Büros, und ich ging in dieser Zeit allzuoft den überdeckten Gang zwischen den beiden Abteilungen entlang. Ich erinnere mich, dort eine junge Frau getroffen zu haben, die allem Anschein nach keinerlei Nachricht über ihren Mann erhalten hatte, obwohl bereits seit einiger Zeit alle nächsten Angehörigen der Vermißten benachrichtigt worden waren. Sie zeigte mir ein Bild von sich mit ihrem Mann und ihren Kindern. Natürlich prüfte ich sofort den Fall und fand meine Ahnung bestätigt. Seine irgendwo im Norden wohnende wirkliche Frau war bereits unterrichtet worden, der Mann hatte offensichtlich eine Doppelehe geführt. Ihre Verzweiflung über das doppelte Unglück, das sie nun getroffen hatte, war herzzerreißend.«

Eine Analyse

Britische Politiker und die Presse haben viele Fragen über den Untergang der beiden Schiffe gestellt. Warum wurden zwei Großkampfschiffe ohne einen Flugzeugträger von England in den Fernen Osten geschickt? Warum ließ man die beiden Schiffe nach Ausbruch des Krieges im Fernen Osten ohne ausreichende Luftunterstützung in See gehen? Warum haben beide Schiffe bei der Selbstverteidigung gegen Flugzeuge einer Nation so jämmerlich versagt, die in der Kunst der Kriegsführung als unfähig beurteilt wurde? Wie konnte die hochmoderne PRINCE OF WALES so leicht und so schwer beschädigt werden?

Seit der Skagerrakschlacht war dies das erste Mal, daß die Royal Navy an einem Tag zwei Großkampfschiffe verloren hatte. Wenn wir Flugzeugträger zu den Großkampfschiffen zählen, war die PRINCE OF WALES das siebente und die REPULSE das achte während dieses Krieges verlorene Schiff. Es waren für die Marine katastrophale Wochen gewesen, weil mit dem Flugzeugträger ARK ROYAL und dem Schlachtschiff BARHAM – beide im vorhergehenden Monat durch deutsche U-Boote im Mittelmeer torpediert – innerhalb von vier Wochen vier Großkampfschiffe verlorengegangen waren, wobei der Verlust der BARHAM noch nicht öffentlich bekanntgegeben worden war. Großbritannien konnte sich den Verlust der alten REPULSE vom reinen Materialstandpunkt aus wohl leisten, denn es blieben aus dem ersten Weltkrieg immer noch neun Schlachtschiffe oder Schlachtkreuzer übrig. Aber der Verlust der PRINCE OF WALES war ein gewaltiger Rückschlag, weil nur noch drei moderne, beziehungsweise beschränkt moderne, Schlachtschiffe in Dienst blieben – KING GEORGE V, NELSON und RODNEY –, wenngleich bald drei weitere Schiffe der King George V-Klasse zur Verfügung stehen würden.

Die beiden verlorenen Schiffe hatten am Tage ihres Untergangs eine Besatzung von zusammen 2921 Mann, und von diesen hatten 840 ihr Leben lassen müssen. Die gesamte Verlustquote betrug 28,7% und, vielleicht überraschend, hatte ein höherer Prozentsatz von Offizieren überlebt als Unteroffiziere und Mannschaften, hauptsächlich auf der PRINCE OF WALES. Dies erklärt sich teilweise dadurch, daß die Offiziere des Stabes von Admiral Phillips dort an Bord waren – alles Männer, die für die einzelnen Abschnitte des Schiffes keine Verantwortung trugen und sich oberhalb des Panzerdecks in den Kommandozentralen aufhielten. Sie wurden von Admiral Phillips ausdrücklich entlassen, lange bevor die PRINCE OF WALES tatsächlich sank.

Tabelle 1

	an Bord	Gefallen	% Verluste
Repulse			
Offiziere	69	27	39,10
U.O. und Mannschaften	1.240	486	39,20
Total	1.309	513	39,15
Prince of Wales			
Offiziere	110	20	18,20
U.O. und Mannschaften	1.502	307	20,40
Total	1.612	327	20,30

Die Besatzung der REPULSE hatte fast die doppelte Anzahl Gefallener als die PRINCE OF WALES, weil die REPULSE nach den ersten Torpedotreffern sehr schnell gesunken war und sich die Besatzung bis einige Minuten vor dem Kentern auf ihren Gefechtsstationen befunden hatte. Die PRINCE OF WALES war vor dem Sinken für eine relativ lange Zeit ein schwimmendes Wrack, und eine große Anzahl Männer konnten von ihren Posten unter Deck nach oben kommen und dann ohne große Eile von Bord gehen. Obwohl die Kampfgruppe Z an diesem Morgen verschiedene schwere Schicksalsschläge hinnehmen mußte, war doch die Rettungsaktion sehr günstig verlaufen. Die See war warm und ruhig, die japanischen Flugzeuge hatten die Rettungsarbeiten in keiner Weise behindert und es waren gerade genug Zerstörer vorhanden, um alle Überlebenden vor Anbruch der Dunkelheit aufzufischen. Die Japaner hatten nicht erwartet, daß die Rettungsmaßnahmen so erfolgreich verlaufen würden, und in ihrer offiziellen Kriegsgeschichte war ein Bericht zu dem Ergebnis gekommen, daß der größte Teil der beiden Schiffsbesatzungen ertrunken sei.

In dieser warmen See leben mehrere Arten von gefährlichen Haien, besonders der Große Weiße Hai oder auch Weißer Jäger (charcharoden carcharias) genannt. Die Seeleute wußten von dieser Gefahr. Tatsächlich erwähnt der im Public Record Office vorliegende Bericht eines Offiziers das Sichten von Rückenflossen von Haien und das Schreien von Männern. Wir haben jedoch keinen Zeugen finden können, der an diesem Tage einen Angriff eines Haies oder überhaupt Haie gesehen hat.

Die Station eines Mannes an Deck oder unter Deck hatte auf seine Überlebenschancen großen Einfluß gehabt, und unter den größeren Gruppen waren wahrscheinlich die Männer der Royal Marines am günstigsten dran. Ihre Stationen befanden sich hauptsächlich an Deck bei den Geschützen. Von keinem der beiden Schiffe fiel ein Offizier der Royal Marine, und von 192 Mannschaften fielen auf der Prince of Wales nur siebenundzwanzig – eine unter dem Durchschnitt liegende Verlustrate für diesen Schiffstyp. Das Alter mag beim Überleben auch eine Rolle gespielt haben. An Bord der Repulse befanden sich vierzehn Oberstabsfeldwebel von denen nur vier die Rettung gelang. Das andere Extrem ist allerdings, daß von beiden Schiffen dreißig Schiffsjungen und ein Junghornist der Royal Marines verlorengingen.

Besonders tragisch war der Tod eines der beiden Zwillingspaare an Bord der Prince of Wales. Die erst siebzehn Jahre alten Schiffsjungen Robert und James Joung waren aus einem Waisenhaus in Cheltham in die Marine eingetreten. Die Jüngsten von allen Gefallenen waren zwei Sechzehnjährige, der Kantinenhelfer George Henderson aus Edinburgh, gefallen auf der Repulse, und der Junghornist Gilbert Stapleton von der Prince of Wales. Der älteste Gefallene war der 54jährige Vollmatrose W. H. Jeffery von der Prince of Wales, und gleich danach kommt der Oberbefehlshaber selbst, Admiral Sir Tom Phillips, dreiundfünfzig Jahre alt.

Beide Berichterstatter und der Fotograf der Admiralität an Bord der Repulse überlebten. Cecil Brown und O'Dowd Gallagher schrieben eigene Bücher über die Schlacht, und Lieutenant Abrahams ging nach dem Krieg als Fotograf der Keystone Press Agency nach Japan. 1958 trafen Abrahams und Cecil Brown in einem Hotel in Tokio Lieutenant Sadao Takai, der eine Staffel des Genzan-Luftgeschwaders geführt und die Repulse angegriffen hatte, ohne einen Torpedotreffer zu erzielen. Der Japaner zögerte erst, zu kommen, aber dann verlief das ungewöhnliche Treffen gut.

Selten kann die Verlustliste bei einer Schlacht dieser Größe so einseitig gewesen sein. Die Japaner hatten bei dieser Operation einschließlich der Aufklärungsflugzeuge insgesamt 85 Nell- und Betty-Kampfflugzeuge eingesetzt. Achtzehn waren nicht zum Angriff auf die britischen Hauptstreitkräfte gekommen, neun Bomber hatten ihre Bombenlast auf die Tenedos verschwendet, neun weitere hatten irrtümlicherweise ihre Bomben kurz vor Erreichen der Kampfgruppe Z gelöst, und ein Torpedoflugzeug mußte wegen Motorstörung vorzeitig umkehren. Die Tabelle auf S. 213 gibt die Funktionen und die Verluste der angreifenden Luftstreitkräfte an.

Mit den drei abgeschossenen Flugzeugen waren achtzehn Feldwebel und Mannschaften der japanischen Marineluftwaffe gefallen. Die offizielle japanische Kriegsgeschichte gibt an, daß diese Verluste das Ergebnis versuchter Suizid-Angriffe gewesen seien, die von Piloten durchgeführt wurden, deren Besatzungen wußten, daß ihre Flugzeuge zu schwer beschädigt waren, um zu überleben. Das kann bei dem ersten abgeschossenen Flugzeug stimmen, das dicht an der Bordwand der PRINCE OF WALES abstürzte, aber die beiden anderen wurden von den Pom-Poms der REPULSE abgeschossen und stürzten ins Meer. Von den zurückkehrenden japanischen Flugzeugen stürzte nur eines bei der Landung ab, siebenundzwanzig wurden beschädigt. Mit Ausnahme von drei Maschinen waren sie nur leicht beschädigt und konnten an Ort und Stelle instand gesetzt werden.

Tabelle 2

Luftgeschwader	Gestartet	Angegriff.	Treffer	Abgeschossen	Beschädigt
A. *Torpedoflugzeuge*					
Genzan	17	16	2	1	7
Kanoya	26	26	9	2	10
Mihoro	8	8	0	0	0
Total	51	50	11	3	17
B. *Bombenflugzeuge*					
Genzan	9	0	0	0	0
Mihoro	25	16*	2	0	11**
Total	34	16	2	0	11

Wie erwähnt, besteht die 1969 veröffentlichte offizielle japanische Kriegsgeschichte darauf, daß nicht weniger als einundzwanzig der neunundvierzig Torpedos getroffen hätten, obwohl die zwölf Jahre früher veröffentlichte offizielle britische Kriegsgeschichte eine Zahl von zehn Torpedotreffern – fünf auf jedem Schiff – angibt. Man kann der Meinung sein, daß die PRINCE OF WALES sechsmal getroffen wurde, wenn man den Torpedo dazurechnet, der beim ersten Angriff nur wenige Meter von der Backbord-Bordwand explodierte. Deshalb sind wahrscheinlich insgesamt elf Treffer richtig. Die Japaner behaupten, außerdem noch drei Bombentreffer erzielt zu haben, in Wirklichkeit waren es nur zwei. Dennoch hatten die japanischen Piloten Außerordentliches geleistet. Stalin war in einem Brief an Churchill davon überzeugt, daß dieser große Erfolg nicht von japanischen Besatzungen errungen sein könnte. Er glaube, daß es entweder deutsche

* Bei einem Genzan-Flugzeug funktionierte die Torpedoauslösevorrichtung und bei einem Mihoro-Bomber die Bombenauslösevorrichtung nicht; sie werden hier jedoch aufgeführt, als hätten sie angegriffen.
** Ein Mihoro-Flugzeug ging bei der Landung völlig zu Bruch.

Flugzeuge gewesen seien, die irgendwann vor Ausbruch des Krieges im Fernen Osten nach Japan gekommen seien, oder die japanischen Flugzeuge seien von deutschen Besatzungen geflogen worden. Stalin hatte in letzter Zeit an der russischen Front ein Nachlassen der deutschen Lufttätigkeit festgestellt, und seine Berater hatten ihm gesagt, daß Deutschland 1 500 Flugzeuge nach Japan geliefert hätte! Es ist eher möglich, daß der Mangel an deutschen Flugzeugen in Rußland das Ergebnis der Schwierigkeiten gewesen ist, die der deutschen Luftwaffe in ihrem ersten russischen Winter begegneten. Es gab im Fernen Osten keine deutschen Flugzeuge.

Die offizielle japanische Kriegsgeschichte vergleicht die Operation mit den Ergebnissen vor dem Krieg durchgeführter Manöver. Die Trefferquote hatte bei praktischen Torpedoangriffen auf mit vierzehn Knoten laufende und energische Ausweichmanöver fahrende Schlachtschiffe als Zielschiffe siebzig Prozent betragen. Die Japaner hatten erwartet, daß diese Trefferquote bei kriegsmäßigen Angriffen um die Hälfte niedriger liegen würde. Die tatsächliche Trefferquote betrug bei diesen Angriffen – gegen Schiffe, die zeitweise fünfundzwanzig und nicht vierzehn Knoten liefen – elf Treffer von neunundvierzig abgeworfenen Torpedos, also nur zweiundzwanzig Prozent. Die manövermäßigen Ergebnisse bei Bombenangriffen – wiederum gegen Ziele mit einer Fahrt von vierzehn Knoten – waren nur zwölf Prozent gewesen, und man erwartete bei Kriegshandlungen ein Fallen auf sechs oder gar nur vier Prozent. Die auf der PRINCE OF WALES und der REPULSE erzielten Bombentreffer waren zwei von dreiundzwanzig, also neun Prozent und damit besser als erwartet.

Schließlich waren es die Bettys der energisch angreifenden Staffel des Kanoya-Geschwaders, die in drei Minuten neun Treffer erzielten und das Endergebnis um den Preis von zwei abgeschossenen Flugzeugen sicherstellten. Es waren dies die nach Saigon entsandten Flugzeuge, die ursprünglich in Formosa stationiert waren und zu den Luftstreitkräften für den Angriff auf die Philippinen gehörten. Sie wurden abgezweigt, als die Japaner von dem Einlaufen der PRINCE OF WALES und der REPULSE in Singapur Kenntnis erhielten. Selten hat sich in einem Kriege die Umdisponierung einer relativ bescheidenen Streitmacht von einem Kriegsschauplatz zu einem anderen so glänzend bezahlt gemacht. Auf der anderen Seite hätte die japanische Nachrichtenübermittlung beinahe das ganze Unternehmen zum Scheitern gebracht, denn sie hatte in entscheidenden Augenblicken wieder und wieder versagt.

Es ist eine absolute Ironie der Geschichte, daß die japanische Marineluftwaffe ursprünglich durch einen Amerikaner und einen Briten begründet worden ist. 1919 hatte ein reicher Amerikaner, der anonym bleiben wollte, der japanischen Regierung eine große Summe Geldes zum Kauf von Flugzeugen gegeben, damit sie Piloten ausbilden könne. Fünf Jahre später hatten die Briten unter Führung von Commander Forbes-Sempill eine Marinemission nach Japan geschickt. Er hieß Lord Sempill und wurde auch als »Master of Sempill« bekannt. Er war ein Veteran der Marineluftwaffe des ersten Weltkriegs und seine Aufgabe bestand darin, den damals noch befreundeten Japanern zu helfen, eine erste kleine Marineluftwaffe aufzubauen. Nach dem zweiten Weltkrieg sagte der berühmte Marineflieger Commander Minoru Genda, der den Überfall auf Pearl Harbor geplant hatte, einem britischen Offizier: »Selbstverständlich waren es die Enkelsöhne des Masters of Sempill, die die PRINCE OF WALES und die REPULSE versenkt haben.«

Einige grundsätzliche Punkte bleiben noch zu klären: die Entscheidung des Kriegskabinetts, die beiden Großkampfschiffe zu diesem Zeitpunkt nach Osten zu schicken, die Entscheidung von Admiral Phillips, aus Singapur auszulaufen und seine Beurteilung der Gefahr japanischer Luftangriffe auf die beiden Schiffe, nachdem ihm die Anwesenheit japanischer Flugzeuge in Saigon bekannt war. Und, nachdem die Schiffe schon einmal aus Singapur ausgelaufen waren: Hätte das Unternehmen nicht anders durchgeführt werden müssen und konnten die Einheiten der Kampfgruppe Z besser kämpfen, nachdem sie angegriffen worden waren? Welches waren die unmittelbaren und dann die Dauerwirkungen des Verlustes der einzigen britischen Großkampfschiffe im Fernen Osten?

Die Autoren sind sich der großen Vorteile wohl bewußt, die sie durch die Einsichtnahme in die Dokumente und die Möglichkeit, die Probleme in Ruhe zu studieren, haben. Die militärischen Führer mußten diese Probleme im Kriege unter momentanem Zwang lösen und hatten immer nur teilweise Kenntnis von den jeweiligen Umständen. Sie mußten oftmals Vermutungen anstellen und spekulieren, und es ging nicht nur um ihr Ansehen, sondern meist um ihr Leben. Unsere kritischen Bemerkungen erkennen die Privilegien von Nachkriegshistorikern durchaus an und wollen die militärischen Führer nicht herabsetzen.

Dieses Buch begann mit der Beschreibung des Sinneswandels der Japaner nach dem ersten Weltkrieg, als sie eine Haltung an den Tag zu legen begannen, die die fernöstlichen Interessen Großbritanniens, der Vereinigten Staaten und Hollands bedrohte. Es ist schwer zu beurteilen, ob eine geschicktere Diplomatie zwischen den beiden Kriegen diese Verschlechterung der Beziehungen zwischen Japan und den Westmächten hätte vermeiden können.

Vielleicht hätte Diplomatie den Prozeß verlangsamen können, aber es ist anzunehmen, daß Beschwichtigungspolitik für Schwäche gehalten worden wäre (so wie Hitler es in den gleichen Jahren getan hat) und daß ein Zusammenstoß mit Japan unvermeidbar war. Die Marinebasis in Singapur selbst war kein »casus belli«. Aber nachdem der Krieg in Europa ausgebrochen war, befand sich das Kriegskabinett hinsichtlich der Verteidigung von Singapur als lebenswichtiger Stützpunkt für die Verteidigung des Fernen Ostens in einer schwerwiegenden Zwangslage. Das Mutterland war 1940 in echter Gefahr, zu unterliegen, und diese Gefahr war auch 1941 noch nicht ganz überwunden. Jeder Mann, jeder Panzer, jede Kanone, jedes Schiff und jedes Flugzeug, das in den Osten geschickt wurde, ging zu Lasten der Sicherheit Großbritanniens.

Im August 1940 war der R.A.F. durch eine Entscheidung des Kriegskabinetts die Hauptverantwortung für die Verteidigung von Malaya und Singapur übertragen worden. Sie sollte möglichst vor Ende 1941 die Fernoststaffeln mit modernen Flugzeugen ausrüsten. Ende 1941 hatte Großbritannien jedoch eine große Anzahl moderner Jagdflugzeuge – obwohl nur einige wenige Piloten – nach Rußland geschickt. Das Oberkommando der Jagdflieger behielt für den Fall erneuter Angriffe der deutschen Luftwaffe mehrere Jagdfliegerstaffeln in England. Das Oberkommando der Bomberverbände benötigte für die strategischen Bombenangriffe auf Deutschland eine ständig steigende Anzahl von Flugzeugen und Besatzungen. Von diesen Angriffen versprachen sich Churchill und die »Bomber-Barone« sehr viel. In den Fernen Osten wurde kein einziges modernes Flugzeug gesandt. Die R.A.F. mußte in Europa einen totalen Krieg führen, und der Wunsch, ihn durch den rücksichtslosen Einsatz von schweren Bombern gegen die Industriezentren des Feindes zu beenden, war entscheidend dafür, die Hauptkräfte und alle modernen Flugzeuge zu Hause zu behalten. Diese Politik hatte die volle und aktive Unterstützung von Churchill selbst.

Das Luftwaffenhauptquartier muß wegen der Unterstützung dieser Politik für die Versäumnisse im Fernen Osten einen Teil der Verantwortung übernehmen. Als die R.A.F. die Hauptverantwortung für die Verteidigung Malayas übernommen hatte, beschränkte sich das Heer in der Hauptsache auf die Verteidigung der Flugplätze. Wenige Staffeln von Spitfires oder Hurricanes hätten ausgereicht, die Mitsubishis zu vernichten, die mit ihren Bomben die R.A.F. so unerwartet von diesen Flugplätzen vertrieben. Schwere moderne Bombenflugzeuge hätten sowohl die Invasionsgeleitzüge als auch die japanischen Flugplätze rund um Saigon bombardieren können. Das wäre voraussichtlich der Eckpfeiler für die Verteidigungspolitik von Malaya gewesen. Letztlich war das Heer der Verlierer dieser Zurückhaltung des Luftwaffenministeriums, denn die Truppe war durch den Aufmarsch zur Verteidigung von Flugplätzen gebunden, auf denen keine einsatzfähigen Flugzeuge standen und die in zahlreichen Fällen von der R.A.F. auch noch vorzeitig geräumt wurden.

Nachdem sich eigentlich die R.A.F. selbst aus ihrer Verpflichtung, den Fernen Osten zu verteidigen, entlassen hatte, indem sie die Entscheidung des Kriegskabinetts nicht erfüllte, war man gezwungen, auf die Entsendung von Großkampfschiffen in den Fernen Osten zurückzukommen, sobald dort Mitte 1941 die dunklen Kriegswolken aufzogen. Schließlich war die Marinebasis in Singapur ursprünglich zu diesem Zweck errichtet worden, und die Unterhaltungskosten waren beträchtlich gewesen. Und wenn die Schiffe früh genug und in ausreichender Stärke in den Osten entsandt worden wären, hätte ihre Anwesenheit die Japaner vielleicht veranlassen können, nicht anzugreifen. Der Abschreckungseffekt war der Hauptzweck der Entsendung von Großkampfschiffen.

Die nächste Frage war, wieviele Schiffe und welche Typen. Die schließlich getroffene Entscheidung, die Wahl der PRINCE OF WALES, der REPULSE und der INDOMITABLE, war genau so gut wie jede andere. Die Wahl der REPULSE stellte für die Marine bezüglich ihrer Verantwortlichkeit gegenüber dem Krieg in Europa kein großes Opfer dar. Sie war eines von zahlreichen alten Schlachtschiffen und Schlachtkreuzern – obgleich schneller als die meisten –, für das die Marine nur mit Schwierigkeiten nützliche Beschäftigung finden konnte. Sich von der PRINCE OF WALES zu trennen, war schon ein größeres Opfer, aber die späteren Ereignisse haben gezeigt, daß Churchill mit seiner Auffassung recht hatte, die Abwesenheit der PRINCE OF WALES habe auf die Probleme der Marine in Europa keine ernsten Auswirkungen. Die Deutschen haben die TIRPITZ nie zu einer kühnen Unternehmung auslaufen lassen, und vom rein materiellen Standpunkt aus wurde die PRINCE OF WALES in den europäischen Gewässern zu keinem Zeitpunkt vermißt.

Man darf nicht vergessen, daß die Admiralität den für Singapur bestimmten Streitkräften einen ihrer modernen Flugzeugträger zugewiesen hatte. Es war eines der folgenschwersten Mißgeschicke, daß die INDOMITABLE in Westindien auf Grund lief. Ihre Instandsetzung dauerte zwar nur fünfundzwanzig Tage, aber dieser Zeitverlust war nie wieder gutzumachen.

Die beabsichtigte Abschreckung durch die Entsendung der Schiffe nach Osten war ein vollständiger Fehlschlag. Die japanischen Fähigkeiten und ihre militärische Stärke wurden überall unterschätzt, und angesichts ihres unbedingten Willens zum Krieg gab es zu dieser Zeit keine für Großbritannien entbehrlichen Streitkräfte, die daran irgend etwas hätten ändern können. Es ist richtig, daß die für die Operationen in Malaya verantwortlichen örtlichen japanischen Befehlshaber durch die Ankunft der britischen Seestreitkräfte beunruhigt und dann zweifellos erleichtert waren, als sie aus dem Wege geräumt waren, aber es besteht keine Veranlassung anzunehmen, daß die oberste Führung deswegen jemals ihre Kriegspläne ernsthaft überprüft habe. Ob sie sich die Sache nicht zweimal überlegt hätten, wenn Großbritannien Spitfires, Hurricanes und moderne schwere Bomber früher nach Malaya geschickt hätte, ist eine ganz andere Frage, eine hypothetische Frage. Das Sichten der japanischen Invasionsgeleitzüge am 6. Dezember

1941 lieferte den klaren Beweis dafür, daß der Abschreckungseffekt nicht eingetreten war. Die Analyse der Ereignisse muß sich deshalb auf die Entscheidung konzentrieren, die Prince of Wales, Repulse und ihre Begleitzerstörer mit der Absicht auslaufen zu lassen, die japanischen Truppentransporter abzufangen und zu vernichten. Da die Royal Navy aus dem Befehlsbereich des Oberbefehlshabers für den Fernen Osten ausdrücklich ausgenommen war und die Admiralität in London Schwierigkeiten hatte, die Operationen in einem eine halbe Weltreise entfernten Gebiet zu kontrollieren, befand sich Admiral Phillips in der für einen Marinebefehlshaber einmaligen Lage, beim Einsatz seiner kampfstarken Seestreitkräfte selbständig handeln zu können. Es ist eine Ironie, daß ein Mann, der in der Admiralität so oft Marineoperationen auf weite Entfernungen überwacht hatte, jetzt der erste Seebefehlshaber sein sollte, der während einer wichtigen Operation völlige Freiheit hatte.

Die Admiralität hatte Phillips wiederholt gedrängt, vor Ausbruch des Krieges eines oder sogar beide großen Schiffe aus Singapur abzuziehen, wahrscheinlich um das Risiko zu mindern, daß sie im Hafen durch Luftangriffe beschädigt oder von U-Booten erwischt würden. Nach dem Beginn der japanischen Angriffe hatte Phillips keine andere Wahl, als aus Singapur auszulaufen und zu versuchen, die Invasionsstreitkräfte zu stellen. Er war über die feindlichen Minenfelder, Kriegsschiffe, U-Boote und Flugzeuge gut informiert. Den Minen konnten seine Schiffe ausweichen, ebenso den U-Booten. Seine Großkampfschiffe hätten die japanischen Überwasserstreitkräfte geschlagen, wenn sie ihm unter annehmbaren Umständen entgegengetreten wären. Der Unsicherheitsfaktor war die aus der Luft drohende Gefahr.

Wahrscheinlich hat Air Chief Marshal Brooke-Popham versucht, Phillips, der im Rang unter ihm stand, zurückzuhalten, aber Brooke-Popham hatte eben nicht die Befehlsgewalt, eine von der Royal Navy geplante Operation zu verbieten. Es wäre vielleicht besser gewesen, wenn er es dennoch getan hätte. Die Navy hätte dann nicht beschuldigt werden können, nicht ihr Bestes versucht zu haben, wenn ihr Befehlshaber daran gehindert worden wäre.

Aus japanischen Dokumenten geht klar hervor, daß die am Morgen des 8. Dezember getroffene Entscheidung, an diesem Abend auszulaufen, bereits zu spät kam. Denn die japanischen Unterlagen sagen über die Lage am 9. Dezember – als die Kampfgruppe Z bereits seit achtzehn Stunden von den Invasionsküsten ablief: »Selbst wenn die Briten jetzt angriffen, könnten sie den bereits gelandeten militärischen Einheiten keinen Schaden mehr zufügen, und etwaige Schäden würden nur an leeren Schiffen und einer geringen Menge von Nachschubgütern entstehen ... Die britischen Seestreitkräfte haben ihre beste Gelegenheit verpaßt.«

Die beste Auslaufzeit wäre am 6. spät oder am 7. morgens gewesen, kurz nachdem die noch in See befindlichen japanischen Geleitzüge gesichtet worden waren. Aber die REPULSE befand sich auf dem Weg nach Australien, und Phillips war in Manila, um sich mit den Amerikanern zu beraten. Der allerspäteste Auslauftermin aus Singapur, um den Ausgang der japanischen Landungsoperationen noch zu beeinflussen, wäre am 8. bei Tagesanbruch gewesen, gefolgt von einem direkten Vorstoß durch das japanische Minenfeld nach Norden. Wenn man aber jetzt die Verzögerung des Auslaufens bis zum 8. abends kritisierte, würde man aus späteren Erkenntnissen gewonnene unzulässige Vorteile in Anspruch nehmen. In Singapur konnte niemand vermuten, daß die Japaner die Landung so schnell erfolgreich abschließen würden.

Wesentlich umstrittener ist die Rolle der R.A.F. bei dieser Operation und die grundsätzliche Einstellung von Admiral Phillips zur Frage der Luftunterstützung. Bevor Phillips auslief, hatte er um Unterstützung durch Jagdflugzeuge und um Luftaufklärung ersucht, die auch durchgeführt wurde. Die Kernfrage der Tragödie ist der Jagdschutz. Die R.A.F. hatte die australische 453. Staffel als »Flotten-Verteidigungs-Staffel« vorgesehen, und bevor die Kampfgruppe Z auslief, hatte ihr Staffelkapitän mit dem zuständigen Verbindungsoffizier in Admiral Phillips' Stab konferiert. Flight Lieutenant Vigors hatte dabei die Auffassung vertreten, wenn seine Staffel die Flugplätze an der Ostküste von Malaya benutzen könnte, »könnte ich über der Flotte eine ständige Überwachung durch sechs Flugzeuge durchführen und zwar während des ganzen Tages, vorausgesetzt, die Flotte läuft nicht mehr als 100 Meilen nördlich von Kota Bharu und nicht weiter als 60 Meilen von der Küste entfernt«. Aber Phillips war offensichtlich nicht bereit, seine Handlungsfreiheit durch den Zwang, so dicht unter der Küste zu laufen, einschränken zu lassen – außerdem mußte auch das japanische Minenfeld berücksichtigt werden –, und er war auch nicht bereit, das mit einer Brechung der Funkstille verbundene Risiko auf sich zu nehmen, das mit einer derartigen Zusammenarbeit möglicherweise verbunden gewesen wäre. Wahrscheinlich war es die Weigerung der Marine, diesen wichtigen Voraussetzungen zuzustimmen, die die R.A.F. wenige Stunden nach dem Auslaufen der Kampfgruppe Z veranlaßte, den wohlbekannten Funkspruch an Admiral Phillips mit der Information zu geben, daß Jagdschutz nicht garantiert werden könne.

So lief die Kampfgruppe Z ins Blaue aus und hielt die ganze Zeit über strikte Funkstille ein. Die Küstenflugplätze, die Flight Lieutenant Vigors zu benutzen gehofft hatte, wurden von den Japanern noch zusätzlich angegriffen. Deswegen und auch wegen der Unkenntnis der Bewegung der Kampfgruppe Z schickte die R.A.F. auch die 453. Staffel nicht zu diesen Flugplätzen. Die Buffaloes wurden in Sembawang auf der Insel Singapur während des Tages in ständiger Bereitschaft zur Verfügung der Navy gehalten. Angeblich wurde die R.A.F. am Morgen des 10. Dezember auf neunundfünfzig einsatzfähige Flugzeuge aller Typen reduziert; auch wenn Admiral Phillips keine Kenntnis von der sich seit seinem Auslaufen verschlechternden Lage der R.A.F. haben konnte, kann als sicher angenommen werden, daß er wußte, einige Jagdflugzeuge stünden zur Verfügung, wenn er sie anforderte.

Durch kluge Kursänderungen wurde das japanische Minenfeld umlaufen. Durch Pech wurden die britischen Schiffe von I.65 gesichtet, obwohl die Japaner durch ihre langsame Nachrichtenübermittlung aus dieser Kenntnis zunächst keinen Vorteil zogen. Aber als die britischen Schiffe am Abend des 9. Dezember erneut gesichtet und von da ab durch drei japanische Wasserflugzeuge beschattet wurden, war das Spiel so gut wie aus, und es erscheint unverständlich, daß Admiral Phillips in diesem Augenblick nicht umdrehte. Statt dessen lief er in dieser Nacht noch weiter in den Golf von Siam, in der Hoffnung, die japanischen Schiffe am nächsten Morgen an der Küste zu finden. Dies war genau so, als ob »die Heimatflotte in das Kattegat laufen würde«, wie auf der Konferenz an Bord der PRINCE OF WALES kurz vor dem Auslaufen festgestellt worden war. Die offizielle japanische Kriegsgeschichte enthält über den Stand der Operation zu diesem Zeitpunkt einen interessanten Kommentar.

»Was bezweckten die britischen Schiffe mit ihrer Fahrt nach Norden? Wollte man unsere Landungen im Gebiet von Kota Bharu verhindern? Wollte man in unserem Rücken Verwirrung stiften und nach Beute Ausschau halten? Oder war es eine Demonstration britischer Marinestrategie, den Feind geschickt in eine ungünstige Lage zu manövrieren? Dies herauszufinden, war uns überlassen. Wußten sie eigentlich – oder wußten sie es nicht –, daß wir Torpedoflugzeuge besaßen und dazu noch eine Anzahl schwerer Kreuzer und Zerstörer? ... Dachten sie etwa, daß eine große Anzahl unserer in Südindochina stationierten Kampfflugzeuge nicht einsatzbereit wären?

Die Bewegungen der britischen Schiffe mögen unverantwortlich gewesen sein, aber ihr Wagemut war bewundernswert.«*

Es war zweifellos eine unverantwortliche Maßnahme von Phillips, weiter nach Norden zu laufen, nachdem er von den drei japanischen Aufklärern so sorgfältig beschattet worden war. Er lief trotz dieser Erkenntnis noch zwei Stunden weiter, und es ist bezeichnend, daß er seinen Kurs erst änderte, nachdem er die von den japanischen Bombern über dem Kreuzer CHOKAI abgeworfene Leuchtrakete gesehen hatte. Er nahm an, daß sie ein Zeichen für die Anwesenheit japanischer Überwasserstreitkräfte sei, und *das* veran-

---

* Japanese Official History, Seite 484

laßte ihn schließlich zur Umkehr. Man wird nie erfahren, ob Phillips auf seinem für den nächsten Morgen geplanten Angriff gegen die Invasionsflotte bestanden hätte, wenn man diese Leuchtrakete nicht gesehen hätte, denn sein nächster Blinkspruch an die REPULSE gab an, er habe die Unternehmung wegen der vor Einbruch der Dunkelheit gesichteten Wasserflugzeuge abgebrochen. Der allgemein bekannte Grund ist, daß er sich zum Abbruch der Unternehmung entschloß, nachdem ihm klar geworden war, daß die japanischen Aufklärer ihn vor Einbruch der Dunkelheit gesehen und gemeldet hatten. Es gibt aber keine Beweise dafür, daß er diese Entscheidung bereits vor dem Sichten der Leuchtrakete getroffen hatte. Immerhin entfernte die zweistündige Beibehaltung des Nordkurses in Richtung auf die Invasionsküsten die Kampfgruppe Z immer weiter von ihrem sicheren Heimathafen.

Die ganze Angelegenheit wurde dann durch das Funksignal über eine Landung der Japaner bei Kuantan noch komplizierter. Die Entscheidung von Phillips, auf seinem Rückweg in diese Richtung zu laufen, kann nicht kritisiert werden. Er konnte nicht wissen, daß die Meldung auf falschen Informationen beruhte, und er konnte kaum nach Hause zurücklaufen, ohne die Angelegenheit untersucht zu haben.

Mit dem Eintreffen vor Kuantan war jedoch am nächsten Morgen der erste von vier wesentlichen Irrtümern verbunden. Die Kampfgruppe Z war jetzt dicht genug an der Küste, um mit Sicherheit im Bereich eines Jagdschutzes der R.A.F. zu sein. Trotzdem wurde auch nach dem um 6.45 Uhr gesichteten vermutlich japanischen Flugzeug kein Funksignal mit dem Ersuchen um Jagdschutz abgegeben. Zweitens bestand absolut keine Notwendigkeit, noch länger vor Kuantan zu bleiben, nachdem die Walrus dort keinerlei Anzeichen japanischer Aktivitäten gemeldet hatte. Tatsächlich erwies sich die Stunde, die durch die Entsendung des Zerstörers EXPRESS zur weiteren Untersuchung bis dicht an die Küste verging, als kritisch. Ferner war, drittens, die Kursänderung der gesamten Kampfgruppe nach Osten zur Untersuchung eines kleinen Fischdampfers mit ein paar Kähnen im Schlepp ein weiterer Irrtum. Einer der drei Zerstörer oder eine der zwei noch verfügbaren Walrus-Flugzeuge hätten diese Aufgabe leicht übernehmen können. Zwar wiegt die dadurch verlorene Zeit nicht so schwer, weil einige Minuten später der Aufklärer von Fähnrich Hoashi erschien, aber nichtsdestoweniger war diese Entscheidung nachteilig.

Manchmal ist die Auffassung vertreten worden, daß Rear-Admiral Palliser, Chef des Stabes von Phillips in Singapur, an der Katastrophe Schuld sei, weil er die Absichten seines Chefs nicht erraten und nicht dafür gesorgt habe, daß an diesem Morgen bei Kuantan Luftunterstützung vorhanden war. Wir können dieser Ansicht nicht zustimmen. Palliser und Phillips hatten seit sechs Wochen zusammengearbeitet, und Phillips hätte Gelegenheit gehabt, sicherzustellen, daß Palliser auf seine wahrscheinlichen Schritte und Maßnahmen besser »eingestimmt« wurde. Niemand von der PRINCE OF WALES hat später ausgesagt, daß Admiral Phillips irgendein Zeichen von Enttäuschung darüber zum Ausdruck gebracht hat, daß Palliser es versäumt hatte, ihm an diesem Morgen Jagdflugzeuge zu schicken.

Die bis dahin begangenen Fehler und Irrtümer waren jedoch nichts im Vergleich zu dem, was dann kam und nach dem Erscheinen von Hoashis Flugzeug erfolgte. Mit dem vierten Irrtum wurde die Katastrophe perfekt. Es konnte kaum einen Zweifel geben, daß diese Mitsubishi der Vorbote einer beachtlichen Anzahl von Flugzeugen sein konnte, von denen zu erwarten war, daß sie an diesem Morgen nach der Kampfgruppe Z Ausschau halten würden. Phillips verließ den Schlepper und die Kähne, drehte mit seinem Verband nach Süden und befahl seinen Schiffen, die Luftabwehrgeschütze zu besetzen. Aber er machte keinerlei Anstalten, die Jagdflugzeuge der R.A.F. anzufordern. Er wußte, daß ihm diese Flugzeuge zur Verfügung standen, und es bestand keinerlei Veranlassung mehr, die Funkstille noch länger zu bewahren. Warum forderte Admiral Phillips die Jäger nicht an? Dies ist und bleibt die wichtigste Frage des ganzen Unternehmens.

Um sie jedoch zu beantworten, ist es notwendig, erstens die zu diesem Zeitpunkt Admiral Phillips zur Verfügung stehenden Erkenntnisse, zweitens seine grundsätzliche Einstellung zu der Bedrohung durch Luftangriffe zu untersuchen.

Grundsätzlich stellt sich nämlich nicht die Frage, mit welchen Methoden ein Feind Sprengstoffladungen gegen ein Schiff einsetzen kann, sondern die Art der Ladung selbst. Eine Granate und eine Bombe können auf einem Großkampfschiff sehr ähnliche Wirkungen erzielen, und diese Schiffe besaßen um ihre lebenswichtigen Teile eine Panzerung, die auch schweren Treffern widerstehen konnte. Es spielt daher keine Rolle, ob die Kampfgruppe Z durch japanische Kriegsschiffe, hoch fliegende Bomber oder selbst durch Sturzkampfbomber angegriffen wurde. Tatsächlich waren japanische Bombenflugzeuge wohl für die PRINCE OF WALES und die REPULSE am wenigsten bedrohend. Besonders die PRINCE OF WALES hatte gegen hoch fliegende Bomber eine ausgezeichnete Bewaffnung schwerer Flakartillerie, und früher gesammelte Erfahrungen hatten gezeigt, daß ein hoher Prozentsatz aller abgeworfenen Bomben ihr Ziel verfehlten. Diese Erkenntnis wurde im Verlauf dieses Morgens durch die vier von Rear-Admiral Matsunaga für den Bombenabwurf aus großer Höhe eingesetzten japanischen Staffeln absolut bestätigt.

Was jeder Marineoffizier wirklich befürchtete – wenn das Wort Furcht in diesem Zusammenhang überhaupt richtig gewählt ist –, war der Torpedo. Eine Bombe oder eine Granate konnte eine große Wirkung haben und auch auf den oberen Decks schwere Verluste verursachen, aber ein Torpedotreffer riß die Seite eines Schiffes auf und verursachte einen Wassereinbruch. Obwohl die Schiffe Torpedowülste und eine sorgfältig überlegte Einteilung in wasserdichte Abteilungen hatten, um die Wirkung eines oder auch von zwei Torpedotreffern auf ein Minimum zu reduzieren, wußten die Seeleute, daß kein großes Schiff ausreichend gegen mehrfache Torpedotreffer geschützt war. Derartige Angriffe konnten von U-Booten, schnellen kleinen Überwasserschiffen oder von Torpedos tragenden Flugzeugen ausgeführt werden. Gute Abschirmung durch Zerstörer und gleichbleibend hohe Geschwindigkeit war die beste Verteidigung gegen U-Boote, und wie wir in früheren Kapiteln gesehen haben, verfehlten zwei japanische U-Bootangriffe ihr Ziel. Ein Angriff durch japanische Zerstörer bei Tage würde für die Angreifer Selbstmord bedeuten, und die guten Wetterbedingungen dieses Morgens boten der Kampfgruppe vor derartigen Bedrohungen sicheren Schutz.

Das Torpedoflugzeug bleibt also als einzige ernsthafte Gefahrenquelle übrig, und darüber hätte sich Admiral Phillips Gedanken machen müssen. Er besaß ausgezeichnete Informationen über die Anzahl japanischer Bomber auf den Flugplätzen um Saigon. Ihm war bekannt, daß einige dieser Flugzeuge in der ersten Nacht des Krieges Singapur erreicht und bombardiert hatten. Sollte er sich unter diesen Umständen nicht gefragt haben, ob diese Flugzeuge nicht auch Torpedos tragen und möglicherweise auf Grund der Funksignale des Aufklärers damit angreifen könnten?

Für den Durchschnittsoffizier der Generation von Phillips in der Royal Navy waren Torpedoflugzeuge in der Hauptsache langsame Maschinen mit begrenzter Reichweite, die von Flugzeugträgern gestartet werden mußten. Das britische Standardflugzeug für die Einsätze – der Swordfish – hatte sich im Einsatz gegen drei italienische Schlachtschiffe im Hafen von Taranto bezahlt gemacht, und japanische Torpedoflugzeuge hatten während der letzten Tage die amerikanische Pazifikflotte in Pearl Harbor von Flugzeugträgern aus überfallen. Die Admiral Phillips durch den Geheimdienst zur Verfügung gestellten Informationen besagten eindeutig, daß sich im Seegebiet der Kampfgruppe Z kein japanischer Flugzeugträger befand, und diese Geheiminformation war absolut richtig. Aber wie war es mit an Land stationierten Torpedoflugzeugen, die mit vollen Brennstofftanks von langen Startbahnen starten konnten und dadurch eine größere Reichweite als von Trägern gestartete Flugzeuge hatten? Es war bekannt, daß die Italiener derartige Flugzeuge besaßen – die Savoia-Marchetti Typ 79 und 84 waren bei den Geleitzugkämpfen im Mittelmeer oft genug gesehen worden. Die PRINCE OF WALES hatte sie vor weniger als drei Monaten während der Unternehmung »Halberd« selbst erlebt. Aber die Savoias hatten nicht im geschlossenen Verband angegriffen und durch das Abwehrfeuer der Schiffsflak schwere Verluste hinnehmen müssen. Ihre Torpedos hatten zwar einige wenige Erfolge erzielt, aber ihre Kampfkraft hatte die Royal Navy wenig beeindruckt.

Die Briten hatten ebenfalls ein von Landbasen startendes Torpedoflugzeug entwickelt, die Bristol Beaufort. Dieses zweimotorige Flugzeug besaß in etwa die gleiche Kampfkraft wie die Nells und Bettys in Saigon und war schon seit einem Jahr bei der Küstenüberwachung im Einsatz. Doch tasteten sich die Briten mit dieser Art der modernen Kriegstechnik nur langsam vorwärts, und viele intern-dienstlichen Schwierigkeiten behinderten die Entwicklung. Die R.A.F. war mehr an den strategischen Bombern und die Navy an konventionellen Kriegsschiffen interessiert. Zwischen beide gezwängt, konnte sich die Küstenüberwachung nicht entwickeln. Aber im Juni 1941 hatte ein bedeutsames Unternehmen stattgefunden, als die Küstenüberwachung in Zusammenarbeit mit der Admiralität mit ihren von Schottland kommenden Beauforts das deutsche Panzerschiff LÜTZOW bei Norwegen angegriffen hatte. Die LÜTZOW wurde durch drei Beauforts angegriffen und durch einen Torpedotreffer schwer beschädigt. Als eine vierte Beaufort den Kampfplatz erreichte, waren inzwischen deutsche Jagdflugzeuge eingetroffen, und diese Beaufort wurde dann auch prompt abgeschossen. Die LÜTZOW mußte danach für sieben Monate ins Dock.

All dies ereignete sich, während Phillips bei der Admiralität diente, und er muß von dieser Operation mit Sicherheit Kenntnis gehabt haben, selbst wenn er nicht direkt daran beteiligt war. Wahrscheinlich hätte er der Angelegenheit mehr Aufmerksamkeit geschenkt, wenn die LÜTZOW damals gesunken wäre. Aber dieses Ereignis und die italienischen Operationen im Mittelmeer sollten Phillips eigentlich gezeigt haben, daß es für japanische von Land aus startende Flugzeuge absolut möglich sein mußte, im Gebiet von Kuantan zu operieren, wo an diesem Morgen die PRINCE OF WALES und die REPULSE so leichtsinnig kreuzten. Doch als die ersten japanischen Torpedobomber im Anflug zu ihrem ersten Angriff in Sicht kamen, geht aus Phillips' Bemerkung klar hervor, daß er die Existenz solcher von den Japanern entwickelten Flugzeuge als unmöglich erachtete. »Nein, das sind keine Torpedoflugzeuge.«

Admiral Phillips war in der Kampfgruppe Z nicht der einzige Offizier, der dieser Ansicht war. Viele jüngere und möglicherweise mehr auf die Fliegerei eingestellte überlebende Offiziere drückten ihr Erstaunen über diesen ersten Torpedoangriff der zweimotorigen Flugzeuge aus. Die Gründe ihrer Verblüffung waren zweifacher Natur: die grundsätzliche Einstellung der Navy, die operative Wirklichkeit der von Landflugplätzen startenden Torpedobomber anzuerkennen, und die weit verbreitete Ansicht, daß die Japaner so weit hinter dem Westen zurück waren, daß sie noch kein Flugzeug wie die Beaufort oder die Savoia-Marchetti entwickelt haben könnten. Während Großbritannien, Italien und später auch Deutschland tatsächlich bei der Entwicklung des von Landplätzen startenden Torpedoflugzeuges nur sehr langsame Fortschritte machten, hatten die Japaner sie in aller Stille übertroffen. Es ist durchaus denkbar, daß der Marinenachrichtendienst mit Hilfe des amerikanischen Entschlüsselungsdienstes festgestellt hatte, daß die in Indochina stationierten japanischen Flugzeuge auch Torpedos tragen könnten. Es gab da den sonderbaren Funkspruch des Ersten Seelords an Admiral Phillips, in dem er ihn vor der Gefahr von Luftangriffen auf die Kampfgruppe Z im Hafen warnte. Da gibt es weiterhin das Gerücht, daß der Nachrichtenoffizier in Admiral Phillips' Stab nach dem Untergang der Prince of Wales auf der Rückreise nach Singapur herausfand, daß der Stab an Land von der Anwesenheit japanischer Torpedobomber gewußt, es aber nicht für notwendig gehalten hatte, die in See befindliche Kampfgruppe Z durch einen Funkspruch zu warnen. Leider kann diese Behauptung nicht mehr bewiesen werden, weil der betreffende Offizier inzwischen gestorben ist.

Phillips beharrte während der ganzen Operation auf seiner Geringschätzung, fast Verachtung der Gefahren von Luftangriffen überhaupt. Es ist möglich (aber auch nur möglich, denn es gibt keine tatsächlichen Anhaltspunkte), daß sich Phillips mit Brooke-Popham über die Gefahren von Luftangriffen auseinandergesetzt hat. Wahrscheinlich gab es aber wegen der von der R.A.F. geforderten Voraussetzungen für einen ständigen Jagdschutz durch die 453. Staffel Differenzen. Es steht fest, daß er an diesem Morgen zu einer Zeit, als die weitere Geheimhaltung seiner Abwesenheit vor Kuantan keinerlei Vorteile mehr bieten konnte, nicht um Unterstützung durch Jagdflugzeuge bat, die er ohne weiteres hätte bekommen können.

Es ist richtig, daß die Kampfgruppe Z kurz nach dem Auslaufen aus Singapur einen Funkspruch erhielt, in dem gesagt wurde, daß die R.A.F. am 10. Dezember keinen Jagdschutz zur Verfügung stellen könne. Aber dieser Funkspruch war die Antwort auf die von Admiral Phillips vor dem Auslaufen gestellten Forderungen – Aufklärung am 9. Dezember, Aufklärung am 10. Dezember bei Tagesanbruch bei Singora (im Golf von Siam), und ebenfalls am 10. während des Tages Jagdschutz bei Singora. Diesen Funkspruch hatte Rear-Admiral Palliser aufgesetzt und es dabei nicht für notwendig gehalten, die beiden Worte »bei Singora« seiner Mitteilung hinzuzufügen. Ob Phillips vielleicht diesen Funkspruch so ausgelegt hat, daß die R.A.F. überhaupt und nirgendwo Jagdschutz stellen könnte, nicht einmal bei Kuantan, das von vier Flugplätzen in Südmalaya und Singapur nur 160 Meilen entfernt lag? Dachte Phillips, daß die ihm vor Beginn der Unternehmung zur Verfügung gestellte Buffalo-Staffel nicht mehr verfügbar war und die R.A.F. ihm überhaupt nicht würde helfen können, so daß er es nicht einmal für nötig hielt, wenigstens um Hilfe zu bitten? Wahrscheinlicher ist, daß

Phillips überzeugt war, seine Schiffe könnten sich selbst verteidigen, und sich entschloß, nicht die Hilfe einer anderen Waffengattung in Anspruch zu nehmen.

So hielt die Kampfgruppe Z weiterhin Funkstille, auch als Fähnrich Hoashi bereits Fühlung hielt und seine Meldungen über die Position der Kampfgruppe Z abgab, und selbst dann noch, als um 11.00 Uhr die ersten Fernbomber am Horizont auftauchten.

Erst unbegreifliche achtundfünfzig Minuten später gab Captain Tennant auf der REPULSE endlich den ersten Funkspruch ab. PRINCE OF WALES gab, bis sie eigentlich schon im Sinken war, kein einziges Funksignal ab, und selbst dann erbat Phillips in seinem Funksignal Zerstörer und Schlepper – typische Antworten eines Seemannes auf alle diese Probleme! Niemals eine Anforderung von Flugzeugen!

Obwohl dies ein hartes Urteil zu sein scheint, sprechen die Tatsachen für sich selbst: Zwei große Schiffe und viele tüchtige Männer gingen verloren, weil ein halsstarriger alter Seebär sich weigerte einzusehen, daß er im Unrecht war. Man betrachte die nachstehenden beiden Zeitpläne, wobei der erste den wirklichen Ablauf der Vorgänge dieses Morgens gibt und der zweite den möglichen Verlauf der Dinge, wenn Phillips drei Minuten, nachdem Fähnrich Hoashi die Kampfgruppe Z als Fühlungshalter beschattete, um Jagdschutz gebeten hätte.

Wirklicher Zeitplan
10.15 Kampfgruppe Z sichtet japanischen Fühlungshalter.
11.13 Erster Angriff durch Bombenflugzeuge.
11.40 Erster Angriff durch Torpedoflugzeuge.
11.58 Funksignal der REPULSE nach Singapur.
12.20 543. Staffel startet.
12.35 REPULSE sinkt.
13.20 453. Staffel trifft ein.
13.23 PRINCE OF WALES sinkt.

Möglicher Zeitplan
10.15 Kampfgruppe Z sichtet japanischen Fühlungshalter.
10.18 Funksignal der Kampfgruppe Z mit der Bitte um Jagdschutz.
10.30 453. Staffel startet.
11.13 Erster Angriff durch Bombenflugzeuge.
11.30 453. Staffel trifft ein.
11.40 Erster Angriff durch Torpedoflugzeuge.

Die Buffaloes hätten praktisch nach dem ersten Treffer einer 250-Kilo-Bombe auf der REPULSE eintreffen können, bevor die PRINCE OF WALES bei dem ersten verhängnisvollen Torpedoangriff schwer beschädigt wurde. Es wird sich niemals feststellen lassen, welchen Einfluß die Buffaloes auf den möglichen Ausgang hätten nehmen können, aber da die japanischen Bomber keinerlei Schutz durch eigene Jäger hatten, hätte Vigors mit seinen Australiern sicher einiges tun können, um ihre Angriffe erfolgreich zu stören. Zwar waren die japanischen Flugzeugbesatzungen zu allem entschlossen und fast fanatisch, und einige Torpedos wären zweifellos auf ihre Ziele abgeworfen worden, aber bestimmt nicht in dieser Menge, die schließlich beiden Schiffen zum Verhängnis wurde.

Über die Art und Weise, in der die britischen Schiffe sich nach dem Beginn der japanischen Angriffe wehrten, gibt es nicht viel zu sagen. Die anfängliche Führung der Kampfgruppe durch Admiral Phillips war zu unbeweglich, aber er sah seinen Fehler bald ein und gestattete seinen Schiffen, selbständig und frei zu manövrieren, wodurch sich dann eine Folge von Einzelaktionen ergab.

Die PRINCE OF WALES war besonders unglücklich dran, weil sie schon zu Beginn der Schlacht schwer beschädigt wurde, und danach hatten weder Captain Leach noch seine Besatzung große Möglichkeiten zu zeigen, was sie leisten konnten. Ihre 5.25"-Geschütze waren in der letzten Phase für die Flugzeuge eine echte Bedrohung, und die offizielle japanische Kriegsgeschichte erkennt dies auch an:

»Das Flakfeuer der britischen Schiffe war äußerst erbittert, und die Schäden an den in großer Höhe direkt und gerade zum Bombenabwurf anfliegenden Flugzeugen waren sehr erheblich. Die aus acht Flugzeugen bestehende Takeda-Staffel warf als letzte ihre Bomben auf die mit nur noch sechs Knoten laufende und im Sinken befindliche PRINCE OF WALES ab. Fünf Takeda-Flugzeuge wurden getroffen.«*

Diese Treffer wurden nur von den beiden Türmen s1 und s2 erzielt; wie wirkungsvoll wäre der volle Einsatz dieser Geschütze gewesen, wenn sie nicht ohne Stromversorgung gewesen wären und durch die starke Schlagseite der PRINCE OF WALES unter anomalen Bedingungen hätten feuern müssen.**

Es ist gelegentlich der Vorwurf geäußert worden, die interne Organisation und Moral sei auf der PRINCE OF WALES nach dem ersten Torpedotreffer zu schnell zusammengebrochen. Es handelt sich hier aber um ein Schiff, das von sich selbst niemals behauptet hat, es habe eine voll ausgebildete Besatzung. Es kommt hinzu, daß es für den Einsatz in tropischen Gewässern völlig unzureichend belüftet war, auch wenn die Stromversorgung funktionierte. Dann kamen die Stromausfälle und der Zusammenbruch der Nach-

---
* Japanese Official History, Seite 478
** Anhang 4 enthält den Gefechtsbericht von Lieutenant-Commander C. W. McMullen, dem Artillerieoffizier der PRINCE OF WALES.

richtenübermittlung in weiten Teilen des Schiffes. Diese Ausfälle waren nie vorhergesehen und die Besatzung dafür auch nicht ausgebildet worden. Sicher sind einige Fälle mangelnder Moral unter dieser hauptsächlich aus kriegsverpflichteten Männern bestehenden Besatzung vorgekommen, aber dies geschah vor der Schlacht, während der Kampfhandlungen gab es keine Fälle offensichtlicher Pflichtverletzung, außer daß einige Männer das Schiff zu früh verließen, wobei sie wahrscheinlich bereits eine Stunde vorher von ihren Stationen unter Deck vertrieben worden waren und klar zu erkennen war, daß das Schiff sinken würde. Letztlich macht eine etwaige Lücke in der Organisation auf der PRINCE OF WALES, verursacht durch den Mangel an Ausbildungszeit oder vielleicht auch durch ungenügende Moral, keinen Unterschied in der Art, wie sie bekämpft wurde. Keine Kanone wurde unbemannt gelassen, keine wichtige Station unbedient. Als das Ende kam, war es unvermeidlich. Anstatt zuviel auf einigen Unzulänglichkeiten auf der PRINCE OF WALES herumzureiten, sollte man sich besser an die zahlreichen Fälle von Tapferkeit ihrer Besatzung erinnern.

Eine einzige Angelegenheit hätte vielleicht den Untergang der PRINCE OF WALES verzögern können: die Erkenntnis des Lecksicherungsdienstes, anstatt Notkabel zu den weit entfernten Geschütztürmen zu verlegen, sich um die Instandsetzung des Ringleitungssystems, der Quelle des Stromausfalls, zu bemühen, um die allgemeine Stromversorgung wiederherzustellen. Aber es war ein Teufelskreis; der Ausfall der Nachrichtenübermittlung wurde durch den Stromausfall verursacht und dieser verhinderte die genaue Beurteilung der eingetretenen Schäden und den entsprechenden Einsatz der Hilfsmittel.

Captain Tennant und die Besatzung der REPULSE machten keinerlei Fehler. Ihr ungenügend gegen Luftangriffe bewaffnetes Schiff hatte bis zum Schluß gekämpft und wurde ganz einfach überwältigt. Die REPULSE hätte niemals in eine Lage gebracht werden dürfen, sich ohne eigenen Jagdschutz gegen wiederholte Luftangriffe verteidigen zu müssen. Ihr Verlust war nicht nur tragisch, er war nicht notwendig.

Die Zerstörer hatten wenig Gelegenheit, sich hervorzutun. Sie hatten zweimal beim Orten der japanischen U-Boote versagt, die Torpedos auf die Kampfgruppe Z geschossen und dann ihre Position gemeldet hatten. Aber das waren Versager, die mehr durch das Fehlen moderner Asdic-Geräte als durch mangelnde Ausbildung oder fehlende Intelligenz verursacht wurden. Die Donnerbüchsen der Zerstörer waren völlig unzureichend und konnten unmöglich mit dem Schwarm der angreifenden feindlichen Flugzeuge fertig werden. Ihre Stunde kam mit dem Rettungswerk, das mit einer Demonstration hervorragender Seemannschaft durchgeführt wurde und zweifellos dazu beigetragen hat, die Zahl der Opfer niedrig zu halten.

»Ich denke, daß wir unter Berücksichtigung der gegebenen Konstruktionsverhältnisse der PRINCE OF WALES durch das Vorhandensein gewisser besonders verwundbarer Stellen und – wie vorher bei der BISMARCK – einen Treffer an ihrem empfindlichsten und verwundbarsten Punkt, an Bord nicht mehr tun konnten, um sie schwimmend zu halten und einzubringen. Das soll nicht heißen, daß kein Anlaß zu Spekulationen und entsprechenden Untersuchungen vorhanden war. Es gab welche.« (Lieutenant D. B. H. Wildish)

Sehr viel höher stehende Persönlichkeiten als Lieutenant Wildish waren der Ansicht, daß gewisse Fragen über das Schicksal seines Schiffes beantwortet werden müßten. Die britische Presse war zuerst kritisch. Der »Daily Herald« schien bemerkenswert gut informiert zu sein und brachte die Frage der verzögerten Anforderung von Luftunterstützung durch Admiral Phillips zur Sprache. Das gleiche tat der »Sunday Express« mit einer Kritik an der Tradition, durch die Admiral Phillips mit seinem Schiff untergegangen war. Am 19. Dezember folgte eine Geheimdebatte im Unterhaus, bei der harte Worte über die ursprüngliche Entscheidung zur Entsendung von Schiffen in den Fernen Osten, über die Unterlassung der Mitsendung eines Flugzeugträgers oder zumindest der Sicherstellung einer Unterstützung durch von Landflugplätzen startende Jagdflugzeuge und über die Unfähigkeit der militärischen Führung im allgemeinen fielen. Churchill war in diesen Tagen bei einem Treffen mit Präsident Roosevelt in den Vereinigten Staaten, um die Tragweite des Krieges gegen Japan zu erörtern. So war es dem Ersten Lord, A. V. Alexander, überlassen, auf die Kritik zu antworten. Alexander gab über die zu der Katastrophe führenden Vorgänge eine wohldurchdachte Erklärung ab, erwähnte aber mit keinem Wort die vorgesehene Entsendung der INDOMITABLE in den Fernen Osten. Im Kriegskabinett wurden aufschlußreichere Fragen gestellt, und die Admiralität sollte sich dazu äußern, warum die moderne PRINCE OF WALES so schwer durch den ersten Torpedotreffer beschädigt werden konnte. Die Briten haben eine elegante Art, derartige Probleme zu behandeln – sie überweisen sie an eine unabhängige Untersuchungskommission. Justice Bucknill, Spezialist für Schiffskatastrophen, wurde zum Vorsitzenden der Kommission ernannt, um die Mängel der PRINCE OF WALES zu untersuchen und Verbesserungsvorschläge für Schiffe dieser Klasse zu machen. Diese Untersuchungskommission wurde unter dem Namen »Zweites Bucknill-Komitee« bekannt und begann am 16. März 1942 ihre Sitzungen im Grosvenor Garden House. Es war die dritte von Bucknill geführte Untersuchungskommission von Angelegenheiten der Marine.

Das erste Bucknill-Komitee hatte im Jahre 1939 den durch Unglücksfall verursachten Verlust des Unterseebootes THETIS bei Liverpool untersucht und ein nicht vollgültiges Komitee hatte erst kürzlich das Versagen der R.A.F. und der Royal Navy im Februar 1942 untersucht, den Durchbruch der SCHARNHORST, GNEISENAU und PRINZ EUGEN durch den Kanal von Brest nach Deutschland zu verhindern.

Zu der Kommission gehörten Rear-Admiral W. F. Wake-Walker, der bei der Jagd auf die BISMARCK an Bord des Kreuzers NORFOLK gewesen war, und Sir Maurice Denney, ein bekannter Marineingenieur. Verschiedene Offiziere und zwei altgediente Mannschaften von der PRINCE OF WALES wurden zur Aussage vor der Kommission nach England geschickt. Sie wurden abwechselnd gehört und in der ruhigen Atmosphäre der Londoner Räume einer Befragung durch die Mitglieder des Komitees unterzogen. Der Ort und die Art der Befragung stand in starkem Kontrast zu dem Gegenstand der Untersuchung. Neben diesen Anhörungen studierte die Kommission die in Singapur gefertigten Berichte anderer Überlebender, die diese unmittelbar nach dem Untergang verfaßt hatten, stellten Fragen über die seinerzeit in die PRINCE OF WALES durch die in unmittelbarer Nähe gefallene deutsche Bombe eingedrungene Wassermenge, als das Schiff 1940 in Birkenhead zur Ausrüstung lag. Sie befragten den Direktor des Marinekonstruktionsbüros, Sir Stanley Goodall, und andere Spezialisten und begaben sich nach Wallsend-on-Tyne, um dort das zur Ausrüstung bei der Swan-Hunter-Werft liegende Schwesterschiff der PRINCE OF WALES, die ANSON, zu besichtigen.

Das Bucknill-Komitee tagte an etwa zwanzig Tagen. Das Ergebnis seiner Bemühungen war eine Reihe von Dokumenten, die bis 1972 geheimgehalten wurden.*

Die Kommission interessierte sich am meisten für zwei Fragen:

1. Wie kam es, daß der vermutlich durch die Explosion des ersten Torpedos auf der Backbordseite in Höhe des Turmes ›Y‹ entstandene Schaden so schwere Folgeschäden im Hinterschiff verursachen konnte und einen so starken Wassereinbruch ermöglichte?

2. Warum versagte die Stromversorgung des Schiffes so drastisch?

Zur Beantwortung der ersten Frage entstand eine lange Diskussion über einen vor dem Krieg durchgeführten Versuch – Job 74 –, bei dem ein in natürlicher Größe angefertigtes Modell des Seitenschutzes der Schlachtschiffe der King George V-Klasse und des Flugzeugträgers ARK ROYAL einer Unterwasserexplosion ausgesetzt wurde, die einer Torpedoexplosion mit einem Gefechtskopf von 1000 lb. Sprengstoff entsprach. Dabei erwies sich der später bei der PRINCE OF WALES aufgenietete Torpedowulst gegen diese Versuchsexplosion widerstandsfähiger als die bei der ARK ROYAL angewandte Schweißkonstruktion. Die Untersuchungskommission nahm an, daß die japanischen Torpedos mit einem Gefechtskopf mit 867 lb. Sprengstoff ausgerüstet waren. Wie konnte also eine so starke Beschädigung des Seitenschutzes der PRINCE OF WALES eintreten?

---

* Public Record Office ADM/4554

Die Kommission konnte zwei Dinge nicht wissen: erstens, daß die japanischen Torpedos nur 330 beziehungsweise 450 lb. Sprengstoff trugen – welche Kenntnis ihr Dilemma nur noch vergrößert hätte –, und zweitens, daß die umfangreichen Schäden und der Wassereinbruch nicht durch die an der Backbordseite der PRINCE OF WALES beobachteten Torpedoexplosionen hervorgerufen wurden, sondern durch den nicht beobachteten Treffer unterhalb des Hecks. Das war der Torpedo, der den Lagerbock ›A‹ der Backbordaußenwelle vom Schiffskörper abriß, die Welle verbog und das starke Eindringen von Wasser ermöglichte. Es ist als ein kleines Wunder anzusehen, daß die Kommission sich so täuschen ließ und daß Sir Stanley Goodall nur wenig überzeugend auf die für moderne Schlachtschiffe bestehenden dringenden Forderungen hinweisen konnte und die Konstruktionsbeschränkungen als Grund anführte, die durch die vor dem Kriege abgeschlossenen Verträge und die zur Verfügung stehenden Geldmittel bedingt waren. Erst als der Schiffskörper der PRINCE OF WALES nach dem Krieg durch Taucher untersucht wurde, kam die Wahrheit ans Tageslicht.

So kam die Kommission fälschlicherweise zu der Auffassung, daß die genietete Konstruktion des Torpedowulstes im Gegensatz zu den Versuchen bei Job 74 den Erwartungen nicht entsprochen habe. Für zukünftige Konstruktionen wurde empfohlen, ein besonderes, verstärktes Schott vorzusehen, das die bekannte Verwundbarkeit des Heckbereichs gegen das übrige Schiff besser absicherte. Ferner wurde empfohlen, wenn möglich für die Maschinenanlagen zukünftiger Großkampfschiffe das von den deutschen Schiffskonstrukteuren bekannterweise bevorzugte Dreiwellen-Antriebsystem zu übernehmen. Es wurde jedoch nie eingeführt.

Der Bucknill-Report stellt über den Ausfall der Stromversorgung auf der PRINCE OF WALES fest, daß die Bauaufsicht der Admiralität im Juli 1938 achtzehn Grundsätze für die Ausführung elektrischer Anlagen auf Kriegsschiffen festgelegt hatte, die jedoch beim Bau der Schlachtschiffe der King George V-Klasse wegen der dringenden Termine nicht mehr vollständig berücksichtigt werden konnten. Die an den verbleibenden Schiffen der King George V-Klasse später im Verlauf des Krieges durchgeführten Überholungs- und Änderungsarbeiten an der elektrischen Anlage waren zum größten Teil eine direkte Folge der auf der PRINCE OF WALES eingetretenen Ausfälle. Es gab noch eine Reihe weniger wichtiger Punkte. Es wurde empfohlen, daß der verantwortliche Lecksicherungsoffizier das ›Prestige‹ haben sollte, sicherzustellen, daß seine dringlichen Entscheidungen akzeptiert und seine Anordnungen trotz an seine Organisation von anderen Abschnitten gestellter Anforderungen befolgt wurden.

Es wurde weiterhin empfohlen, daß »in Zukunft keine Rücksicht auf Gewicht oder Kosten genommen werden darf, um die Befehlsübermittlung vor Ausfällen so sicher wie irgend möglich zu machen«. Es gab ferner Stellungnahmen zu Ausbildungszeiten und Vorschläge für die Anordnung von Lüftungs- und Kabelkanälen – durch die auf der PRINCE OF WALES Wasser eingedrungen war – und vieles mehr. Andererseits wurde über die Maschinenlage wenig Kritik geäußert, nur eine Empfehlung, die Hilfsmaschinen jeder Hauptmaschinenanlage in sich abgeschlossen in einer Abteilung unterzubringen. Die Größe jedes Maschinenraumes sollte dadurch reduziert werden, daß die Getriebe in einem separaten Raum untergebracht werden. Diese Maßnahmen wurden zur Begrenzung der Auswirkungen eines Wassereinbruchs auf die Hauptmaschinenanlage des Schiffes gefordert.

Es ist nicht bekannt, ob jemand seine Stellung oder seine Pension wegen der auf der PRINCE OF WALES festgestellten Mängel verlor, auf jeden Fall hatte man viele wertvolle Erfahrungen gesammelt. Aber die anderen Schlachtschiffe dieser Klasse hatten das Glück, daß keines jemals einen ähnlichen Kampf bestehen mußte wie ihr Schwesterschiff.

Und so erhielt die Seeschlacht bei Kuantan ihren Platz in der Geschichte. Der Verlust der REPULSE und der PRINCE OF WALES, so bald nachdem die Amerikaner in Pearl Harbor überfallen worden waren, hatte weitreichende Auswirkungen auf den neuen Krieg. Nicht nur hatten die Amerikaner und nun auch die Briten im Fernen Osten und im Pazifik ihre gesamte Schlachtflotte entweder verloren oder sie war kampfunfähig, die beiden westlichen Großmächte waren in einem Teil der Welt öffentlich gedemütigt worden, in dem das »Gesicht-Verlieren« genauso schwerwiegend war wie der Verlust einer Schlacht. Die Alliierten hatten dadurch die Achtung und möglicherweise zu erwartende Unterstützung ihrer Kolonien verloren. Dies galt besonders für die Briten, die den größten Einfluß und den größeren Kolonialbesitz hatten. Die Eingeborenen dieser Länder konnten vor einer Macht keine Achtung mehr haben, die sie zwar kolonialisiert hatte und mit ihnen Geschäfte machte, aber weder sich selbst noch sie verteidigen konnte, wenn sie durch einen stets als minderwertig bezeichneten Feind herausgefordert wurde. Die in den wenigen Stunden bei Kuantan ausgeteilten Schläge zerschlugen das britische Prestige im Fernen Osten. Es war nie wieder zurückzugewinnen. Das galt auch für die sogenannten weißen Länder Australien und Neuseeland, obwohl die Auswirkungen dort langsamer spürbar wurden. Diese Länder kämpften für den Rest des Krieges loyal an der Seite Großbritanniens weiter, aber in den Nachkriegsjahren gab es einen deutlich spürbaren Wandel und eine ständige Abkehr von den engen Bindungen zu Großbritannien.

Und die Art der Kriegführung hatte sich geändert. Es trat schließlich ein, was Billy Mitchell und andere Propheten vorausgesehen hatten. Man lernte endlich, daß ein wertvolles Schlachtschiff mit einer Besatzung von anderthalbtausend Männern schwerwiegende Grenzen hatte. Es konnte sich nur in zwei Dimensionen mit einer Höchstgeschwindigkeit von dreißig Knoten bewegen. Das billige, in großen Stückzahlen hergestellte Flugzeug mit einer aus einem halben Dutzend Männern bestehenden Besatzung konnte sich in drei Dimensionen bewegen und erreichte eine zehn Mal höhere Geschwindigkeit. Dabei konnte es seine hochexplosive Ladung genauso zielsicher anbringen wie das Schlachtschiff. Es gab nur weniges, was das Schlachtschiff unternehmen und das Flugzeug nicht wirkungsvoller tun konnte, besonders wenn es von einem Träger startete. Und das Schlachtschiff hatte sich als außerordentlich verwundbar erwiesen. Es konnte sich ohne ständigen Jagdschutz nicht mehr bewegen. Für die Royal Navy und alle Marinen war das Schlachtschiff veraltet. Die nächste Generation Großkampfschiffe sollte aus Flugzeugträgern bestehen, und die Lebenszeit selbst dieser Schiffsart würde enden, als einige Überlebende der REPULSE und der PRINCE OF WALES immer noch verhältnismäßig jung waren.

Diese Schlußfolgerungen könnten von einigen Berufsseeleuten übelgenommen werden, aber dennoch sind sie die selbstverständlichen Erkenntnisse der Schlacht bei Kuantan. Es war Admiral Tom Phillips' Pech, daß er es sein mußte, der diese Erkenntnisse am falschen Platz und zur falschen Zeit für seine Kameraden sammeln mußte. Für eingeweihte Träger hoher Dienstgrade war es eine bittere Pille. Ob Admiral Phillips auf der Brücke der sinkenden PRINCE OF WALES an all dies dachte? Entschied er sich daher, daß er nach der Zerstörung seiner Illusionen und alles dessen, an das er geglaubt hatte, nicht weiter leben konnte? Wir werden es nie erfahren.

Es geschieht nicht oft, daß an einem Tage zwei historische Meilensteine gesetzt werden. Die Männer der Kampfgruppe Z wurden in den Anfang des Auseinanderbrechens eines Imperiums und in das Ende der sinnvollen Existenz von Schlachtschiffen verwickelt. Wenn die Amerikaner nicht schon in Pearl Harbor die Offenbarung Japans als moderne Militärmacht erfahren hätten, könnte der Liste ein dritter Meilenstein zugefügt werden.

Diese Dezembertage des Jahres 1941 waren wahrhaftig historische Tage.

Die Jahre danach

Am Tage nach dem Untergang versammelten sich die überlebenden Offiziere und Mannschaften der REPULSE und der PRINCE OF WALES auf dem Paradeplatz der Marinebasis Singapur. Zuerst hielt Captain Tennant eine Ansprache. Er teilte den Überlebenden mit, daß er Befehl erhalten habe, nach England zu fliegen und dort über die Katastrophe zu berichten. Er versprach, sein Möglichstes zu tun, um die Reste der beiden Besatzungen so schnell wie möglich nach Hause zu bringen, damit sie dort den für Überlebende üblichen Urlaub verbringen könnten. Er wurde auf dem Paradeplatz von den 2000 Männern mit Hochrufen gegrüßt.*

Es war Captain Tennant unbekannt, daß bereits entschieden worden war, die meisten der Überlebenden im Fernen Osten zurückzubehalten. Diese Absicht war wahrscheinlich Admiral Layton zuzuschreiben, der nun als Oberbefehlshaber der Fernostflotte bestätigt wurde, und seine Aufgabe war es, die Überlebenden zu informieren, daß die meisten von ihnen nicht in die Heimat gehen würden. Es wird von den Männern auf dem Paradeplatz übereinstimmend gesagt, daß er dabei eine bedauernswerte Figur abgab, und unter den versammelten überlebenden Mannschaften hörte man einiges Murren. Nachdem Admiral Layton die Rednertribüne verlassen hatte, war die Musterung beendet. In diesem Augenblick hatten die Besatzungen von H.M.S. REPULSE und H.M.S. PRINCE OF WALES formell aufgehört, als Einheiten der Royal Navy zu existieren. Es war ein sehr unglücklicher und demoralisierter Haufen von Seeleuten, der nun auseinanderlief, um auf irgendein im Fernen Osten bestimmtes unsicheres Schicksal zu warten.

Die Überlebenden blieben während der nächsten Tage in dieser Ungewißheit, die meisten von ihnen waren in den Unterkünften der Flottenbasis zusammengepfercht. Der rangälteste Offizier der beiden verlorengegangenen Schiffe war Commander R. J. R. Dendy. Er wurde nach Java geschickt,

---

* Captain Tennant wurde nach zwei Monaten zum Rear-Admiral befördert und führte seine Flagge auf dem Kreuzer NEWCASTLE, der den Geleitzug WS16 um das Kap nach Ägypten geleitete. 1944 erhielt er den Auftrag, die Einzelteile für die »Mullberry-Häfen« über den Kanal zu bringen und dort nach dem »D-Day« zusammenzusetzen; ferner hatte er die Aufgabe, die Invasionsarmeen mit Treibstoff zu versorgen. Die »Naval Official History« bemerkt dazu, daß er die »ungewöhnlichst zusammengesetzte Flotte befehligte, die je einem Flaggoffizier zugewiesen wurde«. Tennant erreichte später den Rang eines Volladmirals und wurde nach seiner Pensionierung Lord Lieutenant of Worcestershire. Er starb im Juli 1963.

um dort den holländischen Vizeadmiral Helfrich zu treffen, der darum gebeten hatte, ihm eine Anzahl von Überlebenden der REPULSE und der PRINCE OF WALES zur Verfügung zu stellen, um den holländischen Kreuzer SUMATRA, zwei U-Boote und einige Schnellboote mit zu besetzen. Aber Dendys Gespräche mit dem Holländer verliefen nicht reibungslos. Die offizielle Version lautet, daß Dendy den technischen Zustand der Schiffe so schlecht fand, daß sich daran nichts mehr ändern ließ. Er selbst gibt als wahren Grund an, daß Admiral Helfrich den britischen Seeleuten nur erlauben wollte, auf holländischen Schiffen unter einem holländischen Kommandanten und unter holländischer Flagge zu fahren, wenn er in diesem Sinne von der in London im Exil lebenden Königin Wilhelmina Befehle bekäme. Die Verhandlungen scheiterten, und Commander Dendy kehrte nach Singapur zurück, wo er das Auseinanderfallen der Besatzungen der REPULSE und der PRINCE OF WALES schon in fortgeschrittenem Stadium antraf.

Zwei Tage nach dem Untergang erhielt Admiral Layton von der Admiralität genauere Anweisungen über ihren zukünftigen Einsatz. Die personelle Unterstützung der Holländer – die zu nichts geführt hatte – hatte zunächst erste Priorität gehabt. Laytons Stab wurde dann zugestanden, sich Offiziere und Mannschaften zur Auffüllung von wichtigen Lücken auf den Marineeinheiten der lokalen Streitkräfte oder auf den wenigen der Fernostflotte verbliebenen Schiffen auszusuchen, »oder diejenigen Leute in die Heimat zu schicken, die länger als zwei Jahre im Fernen Osten gedient haben«. Wenn diese Abgänge ergänzt seien, könnten überzählige Offiziere nach England zurückkehren, überzählige Mannschaften sollten möglichst bei örtlichen Dienststellen beschäftigt werden.

Während der nächsten Wochen wurden einige ausgewählte Männer dazu bestimmt, die Besatzungen der wenigen in Singapur liegenden Kriegsschiffe aufzufüllen. Das größte Glück hatten dabei die Männer, die auf dem Kreuzer MAURITIUS einstiegen. Seine Maschinenanlage machte Schwierigkeiten, und der Kreuzer wurde direkt zur Grundüberholung nach England geschickt. Andere stiegen auf der EXETER ein und verbrachten dort eine weniger glückliche Zeit. Einige Männer wurden von den Zerstörern und kleineren Marinefahrzeugen in Singapur an Bord genommen.

Andere wurden aus den verschiedensten Laufbahnen für die Rückkehr nach England ausgesucht. Auf diese Weise wurden viele Offiziere und bei den Mannschaften die meisten Spezialisten ausgewählt. Den jüngeren Schiffsjungen wurde gesagt: »Ihr werdet dorthin geschickt, wo ihr hingehört – zu eurer Mutter.« Eine andere für die Heimat vorgesehene Gruppe waren die »C. W. Männer«.*

---

* C. W. Männer wurden nach der »Navy's Commission and Warrant Branch« benannt und dienten zunächst während einer Probezeit als Mannschaften und gingen dann erst in die Offiziersausbildung.

»Die C. W. Anwärter waren bei ihren Kameraden nicht sehr beliebt, und wir mußten die Schuld dafür bei uns selbst suchen, weil wir eine besondere Behandlung erfuhren. Aber wir bedauerten es nicht, daß wir gehen sollten.« All diese glücklichen Gruppen – alles in allem etwa 900 Männer – wurden in den dreckigen alten Transporter ERINPURA verladen, der am 21. Dezember nach Colombo auslief.

Bei den Zurückbleibenden sank die Moral gefährlich ab. Sie nahmen es bitter übel, daß sie Männer ablösen mußten, die inmitten des Luxus von Singapur »gemütliche« Jahre abgedient hatten, während sie selbst im Kriegs-England gewesen waren oder den Seekrieg gegen Deutschland mitgemacht hatten, gar nicht zu reden von dem Schicksalsschlag durch den Untergang ihrer Schiffe. Viele wurden zu militärischen Einheiten zusammengestellt und nach einer nur unzureichenden Ausbildung für den Einsatz als Bodentruppen vorgesehen. Sie sahen sich von Teilnahmslosigkeit umgeben und litten unter der Desorganisation eines auf den Krieg völlig unvorbereiteten Landes und den Folgen einer unter schwerem Druck stehenden Militäradministration. Aber Protest hatte keinen Sinn. »Unter den Kumpels wurde viel gemurrt, denn sie hatten das Gefühl, man habe ihnen übel mitgespielt. Die Führer dieser Einheiten brachten klar zum Ausdruck, daß sie das Wort ›Überlebende‹ nicht mehr zu hören wünschten; alle interessierte nur eines: wann sie nach Großbritannien zurückkehren könnten.« Das Kriegstagebuch der Fernostflotte enthält hierzu folgende Anmerkung:

»Unter den Marinesoldaten an Land und besonders unter den Überlebenden der PRINCE OF WALES und der REPULSE, die unbarmherzig wieder eingesetzt wurden, sobald sie wieder einsatzfähig waren, war die Moral dürftig. Diese Überlebenden hatten natürlich einen schweren Schock erlitten und waren am Ende ihrer Kräfte, als ihre Quartiere in Singapur häufig bombardiert wurden.«*

Eine kleine Gruppe früherer PRINCE OF WALES-Männer wurden in einen nur wenig bekannt gewordenen Zwischenfall verwickelt, der aber für die Betroffenen schwerwiegend genug war. Drei Oberleutnante und einige Mannschaften waren nach Prai an der Westküste von Malaya entsandt worden, um drei zwischen Penang Island und dem Festland verkehrende Fähren zu besetzen, nachdem die Zivilbesatzungen getürmt waren. Die Männer der PRINCE OF WALES mußten dort unter schwierigsten Bedingungen, Bombenabwürfen, Panik und Desorganisation harte Arbeit leisten, und fünf oder sechs Männer einer Fähre, der S.S. VIOLET, verließen schließlich ihren Posten. Der verantwortliche Oberleutnant konnte sie nicht zur Rückkehr bewegen; sie klagten, sie seien »völlig erschöpft«, schlossen sich einer Gruppe von Soldaten auf einem Lastwagen an und fuhren damit nach Singapur. Dem Offizier blieb keine andere Wahl, als ihnen zu folgen.

* Public Record Office ADM 119/1185

Der verantwortliche Marineoffizier in Penang war ein älterer, pensionierter Captain, der eigentlich bereits abgelöst werden sollte, da er keine ausreichenden Kontrollen ausübte. Die Navy entschied jetzt, den Offizier der PRINCE OF WALES und seine Männer vor ein Kriegsgericht zu stellen. In der Anklageschrift stand »Fahnenflucht« und »Desertion vor dem Feind«. Es ist nicht bekannt, ob auch »Meuterei« vorgeworfen wurde, da die Akten des Kriegsgerichts erst nach hundert Jahren freigegeben werden. Es ist aber bekannt, daß Lieutenant-Commander C. W. McMullen, der frühere erste Artillerieoffizier der PRINCE OF WALES, die angeklagten Mannschaften verteidigte und daß Surgeon-Lieutenant S. G. Hamilton – früher auf der REPULSE – den angeklagten Offizier zu untersuchen hatte und ihn medizinisch gesund beurteilte. Hamilton ärgerte sich über »dieses Herumsitzen goldbetreßter Leute. Warum taten sie nicht lieber etwas gegen die auf der Halbinsel heranrückenden Japaner?«. Die Angeklagten wurden schuldig befunden, aber nur zu geringen Strafen verurteilt.

Nach der Verhandlung sandte Admiral Layton an den für die Royal Navy in Malaya verantwortlichen Rear-Admiral Spooner folgende Botschaft: »Dieser Vorgang ist überhaupt nicht ermutigend. Offiziere und Mannschaften scheinen sich nicht darüber im klaren zu sein, daß ein Krieg nicht immer eine sehr erfreuliche Angelegenheit ist und Rückschläge sowie gefahrvolle Erfahrungen mit Standhaftigkeit ertragen werden müssen. Die Offiziere und Männer in Hong Kong hatten vierzehn Tage andauernde nervenaufreibende Belastungen zu bestehen, aber sie beeinträchtigten ihren Kampfgeist nicht. Ich wünsche keinen sentimentalen Unsinn mehr darüber zu hören, daß Überlebende nicht für die nächste ihnen zugewiesene Aufgabe einsatzfähig sind – sie sollten nur zu bereit sein, es den Japanern heimzuzahlen.«*

Diese an sich nebensächliche Angelegenheit schwelt immer noch unter der Oberfläche, und frühere Offiziere der PRINCE OF WALES haben darum gebeten, sie in diesem Buch nicht zu erwähnen, oder aber sie im Zusammenhang zu schildern. Sie sagen, daß es keine organisierte Meuterei war, sondern eine winzige, keiner zusammengehörenden Besatzung mehr angehörende Schar von Männern, die am Ende ihrer Kräfte waren. Mindestens einer der beteiligten Männer machte später eine Eingabe bei der Königin für eine Wiederaufnahme des Falles und für die Streichung von Einzelheiten aus seinen sonst einwandfreien Personalpapieren.

Die größte zusammenbleibende Gruppe waren die Kommandos der Royal Marines. Die Marines waren in den Grundzügen des Infanterismus ausgebildet und daher geeignet, einen Beitrag zur Verteidigung von Malaya zu leisten. Nur einige wenige dieser Marineinfanteristen waren nach Eng-

---

* Public Record Office ADM 199/357

land zurückgekehrt, etwa zweihundert wurden mit ihren ursprünglichen Offizieren von der REPULSE und der PRINCE OF WALES schließlich mit den Resten eines Heeresbataillons – den 2. Argyll and Sutherland Highlanders – zusammengetan, die während der Dschungelkämpfe in Nordmalaya schwere Verluste erlitten hatten. Das neugebildete Bataillon wurde offiziell »The Marine Argyll Battalion« genannt, aber es bekam schnell einen besser zu behaltenden Namen. Die Marineinfanteristen kamen alle von den Plymouth Marine Barracks, und es war unvermeidlich, daß die neue Einheit bald unter dem Namen »The Plymouth Argylls« – wie der Fußballklub dieser Stadt – bekannt wurde. Die Marineinfanteristen bildeten in dem neuen Bataillon zwei Kompanien, die eine bestand ausschließlich aus Soldaten der PRINCE OF WALES unter dem Befehl von Captain C. D. L. Aylwin, die zweite in der Hauptsache aus Männern der REPULSE unter Captain R. G. S. Lang. Die Marineinfanteristen stellten außerdem noch das Personal für einen Panzerzug sowie für die Maschinengewehr- und Nachrichtenabteilung des Bataillons.

Singapur fiel zehn Wochen nach dem Untergang der REPULSE und der PRINCE OF WALES. Die Admiralität befahl dem gesamten Personal der Marine, die Kolonie vor der endgültigen Niederlage zu verlassen, und es blieben nur die Soldaten der Royal Marines und verwundete Seeleute zurück. Mindestens achtunddreißig Männer der PRINCE OF WALES und der REPULSE wurden bei den Endkämpfen um Singapur getötet, hauptsächlich Soldaten der Plymouth Argylls. Ihre Heldentaten sind in die Traditionsgeschichte der Royal Marines eingegangen.*

Als die Garnison sich am 15. Februar 1942 ergab, fielen die Überlebenden in die Hände der Japaner und mußten dreieinhalb Jahre lang die Schrecken japanischer Kriegsgefangenenlager aushalten.

Vizeadmiral Layton und der Stab der Fernostflotte befanden sich unter denen, die Singapur vor der Kapitulation verließen. Layton hatte für sich selbst entschieden, daß er in Singapur nichts mehr tun könne, und fuhr nach Colombo. Bei seiner Abreise hinterließ er für die Marineeinheiten in Singapur folgende Botschaft:

»Ich gehe, um die Fernostflotte neu zu bilden. Kopf hoch und ein standhaftes Herz, bis ich zurückkomme!«

Diese Botschaft wurde als »eine der schlechtesten Formulierungen dieses Krieges« bezeichnet. Ein in Singapur zurückbleibender Mann schreibt, daß die Kommentare »für den Druck nicht geeignet« waren.

Admiral Layton übergab das Oberkommando für die Marine an Rear-

---

* Sowohl die Royal Navy als auch die Army hatten bei den Kämpfen um Singapur ihre jüngsten Toten des zweiten Weltkrieges. Der Boy 1st Class Michael Foran aus Camborne, Cornwall, war erst fünfzehn Jahre alt, und der Boy W. Martin aus Ipswich war ein sechzehnjähriger Soldat im 1. Manchester Regiment.

Admiral Spooner, einen früheren Kommandanten der REPULSE. Zwei Tage vor der Kapitulation der Insel veranlaßte Spooner das Auslaufen aller verfügbaren Schiffe aus Singapur mit so vielen Marinesoldaten und Zivilisten wie möglich. Spooner selbst verließ Singapur in der gleichen Nacht mit Air Vice-Marshal Pulford – der von General Percival, dem ältesten aktiven in Singapur zurückbleibenden Offizier hierzu den Befehl erhalten hatte – in einer Barkasse. Die meisten Schiffe fielen bei diesem verzweifelten Fluchtversuch den Kreuzern und Zerstörern von Vizeadmiral Ozawa in die Hände, der in der Nacht vor der Versenkung der REPULSE und der PRINCE OF WALES beinahe mit der Kampfgruppe Z zusammengestoßen wäre. Ozawas Geschütze richteten unter den wehrlosen Schiffen ein Blutbad an und versenkten vierzig von ihnen. Die Barkasse, mit der Spooner und Pulford zu entkommen versuchten, wurde bombardiert und schwer beschädigt. Ihre Besatzung strandete auf einer kleinen Insel und verhungerte dort.

Von den sechs Zerstörern, die die PRINCE OF WALES zunächst von England aus geleitet hatten oder die bei der letzten Unternehmung der Kampfgruppe Z dabeigewesen waren, wurden fünf während der nächsten Wochen versenkt. Die ELECTRA und die JUPITER gingen am 27. Februar 1942 in der Schlacht in der Java-See verloren. ENCOUNTER ging am nächsten Tag unter, am gleichen Tage wie der berühmte Kreuzer EXETER. Japanische Trägerflugzeuge versenkten am 5. April die TENEDOS bei Ceylon, und zwei Tage später erlitt die VAMPIRE das gleiche Schicksal, während sie den alten britischen Flugzeugträger HERMES geleitete. Die EXPRESS, die kurz vor dem Sinken längsseits der PRINCE OF WALES gegangen war, ist der einzige an dieser Operation beteiligte Zerstörer, der den Krieg überlebte. 1943 wurde sie von der Royal Canadian Navy – unter dem Namen GATINEAU – übernommen und 1956 auf einer Abbruchwerft in Vancouver verschrottet.

Die australischen Piloten der 453. Staffel, die die Schlacht um Malaya überlebten, wurden an Bord des alten Kreuzers DANAE aus Singapur evakuiert. Es handelte sich hierbei um einen der drei zur ehemaligen China-Station gehörenden Kreuzer, die seinerzeit zur Begleitung der Kampfgruppe Z für ungeeignet gehalten wurden. Die DANAE beendete den Krieg bei der Freien Polnischen Marine, während die DRAGON und die DURBAN zur Bildung eines der von Admiral Tennant in der Normandie bald nach dem »D-Day« zu bildenden Wellenbrecher versenkt wurden. Die 453. Staffel wurde im März 1942 in Adelaide aufgelöst, aber drei Monate später wurde in Schottland eine neue – ebenfalls australische – 453. Staffel aufgestellt, die für den Rest des Krieges über Europa mit Spitfires flog. Die Staffel wurde im Mai 1945 endgültig aufgelöst. Flight Lieutenant Tim Vigors war zehn Tage nach dem Untergang der REPULSE bei einem Einsatz schwer verbrannt worden. Er überlebte den Krieg und wurde später ein erfolgreicher Rennpferdzüchter.

Die japanischen Flugzeugbesatzungen, die an jenem Morgen so erfolgreich gewesen waren, hatten einen harten Krieg. Die Nell erwies sich als ein sehr widerstandsfähiges Flugzeug, das viele Treffer und eine harte Behandlung vertragen konnte. Dagegen brannten die Bettys zu leicht. Amerikanische Piloten, die ihnen in den Luftschlachten im Pazifik häufig begegneten, nannten sie die »one-shot lighters!«. Nur wenige der Genzan-, Kanoya- und Mihoro-Flieger überlebten den Krieg. Viele von ihnen wurden im August 1942 bei den Kämpfen um die Salomon-Inseln getötet.

Die Seekriegsführung änderte sich nach der Schlacht bei Kuantan dramatisch. Zwar gab es noch gelegentliche Aufeinandertreffen von Schlachtschiffen. So traf das Schwesterschiff der PRINCE OF WALES, die DUKE OF YORK, im Dezember 1943 mit einer Anzahl von Kreuzern und Zerstörern auf das deutsche Schlachtschiff SCHARNHORST und versenkte es. Aber solche Aktionen waren in der zweiten Hälfte des Krieges Ausnahmen und nicht die Regel. Die 617. Staffel der R.A.F. bewährte sich im November 1944 mit einer von Barnes Wallis entwickelten Superbombe bei Angriffen auf die TIRPITZ und entlastete dadurch die Admiralität endgültig von dieser Bedrohung. Die Bomber der R.A.F. beschäftigten sich auch mit den Resten der deutschen Großkampfschiffe – GNEISENAU, ADMIRAL SCHEER und LÜTZOW.

In den Weiten des Pazifik entwickelte sich inzwischen eine ganz neue Art von Seekriegsführung. Die Kämpfe wurden zwischen zwei gegnerischen Flottenverbänden ausgetragen, deren hauptsächliche Schlagkraft in den Flugzeugstaffeln der Flugzeugträger bestand. Diese schweren Kämpfe zwischen Trägerflugzeugen, bei denen sich die feindlichen amerikanischen und japanischen Flottenverbände nicht einmal sahen und die Schlachtschiffe nur hinderliche Belastungen darstellten, entschieden letztlich den Seekrieg im Pazifik.

Als Vergeltung für die Erfolge der japanischen Marine im Jahre 1941 und Anfang 1942 versenkten amerikanische Flugzeuge – meist Trägerflugzeuge der Navy – sechs japanische Schlachtschiffe, siebzehn Flugzeugträger und eine Anzahl kleinerer Schiffe, sowie alle Kreuzer von Admiral Ozawas Verband, die die PRINCE OF WALES und die REPULSE gejagt hatten.*

Selbst die japanischen Superschlachtschiffe YAMATO und MUSASHI mit einer Wasserverdrängung von je 64 000 t, vollgepackt mit Flakartillerie, unterlagen den Torpedoangriffen kleiner amerikanischer Trägerflugzeuge.

* Vizeadmiral Ozawas Kreuzer wurden wie folgt versenkt: MIKUMA in der Schlacht bei den Midway-Inseln durch Flugzeuge der U.S.S. ENTERPRISE und HORNET am 6. Juni 1942, YURA am 24. Oktober 1942 in der Schlacht bei Santa Cruz durch U.S.-Flugzeuge.
Bei der Schlacht im Golf von Leyte wurden am 25./26. Oktober 1944 folgende Kreuzer versenkt: CHOKAI (durch Flugzeuge der U.S.S. NATOMA BAY), MOGAMI (durch Trägerflugzeuge der U.S. 7. Flotte) und KINU (durch Trägerflugzeuge der U.S. 3. Flotte und die U.S.A.A.F.) KUMANU wurde am 25. November 1944 durch Trägerflugzeuge der U.S. 3. Flotte bei Luzon versenkt.

Die Schlachtschiffe der Deutschen und Japaner wurden durch Kampfflugzeuge vernichtet. Die der Briten und Amerikaner wurden nur noch als schwimmende Batterien schwerer Artillerie eingesetzt und leisteten in dieser Funktion an zahlreichen Invasionsküsten vorzügliche Dienste, aber nur dann, wenn dort vorher die Luftüberlegenheit errungen worden war.

Die Royal Navy brauchte bei dieser neuen Art der Seekriegsführung nicht zurückzustehen. Wenige Wochen nach dem Verlust der REPULSE und der PRINCE OF WALES wurde der Bau einer völlig neuartigen Schiffsklasse leichter Flugzeugträger beschlossen. Dies waren die zehn Schiffe der Colossus-Klasse – kleine, schnelle Flugzeugträger mit je achtundvierzig Flugzeugen an Bord. Da sich aber die deutsche Kriegsmarine in den letzten Jahren des Krieges in der Hauptsache auf den U-Bootskrieg beschränkte, hatten die britischen Flugzeugträger in den europäischen Gewässern nur wenig Gelegenheit, sich hervorzutun. Als Deutschland kapitulierte, begann die Royal Navy, ihre besten Flugzeugträger in den Fernen Osten zu verlegen, um dort im Krieg gegen Japan zusammen mit den Amerikanern ihren Mann zu stehen. Doch im August 1945 ging der Krieg dort mit dem Abwurf der Atombomben auf Hiroshima und Nagasaki zu Ende, bevor die Briten ihre volle Stärke im Pazifik erreicht hatten.

Nach dem Untergang der PRINCE OF WALES verloren die Briten kein weiteres Schlachtschiff mehr. Der britische Steuerzahler mußte nur noch ein neues Schlachtschiff – die 42 000 t große VANGUARD – bezahlen, die 1942 mit einem Kostenaufwand von neun Millionen Pfund Sterling fertiggestellt wurde und – ganz zu schweigen von den Kosten der Indiensthaltung – im Jahre 1960 verschrottet wurde. Es ist schwer zu beurteilen, welche Rolle die VANGUARD während des Krieges für die Navy spielen sollte, aber sie brauchte sich keinem Test zu unterziehen.

Die Männer der PRINCE OF WALES und der REPULSE, denen es gelungen war, von Singapur wegzukommen, verteilten sich auf die Schiffe und Landkommandos der Navy, und ihre Teilnahme an den folgenschweren Kampfhandlungen bei Kuantan kennzeichnete sie als Männer, deren Erzählungen es wert waren, angehört zu werden. Auf diese Weise ging die Geschichte des Untergangs dieser beiden Schiffe nach und nach in die Geschichte der Royal Navy ein. Wäre es ein Sieg gewesen, hätte es Ehrungen und Auszeichnungen gegeben. Aber die Admiralität traf die verständliche Entscheidung, daß dies in diesem Fall nicht angebracht sei, obwohl es viele Zeugnisse hervorragender Tapferkeit gegeben hatte. Ein Offizier der REPULSE bemühte sich um Auszeichungen für zwei seiner Fähnriche, die ihr Leben in tapferstem Einsatz verloren hatten. Ihm wurde mitgeteilt, daß »bei einer Katastrophe solchen Ausmaßes keine Vorschläge für Auszeichnungen« in Betracht gezogen werden könnten«. Erst im Oktober 1942 veröffentlichte die Admiralität eine Liste mit vierundzwanzig Namen von

Männern – fünfzehn von der REPULSE und neun von der PRINCE OF WALES –, die eine »ehrenvolle Erwähnung« erhielten – die geringste Art der Anerkennung für Mut und besondere Leistungen, die ein Soldat erfahren kann. Dreizehn Erwähnungen erfolgten posthum.*

Captain Tennant, der sein Schiff so hervorragend geführt hatte, erhielt keine Auszeichnung, und viele Überlebende waren enttäuscht, daß Lieutenant-Commander Cartwright der EXPRESS nicht für die glänzende Führung seines Zerstörers längsseits ihres sinkenden Schiffes ausgezeichnet wurde. Aber vielleicht wurde von einem Zerstörerkommandanten eine derartige Beherrschung seines Schiffes als selbstverständlich erwartet.

Der Krieg ging zu Ende, die Briten kehrten nach Singapur zurück, und die Männer, die bei Kuantan gekämpft und den Rest des Krieges überlebt hatten, kehrten zum größten Teil in die Heimat zurück. Einige der alten Berufssoldaten wurden zum zweiten Mal entlassen; die nur für die Dauer des Krieges eingezogenen Reservisten wurden wieder Zivilisten. Keiner von ihnen wird jemals diesen Vormittag vergessen, und für fast alle wird es wohl der Höhepunkt ihres Lebens gewesen sein. Als dieses Buch geschrieben wurde, lagen die Wracks der PRINCE OF WALES und der REPULSE unverändert und unzerstört an den Untergangsstellen. Sie wurden zwar mehrfach untersucht, aber – soweit bekannt – niemals betreten. Die Japaner waren Anfang 1942 die ersten, die die Schiffe untersuchten. Die Wracks wurden durch Minensuchboote in ihrer Lage bestimmt und durch Bojen gekennzeichnet. Die PRINCE OF WALES wurde acht Meilen Ost-Süd-Ost der REPULSE festgestellt. Das japanische Bergungsschiff SEISHU führte diese Arbeiten aus, und es wird angenommen, daß die Japaner die Radargeräte der britischen Schiffe zu bergen versuchten, dabei aber nur geringen Erfolg hatten. Im Juni 1943 brachte Radio Tokio eine Sendung über den Versuch japanischer Ingenieure, die REPULSE zu heben, die nur in einer Tiefe von dreißig Faden (ca. 55 Meter) lag, verglichen mit sechsunddreißig Faden (ca. 66 Meter) bei der PRINCE OF WALES. Aber auch dieses Unternehmen gelang nicht. 1954 unternahm der Zerstörer H.M.S. DEFENDER die erste von verschiedenen britischen Inspektionen. Die ermittelten Positionen wichen von den japanischen Feststellungen nur geringfügig ab, jedoch erheblich von den Angaben der Zerstörer der Kampfgruppe Z zur Zeit der Kampfhandlungen. Die 1941 angegebene Lage der PRINCE OF WALES erwies sich als um zwei Meilen falsch und die der REPULSE sogar um acht Meilen. Die 1959 von H.M.S. DAMPIER mit Decca-Radar ermittelten genauen Positionen sind:

REPULSE 03° 37' 18" Nord, 104° 20' 36" Ost
PRINCE OF WALES 03° 34' 12" Nord, 104° 27' 48" Ost

* Anhang 5 enthält die Einzelheiten dieser ehrenvollen Erwähnung von vierundzwanzig Männern.

Beide Schiffe befanden sich in einem bemerkenswert unversehrten und sauberen Zustand. Die REPULSE lag fast völlig auf ihrer Backbordseite und mit dem Steuerbord-Schlingerkiel als dem höchsten Teil nur dreißig Meter unter der Wasseroberfläche. Die PRINCE OF WALES war fast völlig umgeschlagen und ihr Steuerbord-Schlingerkiel war der höchste Punkt, fast fünfzig Meter unter der Wasseroberfläche. Diese Nachkriegsuntersuchung verriet zum ersten Mal den bis dahin nicht vermuteten Torpedotreffer in der Nähe des Hecks der PRINCE OF WALES.*

Beide Schiffe können bei günstigen Wetterbedingungen aus der Luft gesehen werden. Die britische Regierung betrachtet sie als Eigentum der Krone und als die offiziellen Kriegsgräber der gefallenen 840 Männer. Marinetaucher ersetzen von Zeit zu Zeit die britischen Kriegsflaggen, die mit starken Stahlseilen an einer Propellerwelle jedes Schiffes befestigt sind. Verschiedene Anträge um Erlaubnis zum Heben der Schiffe wurden bisher abgelehnt, wobei die Japaner die hartnäckigsten Antragsteller sind und anscheinend keine Ahnung haben, welche Beleidigung ein solches Begehren darstellt. Aber als im Oktober 1975 die Frage der Hebung im Britischen Oberhaus zur Sprache kam, schloß Lord Winterbottom diese Möglichkeit im Namen der Regierung nicht aus, »vorausgesetzt, daß die Leichen der Gefallenen pietätvoll behandelt würden«. Viele werden hoffen, daß die Wracks niemals in ihrer Ruhe gestört werden.

Für die auf der PRINCE OF WALES und der REPULSE gefallenen Männer wurde ein eindrucksvolles Mahnmal bei der Royal Navy's Devonport Division in Plymouth Hoe errichtet, ganz in der Nähe der Kaserne, in der die Besatzungen seinerzeit zusammengestellt wurden. Einige wenige Männer haben eigene Gräber. Achtzehn liegen auf dem Soldatenfriedhof Kranji in Singapur, sechzehn davon starben an Bord der Rettungs-Zerstörer oder erlagen kurz nach der Landung in Singapur ihren Verletzungen, zwei weitere starben später als Kriegsgefangene. Zwölf weitere Gräber wurden auf Friedhöfen in Siam identifiziert. Es handelt sich dabei um Marineinfanteristen, die als Plymouth Argylls in Gefangenschaft gerieten und während der Arbeiten an der berüchtigten Eisenbahnstrecke Burma-Siam starben.

Es gibt in der St. Andrew's Cathedral in Singapur noch eine weitere Gedenkstätte. Die Inschrift lautet:

---

* Anhang 6 enthält einen Bericht über eine Untersuchung der PRINCE OF WALES im Jahre 1966.

ZUM RUHME GOTTES
UND ZUR ERINNERUNG AN
ADMIRAL SIR TOM SPENCER VAUGHAN PHILLIPS
K.C.B.
LIEUTENANT JOHN FORRESTER BROWNRIGG
RICHARD ALEXANDER HUNTING
UND ALLEN, DIE IHR LEBEN AUF H.M.S. PRINCE OF WALES UND
H.M.S. REPULSE GABEN.
10. Dezember 1941

Lieutenant Brownrigg war ein Heeresoffizier bei den 1/5. Sherwood Foresters, einem Bataillon der unglücklichen 18. britischen Division, die während der Endkämpfe um Singapur zur Verstärkung der Garnison dorthin geschickt worden war. Er war der Stiefsohn von Admiral Phillips, Sohn von Lady Phillips aus einer früheren Ehe. Er befand sich als Verwundeter im Alexandra-Militärhospital in Singapur, als die Japaner dort einbrachen und zweihundert Verwundete und Pflegepersonal niedermetzelten. Lady Phillips spendete das Geld für die Gedenkstätte an ihren gefallenen Sohn und ihren Ehemann. Richard Alexander Hunting war Dick Hunting, der auf der REPULSE das Kommando über die leichten Flakgeschütze gehabt hatte. Er wurde beim Untergang der REPULSE noch lebend gesehen, danach nicht wieder. Hunting gehörte zu der Familie, die die Reederei und Luftfahrtgesellschaft gleichen Namens gründete, und sein Bruder spendete nach dem Krieg bei einem Besuch in Singapur Geld für eine Gedenkstätte. Zwischen den Familien Hunting und Phillips besteht sonst kein Zusammenhang.

Was denken die Männer heute über diese historische Schlacht?

»Ich verbringe jedes Jahr meinen Urlaub in Plymouth und lege am Ehrenmal einen Kranz nieder, auf dem die Namen meiner Kameraden – Seeleute und Marineinfanteristen – eingemeißelt sind. Diese Art Menschen gibt es heute nicht mehr.« (Marine G. Kennedy, H.M.S. REPULSE)

»Warum irgend jemandem Vorwürfe machen? Wir hatten zu wenige Schiffe, Flugzeuge und Soldaten, weil wir auch anderswo kämpfen mußten. Die damals getroffenen Entscheidungen mußten das berücksichtigen. Gott sei Dank wurden Entscheidungen getroffen, wenn auch manche aus späterer Sicht falsch gewesen sind, aber wir hätten auch versuchen können, uns durchzuwursteln – und das wäre noch schlechter gewesen.« (Paymaster Sub-Lieutenant A. F. Compton, H.M.S. PRINCE OF WALES)

»Ich bin im Laufe meiner späteren Dienstzeit zweimal über die Stelle gefahren, wo die große Dame ruht, und jedesmal habe ich gewünscht, ich könnte eben mal tauchen und ein paar Sachen aus meinem Spind holen. Ich bin sicher, daß ich genau wüßte, wie ich zu gehen hätte, um zu ihm zu kommen.« (Boy Seaman 1st Class C. F. T. Haydon, H.M.S. REPULSE)

»Sie war ein großartiges Schiff!« (Lieutenant D. B. H. Wildish, H.M.S. Prince of Wales)

»Im Lazarett fand ich Zeit zum Nachdenken – ›Wie?‹, ›warum?‹ – und Schmerz zu empfinden. Ich diente später auf anderen Schiffen und anderen Kriegsschauplätzen auf guten, leistungsfähigen Schiffen, und abgesehen von einem wurden sie nicht auf den Grund des Meeres geschickt; aber die Repulse war und scheint für mich immer noch das beste Schiff gewesen zu sein, und sie hatte den besten ›Menschenhaufen‹ an Bord.« (Able Seaman T. Barnes, H.M.S. Repulse)

»Ich möchte Ihnen eine Frage stellen, die ich mir seit mehr als dreißig Jahren immer wieder selbst gestellt habe: ›Warum ich?‹ Ich muß nun mit der schrecklichen Erinnerung an die Menschen leben, mit denen ich zusammenlebte und die ich liebgewonnen hatte, und sagen: ›Durch die Gnade Gottes lebe ich.‹ Ich frage Sie: ›Warum?‹ Ich bin heute aus gewesen und habe mich auf mein eigenes Wohl und das meiner Frau betrunken, aber ich kann das alles nicht vergessen.« (Chief Mechanician P. Matthews, H.M.S. Prince of Wales)

Anhang 1

Aufzeichnungen des Peildecks der Prince of Wales (Public Record Office ADM 199/1149)

11.13 Feuereröffnung auf acht die REPULSE angreifende Höhenbomber. REPULSE wird von Bomben zugedeckt und meldet einige Schäden, sowie kleinere Brände durch zwei in unmittelbarer Nähe gefallene Bomben.
11.41,5 Feuereröffnung auf neun von Backbordseite angreifende Torpedobomber.
11.44 Torpedotreffer an Backbordseite hinter der Brücke. Genaue Trefferlage unbekannt.
11.44,5 Ein Flugzeug abgeschossen, fällt dicht an Steuerbord ins Meer.
11.45 Ein Torpedo verfehlt das Schiff nur knapp und läuft an Steuerbordseite von vorn nach hinten vorbei.
11.49,5 REPULSE wird von einem Flugzeug angegriffen, welches einen Torpedo abwirft.
11.50,5 Es wird gemeldet, daß ein Flugzeug ins Meer gestürzt ist. Zu diesem Zeitpunkt war schwere Schlagseite nach Backbord eingetreten.
11.57,5 Feuereröffnung auf sechs Flugzeuge an Steuerbord, die anscheinend REPULSE angreifen wollen.
11.58 Feuer eingestellt.
11.59 Flugzeuge scheinen abgedreht zu haben.
12.05 Mann über Bord an Backbordseite.
12.06,5 Befehl an VAMPIRE, den Mann aufzufischen.
12.10 Flaggensignal gesetzt »Manövrierunfähig«.
12.13,5 Keine Verbindung zum Maschinenraum ›X‹ mehr. (Seit kurz nach dem Treffer keine Verbindung mit Lecksicherungszentrale mehr.)
12.20 Sieben Flugzeuge Steuerbord voraus.
12.21,5 Feuer eröffnet.
12.23 Zwei Torpedotreffer an Steuerbordseite, wenige Sekunden nacheinander. Einer sehr dicht am Bug, der andere im hinteren Teil des Schiffes.
12.24,5 Ein Torpedotreffer unterhalb des Peildecks.
12.26,5 REPULSE schießt zwei Flugzeuge ab.
12.27 REPULSE bekommt Backbord Schlagseite. Treffer von zwei Torpedos?
12.28 Befehl an Zerstörer, dicht an REPULSE zu gehen.
12.30 Neun Höhenbomber Backbord voraus.
12.30 Nur noch Maschinenraum ›X‹ ist in Betrieb.
12.32 REPULSE sinkt.
12.33 REPULSE gesunken.
12.41 Feuereröffnung auf acht Höhenbomber Steuerbord voraus.
12.44 Treffer durch eine Bombe. (Gemeldet an Steuerbordseite auf dem Katapult-Deck.)
12.50 Singapur um Schlepper gebeten.
13.10 (ungefähr) Befehl zum Aufblasen der Schwimmwesten gegeben.
13.15 (ungefähr) Schlagseite nach Backbord wird schnell stärker.
13.20 (ungefähr) Schiff gesunken, nach Backbord gekentert.

W. H. Blunt
Paymaster-Lieutenant

Anhang 2

Bericht der Sanitätsoffiziere über die Schlacht am 10. Dezember 1941, bei der H.M.S. Repulse durch Feindeinwirkung versenkt wurde*

Wegen der Art des Geschehens wird der Verlauf am besten in Form eines persönlichen Berichtes geschildert.

Die grundsätzlichen medizinischen Maßnahmen für die Versorgung von Verwundeten dürften aus früheren medizinischen Aufzeichnungen bekannt sein. Kurz gesagt gab es zwei Sanitäts-Verteilerstationen, beide unterhalb des Panzerdecks, welches sich auf der REPULSE zwei Decks unter dem Haupt-Mannschaftsdeck befand. Die vordere M.D.S. (Medical Distributing Station) befand sich zwischen den Türmen ›A‹ und ›B‹, die hintere M.D.S. kurz vor dem Turm ›Y‹. Die Verteilung der Ärzte war wie folgt:

Verantwortlichkeit	Vordere M.D.S.	Hintere M.D.S.
Leitung	Surg. Cdr. Newbery	Surg. Lt. Hamilton
Anästhesie	Surg. Lt. Cavanagh	Surg. Lt. (D) Major
Instrumente	S.P.C.P.O. Trusscott	S.B.P.O. Stevens
Assistent Instrumente	L.S.B.A. Newall	S.B.A. (D) Morgan
Beschriftung etc.	L.S.B.A. Ashworth	R.P.O. Trudgeon
Verpflegung, Wasser	S.B.A. Bridgewater	P.O.Ck. Hobbs
Telefone	M.A.A. Cummins	Sy.P.O. Allum
Notbeleuchtung	Ch. Stwd. Robertson	Ck. Blades
Kleidung	Ldg. Wtr. Marsh	Wtr. Rees
Verschmutzte Kleidung, Gefäße etc.	Ldg. Wtr. Jackson	Wtr. Griffiths
Schienen	Ldg. Stwd. James	Stwd. Miller
	Ch. Ck. Williams	

Es war vorgesehen, daß nach oder während einer Gefechtspause der Kommandant mitteilen sollte, welches Mannschaftsdeck am geeignetsten war, in einen Aufenthaltsraum für Verwundete umgewandelt zu werden. Die notwendigen Geräte würden dann dorthin gebracht werden, und man könnte dort innerhalb kürzester Zeit mit der Arbeit beginnen. Bis dahin würden theoretisch alle Verwundeten unter dem Panzerdeck bleiben.

Die Sanitätsoffiziere und das Personal des Schiffslazaretts hatten Erste-Hilfe-Taschen bereit und sollten Verwundete dort versorgen, wo die Verwundung eingetreten war. Auf Grund meiner Erfahrungen hatte ich angeordnet, daß diese Taschen lediglich einfaches Verbandsmaterial zur ersten Hilfe, einige gebrauchsfertige größere Verbände (also keine ganzen Rollen Verbandmull und Wollbinden), eine Flasche Flavine, Dreiecks- und normale Bandagen und verschiedene, ungefähr 18" lange, gepolsterte Schienen enthalten sollten.

Gummibinden sind für das Abbinden von Adern praktischer als die St. Johns-Methode. Morphium sollten nur die Sanitätsoffiziere bei sich haben, und es stellte sich heraus, daß Flaschen mit einem Gummiverschluß viel geeigneter sind als Ampullen. Eine Taschenlampe oder eine Kopflampe ist notwendig.

* Aus freundlicherweise von Dr. S. G. Hamilton zur Verfügung gestellten Unterlagen.

Zusätzlich zu diesen Vorbereitungen befanden sich Erste-Hilfe-Kästen bei den Geschützen und in den Maschinenräumen, Kondensator- und Kesselräumen, sowie an vielen anderen Stellen des Schiffes. Der Artillerieoffizier, der Leitende Ingenieur und der Schiffspfarrer hatten Morphium und eine Spritze bei sich und waren im Gebrauch dieser Dinge unterwiesen worden. Soviel ich weiß, hat nur der Pfarrer von dieser Möglichkeit Gebrauch gemacht. Alle an Deck eingesetzten Männer waren mit einem Mittel gegen Verbrennungen ausgerüstet worden und hatten Anweisung, Hemden mit langen Ärmeln, lange Hosen und darüber die Socken zu tragen. Anstelle der normalen leichten tropischen Fußbekleidung sollten Stiefel oder Lederschuhe angezogen werden. Viele trugen Kesselanzüge, die sich als sehr zweckmäßig erwiesen haben.

Am 10. Dezember wurde um 11.00 Uhr Fliegeralarm gegeben. Die Kampfhandlung dauerte eine Stunde und zwanzig Minuten, dann ging das Schiff unter.

Als die Angriffe begannen, befand ich mich mit einigen Krankenpflegern vorn im Schiffslazarett. Wir hatten bis dahin an Bord nur einen ernsten Fall gehabt und zwar hatte der Sub-Lieutenant W.R.D. Page am vorhergehenden Tage einen Splitterbruch mit einer verschobenen Bruchfläche am linken Handgelenk und eine Rückenquetschung erlitten. Sein Unterarm war eingegipst worden. Wir halfen ihm in die vordere M.D.S., und dann begab ich mich in meine hintere Station. Dort angekommen, fand ich alle Mitglieder der Sanitätsgruppe anwesend. S.B.P.O. Stevens nahm in aller Ruhe die verschiedenen ärztlichen Geräte von den Regalen herunter; alle anderen Männer befanden sich auf ihren Posten. Die vordere M.D.S. wurde telefonisch informiert, daß alles in Ordnung wäre. Kurz danach ereignete sich eine laute Explosion. Da wir uns über der Munitionskammer ›Y‹ befanden und vom oberen Deck Rauch in unseren Raum eintrat, befahl ich das Schließen der gepanzerten Luke. Der Lautsprecher meldete dann, daß eine Bombe durch das Katapultdeck und das Mannschaftsdeck der Marines gefallen und dort explodiert sei. Gleichzeitig sei ein Feuer ausgebrochen.

Wir hörten Klopfen an der gepanzerten Lukentür und öffneten sie, um fünf Verwundete einzulassen. Der erste war durch eine schwere Kopfverletzung bereits tot und wurde wieder nach oben geschafft. Die anderen waren völlig verstört, es waren ein Mann mit einer Fleischwunde am Unterarm, ein Junge mit einer starken Blutung am Gesäß, die dadurch entstanden war, daß er durch die Wucht der in seiner unmittelbaren Nähe explodierenden Bombe zu Boden geschleudert worden war. Ferner waren es zwei Fälle von schweren Verbrennungen. Die beiden ersten erhielten erste Hilfe, und die beiden Männer mit Verbrennungen bekamen Morphium und wurden unten behalten, nachdem auf die verbrannten Körperstellen Tannafax aufgelegt worden war. Der Turm ›Y‹ erbat über eine direkte Telefonverbindung unsere Hilfe. Surg. Lieutenant (D) Major wurde über den Behandlungsraum dorthin geschickt. Er fand den Vollmatrosen W. J. Hewitt mit einem mehrfachen Armbruch durch ein Geschoß vor. Er verband ihn, legte eine Schiene an und gab ihm Morphium. Infolgedessen überlebte dieser Mann und wurde später im Hospital völlig geheilt.

Während sich dies ereignete, erschien ein Feldwebel und meldete, daß im Vorraum zur Kajüte des Kommandanten mehrere Verwundete gesammelt worden seien. Ich begab mich über das Achterdeck dorthin. Später erkannte ich, daß es besser gewesen wäre und Zeit gespart hätte, wenn ich einen Assistenten oder eine Schreibkraft mitgenommen hätte. Bei meinem Eintreffen fand ich ungefähr ein Dutzend Männer vor. Einige hatten Verbrennungen und Verbrühungen, einer ein gebrochenes Bein, ein anderer hatte am Oberschenkel tiefe Fleischwunden, und einige waren mehr verängstigt als verwundet und brauchten Aufmunterung. Morphium und andere notwendige Medikamente wurden verabreicht, aber diese Fälle wurden nicht mit Etiketten registriert, weil es mich zu viel Zeit gekostet hätte, und ich hoffte, dies nachholen zu können.

Die genau unter uns liegende Offiziersmesse war voller Rauch und Dampf, der aber glücklicherweise nicht bis nach oben kam.

Ich ging dann an Oberdeck zurück, um mehr Medikamente zu holen und nachzufragen, ob irgendwelche neuen Meldungen eingegangen seien. Unterwegs traf ich auf dem Achterdeck den Schiffspfarrer und berichtete ihm von den Verwundeten. Er ging, um nach ihnen zu sehen.

Bei meiner Ankunft in der Station fand ich Meldungen über Verwundete im Vorraum zu den Offizierskammern genau über uns und im Zwischendeck vor. Surg. Lieutenant Major und S.B.P.O. Stevens wurden weggeschickt, um sich zu informieren und die Verwundeten zu behandeln.

Ich telefonierte dann mit der vorderen M.D.S. und hörte, daß man dort mit etwa zwanzig Verwundeten stark beschäftigt sei, meistens mit Verbrennungen. Surg. Cdr. Newbery sei mit S.B.A. Ashworth weggegangen, um an Oberdeck Verwundete zu versorgen.

Dann erschütterte plötzlich eine starke Explosion das ganze Schiff und ich befahl erneut die Schließung der Panzerluke, weil ich annehmen mußte, daß weitere Bomben fallen würden. In Wirklichkeit war es ein Torpedotreffer irgendwo mittschiffs.

Einige Minuten später ereignete sich eine weitere, noch schwerere Explosion, von der ich annahm, daß sie von einer Bombe stamme, die direkt hinter Turm ›Y‹ durch das Zwischendeck gefallen sei. In Wirklichkeit war es wiederum ein Torpedo. Das Schiff wurde hart erschüttert und das Licht ging vorübergehend aus.

Ungefähr eineinhalb Minuten später folgte eine noch weit stärkere Explosion. Einige Lampen gingen aus. Richtigerweise vermuteten wir, daß dies ein Torpedo in unserer unmittelbaren Nähe gewesen sein müßte. Das Schiff bekam Schlagseite, und ich befahl, die Lage zu prüfen und zu diesem Zweck die Panzerluke mittels der Winde zu öffnen. Wasser begann in die Station einzudringen, und daher befahl ich, das Luk so schnell wie möglich ganz zu öffnen und den Raum zu verlassen. Es war gerade noch möglich, gegen das hereinlaufende Wasser die senkrechte Leiter hochzuklettern. Die Schreiber Griffiths und Rees hatten die Winde zu bedienen, behielten die Ruhe und setzten ihre Arbeit so lange fort, bis die Luke genügend geöffnet war, um die Leute hindurchklettern zu lassen.

Wir erreichten das Achterdeck, das bereits schwere Schlagseite nach Steuerbord hatte und zwar in einem solchen Maße, daß die Steuerbordreeling nur mit Mühe erreicht werden konnte. Viele Leute waren bereits ins Meer gesprungen.

Es ist geschätzt worden, daß das Schiff innerhalb von sieben Minuten sank. Schwimmwesten wurden aufgeblasen, obwohl es in der Aufregung und Eile nicht so einfach war, und viele Leute sprangen von der Steuerbordseite des Schiffes, wobei sie sich die Fersen an den Lukendeckeln verletzten. Da das Schiff noch Fahrt machte, kamen sie schnell vom Schiff frei, aber die Schrauben waren ziemlich gefährlich. Zerstörer begannen bald mit dem Auffischen von Männern, und ich hatte das Glück, sehr bald von H.M.S. ELECTRA aufgenommen zu werden. Dadurch war ich in der Lage, dem Surg. Lieut. Seymur bei der Organisierung des Wiederbelebungstrupps zu helfen, danach die einzelnen Patienten zu sichten, zu behandeln und mit Etiketten zu versehen, bis wir etwa zehn Stunden später in Singapur einliefen. S.B.A. Anderson (von ELECTRA) und S.B.A. Baily (REPULSE) waren während dieser Stunden unermüdlich tätig und unentbehrlich. An Bord befanden sich neben der Besatzung des Zerstörers noch mehr als 800 Menschen.

Die meisten geretteten Verwundeten hatten Verbrennungen, Schnittwunden und Brüche. Zusätzlich litten viele Männer unter den Folgen von geschlucktem oder eingeatmetem Öl. Zwei Fälle von schweren Verbrennungen starben während der Rückreise. Brüche der ›os calcis‹ waren häufig, hervorgerufen durch das Springen auf Lukendeckel oder auf den Schiffskörper. Ein Mann hatte sich den Oberschenkelhals gebrochen und wurde in eine Thomas-Schiene gelegt. Fähnrich Bemridge hatte von einem Geschoß eine perforierte Wunde im Unterleib und verlangte laufend nach Morphium. Er wurde nach der Ankunft in Singapur sofort von Mr. Julian Taylor, F.R.C.S. operiert, starb aber drei Tage später an Bauchfellentzündung, die durch mehrfache Perforation des Dickdarms entstanden war.

Wir machten es den Patienten auf dem überfüllten Schiff so angenehm wie möglich und gaben auf Wunsch Morphiumspritzen. Wir sorgten dafür, daß ständig Wasser und gesüßter heißer Tee ausgegeben wurde und daß Kleidungsstücke und Schienen verteilt und angelegt wurden.

Obwohl viele tagelang an den Folgen von geschlucktem Öl litten, gab es nur wenige Fälle von Folgeschäden. Viele der Männer waren teilweise nackt, aber das warme Klima half zweifellos, Lungenentzündungen zu vermeiden und die Schockwirkungen zu mindern.

Es ist sehr zu bedauern, daß viele Männer nicht schwimmen konnten; ich glaube, daß sonst weniger Leben zu beklagen gewesen wären.

Soviel ich weiß, besitzt Surg. Lieut. Seymur der ELECTRA eine vollständige Liste aller Verwundungen und der getroffenen Hilfsmaßnahmen in seinem ärztlichen Schiffstagebuch.

Abschließend möchte ich mein Bedauern über den Verlust so vieler Männer unseres Sanitätspersonals zum Ausdruck bringen. Aus den vielen Monaten loyaler Zusammenarbeit unter den unterschiedlichsten Bedingungen weiß ich, daß sie in ihrer Arbeit besonders tüchtig und zuverlässig waren.

S.G. Hamilton
Surgeon Lieutenant R. N. V. R., M. A., M. B., B. CHIR., M. R. C. S., L. R. C. P.

Anhang 3

Funktagebuch der Signale, die in Singapur von der Kampfgruppe Z empfangen wurden*

GEHEIM
Microgram
Nicht dringend

Der Britische Marine-Oberbefehlshaber
Fernostflotte
26. Dezember 1941
Nr. 741/4724
An den Sekretär der Admiralität

VERLUST DER PRINCE OF WALES UND DER REPULSE.
TAGEBUCH DER FUNKSPRÜCHE.

 Im Anschluß an meine Vorlage Nr. 730/4742 vom 17. Dezember 1941 lege ich als Anlage das Tagebuch über die im Lagezimmer in Singapur im Zusammenhang mit den Operationen vom 10. Dezember 1941 empfangenen Funksprüche vor.

G. Layton
Vice-Admiral
Oberbefehlshaber

Uhrzeit des Erhalts im Lagezimmer	Von	An	Inhalt
12.04	REPULSE	Alle britischen Kriegsschiffe	Werde von feindlichen Flugzeugen bombardiert. Meine Position 134NYTW22x09 (11.58)
12.40	? PRINCE OF WALES	?	Notruf Bin durch einen Torpedo an Backbord getroffen. NYTW022R06 4 Torpedos Sendet Zerstörer (12.20)

---

* Public Record Office ADM 199/1149

Uhrzeit des Erhalts im Lagezimmer	Von	An	Inhalt
13.04	Dienstältester Offizier Kampfgruppe Z	Alle britischen Kriegsschiffe	Notruf Sendet alle verfügbaren Schlepper. Meine Position 003°40'N 104°30'E. (12.52)
13.10	Electra	? Alle britischen Kriegsschiffe	Sehr dringend! H.M.S. Prince of Wales durch vier Torpedos getroffen in Position 00°45'N 104°10'E Repulse gesunken. Sendet Zerstörer. (05.30z)*
13.17	Oberbefehlshaber Fernost-Flotte	Chef des Stabes Singapur	Sehr dringend! Gebe alle nicht zur Verteidigung des Schiffes benötigten Männer von Bord. Sendet -?-? so schnell wie möglich. (13.11)
13.10	Dienstältester Offizier Kampfgruppe Z	Alle britischen Kriegsschiffe	Sehr dringend! H.M.S. Prince of Wales manövrierunfähig und außer Kontrolle. (13.00)
13.11	Prince of Wales	Alle britischen Kriegsschiffe	Notruf Sendet alle verfügbaren Schlepper. Meine Position ist jetzt EQTW 40(?). (05.31z)*
13.17	Electra	Alle britischen Kriegsschiffe	Sehr dringend! Mein 05.30z Sendet Schlepper.
13.21	Electra	Alle britischen Kriegsschiffe	Sehr dringend! H.M.S. Prince of Wales gesunken. (05.48z)

* Die ›z‹-Zeiten sind Greenwich Mean Time (Mitteleuropäische Zeit), 7 1/2 Stunden der Singapur-Zeit voraus, die in diesen Funksprüchen und auch sonst bei den Zeitangaben dieses Buches angegeben wird.

Anhang 4

Nachträglicher Gefechtsbericht des Artillerieoffiziers von H.M.S. PRINCE OF WALES

Lt. Cdr. C.W. McMullen, H.M.S. SULTAN, Singapur, 14. Dezember 1941. Entwurf eines Briefes des Artillerieoffiziers an den dienstältesten überlebenden Offizier der PRINCE OF WALES.*

Sir,
 Ich habe die Ehre, Ihnen den nachfolgenden Artilleriegefechtsbericht über die Ereignisse vorzulegen, die zum Verlust von H.M.S. PRINCE OF WALES geführt haben. Ich füge zahlreiche Aussagen von Offizieren auf verschiedenen Gefechtsstationen bei.
 1. *Angriff Nr. 1.* Es wurden neun Bomber in geschlossener Formation von rechts voraus anfliegend gesichtet. Das Feuer wurde von der Steuerbord-vorderen Batterie und dann von der Backbord-vorderen Batterie eröffnet, da das Schiff seinen Kurs nach Steuerbord änderte. Schließlich eröffnete die Steuerbord-vordere Batterie erneut das Feuer, da das Schiff seinen Kurs wieder nach Backbord änderte. REPULSE wurde von dem Bombenteppich dieser Formation eingedeckt und getroffen.
 2. *Angriff Nr. 2.* Um 11.45,5 Uhr wurden ungefähr neun Torpedobomber auf der Steuerbordseite und dann auf der Backbordseite durch die Steuerbord-vordere, sowie beide Backbord-Batterien der 5,25"-Geschütze unter Feuer genommen; außerdem eröffneten die Maschinenwaffen das Feuer. Ein Treffer an Backbordseite und schwere Erschütterung des Schiffes. Das Sperrfeuer lag gut, schreckte aber den Feind in keiner Weise ab. Die Leuchtspurmunition der Oerlikons war sehr wirkungsvoll. Zwei der Flugzeuge stürzten auf der anderen Seite des Schiffes ins Meer, nachdem sie ihre Torpedos abgeworfen hatten. Das Schiff bekam 11,5° Schlagseite nach Backbord. Die dadurch verursachte Minderung der Einsatzfähigkeit wirkte sich bei der Artillerie wie folgt aus:
 Turm s3. Richten von Hand nicht möglich.
 Turm s4. Stromausfall und irgendwo unter dem linken Rohr eine Ölleckage. Höhen-Richten von Hand nicht möglich.
 Turm p1. Die Schlagseite des Schiffes bewirkte eine Blockierung des Turmes, da er seitlich gegen eine Hydraulikrohrleitung fuhr. Diese Störung wurde noch vor dem nächsten Angriff behoben, aber der Turm ließ sich gegen die Schlagseite nicht mechanisch richten.
 Turm p2. Turm ist stromlos. Notkabel stellten die Stromversorgung wieder her, aber der Turm ließ sich erst nach dem zweiten Angriff wieder richten, nachdem die Schlagseite geringer geworden war.
 Turm p3. Turm ist stromlos, dann kommt der Strom für ungefähr zwei Minuten wieder. Dann fällt er endgültig aus. Es war unmöglich, den Turm von Hand zu richten.
 Turm p4. Die Rohre ließen sich zunächst mechanisch der Höhe nach richten, aber wegen der Schlagseite konnte er nicht geschwenkt werden. Dann Stromausfall.
 s1 und s2 Höhenwinkel unter 5° nicht möglich.
 Schiffsführung. Das Schiff durfte keine Kursänderung vornehmen.
 Zwischen Angriff Nr. 2 und Nr. 3 eröffneten die Türme s1 und s2 das Feuer auf REPULSE angreifende Flugzeuge.

* Grundlage ist Public Record Office ADM 1/12181

3. *Angriff Nr. 3*. Ungefähr neun Torpedobomber greifen von Steuerbordseite an. Sie werden um 12.20 Uhr von den Türmen s1 und s2 und den Maschinenwaffen unter Feuer genommen. Das Schiff war zu diesem Zeitpunkt manövrierunfähig und wurde drei Minuten später von zwei Torpedos getroffen, einer davon traf am Bug. Der andere traf Steuerbord achtern. Eineinhalb Minuten später wurde das Schiff durch einen dritten Torpedo in Höhe des Turmes ›B‹ getroffen.

4. Durch die bei diesem Angriff verursachten Schäden fiel der Strom bei den Pom-Poms p1 aus, deren Schwenkeinrichtung bereits blockiert war, möglicherweise durch Verlagerung des Drehkranzes. Zwei feindliche Flugzeuge stürzten auf der anderen Seite des Schiffes ins Meer.

5. *Angriff Nr. 4*. Acht oder neun Bomber bilden eine Angriffsformation und fliegen von achtern an. Sie werden von den Türmen p2, s1 und s2 unter Feuer genommen. Das Feuer von s1 und s2 blieb ohne Wirkung, da die Höhe nur geschätzt werden konnte, weil der Soldat am Entfernungsmeßgerät am rechten Auge verwundet worden war. Der Bombenteppich dieser Bomber deckte das Schiff zu, und neben einigen das Ziel nur knapp verfehlenden Bomben trifft eine Bombe das Katapultdeck und explodiert auf dem darunter liegenden Panzerdeck. Die Türme s1 und s2 feuerten auf die Prince of Wales als letzte Geschütze.

6. Wegen Fehlens eines Flak-Zerstörers und eines Kreuzer-Schirmes sowie jeglichen Jagdschutzes und wegen der Entschlossenheit und des Könnens, mit dem der Feind seine Angriffe durchführte, ist sehr zu bezweifeln, ob die Torpedobomber an dem Erreichen ihres Zielobjektes gehindert werden konnten.

Die nachfolgend aufgeführten schweren Mängel der Artilleriewaffen sollten jedoch auf allen Schiffen mit einer ähnlichen Bewaffnung wie die der Prince of Wales verbessert und in Ordnung gebracht werden.

(A) Einige 5,25''-Türme ließen sich bei einer Schlagseite von 11,5° weder elektrisch noch von Hand schwenken.

(B) Alle Pom-Poms hatten eine große Anzahl von Feuerunterbrechungen, weil Granaten und Kartuschen getrennt geladen werden mußten. Dieser Mangel zeigte sich bereits bei der Operation Halberd, allerdings nicht im gleichen Umfang. Seit der Operation Halberd wurde die Munition gelegentlich auf lose Hülsen und Mäntel untersucht.

(C) Die Leuchtspurmunition der Bofors-Kanonen und der Oerlikons machte offensichtlich einige angreifende Flugzeuge übermütig. Obwohl die Geschosse der Pom-Poms den Feind trafen, machten sie auf ihn wegen fehlender Leuchtspur keinen Eindruck.

(D) Alle Maschinenwaffen sollten einen negativen Höhenwinkel von mindestens 15° einstellen können.

7. Die Bofors-Kanonen auf dem Achterdeck feuerten ohne Unterbrechung. Die Leuchtspurmunition ist sehr wirkungsvoll, und es wird vorgeschlagen, auf den Schiffen der King George V-Klasse diese Kanonen wie folgt anzuordnen:

Zwei auf der Turmdecke von Turm ›B‹, zwei auf Turm ›Y‹ – alle an der Vorder- und Hinterkante – dazu so viele wie möglich auf dem Bootsdeck, dem Vorschiff und auf dem Achterdeck zusätzlich zu den Oerlikons. Es muß berücksichtigt werden, daß eine Bofors mit Leuchtspurmunition und Einzelbedienung eine wertvollere Waffe darstellt als eine achtrohrige Pom-Pom mit zentraler Feuerleitung ohne Leuchtspurmunition, wobei die Bofors zusätzlich noch vom Strom unabhängig ist und nur ein Achtel der Munition verbraucht.

8. *Die Taktik der Japaner*. Die Formation der Torpedobomber flog beim ersten Angriff im geschlossenen Verband in Höhen zwischen 5 000 und 7 000 Fuß an. Während sie sich noch an der Grenze der Reichweite für die Flak befanden, bildeten sie durch eine Schleife nach Steuerbord eine Reihe und gingen dann mit einem rechtwinkligen Kurs zum Schiff in einen flachen Sturzflug über. Gleichzeitig wechselten sie von Steuerbord nach Backbord. Während sie sich in der Schleife nach Backbord befanden, verloren sie ständig an Höhe und flogen auf der Backbordseite auf Gegenkurs des Schiffes weiter an. Dann schienen sie eine Reihe von »blue turns« zu machen und flogen in einer ungefähren Linie nebeneinander in Wellen zu zweit oder dritt

gleichzeitig auf das Schiff zu. Die Seitenabstände waren bis zum letzten Augenblick, in dem sie auf das Schiff zudrehten, groß. Sie flogen an und warfen ihre Torpedos mit hoher Geschwindigkeit aus einer Höhe von mindestens 100 Fuß und einer Entfernung zwischen 1 000 und 2 000 Yards ab.

Auf Grund der hohen Geschwindigkeit der Maschinen war die Zeit zwischen ihrer Kursänderung auf den Abwurfkurs und dem Torpedoabwurf sehr kurz. Die Flugzeuge passierten das Schiff sehr dicht, und einige schossen im Vorbeiflug aus ihren Maschinengewehren. Anscheinend sind diese Maschinen von einer großen Anzahl von Oerlikon-Geschossen getroffen worden.

Der zweite Angriff der Torpedobomber erfolgte ähnlich wie der erste Angriff, jedoch von der entgegengesetzten Seite, und die Anzahl der Wellen ist zweifelhaft.

Hoch fliegende Bomber griffen aus einer Höhe von 10 000 bis 12 000 Fuß in geschlossener Formation an. Sie griffen von rechts vorn an und warfen eine gut liegende Salve ab. Gegen die REPULSE wurde eine ähnliche Taktik angewandt. Bevor sie ihre Bomben abwarfen, wurde der Abwurf einer Salve beobachtet, die in einer Entfernung von ungefähr vier Meilen ins Meer fiel. Es ist möglich, daß dies eine Art »Zielmarkierung« war, andererseits kann es auch ein beschädigtes Flugzeug gewesen sein, das seine Bomben im Notwurf abgeworfen hat. Es ist nicht anzunehmen, daß die Bomben schwerer als 500 Pounds waren, aber das ist nicht sicher.

Flugzeugtypen. Die Torpedobomber waren hervorragende, robust erscheinende zweimotorige Maschinen mit doppeltem Seitenleitwerk. Sie sahen fast wie Hudsons aus, waren aber größer.

9. Bemerkungen eines Artillerieoffiziers über grundsätzliche Empfehlungen nach einjähriger Erfahrung als Artillerieoffizier im Krieg auf einem modernen Schlachtschiff.

Die zwei nachfolgenden Vorschläge sind nicht das Ergebnis dieser Kampfhandlung, sondern nach sechsmonatiger Überlegung entstanden. Ich habe es nicht für angebracht gehalten, sie früher zu äußern, weil ich dadurch leicht in den Verdacht »eigennütziger Interessen« gekommen wäre. Da ein solcher Verdacht nun nicht mehr geäußert werden kann, mache ich diese Vorschläge jetzt:

(a) Ich bin der Ansicht, daß der Artillerieoffizier auf einem Schiff der K.G.V.-Klasse ein Commander (Fregattenkapitän) oder ein Acting Commander (Diensttuender Fregattenkapitän) sein und einen ähnlichen Status wie der Commander (E) (Leitender Ingenieur) haben sollte. Meines Wissens war dies im letzten Krieg auf großen Schiffen bereits einmal so. Es ist bekannt, daß die BISMARCK einen »Gunnery Commander« (Ersten Artillerieoffizier) hatte und mindestens drei weitere Artillerieoffiziere unter ihm.

(b) Ich bin der Meinung, daß es falsch ist, einem Ingenieuroffizier die alleinige Verantwortung für den Lecksicherungsdienst (»Damage Control«) zu übertragen. Es sollte eine vollziehende Verantwortlichkeit geben, und es wäre zu empfehlen, das französische System des »L'Officier de L'Interieur« zu übernehmen, der für die Koordinierung aller Angelegenheiten unter Deck verantwortlich ist und zwar sowohl hinsichtlich des Schiffsroutine als auch für den Gefechtsfall, d. h. für die Mannschaftsdecks, Lüftung, Feuerlöschdienst, Instandsetzungstrupps, wasserdichte Schotten und im Gefechtsfall für die Lecksicherung. Zu seiner Unterstützung sollte er einen Ingenieuroffizier, den Schiffszimmermann, einen Elektro- oder Torpedooffizier und einen Artillerieoffizier haben.

10. Ich möchte feststellen, daß es an diesem sonst deprimierenden und verhängnisvollen Tag einen hellen Lichtblick gab, und das war die hervorragende Moral und Disziplin der Artilleristen, die ich auf der PRINCE OF WALES erlebt habe. Jeder Turmkommandant, Pom-Pom Geschützführer und Maschinengewehrschütze fragte um Genehmigung, bevor er seinen Posten verließ. Die Pom-Poms und die Bedienungsmannschaften der 5,25"-Geschütze blieben so lange wie irgend möglich auf ihren Gefechtsstationen, und die Männer der Munitionskammer von s1 gingen schließlich mit dem Schiff unter.

Es gab zahlreiche Fälle hoher Moral und hervorragender Führereigenschaften, die hier nicht alle aufgeführt werden können, aber ich möchte betonen, daß der von den Offizieren und Mannschaften der PRINCE OF WALES gezeigte Geist bei der Bedienung der Geschütze während der Kampfhandlung bis zum bitteren Ende, den besten Traditionen der Royal Navy entsprachen.

Ich habe die Ehre, Sir,
Ihr gehorsamer Diener zu sein.
C. McMullen, Lt.-Cdr., R. N.

Anhang 5

Ehrenvolle Erwähnungen in Berichten von H.M.S. PRINCE OF WALES UND H.M.S. REPULSE, 10. Dezember 1941*

    Sick Berth Attendant W. Bridgewater   H.M.S. REPULSE
Wegen seines Bleibens in der vorderen Sanitäts-Station für einige Minuten nach dem Befehl »Alle Mann an Deck«, um einem Verwundeten mit an Deck zu helfen. Obwohl ihm dies nicht gelang, gab er seine Bemühungen erst auf, als das Schiff sehr starke Schlagseite bekam und sich in sinkendem Zustand befand.
    Midshipman A. C. R. Bros, R. N.   H.M.S. REPULSE   Posthum
Wegen bewiesener Führereigenschaften und Bewahrung größter Ruhe bei der in voller Ordnung erfolgenden Räumung des 14"-Turmes, nachdem der Befehl »Alle Mann an Deck« gegeben worden war. Midshipman Bros hat dadurch viele Menschenleben gerettet.
    Lieutenant-Commander K. R. Buckley, R. N.   H.M.S. REPULSE
Wegen besonderer Umsicht während der Kampfhandlungen unter besonders erschwerten Umständen.
    Chief Stoker Cameron   H.M.S. REPULSE   Posthum
Bewährte sich hervorragend während des ganzen Unternehmens bei der Aufrechterhaltung der Einsatzfähigkeit der Lecksicherung.
    Corporal W. R. Chambers, R. M.   H.M.S. PRINCE OF WALES   Posthum
Die erfolgreiche Munitionsversorgung zu den 2-pdr. Kanonen war in erster Linie den Bemühungen dieses Unteroffiziers zu verdanken. Seine Geschicklichkeit, ruhige Sicherheit und sein gutes Beispiel waren hervorragend. Als die Bedingungen in den einzelnen Decks sehr schlecht wurden, setzte er trotzdem seine Arbeit fort, schloß in einer letzten Bemühung, das Schiff schwimmend zu halten, Magazine und Munitionskammern. Als die Munitionskammern s3 und s4 volliefen, war seine Hilfe, den Wassereinbruch zu mindern, sehr wertvoll. Er ging mit dem Schiff unter.
    Chief Petty Officer F. T. Crittenden   H.M.S. REPULSE
Bewährte sich hervorragend bei der Munitionsversorgung der schweren Artillerie, die wegen eines Bombentreffers unter besonders erschwerten Bedingungen erfolgen mußte.
    Midshipman R. I. Davies, R. A. N.   H.M.S. REPULSE   Posthum
Dieser besonders tapfere junge Offizier wurde zuletzt gesehen, als er mit seiner Oerlikon-Kanone auf ein feindliches Flugzeug schoß und er mit der Geschützlafette langsam im Meer versank.
    Commander R. J. R. Dendy, R. N.   H.M.S. REPULSE
Für besondere Umsicht während der Kampfhandlungen unter schwierigsten Umständen.
    Writer J. I. Griffiths   H.M.S. REPULSE   Posthum
Als das Schiff sich in sinkendem Zustand befand und schwere Schlagseite bekam, zeigte er bei der Bedienung der Winde zum Öffnen des Panzerluks über dem ›Y‹-Deck große Besonnenheit. Das Wasser stürzte durch das Luk in die hintere Sanitäts-Station, und seine Kaltblütigkeit ermöglichte elf Männern unter schwierigsten Umständen das Entkommen. Neun dieser Männer überlebten.

* Grundlage ist Public Record Office ADM 1/12315

Lieutenant-Commander H. B. C. Gill, R. N.   H.M.S. Repulse
Wegen besonderer Ruhe während der Kampfhandlungen unter schwierigsten Umständen.
Surgeon Lieutenant S. G. Hamilton, R. N. V. R.   H.M.S. Repulse
Für hervorragende Pflichterfüllung während der Kampfhandlungen an Bord bei der Versorgung der Verwundeten und die Fortsetzung dieser Bemühungen während mehr als neun Stunden auf dem Zerstörer Electra, nachdem er aufgefischt worden war.
Chief Petty Officer W. E. Houston   H.M.S. Prince of Wales
Dieser Chief Petty Officer bewies als Führer einer Elektro-Reparaturgruppe beste Führereigenschaften. Er setzte seine Arbeit unter extrem schweren Bedingungen fort und gab seinen Untergebenen ein gutes Beispiel. Er wurde beim letzten Bombenangriff verwundet, überlebte aber.
Lieutenant-Commander (E) R. O. Lockley   H.M.S. Prince of Wales
Dieser Offizier zeigte während der Kampfhandlungen besondere Initiative und Besonnenheit. Ihm ist es zu verdanken, daß viele wichtige Anlageteile in Betrieb blieben. Er zeigte großartige Führereigenschaften und gab unter schwersten Bedingungen ein Beispiel. Obwohl verwundet, beteiligte er sich an der Hilfeleistung für Überlebende und hielt nach dem Untergang des Schiffes den hohen moralischen Stand aufrecht.
Chief Mechanician Lugger   H.M.S. Repulse   Posthum
Bewährte sich während der gesamten Kampfhandlungen hervorragend beim Einsatz der Lecksicherung. Er gehört nicht zu den Überlebenden.
Commissioned Electrician E. H. Marchant   H.M.S. Prince of Wales   Posthum
Dieser Offizier zeigte unter schwersten Bedingungen größte Pflichterfüllung. Er zeigte Führereigenschaften von besonderer Qualität und setzte die Instandsetzungsarbeiten an der elektrischen Anlage bis zum Schluß fort. Er wurde zuletzt in völlig erschöpftem Zustand unter Deck gesehen.
Boy W. T. O'Brien   H.M.S. Prince of Wales
Die Leistungsfähigkeit, der Mut und die Besonnenheit dieses Jungen waren während der Kampfhandlungen hervorragend und seine Tätigkeit bei der Unterstützung der Munitionsförderung unter schweren und schlechten Bedingungen unter Deck war auch für ältere Dienstgrade ein gutes Beispiel. Er blieb und half unter äußerst schwierigen Umständen beim Schließen der Munitionskammern. Schließlich kümmerte er sich um die Niedergänge und überwachte dort den Verkehr nach Oberdeck. Er überlebte, und es wird angenommen, daß er nach Australien gegangen ist.
Gunner J. B. Page, R. N.   H.M.S. Repulse   Posthum
Kurz vor dem Untergang des Schiffes fand Page den Ordinary Seaman J. MacDonald ohne Schwimmweste an Oberdeck. Er zog seine Schwimmweste aus und legte sie MacDonald an. Page wurde nicht aufgefischt.
Writer W. Rees   H.M.S. Repulse
Als das Schiff sich in sinkendem Zustand befand und schwere Schlagseite bekam, zeigte er bei der Bedienung der Winde zum Öffnen des Panzerluks über dem ›Y‹-Deck große Besonnenheit. Das Wasser stürzte durch das Luk in die hintere Sanitäts-Station, und seine Kaltblütigkeit ermöglichte es elf Männern, unter schwierigsten Umständen zu entkommen. Neun dieser Männer überlebten.
Chief Stoker S. J. Ridgeway   H.M.S. Prince of Wales   Posthum
Er war immer ein Mann unermüdlicher Energie und Pflichterfüllung. Während der Kampfhandlungen bewies dieser Chief Petty Officer besondere Führereigenschaften. Er war für die Bedienung der Pumpen unentbehrlich und leistete bei der Förderung von einwandfreiem Öl zu den Kesselräumen unschätzbare Dienste. Er setzte seine Bemühungen bis zum Schluß fort und ging mit dem Schiff unter.
Chief Stoker A. Russell   H.M.S. Repulse   Posthum
Meldete sich freiwillig, um in den Kesselraum ›D‹ und den Lüfterraum zu gehen und dort in

dieser mit Dampf gefüllten Abteilung die Zudampfventile zu schließen. Er überlebte nicht.

Petty Officer J. S. Spencer   H.M.S. PRINCE OF WALES   Posthum
Dieser Petty Officer war für die Ausguckposten verantwortlich und blieb bis zum Ende auf seinem Posten. Er ging mit dem Schiff unter. Er half durch sein Beispiel und sein Vorbild das hohe Maß an Konzentration, das von den Fliegerausgucks unter schwersten Bedingungen bewiesen wurde, beizubehalten.

Shipwright 1st Class A. B. Squance   H.M.S. PRINCE OF WALES
Dieser Schiffszimmermann wurde von seiner vorderen Gefechtsstation zum Ort der schwersten Schäden geschickt. Er entwickelte große Findigkeit und Können bei der Abdichtung von Lecks und beim Einsatz der Reparaturgruppen. Er erwies sich durch seine mitreißende Energie, sein Beispiel und seine Initiative als eine furchtlose Führerpersönlichkeit. Nach der Schlacht verbreitete er durch Heiterkeit und moralische Stärke trotz einer Verwundung eine beruhigende Atmosphäre um sich.

Lieutenant (E) L. F. Wood, R. N.   H.M.S. REPULSE   Posthum
Bewährte sich hervorragend beim Einsatz der Lecksicherung während der gesamten Kampfhandlungen. Er gehört nicht zu den Überlebenden.

Chief Shipwright L. J. Woolons   H.M.S. PRINCE OF WALES   Posthum
Dieser Chief Petty Officer war der Führer der 3. Schiffszimmermann-Instandsetzungsgruppe und entwickelte große Initiative und fachliches Können bei den Anweisungen und der Durchführung von Abstützungen an Luken sowie bei der Abdichtung von Lecks. Er gab ein gutes Beispiel eines Vorgesetzten und arbeitete trotz völliger Erschöpfung bis zum letzten Augenblick. Er wurde nicht gerettet.

Anhang 6

Bericht von Lieutenant-Commander D. P. R. Lermitte, R. N., Bergungs- und Taucher-Gruppe der Fernostflotte, nach Besichtigung von H.M.S. Prince of Wales im Jahre 1966*

Die genaue Position der PRINCE OF WALES wurde durch ein Sonar-Gerät bestimmt und vor Beginn der Untersuchung durch zwei verankerte Bojen markiert.

Die Untersuchung wurde durch die Bergungs- und Tauchergruppe der Fernostflotte mit Unterstützung von Bergungstauchern des H.M.S. SHERATON und der Bergungstauchergruppe Nr. 1 der Australischen Royal Navy zwischen dem 25. April und dem 6. Mai 1966 durchgeführt. Sie nahm insgesamt sechs Tagewerke in Anspruch. Die Taucher wurden anfangs von der SHERATON aus eingesetzt, jedoch mußte dieses Schiff aus operativen Gründen nach der halben Zeit zurückgezogen werden, und das Team siedelte für den Rest der zur Verfügung stehenden Zeit auf H.M.S. BARFOLL über.

Insgesamt wurden vierundsechzig Taucheinsätze in Tiefen zwischen 160 und 180 Fuß durchgeführt, wobei die gesamte unter Wasser verbrachte Zeit dreiunddreißig Stunden betrug. Die meisten Einsätze wurden mit dem SDDE (Surface Demand Diving Equipment) – einem Tauchanzug – durchgeführt, aber bei einigen Gelegenheiten wurde auch der SABA (Swimmers Air Breathing Apparatus) – eine Taucherlunge – verwendet, besonders bei Untersuchungen durch leinenabhängige Taucher von Gemini-Schlauchbooten aus. Es wurde ausschließlich DUCS (Diver's Underwater Communication System) verwendet, das, sobald es einwandfrei arbeitete, unentbehrlich war. Das Wetter war gut, aber die Meeresströmung – obwohl nicht stark – war nicht berechenbar und behinderte zeitweilig die Arbeiten, so daß es schwierig war, das Taucherfahrzeug in seiner Position über dem Wrack richtig zu verankern.

Die PRINCE OF WALES liegt mit einer Kopflastigkeit von 20 Grad und in einer Querlage von 15 bis 20 Grad mit dem Kiel nach oben. Der am flachsten liegende Teil des Schiffes befindet sich in der Nähe des Steuerbord-Schlingerkiels in einer Tiefe von 155 Fuß. Der große flache Schiffsboden ist bemerkenswert frei von Bewuchs und ist, abgesehen von einzelnen See-Algen, Seegras und kleinen Muscheln, nur mit einer feinen Schlammschicht bedeckt. Die vertikalen Flächen und der in völliger Dunkelheit liegende umgedrehte Teil des Schiffes ist jedoch mit kleinen Muscheln, Seegras und ähnlichem Bewuchs vollkommen verkrustet. Wegen der riesigen Ausmaße dieses imponierenden Schiffes und wegen der Probleme im Zusammenhang mit der Verankerung des Taucherfahrzeuges über ihm war es in der begrenzten zur Verfügung stehenden Zeit nur möglich, in drei verschiedenen Zonen der PRINCE OF WALES zu tauchen und zwar mittschiffs in der Umgebung der Maschinenräume, rechts vorn am Vorsteven und rechts hinten in der Umgebung der Schrauben und des Ruders.

Wegen der mit Feingefühl durchzuführenden Untersuchungen hatten wir die uns gegebenen Richtlinien zu beachten, indem wir weder das Wrack betraten noch etwas an ihm veränderten. Wir führten deswegen nur begrenzte Untersuchungen am äußeren Schiffskörper durch, zumal wir uns auf eine Tauchtiefe von 180 Fuß beschränken mußten.

Im Verlauf der Untersuchungen wurden nachfolgende durch Kriegseinwirkungen verursachte Schäden festgestellt:

* Dies ist ein persönlicher Bericht und wir sind Lieutenant-Commander Lermitte für die Erlaubnis zur Wiedergabe dankbar.

(a) Ein umfangreiches und schartiges Loch mit einem Durchmesser von ungefähr zwanzig Fuß in der Vorpiek, durch das ganze Schiff gehend. An einer Stelle ist der Vorsteven gebrochen.

(b) Die Steuerbord-äußere Propellerwelle überschneidet sich mit der Steuerbord-inneren Welle, und ihr Propeller ist zwischen der inneren Welle und dem Schiffskörper eingekeilt. Etwas weiter voraus der Stelle, wo sich die beiden Wellen überschneiden, besteht ein schartiges Loch mit einem Durchmesser von etwa sechs Fuß.

(c) Der Backbord-äußere Propeller fehlt völlig, die leere Welle hat sich vom Schiff gelöst und dabei den Lagerbock ›A‹ abgerissen. Einige Fuß vom Stumpf des Lagerbocks ›A‹ nach vorn befindet sich ein großes Loch mit einem Durchmesser von etwa 12 Fuß und die Beplattung ist an dieser Schiffsseite stark verbogen und schartig nach innen gedrückt.

Die Taucherbedingungen waren bei einer maximalen horizontalen Sichtweite auf das Wrack von vierzig Fuß im allgemeinen gut. Diese verringerte sich aber auf etwa fünfzehn Fuß, wenn durch die Meeresströmung Schlick aufgewühlt wurde. Um das Wrack herum wimmelt es von Meeresgetier, und man wurde ständig von Schwärmen von Fischen begleitet. Abgesehen von einem sehr großen und trägen Walhai wurden keine anderen Arten von Haien beobachtet. Gelegentlich wurden große Schwärme von Barrakudas gesehen, und bei einigen Gelegenheiten waren auch große ›Judenfische‹ anwesend. Wenn man sich vom Wrack entfernt und sich außerhalb der es umgebenden milchig-weißen Hülle begibt, kommt man in kristallklares Wasser und hat eine Sichtweite von mehr als 120 Fuß.

Literatur- und Quellenverzeichnis

Offizielle Geschichtswerke

Japanese Defence Agency's Research Section, The Book of Military History, The Malayan Area, Tokio 1969
Kirby, Major-General S. Woodburn, The War Against Japan, vol. 1, H.M.S. O., London 1957.
Morison, S. E., History of United States Naval Operations in Word War II, vol. II, Oxford University Press 1948-56.
Roskill, Captain S. W., The War at Sea, 3 vols., H.M.S. O., London 1954-61.

Andere Veröffentlichungen

D'Albas, Andrieu, Death of a Navy, London 1957.
Ash, Bernhard, Someone Had Blundered, London 1960.
Hough, Richard, The Hunting of Force Z, London 1963.
Ishimaru, Lieutenant-Commander Tota, Japan Must Fight Britain, London 1936.
Ismay, The Memoirs of General The Lord Hastings Ismay, London 1960.
Leasor, James, Singapur, London 1968.
Lenton, H. T., and Colledge, J. J., Warships of World War II, Shepperton 1964.
Lockhart, Bruce, The Marines Were There, London 1950.
Okumiya, Masatake und Horikoshi, Jiro, zusammen mit Martin Caidin, Zero! The Story of the Japanese Navy Air Force, London 1957.
Storry, Richard, A History of Modern Japan, Harmondsworth 1960.
Toland, John, The Rising Sun, London 1970.
Tsuji, Masanobu, Singapur, The Japanese Version, London 1962.
Watts, A. J., Japanese Warships of World War II, Shepperton 1966.

Danksagung

Vor allem möchten wir allen Männern danken, die während der Kampfhandlungen am 10. Dezember 1941 auf den Schiffen der Kampfgruppe Z Dienst taten. Außerdem danken wir den Männern und Frauen, die in dieser Zeit in den verschiedensten Stellungen tätig waren und die uns alle bei unseren Nachforschungen durch persönliche Beiträge geholfen haben. Ohne diese großzügige und freundschaftliche Hilfe hätte dieses Buch niemals in der jetzt vorliegenden Form geschrieben werden können.

Wir danken weiterhin den Männern derjenigen Dienststellen, die mit der Reise der PRINCE OF WALES und der REPULSE in den Fernen Osten in Zusammenhang standen, oder die sich zur Zeit der in diesem Buch behandelten Ereignisse in Singapur oder Malaya befanden, oder sonst mit dem Untergang der Schiffe in Verbindung standen. United Kingdom to Singapore, Naval Personnel at Singapore, R.A.F. Personnel at Singapore, Army Personnel in Malaya, Casualty Office, H.M.S. DRAKE, Devonport.

Wir möchten Personen und Organisationen in verschiedenen Ländern unseren Dank für ihre großzügige Unterstützung bei der Vorbereitung dieses Buches zum Ausdruck bringen. Wir glauben, daß es ungerecht wäre zu versuchen, die Länder und Organisationen in der Reihenfolge ihrer Verdienste aufzuführen und hoffen, daß man uns die nachfolgende Gruppierung der Länder in alphabetischer Reihenfolge verzeihen wird: Großbritannien, Singapur, USA, Japan.

Schließlich bedanken sich die Verfasser für die Erlaubnis zur Übernahme von Texten aus bereits erschienenen Veröffentlichungen in Großbritannien, Japan, Singapur und Südafrika.

Die Autoren bedanken sich bei den Zeitungen im Vereinigten Königreich, Südafrika, Australien, Neuseeland, Singapur, Malaysia und Japan, die den Aufruf von Patrick Mahoney veröffentlicht haben, um Teilnehmer an den in dem Buch beschriebenen Kampfhandlungen ausfindig zu machen.

Personenregister

Abrahams, H. 171, 192, 212
Alexander, A. V. 229
Allum, Sy. P. O. 247
Anderson, S. B. A.
Appleby, Oberstückmeister 154
Ashworth, L. S. B. A. 247, 249
Attlee, Clement 30
Avery, D. W. 177
Avery, George 174
Aylwin, C. D. L. 40, 63, 135, 165, 238

Babbington, J. T. 21
Baily, S. B. A 249
Balfour, Arthur 12
Barnes, Tom 174, 245
Barwell, T. E. 155
Baskcomb, J. G. 169
Bateman, C. R. 115
Baxter, S. C. 129, 138, 160
Beardsworth, Simon 186
Bell, L. H. 101, 108
Bemridge, Fähnrich 249
Best, Arthur 153
Bezzant, C. J. S. 36
Blades, Ck. 247
Blunt, W. H. 246
Bond, L. V. 21
Bosun, Bootsmann 192
Bridgewater, Walter 103, 177f., 247, 257
Brooke, G. A. G. 152
Brooke-Popham, Robert 22, 79–81, 85, 90, 218, 225
Brooks, Sergeant 185
Bros, A. C. R. 257
Brown, Cecil 177, 212
Brown, H. N. S. 186
Brown, S. E. 78
Brownrigg, John Forrester 244
Buckley, K. R. 36, 257
Bucknill, Justice 229
Burnett, Robert 154

Cairns, Tom 60

Caldwell, E. D. 89, 103, 184
Cameron, Chief Stoker 257
Campion, Bernard G. 42, 185, 193
Cartwright, F. Jack 46, 84, 116, 132, 155, 168, 182f., 204, 242
Cavanagh, Surg. Lt. 247
Cazalet, P. G. L. 81
Chambers, W. R. 257
Churchill, Winston 22f., 25, 27f., 30–32, 43, 47, 49, 53f., 56f., 60, 75, 201f., 213, 216f., 229
Clingham, Steward 155
Cobbe, C. H. 36
Cockburn, James 180
Cole, Signalgast 188, 193
Coles, Bootsmann 159
Coley, L. E. 73
Compton, A. F. 244
Cooper, Duff 200
Cooper, G. T. 199
Crittenden, F. T. 257
Crouch, E. M. 73
Cummins, M. A. A. 247

Darvall, L. 85
Davies, B. S. 73
Davies, Jim 179
Davies, Robert Ian 176, 257
Dendy, R. J. R. 36, 128, 162, 176, 234f., 257
Denne, J. R. A 202
Denney, Maurice 230
Dimmack, Stanley 161
Dobbie, W. G. S. 15
Dyer, Richard 72, 82, 84, 103, 122, 199

Eccles, H. E. 73
Eden, Anthony 30–32
Edward, Prince of Wales, s. Edward VIII.
Edward VIII., König 15, 34
Eliot, Fielding 62
Elizabeth, Königin 34
Elsmore, Basil 188

264

England, W. E. 89, 133, 167, 195

Farrington, John M. 87, 116, 183
Foran, Michael 238
Forbes, Ian 133, 193
Forbes-Sempill, Commander 215
Fowler, Funker 55

Gallagher, O'Dowd 197, 212
Genda, Minoru 215
George VI, König 34
Gill, H. B. C. 36, 258
Goodall, Stanley 230f.
Gordon, O. L. 75
Goudy, L. J. 39
Graham, W. M. 185, 187
Greenwood, Wilf 195
Griffiths, G. R. 36
Griffiths, J. I. 247, 249, 257

Hall, A. 156
Hall, H. J. 89
Hamilton, S. G. 143, 237, 247, 250, 258
Harada, Hakue 93, 97
Harland, R. F. 39, 131
Harper, D. H. 81
Harris, Arthur 48f.
Hart, T. C. 59, 71–73
Haydon, C. F. T. 244
Hayes, J. O. C. 36, 116, 176, 194, 196
Helfrich, holl. Vizeadmiral 235
Henderson, George 212
Hewitt, W. J. 248
Heydon, Schiffsjunge 175
Higashimori, japan. Lieutenant 120, 158, 160
Hill, Oberfeldwebel 181
Hitler, Adolf 18, 38, 215
Hoashi, Masame 123, 129, 155–157, 164, 189f., 205f., 221f., 226
Hobbs, P. O. Ck. 247
Holden, »Ginger« 128
Holland, L. E. 40f.
Hopkinson, G. H. 131
House, C. V. 51, 55, 151, 184
Houston, W. E. 258
Hunting, Richard Alexander 244

Iki, japan. Lieutenant 120, 158, 160, 162f., 206
Ishihara, Kaoru 120f., 129f.
Ismay, Hastings Lionel 48f.

Jackson, Ldg. Wtr. 247
James, R. H. 166, 191, 195
James, Ldg. Stwd. 247
Jeffery, W. H. 212
Jessel, R. F. 53
Johnson, R. S. 38
Jones, Cecil 87
Joung, James 212
Joung, Robert 212

Karpe, E. S. 73
Kawada, Katsujiro 134
Kempson, E. J. 126, 184
Kennedy, G. 244
King, Johnny 40, 133f.
Kitamura, Sohichi 113
Knight, Esmond 41
Kondo, japan. Vizeadmiral 98, 118

Lambton, H. 73
Lang, H. 36
Lang, R. G. S. 36, 238
Larthwell, J. H. 114
Lawson, H. F. 39, 187
Layton, Geoffrey 21, 46, 79f., 200, 234f., 237f., 251
Leach, H. C. 87, 204
Leach, John C. 39, 49f., 58, 60, 63, 81, 87, 92, 123, 131f., 136, 149, 159, 166, 169f., 180, 186f., 227
Leather, L. V. 188
Lermitte, D. P. R. 260
Lock, H. J. 50
Lockley, R. O. 168, 258
Lugger, Chief Mechanician 258

MacArthur, Douglas 72, 90
Major, Surg. Lt. 247–249
Marchant, E. H. 258
Marsh, Ldg. Wtr. 247
Martin, W. 238
Matsunaga, Sadaichi 68, 95, 99, 106, 119, 155, 222
Matthews, P. 245
May, C. W. 46, 191, 197, 204
McMullen, Colin W. 39, 193, 227, 237, 253, 256
Millard, N. B. 193
Miller, Stwd. 247
Mitchell, Billy 8, 19, 232
Miyauchi, Shichizo 120, 157f.

Momoi, Satoshi 163
Moran, W. T. A. 82
Morgan, E. V. St. J. 46
Morgan, S. B. A. 247
Morse, H. E. 45

Nakanishi, Niichi 120f., 129f.
Nabeta, Lieutenant 120, 158, 160
Newall, L. S. B. A. 247
Newbery, D. A. 36, 247, 249
Nikaido, japan. Lieutenant 120
Nix, J. J. 73
Noble, Percy 52
Norman, Hilary 186
Nunn, H. A. 172

O'Brien, W. T. 258
Ohira, japan. Lieutenant 120f., 164
Ozawa, Vizeadmiral 67, 94f., 97f., 104 bis 106, 118, 239f.

Page, J. B. 258
Page, W. R. D. 248
Painter, G. W. A. 117
Palliser, A. F. E. 49, 74, 86, 89f., 103f., 109f., 112, 117, 199, 201, 221f., 225
Parker, W. G. 187
Pears, A. L. 73
Percival, A. E. 239
Peters, G. H. 142
Phillips, Tom Spencer Vaughan 31, 39, 47–50, 53, 55–57, 59–61, 71–74, 80–86, 89–93, 99, 101, 103–107, 109f., 112, 114–117, 125–127, 131, 136, 153, 165f., 169, 183, 186f., 200, 203, 210 bis 212, 215, 218–227, 229, 233, 244
Pool, R. A. W. 36, 162f.
Pound, Dudley 26, 28, 30–32, 47, 114, 201
Powell, J. 192
Pretor-Pinney, G. R. 82
Price, M. 39
Pulford, C. W. H. 84f, 207, 239

Quinn, F. B. 39, 55

Ramshaw, J. C. 73f.
Randall, E. A. 134
Rees, W. 247, 249, 258
Ridgeway, S. J. 258
Roberts, Harry 188
Robertson, Ch. Stwd. 247

Robson, John 139
Roosevelt, Franklin D. 25, 43, 54, 229
Russell, A. 258

Sandland, Leonard 173, 203
Saunders, Muriel 208
Searle, W. S. 39
Seymur, Surg. Lt. 249f.
Shaw, R. J. 81
Sheam, Patrick 174
Shirai, Yoshimi 7, 9, 120, 123, 125, 127, 129, 140
Skedgell, A. T. 138
Skipwith, A. G. 206
Smuts, Jan Christian 56
Spencer, J. S. 259
Spooner. E. J. 35, 237, 239
Squance, A. B. 259
Stalin, Josef W. 213f.
Stapleton, Gilbert 212
Stephens, W. D. 82
Stevens, S. B. P. O. 247–249

Tait, A. A. 52
Takahashi, Lieutenant 120
Takai, Sadao 97, 105, 120–122, 129–131, 136f., 140–142, 164, 212
Takeda, japan. Lieutenant 105, 120, 164 bis 167
Tanaka, Giichi 14
Taue, Ryochi 163
Taylor, Julian 249
Tennant, W. G. 35, 37, 39, 60, 81, 87, 92, 116f., 127f.,137–139, 152f., 160f., 163–165, 170f., 197, 226, 228, 234, 239, 242
Teraoka, Masao 93f.
Terry, A. H. 168
Thew, J. T. 46
Thomas, A. C. 21
Thomas, Sergeant 185
Tinkler, W. C. 125
Tojo, Hideki 20, 30, 64
Tovey, John 40, 43, 50
Trudgeon, R. P. O. 247
Trusscot, S. P. C. P. O. 247

Ulrick, Desmond 181

Vigors, Tim 154, 189f., 206–208, 219, 227, 239

Wade, R. B. 168
Wake-Walker, W. F. 41, 230
Wallis, Barnes 240
Webb, L. V. 36
Wheeler, A. J. 40
Wheeler, John 40
White, Alexander 193
Wildish, Dick B. H. 52, 78, 144, 146f., 168, 229, 245
Wilhelmina, Königin der Niederlande 235

Wilkinson, Ginger 128, 160
Williams, Ch. Ck. 247
Wilson, Derek F. 45, 78, 116, 134, 158, 166
Winter, Eric 58
Winterbottom, Lord 243
Wood, L. F. 259
Woodhead, Robert 182
Woolons, L. J. 259

Yamamoto, japan. Admiral 68

Bildnachweis

Associated Press   1, 31
Cape Times   8
Central Press Photo   3, 4
Robert Chapman   34
Dr. S. G. Hamilton   6
Imperial War Museum   5, 7, 9, 10, 11, 12, 17, 18, 19, 23, 24, 25, 26, 27, 28
Keystone   29, 30
The Low Trustees   32
Mitsubishi Heavy Industries   20
Privatbesitz   33
Radio Times Hulton Picture Library   2
United States Navy Department   21, 22
Wright and Logan   13, 14, 15, 16

CIP-Kurztitelaufnahme der Deutschen Bibliothek

Middlebrook, Martin:
Schlachtschiffe/Martin Middlebrook; Patrick Mahoney. – Berlin, Frankfurt/M, Wien: Ullstein, 1978.
    Einheitssacht.: Battleship ‹dt.›
    ISBN 3-550-07383-6
NE: Mahoney, Patrick: